著作权合同登记号：图字01-2015-0249号

国家文物局水下文化遗产保护中心·译著系列－2

水下考古
原理与实践之NAS指南
（第二版）

Underwater Archaeology
The NAS Guide to Principles and Practice
(Second Edition)

航海考古学会　著

［英］阿曼达·鲍恩斯　编

国家文物局水下文化遗产保护中心　译

文物出版社

图书在版编目（CIP）数据

水下考古：原理与实践之 NAS 指南 / 航海考古学会
著；（英）阿曼达·鲍恩斯编；国家文物局水下译 . --
2 版 . -- 北京：文物出版社，2018.6
ISBN 978-7-5010-5639-2

Ⅰ . ①水… Ⅱ . ①航… ②阿… ③国… Ⅲ . ①考古技
术—水下技术—指南 Ⅳ . ① K854.1-62

中国版本图书馆 CIP 数据核字（2018）第 158505 号

水下考古：原理与实践之 NAS 指南（第二版）

Underwater Archaeology: The NAS Guide to Principles and Practice (Second Edition)

作　　者：航海考古学会（Nautical Archaeology Society）
编　　者：阿曼达·鲍恩斯（Amanda Bowens）
翻　　译：国家文物局水下文化遗产保护中心
　　　　　（National Center of Underwater Cultural Heritage）
责任编辑：高梦甜
责任印制：张　丽

出版发行：文物出版社
地　　址：北京市东直门内北小街 2 号楼
网　　址：http://www.wenwu.com
邮　　箱：web@wenwu.com
经　　销：新华书店
印　　刷：北京京都六环印刷厂
开　　本：787mm×1092mm　1/16
印　　张：26.25
版　　次：2018 年 6 月第 1 版
印　　次：2018 年 6 月第 1 次印刷
书　　号：ISBN 978-7-5010-5639-2
定　　价：180.00 元

前言

　　通过其国际知名的培训方案、《国际航海考古期刊》
（*International Journal of Nautical Archaeology*）*和广泛的
实践项目，航海考古学会（Nautical Archaeology Society）多
年来一直是水下考古的捍卫者。第一版《NAS手册》（NAS
Handbook）的该学会曾如何支持航海考古实践参与的另一个
无价并为人赞许的部分。自该书几年前绝版后，即有对重印或
新版何时面世的持续要求。

　　因此，我很高兴介绍这个新版的宝贵出版物。所有文字
和大多数图已全面修订和更新，另如第一章介绍所述，对本学
科相当重要的方面又增加一些全新章节。在许多方面，如新标
题所示，这是一本修订的新出版物，而且它将更有价值。

　　对第一版《NAS手册》的用户而言，这个第二版或许
等待甚久，但是，它结合了自愿奉献专长的很多人的大量工
作。我相信每位读者都愿意感谢他们，分享其智慧和经验。我
们的副会长科林·马丁（Colin Martin）非常慷慨地提供了大
量图像，我们也非常感谢格雷厄姆·斯科特（Graham Scott）
完成了大多数线描图，线描图是从第一版复制或受到本·法
拉利（Ben Ferrari）绘图的启发而作。我们也感谢所有其他摄
影师和绘图者。

　　如果没有编辑阿曼达·鲍恩斯（Amanda Bowens）非
常耐心和细致的工作，这本书不会成形，在安排所有这些
材料时，她极娴熟、坚韧、有技巧。我们也感谢宝拉·马
丁（Paula Martin）协助编辑工作并完成索引。最后，我想
感谢航海考古学会出版子委员会（NAS Publications Sub-
committee）的露西·布鲁（Lucy Blue）和其他人推进本
项目，以及我们非常有力的出版商威利-布莱克威尔公司
（Wiley Blackwell）负责了设计和制作。

---

*译者注：可在该机构网站下载本书英文版。

我相信所有使用这本书的人，无论是学术、专业或业余背景，都将在发展其在航海考古学的兴趣和技能方面获益，并随之提高他们所从事工作的质量。如果它像第一版《NAS手册》一样成功，或许数年就需要重印或再版，所以，感谢随时赐予任何评价和建议。同时，祝愿您在航海考古学中的探索是建设性和富有成果的经历。

乔治·兰布里克（George Lambrick）

NAS主席

致谢

若无标注，第二版的绘图均由格雷厄姆·斯科特（Graham Scott）从第一版复制或受本·法拉利（Ben Ferrari）绘图的启发而作。

第二版的贡献者

乔纳森·亚当斯（Jonathan Adams），
BA[1] DPhil FSA MIFA

马克-安德烈·伯尼尔（Marc-André Bernier），
BA MA

露西·布鲁（Lucy Blue），BA DPhil

阿曼达·鲍恩斯（Amanda Bowens），BA MA

马丁·迪恩（Martin Dean），BSc MIFA（Hon）FSA

贾斯汀·狄克思（Justin Dix），BSc PhD

乔·弗兰特曼（Joe Flatman），MA PhD PIFA

克雷格·福雷斯特（Craig Forrest），B.Comm LLB LLM
PGCE PhD

达米安·古德本（Damian Goodburn），BA PhD AIFA

亚历山德拉·希尔德雷德（Alexzandra Hildred），BA
MIFA FSA

彼得·霍尔特（Peter Holt）

凯斯特·基斯利（Kester Keighley），MSc

斯图尔特·莱瑟（Stuart Leather），MSc

戈登·勒-帕德（Gordon Le Pard），BSc

科林·马丁（Colin Martin），PhD FRHistS FSA Scot MIFA
MAAIS

宝拉·马丁（Paula Martin），BA Dip Class Arch PhD FSA
Scot MIFA

道格拉斯·马克伯（Douglas McElvogue），PhD MIFA

致谢

FSA Scot

    西恩·麦奎尔（Seán McGrail），FSA MA PhD DSc MIFA

Master Mariner

    古斯塔夫·米尔恩（Gustav Milne），MPhil FSA

    大卫·帕勒姆（David Parham），BA MSc MIFA RPA

    莱斯利·帕金斯·麦基万（Leslie Perkins McKewan），

MSc PIFA

    罗里·奎因（Rory Quinn），PhD

    朱莉·撒切尔（Julie Satchell），BA MA MIFA

    格雷厄姆·斯科特（Graham Scott），AIFA

    阿曼达·萨瑟兰（Amanda Sutherland），BSc ACR

    克里斯托弗·安德伍德Christopher Underwood），

BEd MA

    史蒂夫·韦林（Steve Waring），BSc

    迈克尔·威廉姆斯（Michael Williams），LLB

    编者尤为感谢下列人员的帮助与支持

    马克·比蒂—爱德华兹（Mark Beattie-Edwards）

    露西·布鲁（Lucy Blue）

    阿兰·鲍恩斯（Alan Bowens）

    阿利斯泰尔·卡蒂（Alistair Carty）

    瑞贝卡·考泽（Rebecca Causer）

    艾丽森·哈默（Alison Hamer）

---

1 译者注：BA为文科学士学位，B.Comm为商科学士学位，BEd为教育学学士学位，BSc为理科学士学位，DPhil为哲学博士学位，DSc为自然科学博士学位，LLB为法学学士学位，LLM 为法学硕士学位，MA为文科硕士学位，MSc为理科硕士学位，PGCE为教育学硕士认证，PhD为哲学博士学位；Institute for Archaeologists 是英国考古学家专业机构，其会员等级分为PIFA即Practitioner为初级会员，AIFA即Associate为中级会员，MIFA即Member为高级会员；FSA即Fellow of Society of Antiquaries为古物学会会员，FSA Scot为苏格兰古物学会会员，Master Mariner为船长，MAAIS即Member, Association of Archaeological Illustrators and Surveyors为考古绘图与调查协会会员，RHistS即Fellow of Royal Historical Society为皇家历史学会成员，RPA即Register of Professional Archaeologists为注册专业考古学家。

玛丽·哈维（Mary Harvey）

斯图尔特·希斯（Stuart Heath）

吉尔·胡珀（Jill Hooper）

凯斯特·基斯利（Kester Keighley）

科林·马丁（Colin Martin）

爱德华·马丁（Edward Martin）

宝拉·马丁（Paula Martin）

尼克·鲁尔（Nick Rule）

朱莉·撒切尔（Julie Satchell）

第一版的贡献者

乔纳森·亚当斯（Jonathan Adams），巴里·安德瑞（Barrie Andrian），阿德里安·巴拉克（Adrian Barak），马丁·迪安（Martin Dean），罗宾·丹森（Robin Denson），克里斯·多布斯（Chris Dobbs），莎拉·德雷珀（Sarah Draper），本·法拉利（Ben Ferrari），罗伯特·芬戈尔德（Robert Finegold），安东尼·福思（Antony Forth），伊恩·弗里尔（Ian Friel），黛比·福克斯（Debby Fox），艾莉森·盖尔（Alison Gale），凯西·吉安格兰（Cathy Giangrande），戴维德·吉宾斯（David Gibbins），达米安·古德本（Damian Goodburn），亚历山德拉·希尔德雷德（Alexzandra Hildred），理查德·拉恩（Richard Larn），基思·马蒂维尔德（Thijs Maarleveld），伊恩·奥克斯利（Ian Oxley），马克·莱德克奈普（Mark Redknap），尼克·鲁尔（Nick Rule），保罗·辛普森（Paul Simpson），基特·沃森（Kit Watson）。

说明

目录

第一章　NAS手册——作品缘起　/ 1

第二章　水下考古 / 3

什么是考古学 / 3

什么是水下考古 / 9

什么不是水下考古 / 9

紧密相关的补充性方法（人种学和实验考古）/ 14

第三章　参与水下和前滩考古 / 18

第四章　基本原理——充分利用线索 / 24

水下遗址的重要性 / 25

遗址类型 / 27

考古遗址证据的范围 / 30

证据种类间的关联 / 34

使用证据 / 35

断代 / 38

环境与遗址形成过程 / 44

木材的劣变 / 46

文化与遗址形成过程 / 48

第五章　项目规划 / 52

项目设计 / 52

第六章　水下和前滩考古遗址的安全 / 59

风险评估 / 60

潜水项目计划 / 61

目录

操作规程 / 61

潜水作业控制 / 62

水下工作 / 63

可能发生的潜水问题和解决办法 / 64

发掘过程的安全 / 66

潮间带遗址的安全 / 68

第七章　水下考古相关国际与国家法律 / 72

管辖权——法律适用于何处？ / 72

国际水域制度 / 75

国际救助法 / 76

水下文化遗产与救助法 / 76

水下文化遗产所有权 / 77

放弃所有权 / 77

国家立法 / 78

国际公约 / 80

案例研究 / 82

第八章　考古记录 / 88

记录的必要性 / 89

记录系统 / 89

规划记录：记录的内容 / 90

现场记录信息 / 91

记录船材 / 95

记录情境 / 97

记录地层 / 98

记录环境证据 / 99

记录样品 / 100

记录勘测结果 / 100

记录平、剖面图 / 100

记录摄影结果 / 101

记录的保存 / 102

识别考古材料 / 103

标签和标记 / 103

存储信息 / 104

计算机应用的选择和问题 / 105

地理信息系统 / 106

解释、登记和监管系统 / 106

第九章　历史研究 / 109

证据类型 / 110

原始资料定位 / 111

互联网 / 116

研究方法 / 117

第十章　摄影 / 120

摄影理论 / 121

数码摄影 / 123

水面摄影 / 124

拍摄发现物 / 125

水下摄影 / 126

水下摄影技术 / 127

数码暗房 / 129

照片或视频拼接 / 130

摄像机 / 132

视频技术 / 134

视频编辑 / 136

第十一章　定位 / 138

地理坐标 / 139

精度 / 142

定位方法 / 143

设备 / 152

第十二章　水下搜索方法 / 154

定位 / 154

覆盖范围 / 154

安全 / 155

潜水员搜索方法 / 155

第十三章　地球物理与遥感探测 / 163

搜寻模式、导航和定位 / 164

声学系统 / 165

目录

水深测量 / 165

回声测深仪 / 167

多波束条带系统 / 167

海底分类系统 / / 169

侧扫声呐 / 170

浅地层剖面仪 / 171

磁力测量 / 174

综合探测 / 175

潜水器：遥控潜水器和自主水下航行器 / 176

航空摄影 / 176

第十四章　水下勘测 / 178

勘测类型 / 179

初始草图 / 181

规划 / 182

布设基线/控制点 / 184

安装测点 / 185

勘测原理 / 187

用卷尺、探方和绘图薄膜勘测 / 190

高程控制（高度/深度）/ 192

绘图/平面图框架 / 193

探方框架 / 195

处理测量值和绘制遗址平面图 / 196

三维计算机辅助勘测 / 198

声学定位系统 / 205

在真实世界中定位遗址 / 206

第十五章　破坏性调查技术 / 209

探查 / 210

取样 / 211

发掘 / 217

第十六章　发现物的考古保护和紧急处理 / 228

水下埋藏环境 / 231

材料降解和发掘后劣变 / 232

发现物取出期间及之后面临的主要风险 / 235

出水发现物的紧急处理原理和流程 / 235

提取、搬运和运输 / 238

包装和存放措施 / 242

采样和分析 / 243

初步清洗 / 244

缓蚀和预保护处理措施 / 244

记录 / 245

X-射线照相和设施 / 246

健康和安全 / 247

保险 / 248

清单 / 248

第十七章　遗址监测和保护 / 253

监测 / 253

保护 / 260

第十八章　考古绘图 / 265

基本绘图工具 / 265

绘制考古材料 / 267

"用眼睛"记录 / 273

记录装饰和表面细节 / 273

记录构造性及其他细节 / 274

实地工作后的摄影和激光扫描 / 276

呈现一系列复杂信息 / 276

第十九章　田野工作后续分析和建档 / 279

处置材料和保存记录 / 280

测绘工作在田野工作后的处理 / 281

专业分析 / 284

阐释和从其他资源搜集支持证据 / 286

建立考古档案 / 287

第二十章　考古工作的展示、宣传和出版 / 291

宣传的重要性（时间与地点） / 291

识别和满足受众 / 292

展示方式 / 294

编写报告和出版物 / 300

目录

重要成就和贡献 / 305

附录一 锚的记录 / 307

石锚 / 307

横杆锚 / 310

附录二 船炮 / 312

海床记录的重要性 / 313

辨别材质 / 316

根据装填方法分类 / 317

根据形状分类 / 318

铭文和纹饰 / 320

炮弹、装填物和炮栓 / 321

船炮记录和绘图 / 324

附录三 NAS 培训项目 / 330

前滩和水下考古介绍 / 331

NAS第一部分：前滩和水下考古学初级认证 / 331

NAS第二部分：前滩和水下考古学中级认证 / 332

NAS第三部分：前滩和水下考古学高级认证 / 333

NAS第四部分：前滩和水下考古学结业证书 / 334

术语汇编 / 335

参考文献与扩展阅读 / 341

索引 / 349

译作分工 / 362

图片目录

2.1　多佛（Dover）青铜时代沉船

2.2　15世纪新港沉船

2.3　实验考古：制作独木舟复制品

2.4　格雷汉湖（Loch Glashan）独木舟复制品试航

3.1　田野工作后续活动

4.1　考古遗址是聚落形态的部分

4.2　水下遗址和干燥遗址中幸存线索的对比

4.3　1876年7月英国皇家救生艇协会（Royal National Lifeboat Institution，简称RNLI）
　　 的沉船位置图

4.4　遗址类型：苏格兰埃尔德湾（Airds Bay）石制鱼堰的航拍图

4.5　通过显微镜观察到的树木年轮

4.6　用同一地区树木建成的树木年轮序列

4.7　类型学：它是如何运用的

4.8　俯视地层：事件顺序

4.9　地层：它能揭示什么

4.10　情境和地层的重要性

4.11　遗址形成过程

4.12　特克斯和凯科斯群岛（Turks and Caicos Islands）上露天谷仓中的回收船材

8.1　原址记录：1982年潜水员在发掘"玛丽·罗斯"号（Mary Rose）时所完成的记
　　 录表

8.2　情境平面图

8.3　哈里斯矩阵（Harris matrix）

8.4　"伟大的格雷风"号（El Gran Grifon，沉没于1588年）沉船遗址的冲沟剖面图

8.5　考古数据库

9.1　珀斯郡（Perthshire）泰河（River Tay）附近展示着一位三文鱼渔夫的方舻平底小渔船
　　 的18世纪墓碑

10.1　潜水员正在以色列多尔（Dor）绘制一艘19世纪晚期沉船的草图

10.2　拍摄考古发现物的简易立式机架

10.3　垂直拍摄的西班牙无敌舰队（Armanda）沉船"拉·特立尼达·沃伦塞拉"号

I

　　（La Trinidad Valencera，沉没于1558年）上的木质棕织

10.4　斜向拍摄的西班牙无敌舰队（Armanda）沉船"拉·特立尼达·沃伦塞拉"号
　　　（La Trinidad Valencera，沉没于1558年）上的木制风箱

10.5　水下摄影成功的重要考量因素

10.6　尺寸达5平方米（264平方英尺）的杜尔海岬（Duart Point）沉船遗存拼接照片

10.7　放置在硬质遗址探方架上的拍摄架

10.8　拼接照片：计算达到所需覆盖范围所必须的镜头焦距和相机高度的方程

10.9　摄像机的水下应用

11.1　显示纬线、经线和赤道的地球

11.2　通用横轴墨卡托（Universal Transverse Mercatoe，简称UTM）投影原理

11.3　显示精密度和精度的散布着弹点

11.4　测量水平夹角

11.5　怎样使用夹角（绘制在绘图薄膜上）

11.6　基于物标间基线以几何方法标绘夹角

11.7　误差三角形或"三角帽"（cocked hat）

11.8　用近岸物标作为叠标以确定遗址位置

11.9　方位叠标的精度

11.10　沿海岸基线设置成对排列的标杆形成的临时叠标

11.11　使用岸基电子测距仪（EDM）测量浅水中的水下遗址

11.12　差分GPS系统与卫星、岸基参照站和船载移动接收器

12.1　拖曳潜水员搜索

12.2　泳道式搜索

12.3　应用平移法（携带金属探测器）

12.4　滑索（廊道）搜索

12.5　圆形搜索

13.1　爱尔兰韦克斯福德郡（County Wexford）巴罗河（River Barrow）中V形鱼堰的
　　　500 kHz侧扫声呐影像

13.2　"斯托拉"号（SS Storaa，沉没于1943年）蒸汽船

13.3　北爱尔兰斯特兰福德湖（Strangford Lough）中同一个地点的Chirp和Boomer图

13.4　英国汉普郡(Hampshire)汉布尔河(River Hamble)中"感恩上帝"号（Grace Dieu，
　　　沉没于1439年）沉船的二维剖面图和不同时间数据的插值图像

13.5　地球物理设备: 1)磁力仪，2)侧扫声呐，3)浅地层剖面仪，4)遥控潜水器

14.1　部分西班牙无敌舰队（Armanda）沉船"拉·特立尼达·沃伦塞拉"号（La

Trinidad Valencera，沉没于1558年）的发掘平面图

14.2　用符号表现海底

14.3　放射状测量法

14.4　利用高程位移法从水平基准记录沉船外形

14.5　位移法，包括绘制结果

14.6　三边测量法：勘测和绘制测量结果

14.7　水平法（leveling）建立相对高度/深度的原理

14.8　相对临时基准点的深度

14.9　简易倾斜仪

14.10　双线框架

14.11　潜水员进行直接调查（DMS）测量

14.12　对角线四边形（三维测量）

14.13　连接四边形（三维测量）

14.14　四边形间测量（三维测量）

14.15　形状良好的控制点网（三维测量）

14.16　二级点（三维测量）

14.17　形状不好的控制点网（三维测量）

14.18　使用控制点定位遗迹上的细节点（三维测量）

14.19　使用岸基全站仪测量浅水中的水下遗址

15.1　发掘策略：探沟和探坑

15.2　做探查以记录障碍物和沉积物深度

15.3　使用空气或水探针

15.4　树木年轮取样的最佳位置

15.5　现场取样

15.6　从截面做柱状或块状取样

15.7　在无敌舰队（Amanda）沉船"拉·特立尼达·沃伦塞拉"号（La Trinidad
　　　 Valencera，沉没于1588年）上发掘木制织综

15.8　发掘工具：手铲和油漆刷

15.9　文物保护者取走西班牙无敌舰队（Amanda）沉船"拉·特立尼达·沃伦塞拉"号
　　　 （La Trinidad Valencera，沉没于1588年）上发掘出的火药桶余部

15.10　使用吸泥机做发掘

15.11　操作抽泥机

16.1　船蛆（Teredo navalis）

16.2　苏格兰摩尔岛（Mull）杜阿尔特岬角沉船（Duart Point wreck，沉没于1653年）发现的一件凝结物

16.3　图16.2所示凝结物的X－射线照相

16.4　图16.2及16.3所示的经过保护处理后的杜阿尔特岬角沉船遗址剑柄

16.5　发掘一件小型脆弱物品——来自西班牙无敌舰队（Armada）"拉·特里尼达·沃伦塞拉"号（La Trinidad Valencera，沉没于1588年）沉船的皮质水壶

16.6　提取一件大型有机质物品——来自西班牙无敌舰队（Armada）"特里尼达·沃伦塞拉"号（La Trinidad Valencera，沉没于1588年）沉船的轮辐式木轮

16.7　图16.5所示的皮质水壶被带到水面，并交予等待的保护工作者

16.8　发现于"肯内梅兰"号（Kennemerland，沉没于1664年）沉船的嵌入罗盘型口袋式日晷

17.1　苏格兰摩尔（Mull）杜尔海岬沉船（Duart Point wreck，沉没于1653年）一处脆弱区域上覆盖的沙袋

18.1　考古绘图实践

18.2　记录形状：用铅笔和三角板围绕物品描线

18.3　通过设置垂直基准面和获取偏移测量值记录形状

18.4　使用中的半径模板

18.5　使用中的半径图

18.6　用半径图校准陶片方位

18.7　简单的陶器线图

18.8　使用中的厚度测量卡尺

18.9　壶的考古插图，加绘嘴部

18.10　使用中的取形器

18.11　复杂装饰的绘图（"展开图"）

18.12　复合物线图—来自"拉·特立尼达·沃伦塞拉"号（La Trinidad Valencera，沉没于1588年）上的回转炮，选择传达最多信息的视角和细节

18.13　"达特茅斯"号（Dartmouth，沉没于1690年）上两对黄铜制两脚规的插图

18.14　更复杂的壶的线图

18.15　苏格兰西部造船工焦油刷线图

18.16　英国皇家海军"巨人"号（HMS Colossus，沉没于1798年）上船艏饰像的3-D激光扫描数据渲染图

18.17　"玛丽·罗斯"号（Mary Rose，沉没于1545年）船体3-D激光扫描数据着色正视图

19.1　　存放平面图和绘图的图柜

19.2　　遗址位置图示例

19.3　　为出版准备的同一截面的示意图和写实原貌图

19.4　　用晕瀜线和等深线表示地形

19.5　　"玛丽·罗斯"号信托（Mary Rose Trust）的一间有机物贮藏室

19.6　　"玛丽·罗斯"号（Mary Rose）的卡片目录系统

20.1　　英国威尔特郡（Wiltshire）斯托海德（Stourhead）航海考古学会（NAS）项目期间的一场公众讲座

20.2　　一位团队成员在"玛丽·罗斯"号（Mary Rose，沉没于1545年）遗址工作期间接受电视采访

A1.1　　锚的术语

A2.1　　铸铁炮：术语—可从NAS的网站获取相应的记录表格

A2.2　　后膛装填的锻铁管形炮：术语—可从NAS网站下载相应的记录表格

A2.3　　后膛装填的回旋炮：术语—可从NAS网站下载相应的记录表格

A2.4　　来自沉没于爱尔兰斯追达－斯特兰德（Streedagh Strand）的一艘西班牙无敌舰队（Spanish Amanda）沉船的一门小回旋炮

A2.5　　来自于西班牙无敌舰队（Spanish Amanda）沉船"拉·特立尼达·沃伦塞拉"号（La Trinidad Valencera）的一门带装饰青铜铸制炮的平面和侧面图

A2.6　　来自于"玛丽·罗斯"号（Mary Rose，沉没于1545年）一门铜炮上的都铎王朝（Tudor）玫瑰纹章

A2.7　　"斯特灵城堡"号（Stirling Castle，沉没于1703年）上一门次级加农炮索环上的重量数字，如图A2.13所示

A2.8　　制造者的标记（Thomas Western），"斯特灵城堡"号（Stirling Castle，沉没于1703年）上一门次级加农炮的点火口和初级加强管上的标记细节，如图A2.13所示

A2.9　　"斯特灵城堡"号（Stirling Castle，沉没于1703年）一门次级加农炮上的阔箭头详图，如图A2.13所示

A2.10　来自无敌舰队（Amanda）沉船"伟大的格雷风"号（El Gran Grifon，沉没于1588年）的铁炮的平面图

A2.11　一件军械的出版绘图－来自沉没于爱尔兰斯追达－斯特兰德（Streedagh Strand）的一艘西班牙无敌舰队沉船（Spanish Amanda Wreck）的一只加农炮塞

A2.12　来自于图A2.4所示回旋炮炮身上部的拓片

A2.13　来自于"斯特灵城堡"号（Stirling Castle，沉没于1703年）沉船上的次级加农炮

图版目录

2.1 查尔斯·狄恩（Charles Deane）在英国皇家海军"皇家乔治"号（HMS Royal Geroge，1782年）潜水

2.2 在印度喀拉拉邦（Kerala）的埃达瓦（Edava）为用三根圆木建造的木排（three-log kat）做人种学记录

3.1 在英国布里斯托（Bristol）附近开展的NAS培训项目

3.2 通过航海考古学会培训（NAS Training）在英国前滩进行更多的考古工作

4.1 潜水员检查"玛丽·罗斯"号（Mary Rose，1545年）上的一箱长弓

4.2 遗址类型：在苏格兰泰湖（Loch Tay）上重建的湖中住所（crannog）

4.3 瑞典军舰"瓦萨"号（Vasa）

6.1 管供考古队准备潜水

6.2 按照协议为英国健康与安全执行局（UK Health and Safety Executive）提供水面供气潜水的商业考古潜水小组

8.1 记录船材：按1:1的比例把船材表面描在聚乙烯布上

8.2 地层学：一个水下发掘立面呈现出多个地层

8.3 原址记录：苏格兰摩尔（Mull）杜尔海岬沉船（Duart Point wreck, 1653年）发掘中的釉陶碗

8.4 发现物现场处置

10.1 在调查探方内用自立式拍摄架记录拼接照片

11.1 安装好的"全站仪"

12.1 泳道式（平移式）搜索的陆上练习

13.1 沉没于奥克尼群岛（Orkney）斯卡帕湾（Scapa Flow）长203米（660英尺）的英国皇家海军"皇家橡树"号（HMS Royal Oak, 沉没于1939年）的高清多波束声呐点阵图

13.2 多波束声呐呈现的岩石、泥沙沟壑表面渲染图像，含有英国青铜时代和17世纪的材料

13.3 "斯托拉"号蒸汽船（SS Storaa，沉没于1943）的多波束声呐图像

13.4 英国索伦（Solent）水下8米（28英尺）高的博尔德崖底（Bouldner Cliff）史前地表的多波束图像。44米（143英尺）长的挖泥船"玛格丽特·史密斯"号（Margaret Smith, 沉没于1978年）附在图上作比例参考

13.5　潜水员绘制的"危机"号（Hazardous，1706年）沉船遗址的高质量总平面图

13.6　"危机"号（Hazardous，沉没于1706年）沉船遗址的多波束声呐图像，以与图版13.5作比较

13.7　2002年的单向扫描多波束图像显示了"斯特灵城堡"号（Stirling Castle，1703年）沉船周围的海床

13.8　图版13.7所示扫描三年后，2005年的单向扫描多波束图像显示了斯特灵城堡号（Stirling Castle，1703年）沉船周围的海床

13.9　古德温沙丘（Goodwin Sands）一艘19世纪木制帆船的多波束图像

13.10　从单波束回声测深仪收集的地形分辨数据显示了沉没于斯卡帕湾（Scapa Flow）长178米（580英尺）的"马格拉芙"号（Markgraff，沉没于1919年）的水深、硬度和粗糙度

13.11　从班特里湾（Bantry Bay）"拉·修文纽特"号（La Surveillante，1797年）沉船遗址获取的三维磁场分布数据

13.12　照片显示了G-881铯磁强计（白色拖鱼）、EdgeTech 272 TD侧扫声呐、GeoAcoustics 侧扫声呐和Imagenex 885侧扫声呐

14.1　使用高程位移法记录船体外形

14.2　水下勘测：使用绘图板的潜水员

14.3　使用中的倾斜仪

14.4　使用中的双线绘图/平面图框架

14.5　纵向使用绘图/平面图框架记录前滩上的船只遗存

14.6　遗址记录器软件（Site Recorder）用于"玛丽·罗斯"号（Mary Rose，1545年）遗址时的截屏

15.1　用吸泥机进行水下发掘

15.2　在以色列多尔不到5米（16英尺）深的水中用抽泥机发掘

15.3　用抽泥机进行水下发掘

16.1　自然干燥法对有机质材料的影响——来自"玛丽·罗斯"号（Mary Rose，1545年）的橡木样品

16.2　被转移至保护实验室前存放在聚乙烯内衬临时浸泡池内的炮架

16.3　正准备提取的木制炮架基座

16.4　一批准备运往实验室的样品

17.1　苏格兰摩尔（Mull）杜尔海岬沉船（Duart Point wreck，1653年）上的测流仪

17.2　使用RBR数据记录器（RBR data logger）监测"玛丽·罗斯"号沉船（Mary Rose，1545年）的水下环境

17.3 放置在"玛丽·罗斯"号沉船（Mary Rose，1545年）遗址中用来研究海生蛀木
      动物活动的橡木块

17.4 一位文保工作者在苏格兰摩尔（Mull）杜尔海岬沉船（Duart Point wreck，1653年）
      的铁炮上连了一块铝制阳极

20.1 公众拓展：儿童学习水下考古

20.2 用纸质印刷品和电子版出版考古工作的机会

A1.1 发现于英国多塞特郡（Dorset）查普曼池塘（Chapman's Pool）内的单孔石锚

A1.2 发现于英国多塞特郡（Dorset）戈尔登开普（Golden Cap）附近的双孔石锚

A3.1 潜水员在NAS第一部分课程中练习水下勘测技巧

A3.2 在NAS第三部分课程中采集树轮测年样本

A3.3 NAS培训项目在英国布里斯托（Bristol）附近前滩的发掘和勘测

第一章　NAS手册——作品缘起

第一版《水下考古：原则与实践之NAS指南》于1992年首次出版，该书着眼于"如何开展水下考古工作，并保持可接受的标准"（Dean et al.，1992：2），解决了这方面信息匮乏的问题。

在解释考古基本理论的同时，该书对水下考古工作进行了综述，详述了在水下应用的技术和实践。它为不同环境中各种遗址的处置提供了合适的方法，并强调考古不仅仅是一套技术，而是由基本原则和理论参数形成的。该书是实践信息的综合，而非完全的参考书，无法将读者变成水下考古学家，它旨在对任何形式的田野工作的责任予以关注，同时列出在总是充满挑战的物理环境中完成符合标准的任务时所涉及的因素。

第一版发行后，基本理论虽未变化，但技术发展带来了更加先进的考古技术。与此同时，万维网（World Wide Web）和卫星电视将水下考古工作带入了寻常百姓家，满足了公众对所有历史事物的无限好奇心。此外，以不同方式进行考古调查的国家间联系加强了，水下考古工作的技术工具箱随之进一步扩大。

鉴于这些发展，更新原作文字和图片的时机成熟了。期待已久的第二版，也就是通常所说的"NAS手册"最终面世。

航海考古学会（NAS）是由最初于1972年组成并注册的慈善机构航海考古信托组织（Nautical Archaeology Trust Limited）逐步发展而来的。该信托组织于1986年重新组建成为航海考古学会，主要负责监管发行于1971年的《国际航海考古期刊》（*International Journal of Nautical Archaeology*，简称IJNA）的制作，以及推进科研。该学会致力于海洋文化遗产的研究、保存和保护，总部位于英国并拥有极大的国际影响力，其会员由希望推动和参与最广义的沿海和水下文化遗产保护的各类人员构成。

《水下考古》第二版涉及了包括摄影、法规和保护等方面的新章节。增加的章节反映了重要发展或新方法，尤其是在项目规划、考古遗址安全、历史研究、监测和维护以及地球物理学方面。

本书每部分都由特定领域的专家写就。第二版的制作是涉及了很多人员的漫长而反复的过程，他们中大部分是航海考古学会会员，对原版文字做了修正、补充和适当的改动。本书的完成因此应归功于所有参与本书和以往版本制作的人员（参见致谢中的贡献者名单）。航海考古学会对所有贡献者表示诚挚的感谢。

航海考古学会还希望向读者介绍真正的水下宝藏——帮助塑造了我们现在所生活的世界上丰富的文化遗产。在列出海洋考古学原则和实践的同时，本书使人们就如何从参与水上或水下海洋考古中取得最大收获方面能够做出知情和负责的决定。

第二章　水下考古

目录

◆ 什么是考古学？

◆ 什么是水下考古？

◆ 什么不是水下考古？

◆ 紧密相关的补充性方法（人种学和实验考古）

　　本章简短地定义了考古学和考古方法的构成，简要归纳了水下考古作为下属学科的发展，并谈及了考古学与其他方法和活动的一些重要关系。

什么是考古学

　　考古学关心的是对过去生活方式所留下的物理痕迹的识别和阐释，但是，考古学不仅仅是描述，其首要目标是解释。考古调查过程与警察、法政专家的侦查工作颇为相似。无论一开始显得多么单调乏味或无关紧要的各种痕迹，都可能在侦查员或考古学家抵达之前为了解过去事件提供重要线索。

　　在陆上和水下均存有过去的证据，但是，因界线变化，"湿遗址"和"干遗址"的区分很复杂。一些曾经是海床的地方如今已经是陆地，一些过去的陆地现在却位于水下，因此可能会在意想不到的地方发现海洋发现物（图2.1、图2.2）。如书名所述，本书关注对水下的考古证据的研究，除了为应对特殊环境而使用专门器材，水下和陆上的考古技术在本质上是一样的。

　　任何人都可以自称为考古学家，关键是其考古工作做得好坏。即使是受过最好训练的经验最丰富的考古学家，其知识面和能力范围也是有限的。优秀的考古学家知道自己的局限，对专业人员和将考古作为兴趣爱好的社区志愿者们来说，道理也一样。基于其已积累的经验和教育，经过培训的专

▲图2.1 英国多佛（Dover）新修主干道时，在地下6米（20英寸）处发现的青铜时代沉船。（照片由多佛博物馆【Dover Museum】和青铜时代船只馆【The Bronze Age Boat Gallery】提供）

业人员的工作更有可能达到可接受的标准，而业余考古学家如果能够获得适当的技术和经验，也能达到同样高的考古水准。除了考古技能，优秀考古学家的另一特质是知晓可用资源之局限的能力。如果没有充足的资源和支持，考古学家会终止可能破坏证据的项目（比如发掘）。通览本书人们将会认识到，发现物和其他证据的发现、记录、阐释和照管都离不开资源，发现的材料和记录也必须安置在博物馆或其他适合的存放处长期照管。此外，发行和宣传也需要资源，藉此，考查得到的证据才能为人所知（见第二十章）。

当今的考古学根植于对旧事物的好奇——世代传承的关于过去事件或真实或虚构的故事和传说，以及与过去事件有关的留存下来的物品。很多文化中普遍有这种好奇，而且这种兴趣并非新近现象。中世纪农民收集石质手斧，认为它们是超自然现象的产物。一些对"文物"有兴趣的人开始尝试解释他们在收集什么，并且逐渐发现其中一些材料可能与更广泛的话题有关。比如，一些人试着证明早期人类是野蛮的，而另一些人则曲解证据意图证明某些种族天生比其他种族更优秀。

所幸其他人更有见识，他们试图客观对待材料能表达的内容。这真正地标志着考古，区分于收藏古董（古物学）的"绅士追求"和在历史背景中研究单体物品（美术史），作为一个学科的开始。考古工作者们开始借助地质学等其他创立较久的学科的技术，并且透过物品着眼于其周围事物以寻找更多的证据。

此时，人们开始认识到考古情境（context）对阐释过去的重要性。事实上，因为一开始借助了地质学的分析技术，人们才在情境和考古序列上集中了大量注意力，从而引发了对区分考古沉积和地质沉积因素的关注，使考古学的研究更为完善（Harris，1989）。

起初，考古研究注意力集中在单体遗址上，随着学科的发展，开始探讨诸如人口迁移、农业发展和过去的社会结构这些问题。过去两百年间，考古学积累了日益复杂的方法和更为完善的理论基础；每一代工作者都为增加从已经不复存在的社会或者文化的物质遗存中能够收集到的证据量贡献了力量。考古起初关注对物品分类和描述，随后发展成为一门关注使用物证来论证人类和行为的学科。

在过去大约30年的时间里，人们把大量注意力集中在学科理论方面，这意味着随着科学收集的证据的增加，现在可以更有效地解决有关过去的根本问题，也能更严格地检验结论。

该学科早年进行的工作所复原的有关过去的证据比现在所能复原的少得多，这是因为早期的考古学家不知不觉地毁坏了能够通过现代技术取得的信息。尽管已为时过晚，丢失的证据无法挽回，但它至少提醒了我们，未来的考古学家会同样回过头来审视今天考古学家的工作。专业或业余考古学家都应意识到应将尽可能多的证据传承下去的责任，让后世理解今天所不能被理解的线

▼ 图2.2 在威尔士新港（Newport）市中心尤斯卡河（River Usk）河岸发现了保存完好的都铎（Tudor）沉船遗存。（照片来自汉普郡和怀特岛海洋考古信托组织【Hampshire and Wight Trust for Maritime Archaeology】）

索（图版2.1）。

　　理解考古遗址（而不只是遗物）的复杂性和潜在性经过了漫长发展过程，并且这一理解尚不完全。过去的几百年间积累了大量的惨痛经验，现今，对过去好奇的人没有理由再犯一两百年前同样的错误，不幸的是，这样的事情确实仍在发生。一些水下和前滩[1]考古（foreshore archaeology）的从业者是因为意外发现考古遗存而入行，并且上手时可能基本没有考古经验。水下考古是一个相对较新的研究领域，并且仍然有待向一些传统考古学家证明其价值，然而，随着它的成熟和从一般考古学中不断习得经验，其主次先后和原则得以形成，工作的整体质量必将提升。

　　考古学家把遗址视作罪案现场，小心采集所有能够得到的证据。谋杀武器、入室证据、尸体姿势、毒药痕迹、弹道报告、系统搜索、指纹和与罪犯衣物匹配的纤维，在考古中都有其对应物。事实上由于方法和目标过于相似，两门学科借鉴了彼此的技术，并且时常共同工作。

　　如果说考古是在罪案现场的证据收集，那么它的姊妹学科历史学（文献研究），则是对目击者陈述的审查。两门学科使用不同的信息来源和技术，但共同构成案件的证据。知晓历史研究的潜力所在，并在合适的地方加以运用很重要（见第九章）。同样重要的是当物理证据显得与目击者看法记录相左时不必困惑，每一类证据都有自身的问题和局限，好侦探能理解这点，并基于所有证据的价值得出结论。

　　检查一下我们周围，你就会很快明白留存下来的过去的物理证据是多么稀少。诸如建筑开发、公路建设和采矿等活动继续蚕食着残留下来的证据库。为了驾驶汽车、住上温暖的房屋和新大楼，这是不得不付出的代价。但是，仔细规划可以减少信息流失，通过避免损坏过去遗存存在之处；如果破坏不可避免，通过考古性地记录遗址，至少能抢救其中包含的证据并传给后世。

---

1 译者注：前滩指高潮线极点与低潮线极点间的海岸与河岸（连通海洋的河流在河口处会受到潮汐影响），参见术语汇编。向陆侧延伸至自然地形有显著变化或建有人工设施的部分属于后滩（backshore）。

为避免对考古材料造成损坏，有时会调整已规划好的建设工作。如果遗址终将因发展而被破坏，抢救和记录信息或许要靠开发商的自觉，尽管偶尔需要法规支持。虽然，陆上考古田野工作经常面临开发或用地改变对遗址的干扰，大多数遗址在被破坏前并未被记录，原因在于考古工作任务繁重而资金有限。在这样的情况下，每位考古学家在开展任何无法避免的破坏先于抢救信息的发掘（发掘即破坏）前必须好好考虑。

如前所述，后世会比当今考古学家从遗址中得出更多推断。在未来的某一天，比如，随着"透视"陆地的方式越来越复杂精良，可能完全不必进行发掘（见第十三章）。田野工作并非总是基于这样的考虑，过去的发掘现在或许难以算作合理。这并非是对前人的批评——它只是简单地意味着，考古学家已经学会了确保花在现今考古工作中的每一分钱都值得，并且，这也属于为理解我们的文化遗产而做出的齐心协力、目标明确的努力。

现在已经有足够多的非破坏性考古工作让那些对过去感兴趣的人们忙碌多年，但最为迫切的是搜寻和记录新遗址。无论保护管理过去的遗存适用哪种策略，至关重要的是——对潜在问题的预警。海床使用者、立法者和考古学家需要在商业开发或任何其他可能的破坏性进程开始前了解每个区域内已知和未知的意义重大的遗存。

近些年来，考古学拓展领域中有一项就是地区和国家政府进行的遗址清单编制工作。在英国，这些清单被称为遗址和古迹记录（sites and monuments record，简称SMRs）或者历史环境记录（historic environment records，简称HERs），它们所包含的信息是妥善管理历史和考古遗存的根本，使有效识别遗址和合理分配有限的保护资源得以实现。

水下遗址的系统"盘点"一直在缓慢进行，但前路漫漫，然而公众、考古学家和非考古工作人员都能为其出一份力。世界各地每年有数以百万计的运动潜水活动，潜水员无疑在搜索海床中扮演着必不可少的角色。

遗址登记簿有两个主要功能：

1 它们提供了方便研究者查阅和易于使用的信息形式。

比如，借助电脑数据库，研究者能够找到特定区域某年代所有已知遗址的基本信息，而更加高级的使用方法则可通过使用系统应用获取某一时期含有特定类型材料的遗址的信息。这样的登记簿可以为研究和考古资源管理提供强有力的工具。

2 它们提供背景信息，人们可根据信息来评估遗址是否面临紧迫危险，或者是否会被新的发展所损坏。如果一家公司想从海床上取沙和碎石，有一本全面的遗址登记簿就能迅速且有据地判断是否能在预定地点进行提取。

很多重要发现都是潜水员的意外发现，水下考古学家仔细搜寻特定遗址时却往往发现甚少。这仅强调就深化了解海床上考古遗存本质和分布而言，休闲潜水员相当重要。专业考古学家在海床上停留的时间永远无法与潜水员相比，因此潜水员收集的信息数量对于代表性数据库的发展至关重要，但如果能加以一定的基础观测，这些信息则会更有价值。

为了使遗址清单实现其潜在价值，显然它需要包括每处遗址最低限度的信息：

- 准确位置（见第十一章）；
- 遗址年代的估算；
- 遗址保存状况的评估；
- 短期或长期可能对遗址造成威胁的因素；
- 使遗址尤其重要的任何已知历史关联或特性（但是要警惕基于臆测而非实证做出定论）。

这些信息以及其他相关数据显然特别有用。它们往往已经为当地人所知，可是如果没有交予历史环境记录，位于本地的知识可能难于查阅，尤其是信息没有形成任何文字而仅存在于潜水员头脑中时更是如此。

经过发展且被普遍应用的方法能够在尊重当地所有权意识并适当保有机密性的同时进行遗址信息的记录和查阅。

什么是水下考古

对过去的研究是个广泛的科目。考古学家通常有一个或多个专业方向，比如对某一地区或某一时期发现的文化的研究，一些考古学家则在某一类考古材料上发展专长，比如陶器甚或是船只。为了在特定的环境工作，比如水下，而发展技能比较少见，这么做的人通常在考古学其他方面也具有专业技能。船舶考古自然是有潜水技能的水下考古学家的专长领域，但是有些能够潜水的水下考古学家则对水下聚落遗址或者其他与水下环境相关的研究领域更有兴趣。

在水下工作的考古学家对待现有证据的态度应当与在陆地上工作的考古学家一样，而且应当通晓考古研究的其他领域。鉴于水下考古和陆上考古并无本质不同，使用的标准应该同样严格。

什么不是水下考古

打捞：（请勿与术语"抢救性考古"【salvage archaeology】相混淆，该北美术语在英国表述为rescue archaeology）考古是信息的收集，而打捞则是以金钱价值为目的的材料收集。打捞人员将丢失的材料重新放回市场交易是正当的活动，但是如果材料包含了有关过去的线索，这一行为就会与考古产生冲突。考古材料仅是偶尔才具有商业运作所需的足够经济价值，并且考古与规范的商业之间的利益冲突比想象中要少。不幸的是，仅为了保证在工作淡季打捞人员有事做而损坏遗址的情况仍有发生。

猎宝和收集纪念品：猎宝是一种边缘性打捞。其终极目的通常就是挣钱，浪漫和荣誉的诱惑也扮演了重要角色。为轻易敛获宝藏舰队金银的承诺投资，或被说服去赞助毫无根据的"古董开采"探险的人着实不少（Throckmorton，1990）。虽有例外，但与合法打捞相比，猎宝者的活动大都缺少指引，资金不够稳定，而且更不可靠。这意味着通常这类活动比打捞对

第二章 水下考古

考古遗存的威胁大的多。这些项目经常伴随着言过其实的声明以引诱潜在的投资方，正是投资方帮助维持着许多猎宝组织。猎宝大多不能财务自持，所以需要投资方的帮助；猎宝者通常就这样用别人而不是自己的钱冒险，以求实现自己的计划。猎宝团体总是热衷于鼓吹自己鲜有的成功，并回避大量的失败，以维持潜在投资方对未来项目的兴趣。虽然，一些冒险活动在取出物品时尝试达到可接受的考古标准（或者号称这样做），但大多数都没有这样做，其结果都是损坏或破坏了遗产不可代替的部分。这种探险花费高回报少，但猎宝者依旧轻易地把他人的钱投入下一个项目。

打捞的另一种边缘活动是收集人工制品以作纪念。只因为发现者对老物件"感兴趣"并想拥有一些纪念品陈列在自家或小型私人"博物馆"里，很多遗址遭到侵扰，并且部分或全部被毁坏。这些发现者们的动机多是未经指导的好奇心而非任何破坏性意图，但这种活动无疑是不科学的，这使我们永远失去了证据。更糟糕的是，这些人有时会拆分材料来售卖，以填补收集的开销。

虽将这些发现者们怀有的对过去的真实、浓厚的兴趣等同于愤世嫉俗的商业贪婪有失公允，但从考古观点来看，猎宝和收集纪念品的最终结果与商业活动差异无几。以获取钱财为目的的项目，无论是专注于纪念品或个人战利品的收集，还是以贩卖材料为消遣行为补助资金，都会毁坏重要考古证据。一些人觉得他们可以做到按照"考古标准"开展商业性提取作业，但实际上这两种方式格格不入，基本原因有三。

首先，考古调查与打捞或猎宝的主要差别在于，考古的首要目标是获取现时可以使用并能造福后人的新信息。虽然，越来越多的商业项目声称其试图达到该目标，但几乎从未实现。遗址考古工作以此为导向，并且最终形成完整的遗址档案和学术出版物，而非简单的拍卖目录。任何导致有关过去仅存的线索受到意外或蓄意破坏的不必要活动（猎宝、采集古董、搜集古玩、不当考古）都让人万分沮丧。如不以充分详尽记录的形式保存长久留存下来的有关过去的信息，它们就永久地灭失了。

第二，在本书后面会讲到，有关过去的线索不仅来自可辨认的物品，还有其他多种多样的来源。考古也不仅仅只是找回人工制品。当项目资金来自人工制品销售时，人们的注意力常会集中在被认为具有商业价值的材料上，有机遗存甚至船体结构等考古学家认为对遗址研究至关重要的其他证据来源，总是被忽略且通常被毁。材料一出水，对人工制品的商业价值的过滤继续运行。文物保护（见第十六章）会很昂贵，人工制品猎人常会丢弃不太可能在拍卖中竞出好价钱的物品。最终结果是依据商业价值挑选的不相关物品的堆砌，而非仔细记录下来的遗址包含物样品，而后者可作为相关联线索的集合来研究。

第三，传承后世的考古学家工作的成果（遗址档案）会包括遗址中的发现物和记录（见第十九章）。刑侦小队不会变卖未侦破案子的证据，而是会保存下来以备重新评测。诸如开膛手杰克（Jack the Ripper）的匕首这样的东西能在易趣网（eBay）上卖得好价钱，但是，抛开道德考量，随着刑侦技术的发展，凶器仍会提供新的证据。考古遗址神秘莫测，其文档得保持开放，没有哪一种对遗址的阐释能被认作定论，而且要得出新鲜、坚实的结论，必须用一整套原始线索检验新方法和新观点（Bass，1990）。

材料散失使重新评估遗址举步维艰。不能孤立地研究遗址，而必须与其他遗址对比和联系（见第四章），并且当证据档案不完整时，该遗址与新发现做比较的价值大打折扣。出售发现物所致的损害比少记录一处遗址更严重。前面已经提到为支持大多数猎宝作业注入投资的自给自足的驱动系统。光鲜的销售目录和围绕人工制品销售的宣传扭曲了对于过去很珍贵的认知。人工制品的的珍贵无法用金钱衡量，而在于它们是"以前发生过的事情"的知识来源，是对所有人类文化之根本的理解。

航海考古学会（NAS）拟定了《原则声明》（Statement of Principles）（见航海考古学会【NAS】网站），希望其会员和其他人遵照，努力帮助脆弱的水下文化遗产得到应得的照料。其他许多相关的独立组织、政府间组织，也都曾怀着相似的目标和渴望发表过文件。

猎宝行为仍在继续，时有官方纵容。那些对考古感兴趣的人面临着艰难的抉择：他们可以选择不插手，任由遗址遭受毁坏，或者他们可以冒着被"卷入"或者利用的风险，尝试提高猎宝项目的标准。解决方法绝不简单。猎宝者将想要：

- 符合标准的考古记录。这可以协助说服官员允许其工作继续进行，并且这么做所提供的体面表象可能会给潜在的投资方和其他人留下好印象；

- 确认遗址的历史背景和起源——以提高物品的金钱价值；

- 考古学家成为替罪羊，承担外界对项目的谴责。

作为回报，考古学家通常将得到高薪并有机会抢救在提取过程中会被毁坏的信息。许多考古学家认为猎宝者的工作惯例和重要性无法提升到足够的高度，所以不配让他们与之共事。不可否认一些猎宝公司确有尝试田野考古实践方法，但他们经常将此局限在有外界监督的遗址上，而在其他遗址上降低操作标准。这表明那些合规考古工作中的额外努力并非自愿，而只是为了私利。

任何考虑参加包含商业利益的人工制品探索项目的考古学家应该考虑以下几点：

- 这是否是一个没有考古学家参与就不会被批准的项目？如果是，考古社团或许只要拒绝加入项目就能拯救遗址免遭破坏。

- 考古学家要有良好资格和充足经验从而能在压力下做出明智判断。他还要内心强大以便有效应对个性强硬的人。经营者总是会去接近经验不足、不够资格或不会潜水的考古学家，因为他们更容易被说服或误导。

- 考古学家的工作不应以基于遗址所发现材料或物品的数量或金钱价值而得出的任何形式的物质报酬为目的。他不应在发现作业管理者的控制下工作，而应拥有如不维持应有标准即可叫停整个作业的能力。

- 考古学家不应将发现作业称作"考古"，除非其完全处于他的掌控之下，或者由他全权负责调查标准。他也应保有就所达到的水平和成果发表客观全面报告的权利，而非制作花哨的大众读物当作学术出版物去美化猎宝探险。

- 考古学家不应放弃与猎宝探险斗争和积极对抗材料流失的权利。
- 考古学家应该时刻铭记猎宝探险的资金通常来自投资方，增注资金的常用机制是销售，这导致了发现物散失。这是正规考古区别于猎宝和打捞的关键因素。

其他考古学家或许发现，作为为政府或遗产机构工作的一部分，他们不得不与猎宝者和打捞者共同工作。在这种情况下，就要与各方面进行诚实而机智的交流。

政府常因其与猎宝者间的关系而饱受批评。贫穷国家或会就其水域中潜在的有价值的沉船与猎宝者们达成财政协议。这有时是因为该国无法从常规资源中获益，却能从这类交易中看到短期收益。不幸的是，有时候这仅因高级政府工作人员是潜水员，并且认为这种做法颇具浪漫色彩。富裕国家甚至也与猎宝者达成了协议，这一般是出于实用主义原因，而非物质报酬或浪漫。情况很少像乍看上去那么简单直接，所以考古学家要保持思维开放、冷静处理争论，注意不要言过其实，亦不可忽略不支持其境况的证据。

如果说考古学家在与猎宝者共事时面临一系列艰难选择，尽责的博物馆馆长也定然如此。他们面临类似的选择：是为大众保存一小部分信息，还是选择减少进一步的破坏活动。前者鼓励猎宝者，而后者会迫使他们舍弃本能拯救的这一小部分发现物。通过购买物品甚或接收捐赠，博物馆能给予猎宝者声誉和金钱，这些钱却将帮助猎宝者继续破坏遗址。

缺乏信息或不慎重的博物馆有时会更直接地参与其中。一种思维狭隘的观点是堆满展馆内的墙壁和展柜，而不担心对考古遗址的影响。幸运的是，这种态度在现代的博物馆中毫无立足之地，很多机构和国际组织已致力于制定控制添置新材料的行为准则。

部分问题的补充信息和扩展资源的链接请见第七章。

紧密相关的补充性方法（人种学和实验考古）

海洋人种学是研究当代文化、工具、技术和材料的学科。海洋考古学家使用一种人种学的技法，这种技法研究当代海上和其他滨水群落所使用的与考古情境中发现的非常相似的工具、技术和材料。

海洋人种学有三个主要用途：

1 作为文化及其材料和工具的记录；

2 作为社会一部分的人工制品，从根本上表现社会的方方面面的人工制品；

3 通过观察过去的社会、文化实践、材料使用以及技术难题的解决办法，增长考古学家的知识。

上述海洋人种学的应用能让人更好地理解考古记录。比如，对当代渔业社区和造船传统的研究，能为过去的实践提供深入了解，尤其是造船传统在飞速转变，木船越来越多地被装有引擎的金属或玻璃钢船体取代。麦克格雷尔（McGrial）多年前的观点现在仍然适用："人种学研究让考古学家意识到对一般问题的一系列解决方法……使用这样人种学类比，考古学家可以推断出残缺人工制品或结构的假想性复原，发现未知结构部件的可能功用，并且略为详细地描述物品或结构是如何制作的"（McGrial，1984：149-50）。

当然，使用这种方法也需要多加小心，对当代渔业社区的研究并不一定能直接决定相应考古情境中的活动和材料使用情况。人并不总是以相似的方式使用物品，所以同样的问题或许有千百种解决方法，因而我们必须理解使用这种证据的局限和困难。然而，就调查复杂人工制品的各方面功用和制造而言（比如船只），人种学记录就没用了。谨慎应用，人种学就能够为回顾性查询提供基准或跳板（图版2.2）。人种学证据也与实验考古紧密相连。

实验考古：水下遗址中的材料与陆上的一样，可以在不

▲图 2.3 实验考古：制作发现于苏格兰阿盖尔格雷汉湖（Loch Glashan, Argyll）的独木舟的复制品。（摄影：科林·马丁【Colin Martin】）

同程度上予以研究和理解：作为遗址的一部分，作为遗址中功能组合的一部分以及作为一个单独存在的物品，提供制作物品的社会所用技术的信息。但是，考古证据很少是完整的。物品可能破碎变形，可能与其实际使用无关的其他物品或材料相互关联（见第四章），物品建造技术的证据可能隐藏在其他遗址之下，或因过于复杂而仅凭目测难以理解。因此，有必要找到调查这些方面的证据的方法。

"实验考古"常泛指多种活动。陆上项目包括从使用燧石或青铜斧砍伐树木，到修建经调查并以规律区间划分好的土木工程来检测侵蚀和遗址形成过程。由陆上开始在水中收尾的项目包括了不同尺寸水上运载工具的建造，小到单人独木舟（图2.3,2.4），大到帆船。航海考古学会（NAS）定期举办实验考古课程，让会员学习如何切割出船只的木结构，或制作诸如中世纪箭头复制品之类的东西。

该研究领域并非没有明显问题，尤其是可能花了大笔钱去建造，诸如船只复制品，而实际上获得的有用信息微乎其微。原因何在？

▼图 2.4 格雷汉湖（Loch Glashan）独木舟复制品试航。（摄影：科林·马丁【Colin Martin】）

如果一个小组打算等比例制作一个船只模型以调查其制造和性能，他们会马上面临一个问题：重建过程中所依据的证据是否准确完整。如果信息的主要来源是已发掘的船只遗存，那么这个证据可能是破碎且变形的，尤其是船只上部。如果证据主要是图像又会产生其他问题：画家是否理解其所绘对象？建筑信息和比例是否会因透视而变形？显然，尽可

能广泛地咨询，从尽量多的来源收集信息的重要性不言而喻。

确立船只设计并开始制作后，应采用什么工具和材料？使用现代材料和工具可能会影响船只的运转方式，而且，一些建造遗迹，或许只有在使用原本的工具和技术来解决存在的问题时才有意义。记录工作的各个方面都很重要，包括做出具体决定的原因，比如因为人手短缺所以用电锯切割船材。

船只建造完成便可以下水了。谁去开船，谁去掌舵？他们是否拥有必要的技能？水手通过应用世代积累的经验从而最大限度地利用船只，然而个人因素能被多大程度地重建？一旦航行开始，如何记录船只性能？建造完成后，重要的是使用规范性标准而非随意观察，这样才能与别处的其他测量做比较。最后，考虑到以上强调的所有问题，这一实验结果的可靠性能有几分？

这并不是说实验考古是浪费时间，当然不是。但是，明确目标并且坦诚面对正在尝试的目标和已经得到的结果非常重要。鉴于一些大型项目开支不菲，必须有透明的管理和财务决策，这样其他人才能够判断经费是否使用得当。一些项目主要关心船只或物品的外形——其主要目标是展示和交流，一些项目旨在研究建造，因此极为关注所用的工具和材料，这种研究或许仅涉及局部或小比例重建。等比例重建是考查船只性能和功用最宏大的方式，虽然在该领域水池实验模型和电脑建模也很有意义。这些目标全都合理有用，即便偶尔它们更大程度上是唤起过去的努力精神，而非收集有用数据。

实验能够极大地推动人们深入了解所用的材料，从而对过去做出推断。这经常是研究物品间复杂功能关系，认识人类在建造和使用过程中所扮演角色的唯一方法。如果没有对项目目标和方法的真实评价，和对结果详细客观的记录，不论是单体物品还是整艘沉船，其重建的意义将非常有限。

本章试图阐明考古学到底是什么，它从何而来，是什么激发着考古学家以及他们如何从事其学科。考古实践背后基本原则的信息，请见第四章。

扩展信息

Adams, J., 2002, Maritime Archaeology, in C. Orser 编, *Encyclopaedia of Historical Archaeology*, 328–30. Oxford.

Bass, G. F., 1990, After the diving is over, in T. L. Carrell 编, *Underwater Archaeology: Proceedings of the Society for Historical Archaeology Conference 1990*. Tucson, Arizona.

Delgado, J. P. 编, 2001新版, *Encyclopaedia of Underwater and Maritime Archaeology*. London.

Gamble, C., 2006 新版, *Archaeology: The Basics*. Oxford.

Green, J., 2004 第2版, *Maritime Archaeology: A Technical Handbook*. London.

Harris, E. C., 1989第2版, *Principles of Archaeological Stratigraphy*. London.

McGrail, S. 编, 1984, *Aspects of Maritime Archaeology and Ethnology*. London.

Muckelroy, K., 1978, *Maritime Archaeology*. Cambridge.

Renfrew, C. and Bahn, P., 2004 第4版, *Archaeology: The Key Concepts*. Oxford.

Throckmorton, P., 1990, The world's worst investment: the economics of treasure hunting with real life comparisons, in T. L. Carrell, 编, *Underwater Archaeology: Proceedings of the Society for Historical Archaeology Conference 1990*. Tucson, Arizona.

第三章 参与水下和前滩考古

个人参与海洋考古的方式有很多种（图版3.1）。下面的清单不算详尽，但确实指明了存在机会的范围。参与包括：

- 参观考古遗址和展览；

- 参加航海考古学会培训计划（Training Programme）和其他课程；

- 利用图书馆、档案室或网络进行历史研究；

- 在海洋、河流、湖泊和前滩中搜寻遗址；

- 在岸上和水下勘测港口工程、海滩侵蚀性遗址和沉船；

- 陆上、前滩和水下发掘；

- 发掘后续工作、发现物编目、记录；

- 研究、建造和使用重建的水运工具；

- 出版研究和成果；

- 为更好地保护海洋考古遗址而宣传；

- 参加会议、讲座和研讨会。

个人可以决定自己投身于考古事业的程度，从仅仅间或在夜晚或周末参与其中到把所有可能的业余时间都用于参与上述活动，一些人甚至选择海洋考古作为职业。不论投身程度如何，团体和个人都应首先考虑加入航海考古学会（NAS）。本书在第一章便总结了该学会的起源和宗旨。航海考古学会（NAS）会员每季度都会收到简报，内有项目、课程、会议和与海洋考古相关事宜的信息。航海考古学会（NAS）还负责《国际航海考古期刊（IJNA）》的制作，它是该领域的一流刊物之一，拥有世界各地学术研究和野外工作的文章。该半年刊由威利－布莱克威尔公司（Wiley-Blackwell）出版，航海考古学会（NAS）会员订阅可以享受优惠。

航海考古学会（NAS）培训计划于20世纪80年代在英国发起，之后逐渐被世界上很多国家采用。该培训计划遵循循序渐进的结构设计，起初是一天的"前滩和水下考古简介"（Introduction to Foreshore and Underwater Archaeology），最后则以"第四部分：前滩和水下考古高级证书"（Part IV Advanced Certificate in Foreshore and Underwater Archaeology）结束（见附录三）。

考古是长久而复杂的过程，它包括文献研究、初步遗址评估、调查、记录、结果的出版和宣传。还可能包括发掘，这将包括发现物处置、记录、编目、保护、存放，并且最好能对发掘材料有所展示。因此，考古经历会涵盖从重体力劳动到清洗壶罐、绘图、数据库管理或者博物馆工作的所有工作。

在合适的组织做志愿者是兼职投身考古事业的一条通道。当地博物馆通常很欢迎志愿者，这为人们提供了接触不常公开展览的考古材料的机会，幸运的话，当地就有专门的海洋博物馆。另外，考古单位和慈善组织也能为有热情的人提供获取许多方面考古经验的机会。对于想在考古事业中谋得一份工作的人来说，做志愿者是获得有价值的经验以增加就业前景的绝好方式。

独立研究是所有人都能灵活参与海洋考古的方式，它让个人在可支配时间里以最合适自己的方式追求感兴趣的学科方向。这类研究可以在家里、图书馆、在网上以及通过地方和国家图书馆和档案馆进行（见第九章）。

越来越多的以海洋考古为主题的会议、演讲、讲座和研讨会在世界各地定期举办，这些是拓宽视野，跟进新近研究、项目和趋势，结识在海洋考古上志同道合者的绝佳机会（见第二十章）。

虽然个人的主要兴趣或许是海洋考古，获得考古经验的绝佳方式却是通过陆上遗址发掘。陆上或水下的考古过程完全一致，但在陆上遗址工作时更易于交流和提问，学习过程就更快捷。那些想动手参与的人可以参加发掘培训，全球很多机构有这类培训，这通常需要至少一周时间和一些培训费。

航海考古学会（NAS）每年都组织一系列海洋考古项目，这些项目或在英国或在海外，在江河湖海中或在前滩上，也可能包含培训单元。更多信息请参见航海考古学会（NAS）网站（www.nauticalarchaeologysociety.org）。

具备了坚实的考古经验和调查技术基础（或是通过航海

考古学会【NAS】培训），即可能针对本地遗址组织独立勘测项目。一经获得遗址所有者或管理者和相关部门的许可，就能够计划并实行勘测项目。航海考古学会（NAS）可就如何进行勘测提供建议，而且勘测结果可以作为航海考古学会（NAS）第二部分项目（NAS Part II Project）提交（见附录三）。或者（或事实上，此外），遗址可通过"有目的地潜水，认领遗址/沉船"计划被正式"认领"（见航海考古学会【NAS】网站），所获取的信息继而能以被输入地方和国家考古和海洋保护数据库，这样信息便可为众人所用。

　　作为无报酬潜水员参与水下考古项目，至少需要持有相当于世界水上运动联合会二星（CMAS 2 Star）（英国潜水协会运动潜水员【BSAC Sport Divers】、潜水教练职业协会救援潜水员【PADI Rescue Divers】，潜水协会俱乐部潜水员【SAA Club Diver】）的潜水认证。根据遗址情况，很多项目会要求参与者拥有比最低要求更加丰富的经验，所以明智的做法是以更高级别的潜水资格为目标以及培训时尽量多地适当潜水。值得记住的还有，很少有项目会提供潜水装备（气瓶可能除外）。

　　参与海洋考古并不一定非要成为潜水员。许多海洋性质的遗址根本就不在水下（见图版3.2），它们或许根本不太靠近水源。即使是水下项目，在水下进行考古工作每花一分钟，就要在水面或岸上花许多小时研究和处理材料并撰写报告（图3.1）。

　　人们通常因为在岸边散步或在常规运动潜水时发现人工制品或遗址而顺理成章地逐步参与到海洋考古中。很多组织可以就如何处理这种情况提供信息，并且应尽早咨询。下面提供联系方式。

　　考古是广泛而多样化的学科，并且与其他学科紧密相连，考古本身也是个吸引人的职业选择。考古工作一般包括勘测、发掘、绘图、保护、研究、摄影、数据库管理、教育和展示、地球物理、材料科学检测、科学测年技术，当然，还有海洋考古。但在很多国家，能胜任这一工作者供大于求。考古工作岗位通常以薄薪的短期合同为基础，而且职业前景有限，因此以考古为职的确需要一定的决心和奉献精神，需要对才智而非金钱的渴求。

雇佣组织通常希望求职者拥有考古学的学术资格。英国雇佣考古学家的组织包括：

- 地方政府（郡、区、市、地区或自治区）；
- 非政府组织（比如英国考古委员会【Council for British Archaeology】、田野考古学家研究院【Institute of Field Archaeologists】、国立信托组织【National Trust】、航海考古学会【Nautical Archaeology Society】）；
- 法定机构（比如英国遗产局【English Heritage】、苏格兰文物局【Historic Scotland】、威尔士的历史遗迹组织【Cadw】、北爱尔兰的环境与遗产服务处【Environment & Heritage Service】）；
- 考古单位；
- 合约考古学家；
- 威尔士和苏格兰的古代历史遗迹皇家委员会（Royal Commission on Ancient and Historical Monuments）；
- 高校/高等教育机构。

现场考古项目的专业人员包括摄影师、地球物理学家、绘图员、文保工作者以及某类材料的专家，比如陶器、玻璃、植物、种子和骨头。在考古项目后期，可能会雇佣专业艺术家和编辑来协助准备和出版最终的报告。在海洋考古遗址的专业人员（见第十九章）还可能包括船体结构或海洋军械方面的专家。

每个国家都就专业考古学家的潜水资格有其特定规定。在英国，任何有偿潜水必须遵守《1997年潜水工作条例》（Diving at Work Regulations 1997）及其后续修订，这意味着潜水员必须持有官方认可的商业潜水证书（Commercial Diving Certificate）或者恰当的标准执业守则（Approved Code of Practice，简称ACOP）专门指定的同等资格。此外，潜水员必须持有健康安全执行委员会（Health and Safety Executive，简称HSE）现时认可的潜水健康证明（每年续期）。更多信息请见第六章。

　　从有兴趣的业余人员到专业考古学家，本章为所有人总结归纳了现有的一系列参与海洋考古的机会。以上内容的更多信息，请参考下面引用的文献资料，以及/或者联系航海考古学会（NAS）办公室。

扩展信息

海洋博物馆

英国海军、海洋博物馆清单：people.pwf.cam.ac.uk/mhe1000/marmus.htm

世界范围海军、海洋博物馆清单（美国除外）：www.bb62museum.org/wrldnmus.html

美国海军、海洋博物馆清单：www.bb62museum.org/usnavmus.html

志愿者机会

出国考古计划（Archaeology Abroad），由伦敦大学学院考古系（Institute of Archaeology, University College London）主办，每年两次（四月和十一月）：www.britarch.ac.uk/archabroad/

由英国考古委员会（Council for British Archaeology）出版的《英国考古讯息》（British Archaeological News），双月刊：www.britarch.ac.uk/briefing/field.asp

英国考古工作资源（British Archaeological Jobs Resource，简称BAJR）：www.bajr.org/

英国考古委员会（Council for British Archaeology）：www.britarch.ac.uk/

《考古前沿》（Current Archaeology）信息中心：www.archaeology. co.uk/directory/

地球守望者组织（Earthwatch）通过在科学家、教育工作者和大众之间建立合作关系，从而推动文化遗产的可持续保护。地球守望者将人带到田野中去：www.earthwatch.org/

电子讨论组

英国考古（Britarch）（www.jiscmail.ac.uk/lists/britarch.html）是一个支

持英国考古和教育（所有层次）相关信息传播的讨论组。

MARHST-L（http://lists.queensu.ca/cgi-bin/listserv/wa?A0=MARHST-L）.
　　MARSHT-L的目标是促进对海洋历史和海洋博物馆确有兴趣者之间的
　　交流。

海洋遗址（Sea-site）（www.jiscmail.ac.uk/lists/SEA-SITE.html）旨在促
　　进多学科海洋环境研究和水下考古遗址相关的野外工作。

水下考古（Sub-arch）（http://lists.asu.edu/archives/sub-arch.html）电子讨
　　论组主要内容是水下和海洋考古。专业考古学家和打捞者都在使用这
　　个讨论组，故有有趣甚至时有激烈的讨论。

潜水

　　英国信息：

英国潜水俱乐部（British Sub-Aqua Club，简称BSAC），地址：
　　Telford's Quay, Ellesmere Port, South Wirral, Cheshire, L65 4FL（www.
　　bsac.com/）。

国际潜水教练职业协会（Professional Association of Diving Instructors，简
　　称PADI），地址：PADI International Limited, Unit 7, St Philips Central,
　　Albert Road, St Philips, Bristol, BS2 OPD，网站：（www.padi.com/）。

国际水肺潜水学校（Scuba Schools International，简称SSI）。网站：
　　（www.ssiuk.com）.

潜水协会（Sub-Aqua Association，简称SAA），地址：26 Breckfield
　　Road North, Liverpool, L5 4NH，网站：（www.saa.org.uk/）。

　　国际信息：

世界水上运动联合会（Confédération Mondiale des Activités
　　Subaquatique，简称CMAS）（www.cmas2000.org）。

美国国家潜水教练协会（National Association of Underwater Diving
　　Instructors，简称NAUI）（www.naui.org）。

国际潜水教练职业协会（Professional Association of Diving Instructors，简
　　称PADI）（www.padi.com）。

美国国际水肺潜水学校（Scuba Schools International USA，简称SSI）
　　（www.ssiusa.con）。

第四章 基本原理——充分利用线索

目录

◆ 水下遗址的重要性

◆ 遗址类型

◆ 考古遗址证据的范围

◆ 证据种类间的关联

◆ 使用证据

◆ 断代

◆ 环境和遗址形成过程

◆ 木材的腐朽

◆ 文化和遗址形成过程

    "考古遗址"是一个常见的术语，但是"遗址"这个词的内涵是什么？如何进行考古遗址研究？

    考古遗址的形式多种多样，可以是中世纪城堡、新石器时代小路，亦或是沉船。不管形式如何，考古遗址都包含过去社会留下来的材料。从城墙到衬衫纽扣，物质遗存构成了考古记录，这些相关物质材料便可被认作为考古遗址。因此，考古遗址可以被描述成表明人类过去生活方式的物质遗存的汇集。

    然而我们必须意识到，考古遗址并非孤立的存在，因此不能被孤立研究（图4.1）。城堡是构成更广阔的社会经济共同体的一部分（材料和产品可能曾在当地、该区域或更大范围内被进出口），税收被用以修理城墙，劳动力来自周边乡村，城堡本身有防御保护角色。同样，对新石器时代小路来说，考古学家会试图寻找以下问题的答案，比如：修建者是谁？修建目的和过程如何？材料从何而来？为谁所用及如何使用？

    人们要认识到虽然考古遗址是有关某地过去生活方式的证据的汇集，但是它们与同时期其他的考古遗址也有着千丝万

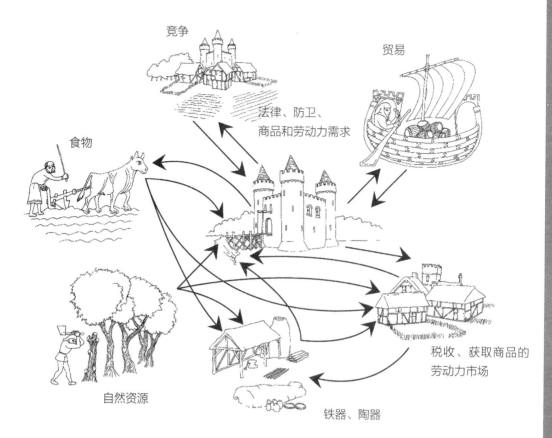

竞争

贸易

法律、防卫、
商品和劳动力需求

食物

自然资源

税收、获取商品的
劳动力市场

铁器、陶器

▲图 4.1 遗址在其时代的聚落形态中有其位置。比如船只，虽然非常机动，仍只是全球体系中的一部分。（绘图：格拉汉姆·斯科特【Graham Scott】）

缕的联系。如果海洋贸易参与了人工制品材料分配，那么这里所说的其他遗址可能远在世界的另一端。

　　海床上的沉船遗址包含着过去活动的证据汇集。即便遗址船只遗存体现的是曾经独立的可移动"聚落"（战舰有点类似于漂移的城堡），它仍与其他考古遗址有联系。这些陆上和水下的考古遗址提供了诸如船只停靠港、船员家乡、船载物品来源地、船材采料森林和建造船坞的证据。研究考古遗址时，探索它与其他遗址的联系和相互依存关系至关重要。

水下遗址的重要性

　　虽然陆上考古遗址丰富，水下也有关于过去的人和环境的大量信息来源，这些遗址可能为人们提供关于人类过去的令人振奋的新鲜信息。水下遗址的重要性基于两点：它们往往属性独特且它处无法提供（如沉船），特定材料在水下遗址中保存得状态要比在陆上好得多。

一些类型的遗址在陆上非常罕见，比如：

- 用水时丢失或沉没的证据的遗址，最明显的例子可能是沉船。
- 建在水上或水边，部分或整体沉没的遗址。这些通常与码头、停泊处、船坞等海洋基础设施有关。
- 建在水中或水上，仅基于陆地方法难以进行完全调查的遗址（如人工岛和湖上住宅）。
- 建在陆上，但是现在位于水下的遗址（如墨西哥湾东部的史前遗址，或被英吉利海峡洪水淹没的史前遗址）。
- 水位上升时继续发展的遗址。由于遗址会逐渐远离它的原始位置，现在只能在水下找到其早期发展要素。

水下遗址之所以重要的第二个原因是有关过去的线索比在陆地上保存得好得多（图4.2），但是，如果暴露在海水中，人工制品将遭受劣变这一自然过程（见第十六章）。不过，幸存下来的单体物品在一定程度上因水的屏障而免于被发现或扰动，从而得到了更好的保护（图版4.1）。

最激动人心的水下遗址保存潜力的例子是被称为"时间

▼图 4.2 水下遗址和干燥遗址中留存线索保存状况的对比。信息在水下的保存和保护状况往往较好。（依据：科尔斯【Coles】, 1988, 图5）

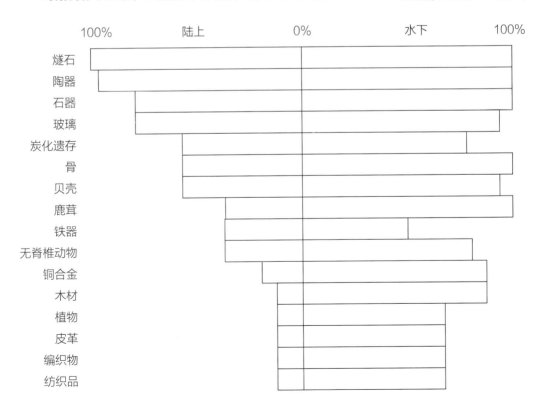

胶囊效果"（time-capsule effect）的特征。陆上遗址常被长期居住，其所提供的线索通常不一定能够给出任何具体时期的准确画面；相反，它们反映的是随着时间推移产生的变化和过程，因此难以知道遗址在特定阶段如何起作用。考古学家的理想场景是在其繁盛期被冻结的遗址。这样不仅单独物品能够保存下来，不会劣化或被再利用，它们还会留存在反映其使用方式的位置和伴生关系中。

事实上，这种"时间胶囊"非常少见，尤其是整个遗址尺度的。但是，非常迅速地被掩埋的确能够创造一些时间胶囊的特点。尽管证据在掩埋时和掩埋后的确有变化，以相对非失真方式留存的线索仍很重要。只有很少量的陆上遗址被掩埋得快到以"时间胶囊"效果为主，更多的遗址只包含小规模迅速掩埋的零星区域（失火一类的事件会导致大量材料快速消失）。

然而，被水迅速掩埋（即沉没），长久以来几乎每天都在发生（图4.3）。这最常发生于船只，有时甚至城镇也会被这样留存下来。假定每一处水下遗址都仅仅包含一组组紧密相关的材料太简单化，人们必须仔细地深入调查每处遗址的本质。但是上述可能性就能令人非常兴奋，尤其当这一组组材料能够为他处被深度扰动的遗址中发现的类似物品提供信息时。

总之，水下考古遗址很重要，因为水下掩藏、保存、保护并分离着别处通常没有的线索。

遗址类型

重要的是意识到水下可能发现的考古线索所具备的极大的多样性和广度。如果把前滩遗址算在内时，线索的清单就更长、更多样：它包括了从沉船到港口工程到保存在潮间带淤泥中的史前足迹在内的一切。一些遗址（如沉船）代表了高水平的技术成就；其他，比如贝丘或简单的渔栅（图4.4），虽显然不是令人激动之物，却提供了重要的日常生活信息。事实上，水下材料种类如此广泛，陆上考古研究的各个方面几乎都能得到水下情境的信息补充或支持（图版4.2）。

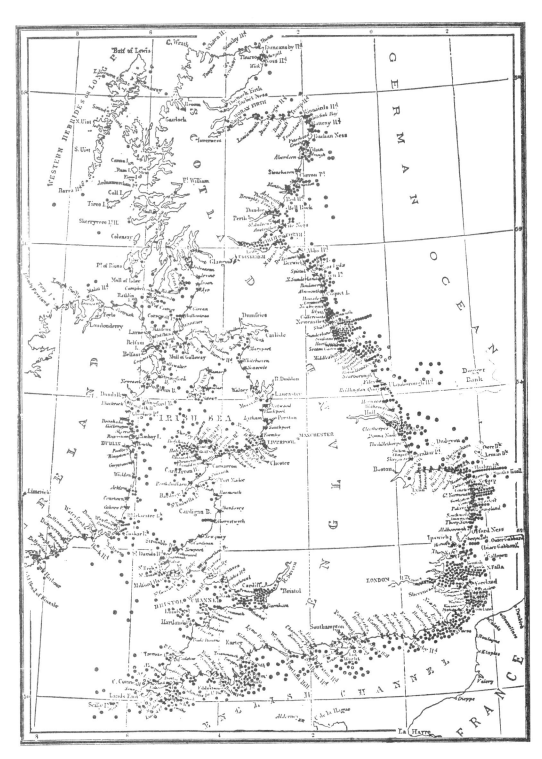

▲图 4.3 1876-1877 年沉船图。那段时期船只失事并无异常，且此图显示了可能沉没在英国水域的大量沉船。（经英国皇家救生艇协会【Royal National Lifeboat Institution，简称 RNLI】许可，转载自《救生艇》【*Lifeboat*】期刊，第 X 卷，第 110 号）

▲图 4.4 遗址类型：苏格兰埃尔德湾（Airds Bay）用石头修建的鱼堰的航拍图（摄影：科林·马丁【Colin Martin】）

记录被内水或近海水域淹没的所有种类的材料不属于本书的讨论范围，然而对野外工作者来说，遗址种类的不同之处在于其规模和复杂性，而非应做调查的类型和记录的详尽程度。一些种类的遗址，如水下景观，或许需要更高层次的专业知识以成功识别和分析，但仔细、系统的方法会让所有种类的遗址均受益。

如果以沉船作为一种类型的水下考古遗址的例子，人们立即就会清楚即便在同一种类中，也至少有船只和船舶这种不同类型。在讨论这类材料和比较不同案例时，具备一些通过分类系统区分情况的方法很有用。这种遗址可以根据年代、建筑细节或保存状况，以及对它们的简单了解（如准确位置和全面调查，或者预计的失事时间和区域）做细分。一些网上在线专业词汇汇编和分类词汇汇编能提供结构清楚的专业词汇汇篇，使术语使用实现标准化（参见本章结尾处的"补充信息"）。

影响遗址形成和保存的因素复杂多变，各有不同。该领域的工作越多，就越难以概括。海床上看似状况相同的遗址，容易被归为保存状况相同的一类遗址，但它们可能是通过非常不同的过程达到该状况。没有一处遗址可以完全适于一种精确定义的种类，这种尝试过分简化了考古材料的性质。但只要合理使用，分类系统对在框架内形成模糊的概念和理论起着很大作用（Gibbins，1990）。

我们也已经确知，仔细的搜寻和系统调查的结果可用于阐释明显缺少型式且受到现代材料严重污染的遗址（Parker，1981），这意味着，或许可以按照留存程度划分遗址，但这并不意味着人们可以不去注重散布的遗址，或粗暴对待它们。这类遗址的信息更难提取，但其潜能已被充分展示（Muckelroy，1978；Tomalin 等，2000）。我们的建议是：遗址越分散，就越需要仔细搜集线索，因为理解导致遗址分散（并继续改变遗址）的原因对遗址的最终阐释至关重要。

第四章　基本原理——充分利用线索

考古遗址证据的范围

如上所述，考古遗址是过去生活细节所留下的线索的集合，这些线索存在于遗址周围事物和环境中，并被之改变。本节将简要讨论什么构成遗址，以及能从各种线索中提取什么样的信息。简单来讲，证据分为三类——结构、沉积和包含物。遗址形式多样，但这些基本组成部分是相同的。

结构　城堡、作坊或商船最显著的单体遗迹是什么？很可能是结构——不论它是石头、砖还是木制。对结构的仔细研究能够提供技术水平和建造方式的线索。使用了什么类型的原料，在哪里取材？搬运材料的可用供应路线和交通系统是什么样的？通过对设计的研究，可以确定选择特定建造方法的原因：是为了军事防御还是为了彰显荣誉，这就建造时的政治形势说明了什么——是战争时期还是和平繁荣时期？

在研究船只的时候，结构要素能充分揭露船只的功能特点及性能，这对于在建造该船只的文化中理解船的意义至关重要（如：航速、载货量、机动性和是否能够轻易拖上岸甚至由陆路运输）。寻找结构缺陷和修理痕迹也能充分揭露建筑或船的时代、状态和生命史。对于船来说，这一点甚至可能确定其沉没原因。就像今天因设计差而倒塌的建筑一样，过去的设计也不全是成功的，所以，应该带着对过去技艺的合理尊重，批判性地审视证据。

研究水下史前景观遗址时，依然与上文提出的有关技术、材料、资源和跨文化交流的问题密切相关。虽然，中石器时代炉灶或青铜时代小路的"结构"或"遗址"或许不如沉船案例那么大型或明确，但这类遗址仍然极有可能为人类过去的时期提供信息。

沉积物　沉船到达海床只是失事船只变为考古遗址的一系列步骤之一，幸运的是，可以在覆盖遗址的沉积物中找到能够帮助理解遗址变化的线索。比如，沉积物的性质和分层可以为船只的解体、遗址内材料的移动、遗存的后续侵扰和遗址现在的稳定性提供信息，甚至可能用沉积物的性质来帮助预测遗址不同区域的大概保存状况。

在水下景观遗址中，对沉积物性质和范围的研究可以揭露重要的考古和环境证据。由于这些遗址曾是干燥的陆地，后来才被淹没，沉积物的现状可能反映的信息包括遗址和周围景观淹没的性质和规模、其对使用该景观的人可能产生的影响，以及对考古遗存保存的影响。

包含物：结构和沉积物中有船材、钱币、陶器、燧石工具和骨头等物品，它们反映了人们的生活方式，它们是制作和使用它们来解决问题的人的观念和知识的有形遗存，因而对研究过去很重要。

人工制品 物品能投射出人类工作、玩耍、做礼拜、取暖、娱乐和装扮自己的时刻。这些物品的特点，诸如形状、构成、制造方式和使用证据都很重要。此外，因为物品与其他物品和周边环境联动，物品在遗址中的位置和与其他物品（情境）的位置也能提供重要线索（如下）。

人造物品的范围非常广，读者将会熟悉把它们分为几大类的理念，比如泥壶、铁炮、皮鞋。本书不深入探讨这些类型，但现有考古文献蕴含着丰富的信息。

生态证据 考古学家通常称为生态证据的非人工制品类遗存，是结构和沉积物的包含物中相对不太明显的信息来源。与考古遗址伴生的动植物遗存是过去线索的主要来源。昆虫、种子、花粉、微型动植物，以及动物和人骨都为人类生活过的环境提供了证据（表4.1）。总之，当代社会的食物质量、卫生、害虫、寄生虫、事故和疾病，与人类所拥有的东西一样影响着人类的生活方式，过去的人类也是一样。

能够意识到有的证据或许并非总是立等可视很重要。比如，考古遗址中发现的昆虫残骸尺寸通常在0.5到1.0毫米（0.02-0.04英寸）之间，因而在发掘阶段不大可能被识别，故应及时检测和判断疑似堆积的样品。重要的是不忽视可能存在的环境和科学证据，有潜在价值的堆积（如容器和舱底包含物）要取样。

非人工制品类遗存一般较少受到关注，考古文献和读者可能不熟悉所涉材料的范围。鉴于此，本书把主要材料类型简

表 4.1 考古遗址中可能发现的生态证据材料的类型和它们能提供的信息。*

材料类型	可提供的信息
人骨	饮食、疾病、伤病、身高、性别、生活方式
大型哺乳动物骨	饮食、饲养、屠宰、供给、疾病
小型哺乳动物骨	野生动物、生态
鸟骨	饮食、野生动物
鱼骨、鱼鳞	栖居该遗址的物种或捕鱼活动的遗存、饮食
大型软体动物（贝类）	饮食、生计、买卖、遗址发展、贝类、农业
小型软体动物（贝类）	过去的植被、当地环境状况
寄生虫卵	肠道寄生虫疾病、卫生、判定粪坑
木材（木炭）	时代（树轮年代学）、气候、建筑材料和技术、燃料
其他炭化和未炭化的植物遗存（种子、苔藓、叶子、谷粒）	植被、饮食、建造中使用的植物材料、手工艺品、技术、燃料、粮食加工
花粉	植被、用地、年代学、识别容器包含物
植硅体	同上
硅藻	盐度和水污染程度
沉积物/土壤	堆积如何形成的信息、遗址发展

述如下。

　　动物遗存　遗址中出现的动物遗存形式众多。骨头一类的生态证据较常见，可以提供很多饮食信息，如果检查划痕，还能得到屠宰工艺甚至有组织的供应系统的信息。动物毛发也是常见于沉船遗址的防侵蚀、防水材料的组成部分（如堵缝）。水下遗址中发现的鱼骨可能是栖息于遗址的物种的遗存，因而是过去环境特征的有用指示物；然而，鱼骨更可能是储备食物的遗存、垃圾或与渔业活动相关，尤其是在沉船遗址发现一定量鱼骨的话。动物骨和鱼骨均能提供饮食和供给方面的大量信息。

　　人类遗存　很多国家有立法，要求如果遗址中发现了人类遗存，要通知相关政府部门。古病理学专家对人骨的研究能够得出大量信息，比如体型、性别、身高、饮食，以及职

＊注：据Spence，1994，第3.2节表1

业伤病认定。人骨可能会在水淹陆地遗址中成组出现，或是在沉船遗址中以船员的遗骸出现。在保存状况好的遗址中，除骨头之外的材料也可能会幸存下来（如毛发、组织遗存）。与人类遗存可能有关的生物材料包括胃包含物和粪化石（包含种子、谷粒碎屑和寄生虫卵）。

无脊椎动物遗存 对昆虫、软体动物和寄生虫的研究属于"无脊椎动物考古学"的领域。分析软体动物可为诸如过去的气候和环境、饮食和人工制品或工具的使用提供信息。软体动物对栖息地的具体要求反映着当时的陆地、河流或海洋环境。食物废弃物中常发现有经济价值的软体动物（如牡蛎、海螺和蚌），虽然有些也可能被收集用作建筑材料或陶器制作材料，或者用于提炼染料，可以通过分析"单一事件"废弃物以判定采集季节和所利用（甚或养殖）软体动物数量的信息。

对考古堆积中所发现的内部（体内）和外部（体外）寄生虫的分析可以产生下列信息：

- 动物和人类身上各种害虫以及疾病的范围和古老性；
- 人类当时的生活条件；
- 这些条件和寄生虫对人类健康的影响；
- 判定一些遗址的功用（如粪坑、舱底）；
- 研究污水处理方法。

内部寄生虫通常存活在厌氧（无氧气）堆积中（如粪坑）或以卵细胞（卵）的形式被保存在粪便化石（粪化石）中，这包括人类和动物皆传染的种类（如绦虫、鞭虫）；沉船遗址也已经发现外部寄生虫的样本（如跳蚤）。其他昆虫种类可以为当地和区域气候变化、古代环境、对粮食储备的侵害和揭示当时的情况（如潮湿或干燥）提供信息。

植物学材料 在考古遗址的很多情境中可以找到植物遗存，其位置信息和个体测量，连同种类识别可以为农业实践、害虫或疫病、供给、贮藏和饮食、船货种类及产地提供证据。多种不同的植物部分均可以保存下来，包括木头和树皮、种子（包括果核和谷粒）、真菌和苔藓。船材可以在很大程度上揭露过去环境、船材资源和木工实践的情况。花粉分析（孢粉学）研究的是花粉粒和孢子，它们的外壁富有弹性。孢粉学能为过去的环境和生态、堆积断代、评估人类对环境的影响和在特定案例中识别容器内残留物提供信息。

植硅体是特定种类植物（尤其是草类）细胞中的微小硅石颗粒，因而是识别工作的有力辅助物。它们对考古学家尤为重要，因为它们在所有其他植物痕迹消失后仍然存在，也有助于把磨耗图纹留在镰刀等工具的刃口上。

植物材料的信息以惊人的方式留存了下来。粮食和树叶的印记留存在陶瓷容器上，其中一些印痕非常清晰，可以轻易识别出植物种类。

微型有机物　微型有机物，或微生物，包括植物王国的细菌和藻类，动物王国的原生动物和病毒，以及同时具有动、植物一些特征的其他生物（如真菌）。除了病毒和少数其他案例，微生物和动植物一样，由细胞组成（单细胞或者多细胞）。微生物可以以多种方式留存在考古记录中，这取决于其构造的性质（一些微生物能产生弹性坚硬外壳）和埋藏堆积的性质。

硅藻是具有硅石细胞壁的微型单细胞或群体藻类，大量存在于淡水、咸水和海洋环境等所有湿润和水生生境中。考古学对硅藻的研究可以得出诸如环境特性、不同堆积的形成和区分不同时间含盐度的信息（Battarbee，1988）。有孔虫类是分泌特殊物质形成表皮或骨骼的单细胞动物，主要是深海或浮游生物，形态相当多样，如单体、瓶状及有复杂分室。有孔虫类是重要的带化石，能够存活于多种沉积类型中，为随时间推移产生的环境变化提供信息（如河流和河口的盐度变化）。

证据种类间的关联

虽然考虑遗址要素是种方便的方法，但不同证据种类确实相互耦合。船体是结合了人工制品和生态证据信息的物品，沉积物可以构成部分船体包含物（如压舱物或舱底堆积），也可为早已腐烂或被挖出重新使用的结构提供证据（Adams，1985）。像沉积物一样，遗址的包含物和结构可以显示遗址在形成过程中随着时间而产生的变化。比如，船材侵蚀差别的证据经常能揭露过去暴露和掩埋的顺序。

上述证据种类不会在每个案例中全部出现。人们应该记住的是，任何深入调查都应该涉及对考古遗址中所有幸存证据的研究和记录（参见第八章）。以前，人们把过多注意力集中在了能够轻易识别的人造物品上，这通常以忽略其他线索为代价，这些被忽略的线索有时不那么引人注目但却同等重要，而且收集它们通常需要更高的专业性。

使用证据

所有线索一经收集和记录，下一阶段便是尝试将之理出头绪，如果以系统且严谨的方式研究线索，就能达到这个目标。从考古材料提取信息的方法常从其他学科借鉴并适用。本书无法列出考古学适用的所有技术，在此仅介绍一些"获取答案"的主要技术，以至少展示考古学科的博大精深。这些方法简便地分为：在哪儿（位置和伴生关系）、是什么（识别、描述和类型学）、怎么做（情境）和什么时候（断代）。

位置和伴生关系：考古学家通常都在研究可能曾被一起使用的复杂因素，因此他们需要知道它们曾在哪里（它们的位置）以及它们曾与什么在一起（它们的**伴生关系**）。如果没有准确的平面图和对各种因素位置、伴生关系的描述，要搞清楚复杂结构非常困难（参见第十四章）。

寻找过去的线索时，考古学家不得不处理事物最后的位置；它们塌陷、跌落、被搬运或清洗的位置。然而，记录每条线索的位置和伴生关系至关重要，这样考古学家才能尝试判定它们源自哪里，如何到达其最终位置。

识别、描述和类型学：考古学家如何识别他们的发现？在考古学家们自身经验内的一些证据能立刻被理解（如："我认出那件物品是一把剑"），但有些线索则不能被轻易识别，因为它们并不直接可见，或者考古学家所用的特定分析技术不适于揭露它们。在其他情况中，线索未被采用只是因为它们未被视作线索。识别必须是一个合作的过程，通过公开和私人联络的良好沟通至关重要（参见第二十章）。

过去的物质遗存过于复杂，没有哪个人有足够的知识和经验去处理现有的每种线索类型。实际上，甚至一队研究者都未必拥有所必需的专门知识和技术，但有的地方拥有这些知识和技术，重要的是知道在哪里及何时进行过相关研究，并在需要时寻求适当帮助。一条简单的箴言是："遗址上发生过的每件事已留下了痕迹——只需识别"。

全世界每处考古遗址都能找到相当数量的线索，考古学家如何向他人讲述其证据呢？更确切地说，他们如何在十年后忆及其发现？当然，从结构、沉积物和包含物方面记录对线索的描述至关重要，这样人们才能理解和使用证据。如果对线索的描述真实可信且前后连贯，它们就可以不仅仅被分为结构、沉积物和包含物，而且被归入不同种类的结构、沉积物或包含物。剑之所以称为剑，是因为它与某种有刃金属武器共有某些特性。那组可被称为剑组，用这种方法指称所有共有那些特性的武器，方便且富含信息。根据大组中某组剑所共有的迹象，可以用同样的方式将其细分成更小的组别（如长剑、马刀）。

根据一般型式分类的过程叫做类型学。**类型学**的价值在于，与先前描述过的类型特性相符的未知结构或物品，可助益于对该线索类型曾做过的所有研究，包括使用、开发、建造、年代、产地等等。如果考古发现被记录且宣传得当，神秘的发现就能从让人头疼的事变为信息来源。

当然，不能假设每个类型系列都完全正确。组群通常是使用大量遗址中的证据而建立的，产生支持该类型证据的遗址越多，它就越可靠；然而一些型式的划分则基于很少的发现和错误的假设。如果某一证据与通用方案不符，不应忽略或改动以使其相符，也许该信息对于类型学的改进很重要。

情境：对于与任何考古遗址，考虑线索怎么到达这里以及遗址是如何形成很重要。字典中把"情境"定义为"事件发生的环境"，考古学中的"情境"已具有作为考古研究之中心的一种特殊而具体的含义，它指遗址建立过程中一个个单独、可识别的步骤。

下面是考古学家如何发现一座墓穴的案例。建造墓穴时，原生土壤和石块被挖走，遗体被放置在坑中，土和砂石混在一起被回填。从地面上看，土色和土质的细微差别或许相当明显，显示出填土墓穴的位置。发掘会揭露灰坑中从原生土壤或岩石中挖出的填土，其边缘清晰可见。墓穴填土下坑底上的是遗体。考古遗存反映了埋葬的原始过程（**挖坑－放置遗体－填土**）。

这种简单遗址制作时一般分三步，对应三套相关的环境或情境。

1 **挖坑** 墓穴修建前遗址上的任何东西（可能是其他墓穴）都已被扰动或挖走了；证据丢失（或被移动和混合）的同时也被创建；过去不同时期挖的墓穴形状不同；遗体也可以被放置在为其他目的而挖的灰坑中；回填之前很长一段时间灰坑是敞开的。

2 **放置遗体** 可以在墓穴中放置遗体和其他物品，比如给来世的"礼物"、包裹物或棺材，这些物品通常反映着一套特别的信仰。有时，两具或者更多遗体同时放置在一起。这些活动在地表下发生——可能在相当古老的地层。

3 **填土** 发掘出的材料被填回坑中，可能包括被扰动的早期墓穴或遗存中的任何材料。虽然，在填土中可能会发现早期材料，却不应出现墓穴回填后才使用的材料。一些灰坑是分阶段填埋的，或留待自然填埋，因此，可能有几种不同的填土，这反映着填埋的不同方式和速度。棺材或墓室中的空间可能会坍塌，且只能在上层填土沉陷时才能看出来。一些物品，甚至一些遗骸，仅以污迹或碎片的形式留存在填土底部。

挖掘下一处墓穴时重复整个过程。一些墓地已使用数百年，通过依次调查每个情境的考古发掘，相互打破的墓穴或情境的复杂系列能被分解为**挖坑－放置遗体－填土**的序列。

简易墓穴的案例显示了理解情境的重要性。如果我们不仅仅把目光放在物品（骨、棺材或随葬品）上，那么将会获得多得多的信息，比如：

- 信息为何缺失（被挖走）；
- 信息为何出现（出现在打破周围地层的灰坑底部）；
- 信息为何不能被直接使用（被挖走，之后再堆积）；
- 不寻常的信息（异形坑、不常见的朝向、未迅速回填）；

- 同时有多个不寻常信息（两具遗体，母子，男女——即：挖坑－多具遗体－填土）；
- 断代信息（灰坑的形状、方向和深度）；
- 社会信息（灰坑的形状、方向和深度，坑内遗体和人工制品的位置）；
- 人工制品信息（污迹、碎片）；
- 结构信息（污迹、碎片、沉陷）。

能够扰动、去除或覆盖考古遗存的人类和自然进程不仅出现在墓地一类的遗址中，文化和自然过程在景观、前滩和海床上持续发生。通过保持对"情境"的详尽记录，就可能识别对遗存产生过影响的过程，这类信息对全面阐释考古遗址很重要。在水下对情境的详尽检视与陆上同等重要。如，在船的一生中，材料随着活动增增减减（如船员、船货和装备的装载和卸载，修理，设计的变化），甚至在船只沉没前，它也是为相关环境或情境提供证据的不同事件的混杂。沉没时，所有证据被带至海床，一系列新过程对船只造成影响，并将之转变为今天所邂逅的考古遗址。冲刷、淤积、塌陷、打捞和拖网捕鱼、穴居生物、盗捞等造成的扰动，都是能够影响考古证据的过程。

断代

因为考古学家研究过去和时光的流逝，他们想从线索中提取的主要信息之一是线索相关的时间节点。年代学或时间尺度能够使全世界的古代事件或遗迹联系起来。如果时代明确，南美和旧世界文明之类广泛分布的文化即可作比较。同样，通过使用树轮测年（tree-ring dating，树轮年代学【dendrochronology】）和放射性碳测年等技术，可以比较全球的水下史前聚落等遗址。断代技术可分为两大类——绝对断代和相对断代，它们反映着特定方法与当前时间的关联方式。

绝对断代

绝对断代方法可与日历年相关联，因此，这些技术的结果可以与当前时间直接相关。说某事件发生在900年前是予之

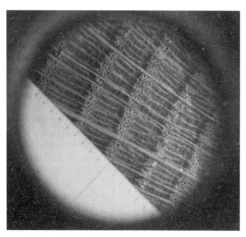

▲图 4.5 显微镜观察到的树木年轮。（摄影：马克·比蒂-爱德华兹【Mark Beattie-Edwards】）

▼图4.6 树木年轮序列。通过使用同一地区单体树木年轮所显示的生长年龄，能够建立起追溯过去的年代序列。（依据：埃克斯坦【Eckstein】等，1984：10；绘图：格拉汉姆·斯科特【Graham Scott】）

以绝对年代。绝对断代技术通常需要专门的科学分析，不同类型证据可用的断代技术范畴随着新方法和手段的发展而不断增加。本节介绍三种常用绝对断代方法，以展示其作用并揭露一些相应问题。

树轮年代学（树轮测年）：许多湿式遗址会有大量木材，因而有时有幸能帮助提供断代证据。随着树木的生长，树干长出年轮，其宽度据当地条件而异（图 4.5）。同一地区同一类型树木的年轮模式相似，这意味着在不同树木上可以识别出相同的年份。把年代稍异的树木的年轮相叠加可以延伸年代序列。在一些地区，这种方法通过橡树树轮使当地的时间序列从现在延伸到9000年前。树轮测年基于在已建立的当地生长年轮尺寸变化序列中匹配出遗址中木材样品上的生长年轮模式（图4.6）。

在理想情况下，树轮测年可以给出非常精确的结果，或许甚至精确到一年中的某一季度。但是，样品和序列中的某一时间点一经配对，理解结论年代的实际意义就变得很重要。在样品来源的情境中，年代是否有助于理解遗址？木材可能在从遗址形成到被发现间的任何时间被引入遗址。同样，木材常被再利用。船材常被发现用于滨水结构和其他建筑中，所以，必须慎重使用从这种要素中获取的断代信息。船只和木构件一般需要经常维修，从维修区域采集的木材样本可能在年代上明显晚于该结构的其他部分。一件样本或许来自英国水域内发现的

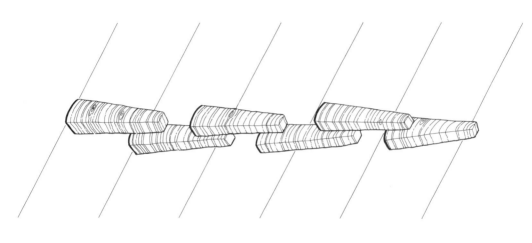

船只，但木材样本却可能来自其他地方。还要记住非常重要的一点，树轮年代学所提供的年代是树木的生长周期（年轮形成的周期），而非它们到达遗址的时间，木材在使用前可以长时间储存以进行风干。还应铭记并非所有木材样本都可用于断代，即便存在数量合适的年轮，有时也会因找不到配对而无法断代。

尽管存在这些问题，树轮年代学用于检查或校正放射性碳元素测年等其他断代方法时足够准确。第十五章将会给出树轮年代学采样的建议步骤。

放射性碳元素测年： 放射性碳元素测年是基于放射性碳14同位素已知衰变率的断代方法。碳14同位素在所有生物中都有很少量的存在，断代过程仅需与需断代证据有直接联系的碳样。在所有生物的生命进程中，它们会吸收自然产生的碳14同位素，所吸收的量取决于有机体周围环境中碳14同位素的浓度。有机体死亡后，碳14含量因同位素的衰变而减少。这种特定同位素的衰变率是已知的，假设有机体周围环境中同位素浓度曾保持不变，通过测量余量，专业人员就可以准确估算出有机体的死亡时间。

该断代方法一般不如树轮年代学精确，但可用于测定时间早得多的材料。放射性碳元素测量的有效性普遍在30000－40000BP（before present，距今，即距1950年之前）有效，最早可至距今60000年。然而，与树轮年代学一样，放射性碳元素测年法与有机体自身的生命周期有关，而非其到达遗址或被使用的年代，所以，阐释这些年代时要同样小心。

放射性碳元素测年的基本假设之一是大气中放射性碳元素的含量一直保持不变。用树轮年代学技术进行的校正则显示，实际上放射性碳元素的浓度有波动，并且现在必须校正所有放射性碳元素所测年代，以给出相近的日历年代。

放射性碳元素测年的结果包含下列信息，从而明确了所测年代的不确定性：

- 放射性碳元素测年通常会标注误差范围，比如年代可能会被表示为1764±100年。这一表述在统计上称为一个标准差的统计置信度，意味着确切年代有68%的可能性在1664-1864年前的时间段内。更高级别，比如两个标准差意味着95%的可能性，或者三个标准差意味着99%的可能性，分别意味着两倍或三倍的误差容限，那么上面的例子就会是±200或±300年。因此，时间界限范围越宽，测年结果在界限内的可能性越大。

- 放射性碳元素测定的年代可以以距今（BP，以1950年为现今）或日历年代表示（即公元前【BC】，或公元后【AD】）。

- 如果放射性碳元素测定的年代经过校正（借助树轮年代学等另一断代系统重新评测），通常会加上"cal"（即cal BP）。

- 测定和校正年代方法也因实验室而异，因此，实验室名称和所用方法可能与公布的年代一起出现。

在使用放射性碳元素测定的年代时，把±统计置信的意思、校正方法和实际放射性碳元素技术等因素都考虑在内并完全理解很重要。第十五章会给出放射性碳元素采样的建议步骤。

历史伴生关系：即便有上述相对复杂的获取绝对年代的技术，也不应忽视使用书面记录这种相对简单的技术。书面记录让历史伴生关系为考古线索提供了绝对年代。

历史年代虽很迷人，但也确有其问题。可靠的书面文件仅追溯过去相对短的时间，它们确实存在时，误用或希望它们提供简单解决方式的情况也时有发生。比如，书面记录提供了有关西班牙无敌舰队（Spanish Armada）的信息，但是该事件的发生和相关记录并不意味着在英国水域发现的每艘16世纪船只都与之相关。此外，历史文件是目击者的记录，有些人或许有偏见或不知情，因此，不应轻信其准确性。现如今，阅读一些报纸就能发现对同一事件互相矛盾的阐释，其他历史文件亦如此。不应仅因考古年代与文献证据相矛盾而忽视之。

此外，所有年代都一样，直接历史伴生关系与遗址发展的一个点相关——沉船是材料抵达海床的那一刻，遗址中的后续事件必须单独断代。刻有铭文而能提供清晰年代和历史伴生关系的硬币或船炮也会有问题。遗址中发现的一枚硬币可能是为纪念某位统治者而发行，其摄政时期在历史文献中是已知的，这可能会为硬币铸造提供良好的绝对年代，但硬币丢失或掩埋年代的可靠信息就无从而知了。显然，硬币不可能在铸造之前丢失（这一时间被称为年代上限【terminus post quem】），但可能在此后很久才丢失。

在本章结尾会给出这些内容和其他绝对断代方法的补充信息。

相对断代

相对断代只能表明两个进程发生的先后关系，它既不能揭露两个事件间的时间长短，也不能提供把事件归入传统时间尺度中的确切年份，但是，相对断代在确定信息的产生是在遗址发展的早期或晚期，以及为绝对断代提供时间框架方面十分有用。

类型学断代：上文已经提及类型学辅助研究的价值，但它还有作为相对断代形式的作用。用来履行相同功能的物品的形式经常随着时间而变化，如果能够识别较早和较晚期的特性，就可能重建发展序列，并在其中给每件物品一个相对位置（图4.7）。这种序列基于早晚特性的假设，确实可能出错，

▼图 4.7 类型学：不同遗址各自提供不同因素，据此归纳出一类物品的外观和特性。（基于基特·沃森【Kit Watson】的原创插图）

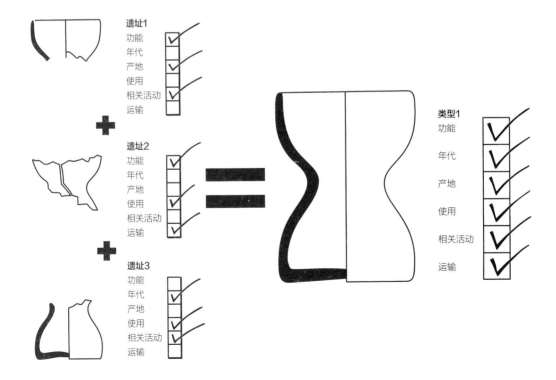

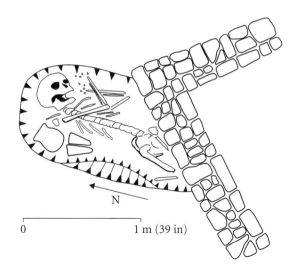

▲图 4.8 俯视地层：从叠加中可以得出结论，墓穴的年代早于墙壁。（基于：本·法拉利【Ben Ferrari】的原创插图）

▼图 4.9 地层：（A）情境 1 晚于情境 2。可以把绝对年代放入相对断代序列。（B）情境 3 中一枚公元 79 年的硬币说明情境 3、2、1 都晚于公元 79 年。（C）建于 1322 年的地面说明其下的情境一定堆积于该时间之前。（基于：本·法拉利【Ben Ferrari】的原创插图）

因此，应引入尽可能多的证据来支持任何得出的结论。

地层学断代：前文已经提及如何通过情境确认遗址历史中的事件。通过这种方法开始识别和研究事件发生的顺序是个简单的过程，为我们提供了事件序列和一种相对断代技术。

情境的排列被称为遗址的地层记录，对这一记录或序列的研究就是地层学。地层学源自对地质层位的研究，其最基本的原理可概括为叠压在另一个情境上的情境时代较晚这个概念（图4.8和图4.9）。

在特定遗址，地层学原理被用来建立上下关系序列，从而按照其发生的顺序排列所有情境（并且，因此得出事件发生的先后）。可以使用相同的基本理论以不同规模研究地层：检查冲刷坑内的情境层位可以揭露有关堆积大规模变化的很多线索；应用同样的方法研究单体船材间的沉积，完全像是揭露遗址形成的基本过程。

地层学原理提供了考古调查实施的框架，但没有给地层调查方式以刚性界限，其有效应用需要有把这些原理和对所调查情境的性质的深入理解相结合的意愿。比如，移动沉积物地层的性质可能与稳定沉积物地层的性质非常不同，地层学在位于石质海

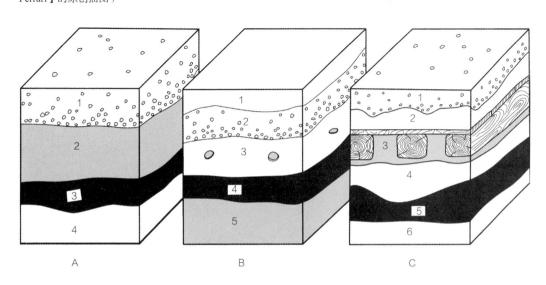

床上的遗址和在陆上深层城镇堆积中的应用将不尽相同，但是，二者运用的价值、目标和基本原理完全一致（图4.10）。如何记录地层的信息参见第八章（哈里斯矩阵［Harris Matrix］）。

环境与遗址形成过程

本书已介绍了证据来源和从线索中提取信息的一些方法，本节则从不同的角度审视遗址。在使用证据构建过去的画面之前，理解塑造了线索的过程至关重要。

我们应考虑下列问题：

- 哪些基本因素塑造了现在所研究的过去？

- 什么影响了物品成为遗址组成部分的方式？

- 证据如何幸存至遗址被调查之时？

- 这些过程给证据带来了哪些偏向和不平衡？

- 这些过程是否可被发现并被理解？

为了使用考古证据来调查过去社会的复杂方面，如行为和社会组织，以上问题全都需要解决。这些过程不是要从最终报告中滤除的含混因素，其研究对考古研究必不可少，而不仅是调查主线的有趣偏离（图4.11）。

▲ 图 4.10 不规范地取回材料毁坏了证据。这位潜水员只对两件金属物品感兴趣，很多其他线索连同发现物本身大量的考古价值被毁。（绘图：格拉汉姆·斯科特【Graham Scott】）

环境的重要性在于它影响着人们的生活方式和他们所遗线索的留存。环境知识不仅是事件的美丽背景，许多人类活动都着力于解决其周围环境所导致的问题。因此，考古学研究的过去很多是对环境做出的反应。气候、植被、野生动物、农作物和水都是在解释人类活动之前需要研究的必要因素。

当遗址处于活跃或使用状态时，其环境便已影响了生命的很多方面（如结构形式、衣着、食物来源）。一个区域的环境会因时间而发生剧变，重建过去景观是阐释过去社会遗存的根本。比如，考古学家已在现在的温带地区发现的与冰期迁移有关的临时营地，依靠其现今环境明显无法解释。考古学家在

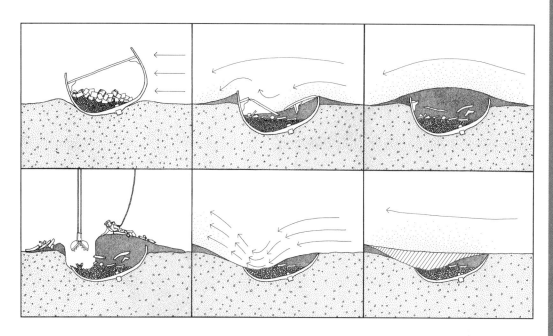

▲图4.11 遗址形成过程简化图（从左上到右下）。船只的位置与盛行流相交，导致机械和生物降解，造成上层结构崩解和局部冲刷。同时，船只逐渐沉入海床。遗址逐步稳定，直到人类介入形成在地层记录中应可轻易确认的新冲刷格局和填充物。（绘图：格拉汉姆·斯科特【Graham Scott】）

内陆地区发现了船只，对当地环境变化的研究经常显示该区域曾经是近海或是内陆航道，这样一来，发现就能被放入适当的情境中。

水下考古和陆地考古一样，可能涉及对环境因素反应的研究。海洋、内陆水道和湖泊都可视作已对人口产生了相当大的影响。海洋和河流提供了充足的食物供给，但为了实际获得这些食物，需要解决一些问题：造船、渔具、鱼类加工和存储技术。水提供了旅行和交通或贸易的机会，但同样，要充分利用这些潜在的机会，人类得有在那种环境中生存的方法。

塑造了过去的活动之后，紧接着环境决定了过去的证据如何留存。从土壤的化学变化到海洋或河流的侵蚀作用，环境使得证据的留存程度各异。

从堆积而言，环境常常是主要的初始影响。位于洪水、地震或火山喷发多发区的遗址与位于稳定、温和地带的遗址相比，材料成为考古资料的方式大相径庭。水环境对堆积的影响极大，最明显和显著的案例是沉船，船只沉没使一组伴生材料一起抵达海床，虽然当然它会不同程度地分散开。如前所述，水环境因素对考古学家非常有用。水也会造成被遗弃材料形成堆积——海平面上升迫使居住遗址被遗弃。然而，与短暂却剧烈的沉船过程相反，这种堆积过程将会持续一段时间，这

第四章 基本原理——充分利用线索

45

或许意味着只有较少材料最终堆积下来，因为居住者有机会转移想要的东西，但是，这种淹没过程可能远比沉船过程缓和，所以更多材料才能留存在它们被实际使用的地方附近，并与相关物品伴生，而非四处散落。

即便物品或结构一旦不再被使用或因丢失而成为考古记录的一部分，环境仍对于决定留存什么证据、以什么形式、在什么位置有其重要性。特定的具体条件会提高某些种类材料的幸存几率。一般来说，较结实的材料（如石器和陶器）的存留情况好于其他材料（如木材、纺织品或皮革），环境越恶劣，脆弱材料的保存状况越差。研究遗址环境的性质和影响对于理解最终会找到的证据至关重要。

水下遗址中有机和无机材料的劣变取决于物理、化学和生物因素。沉船遗址的初始形成当天取决于物理过程，比如失事性质、船只沉没区域（如地理和地形区域）和沉船最终堆积于其上或其中的海床类型。之后，物理过程仍在沉船形成中起着重要作用：海洋环境是动态的，波浪或潮汐作用和洋流会影响沉船周围的堆积方式，并且可能在遗址周围造成冲刷或淤积。一旦船骸在一定程度上稳定于海床上或海床内，化学和生物过程就开始起作用，并影响沉船遗址的长期保存。根据所讨论材料，这些过程必然会不同，当然需要进一步研究来深入调查水下遗址中所有不同种类材料历经的劣变。然而，水下遗址经常面对的一种材料是木材，其劣变过程是强调水下和海洋环境中化学和生物过程中复杂的相互作用的好案例。

木材的劣变

暴露在海水中的木材会迅速被多种生物介质（而非化学介质）入侵，包括海藻、藤壶、钻木软体动物（船蛆）和甲壳纲动物（蛀木水虱）、真菌和细菌。海藻和藤壶一类的有机体仅将木材作为附着底物而非营养来源，不会造成大规模劣变。尽管如此，也能降低人工制品的考古价值，因为它们会破坏物品表面。水下的主要问题是蛀木虫、真菌和细菌的活动。在合适条件下，它们都会迅速入侵并利用木材各种成分作为其呼吸作用的一部分。如果未加抑制，用不了几个世纪，入侵会在数年或数十年间彻底败坏木材。

这引发了有趣的问题：为什么木材还是保存下来了？答案是事实上造成劣变的有机体的存活需要特定环境。船蛆（船蛆属）和蛀木水虱（蛀木水虱属）是对木材腐朽影响最大的蛀木虫，所有蛀木虫都需要特定的盐分、温度、深度和溶解氧才能呼吸和生长。波罗的海中许多保存状况良好的沉船显示，盐分和温度是重要因素。波罗的海的这两项指数均过低而不能维持蛀木虫的活动，因此有一些有机质保存良好的案例（图版 4.3）。然而，对蛀木虫最重要的因素是海水中的溶解氧，即使有理想的温度和盐度，如没有溶解氧，各种蛀木虫类有机体便无法呼吸。因此，如果木制人工制品迅速被掩埋在沉积物中，或者位于缺氧水中，这些有机物的侵袭就有限。

另外还有真菌和细菌。这些微生物会利用木材细胞壁中的各种纤维素和木质素作为其呼吸作用的一环。真菌是这些微生物中最具破坏性的，在非浸水陆地情境中，导致木制考古发现物劣变的很有可能是褐腐菌和白腐菌（Brown and White rot fungi【担子菌，Basidiomycetes】），比如丹麦拉德比（Ladby）的维京时代船墓只残存有船只在陆地上的痕迹，这是因为有些种类的真菌能够完全毁坏木材，它不仅利用木材细胞壁中的纤维素，而且还会利用木材的骨架——木质素。这些真菌受环境因素的影响相似，对它们来说，充分的湿度和氧气对进行分解必不可少。大多数褐腐菌和白腐菌能耐受较低的氧浓度，但是在厌氧环境下无法生长，重要的是它们不耐受饱水环境。除担子菌外，子囊菌（Ascomycetes）和半知菌（Fungi imperfecti）能够造成所谓的软腐病（soft rot）。在大多数情况下，软腐菌导致的劣变只限于木材细胞壁中的纤维素，而木质素通常不会被降解。对饱水环境中木材软腐病的观察显示致病真菌能够在比蛀木担子菌所需含氧量更低的条件下侵蚀木材。

细菌在自然界中无处不在，并且可以在有氧或无氧环境中生存；一些细菌甚至能够在两种环境中生存。虽然木材中有很多不同种类的细菌，但并非所有种类都有降解木材所必需的酶。那些能够导致劣变的细菌可能只会降解木材中特定的纹孔膜，另一些则能够降解木材细胞壁中的木质素和纤维素。能够降解木质细胞的细菌呈现出特定的降解模式，并且被分为三种形态：袋状（cavitation）、孔状（tunnerlling）和边缘侵蚀型（erosion）细菌。袋状侵蚀细菌常能产生与细胞壁长轴相互垂直的空腔，孔状侵蚀细菌则穿透植物的次生壁并形成微小的孔道，边缘侵蚀型细菌的特点是从细胞腔到胞间层侵蚀细胞壁。研究人员就环境因素对细菌性腐坏的影响知之甚少，并且在完全厌氧环境下木材的细菌性降解尚未被明确证实。在以厌氧（如被沉积掩埋）为特征的饱水环境中，木材的细菌性侵蚀表明，边缘侵蚀型细菌是造成劣变的主要细菌，它还能够在真菌因氧气含量有限而被全部排斥在外的情况下降解木材。幸运的是，这些细菌只侵蚀木材细胞壁中的纤维素，而不影响胞间层中的木质素。

文保工作者普遍认为饱水环境中考古木材的保存较差。通常仅仅是水取代了被降解的纤维素维持着残存木材的形状，并且木材细胞仅由胞间层中留存的木质素残骸连结在一起。然而，从考古角度来看，只要木材所堆积的环境能够限制生物性侵蚀，便提供了找到保存完好的有关过去的考古线索的机会。

虽然本节内容只论及木材，但它证明了理解所研究的考古材料类型和影响其劣变的因素是何等重要。只有理解了这些，才能理解水下环境对有关过去的考古线索的作用。

文化与遗址形成过程

与物理环境一样，考虑文化如何影响遗址形成也很重要。对环境的了解导向对人类的了解这种想法会过于简单化，前者并非后者行为的唯一决定性因素。可以说，人并非对环境做出反应，而是对他们所理解的环境做出反应。技术水平会造就对环境挑战的应对，宗教类因素会造就态度（如对食肉和生育控制问题）。共同构成"人性"的各种动机和行动表明，理解文化对考古记录的影响是多么复杂。

一件物品是如何从被使用变成被记录为考古遗址的一部分？常见的想法是该物品是丢弃垃圾或废物。考古学家常费力调查相当于古代垃圾箱的地方。大量考古材料均是曾经被丢弃、扔进坑中或遗留在其周围倒塌的废弃建筑物中而被掩埋至今。物件经常意外丢失——硬币、钱包、车钥匙。有时它们被找到了，有时则可能在丢失的地方沉睡多年。在人们的口袋上有洞之前已然如此。因此，孤立的、意外的损失——有时事出重大，比如在大火或战争中——使很多材料进入考古记录。

有意掩埋相关材料组群很少见。像小学生埋藏的"时间胶囊"一样，也有古人为后代掩埋的材料。墓穴大概是为后世掩埋行为中更为常见的案例，但在多数情况下，这可被视为垃圾处理的另一案例。硬币或其他贵重物品的贮藏会因安全起见而被有意掩埋，然而可以这么说，被发现的贵重物品都是"意外"案例，均因为动乱过后物主未能收回它们。

河流湖泊近旁有相当多宗教行为证据（Bradley，1990）。渔民和水手迷信的本性也被充分证实，这种本性常被认为是对其所处环境的不确定性的文化反应。携带护身符祈求好运，或有意把饰物、武器丢入河海中以安抚神灵，都可能在考古记录中有所体现，但这些物品被找到时能否理解它们？此外，对于哪些物品是被有意沉入水中，哪些是从河岸或湖边被水吞蚀会有一定争议。证据不足以做出任何简单或轻易的阐释。

环境对人类的作用在上文已经提及，但是另一主要证据来源是人类对环境作用留下的痕迹。考古学家能够研究的改变涵盖了从地面扰动、房屋建造或灰坑挖掘到大规模森林采伐。这类证据大多是人类活动"意外"创造的结果，且因之与行为的真实目的有一定出入，因此，在追溯出原因之前，该证据可能看起来并不与之直接相关。当然，要认识人类对环境的影响，也必须理解环境被改变前的特征。

居住遗址大都被长期定居，该遗址上进行的活动随着时间发生变化，留下的常是非常复杂的线索组，这些线索提供了变化的记录。从证据中应可查找到所研究社会的变化和延续，所以这样研究长期居住行为极有价值。只是在这种情况下，留存的线索不反映任一时间点的遗址全貌。同一遗址中早期居住留下的线索或许会被后来的活动更改或毁坏，比如挖坑或建设现代建筑物的深层地基。

材料循环利用也是能够调整考古学家最终所研究证据的重要因素（图4.12）。古人对带走什么和留下什么有着自觉的选择，这取决于很多因素。居住者或许只拿走他们认为贵重的物品（而其不一定与今天认为贵重的东西一样）。带走的材料或许取决于用交通工具能运走什么，也可能会根据感情或传统价值选择物品。

▲图4.12 特克斯和凯科斯群岛（Turks and Caicos）上露天谷仓中的回收船材。厚重的横梁是原龙骨的一部分，其显示有钩形嵌接。罗马数字（XIX）用于识别配对的物件。下方是一件小型隅撑（knee）。（摄影：科林·马丁【Colin Martin】）

我们很难界定可能导致材料被移出遗址的所有过程，但考虑到尽可能广泛的潜在因素很重要。水下遗址和陆上遗址并无不同。在水下聚落遗址中，洪水过后，材料难以被再利用或被后来的活动扰动，但在淹没前，它们已被长期居住行为所改变。沉船可能形成堆积在一起的一组紧密相关的材料，然而存世文献记录表明，很多船只已被整体或部分打捞，包括从遗址中选择性地取走材料。渔业、抛锚或疏浚使用海床会移除和添加材料。最后，有的已知遗址是沉船位于史前遗存之上（和遗址包含多艘沉船），导致遗址上的晚期活动扰动了早期居住者遗留的线索（Murphy，1990）。

环境的影响和文化因素的影响相互关联，比如，不参照环境就难以清晰地阐释雨伞（此例指遮雨或遮阳的遮蔽物）。然而，对环境的详细研究并不能解释为什么雨伞是红色、绿色和黄色的，或伞柄为什么这样设计——这些因素或许是简单地受到个人或社会喜好的影响。

事实仍然是大多数埋藏在考古遗址中的材料代表了未遭到后世损坏、并从导致物品劣变的自然进程中留存下来的垃圾和意外丢失物。任何尝试使用考古证据的深入调查，如果假设某处遗址，即使是水下遗址，从未经受改变线索表象的过程或模式的影响，就是在采用非常简单化的方法。必须就此提出复杂问题，而且必须严格评估证据的一切偏差。要做到这点，仔细登记下构成考古记录的相互作用过程的性质必不可少。

扩展信息

海洋船舰种类、海上货运和海洋地名的标准术语清单请见thesaurus. english-heritage.org.uk/newuser.htm

Adams, J., 1985, *Sea Venture*, a second interim report, part 1, *International Journal of Nautical Archaeology* 14.4, 275–99.

Battarbee, R. W., 1988, The use of diatom analysis in archaeology: a review, *Journal of Archaeological Science* 15, 621–44.

Bradley, R., 1990, *The Passage of Arms: An Archaeological Analysis of Prehistoric Hoards and Votive Deposits*. Cambridge.

Gibbins, D., 1990, Analytical approaches in maritime archaeology: a Mediterranean perspective, *Antiquity* 64, 376–89.

Greene, K., 2002（第4版）, *Archaeology: An Introduction*. Oxford（www. staff.ncl.ac.uk/kevin.greene/wintro3/）.

Muckelroy, K., 1978, *Maritime Archaeology*. Cambridge.

Murphy, L. E., 1990, *8SL17: Natural Site Formation Processes of a Multiple-Component Underwater Site in Florida*, Submerged Resources Center Professional Report No.12, National Park Service, Santa Fe, New Mexico.

Parker, A. J., 1981, Stratification and contamination in ancient Mediterranean shipwrecks, *International Journal of Nautical Archaology* 10, 4, 309–35.

Tomalin, D. J., Simpson, P. and Bingeman J. M., 2000, Excavation versus sustainability *in situ*: a conclusion on 25 years of archaeological investigations at Goose Rock, a designated historic wreck-site at the Needles, Isle of Wight, England, *International Journal of Nautical Archaeology* 29.1, 3–42.

第五章 项目规划

　　考古调查的过程是多个相对简单的任务的集合，只有适当的应用专业知识，为每个任务配备充足的资源，并按照正确的顺序进行，才能保证任务高效安全地实施。为了成果出版（见第二十章）这一最终目标，任何涉及到考古的项目都必须保证人员、资源和专业知识在正确的时间各就其位，这就需要高效有力的项目规划。

项目设计

　　任何项目都应从项目设计开始。项目设计要详细说明项目各主要构成部分将怎样相辅相成，从而解决项目想要回答的中心研究问题，或者指明遗址的记录方式，从而减少破坏带来的损失。

　　项目设计应该详细说明项目的目的，实现这些目的所需设立的目标，并对所需的人力、物力和财务资源进行评估，这还包括所有特定的专业设备和知识。项目设计同样也应该涵盖健康和安全事宜，并对将要展开的工作进行彻底的风险评估。如果要进行潜水，那么必须制定专门的潜水项目计划（见第六章）。

　　除了为项目提供关键的规划工具，一份详尽细致的项目设计对任何资金申请，或在受到遗产法律保护的遗址上申请工作许可来说，都很可能是不可或缺的先决条件。目前已有许多制作项目设计的固定格式。英国最常使用的是英格兰遗产局出版的《历史环境中研究项目的管理》（Management of Research Projects in the Historic Environment，简称MoRPHE）（English Heritage，2006b）。

　　项目设计应该以"案头评估"作为开端。这种评估研究旨在为将要调查的遗址或区域搭建起现有的考古知识框架。它应尽可能地确定考古资源的特性、范围、年代、完整性和相对品质，同时它也应该对现场的环境条件做出评估，这些对于田野工作的规划和安全管理都非常重要，并且将影响遗址的保存。案头评估应当搜集、校对并综合所有可获取的数据，考虑其相对重要性，并对其可靠性加以评价。最终它才能构成一份完整的项目设计基础。

对大型考古遗址项目来说，也许有必要展开适当的勘测或进行有限发掘。这些特定的评估旨在增加相关知识并使规划更加充分。它们本身也是考古项目，在实施时应采用和大型项目同样的方式。

项目设计需要详细说明下列问题。

背景：应指明将要调查的区域，用地理坐标加以定义，并在地图上用一个多边形（通常为矩形）标示出来。遗址的年代应根据该遗址中已知存在的考古堆积的性质来判定。

过往工作：应当包括遗址过往工作的摘要，现存遗址档案（如果有）的位置和这些档案的查阅程度。这部分还应详述所有过往工作的成果，并且确保这些成果能够在当前项目需要之时轻松获取。

项目细节：应包括相关遗址法律地位的信息（如果遗址受到法律保护或控制）和已获得的或所需要的发掘工作许可。它应详细说明项目的时间跨度、实施日期、与土地所有者和遗址占用者商定的关于进入遗址的所有安排（如果需要的话）以及遗址复原计划（在发掘工作之后）。

档案保存：在项目规划阶段考虑项目档案的最终存放地点和保管事宜（见第十九章）至关重要。项目设计应包含考古发现和记录的接收者、保管安排及其他相关信息。

项目必要性：该部分解释实施项目的原因。它应详细说明项目意欲解决的研究问题，并在项目对考古记录造成的损坏和增加我们关于过去的新知识间做出权衡。如果工作是由于考古记录面临外部威胁，如海岸侵蚀或者开发等，该部分还应对威胁的性质和规模（短期和长期）加以评估，并详细阐述计划中的考古工作如何能够让威胁得到缓解。

出版和展示：要概括可能的报告出版格式（如专著、文章或笔记），意向中的出版地，以及任何有关展示和让公众使用遗址档案的安排。

方法陈述：应说明遗址内所要开展的工作，搜集和记录解决研究问题所需数据的方法。方法陈述应该证明这些方法是完成该任务的最好方法，如果这些方法是实验性的，则应说明为何它们对该项目有效。

在起草规划的方法陈述时，应考虑以下因素：

- 将做调查和不做调查的遗址部分；
- 将使用的不同类型的数据搜集方法；
- 将使用的复原和记录策略；
- 任何丢弃策略（这应基于预期从遗址获取的数据种类——如结构要素，人工制品或环境材料等）；
- 渐进式工作的必要性（针对不存在既有合适方法的情况）；
- 田野工作的后续活动预计（尽管在田野工作完成后，这一计划往往会不可避免地发生改变）。

资源和筹划：应详细说明项目团队的结构和规模及其成员所具备的专业技术水平。它应确保团队的专业技术与方法陈述中所详细描述的需求相匹配，并确定在工作之前是否需要进一步培训。无论是专业人员还是志愿者，每个团队成员都应该明白自己在项目中所担当的角色并能胜任自身工作。在项目开工之前，团队成员皆需通读并理解项目设计，知道自己的角色在整个项目进程中怎样发挥作用。作为一个完全依赖团队合作及精神回报大于物质回报的学科，让每个人在项目过程中尽可能多地得到合理预期范围内的收获非常重要。对于每个成员来说，应有的信任和归属感不可或缺。

工作所需的材料和设备的具体信息也是必需的，包括确保能恰当储存和保管搜集到的考古数据所需的材料和设备。甚至有必要让文保工作者和相关博物馆专业人员参与到本部分的编写工作中来（见第十六章）。

如果项目包含潜水作业，潜水工作必须从某一类作业平台上实施。应仔细考虑使用何种平台，最终的选择很可能是在项目所需和项目可用之间权衡的结果。无论何种项目，理想的平台应该在甲板上具有足够的空间和遮蔽从而保障工作人员能够在舒适的工作环境中完成所有的项目任务，能充分保证航行至遗址所在地，并在任何可能的海况下都能够在站点停留，它还应该符合所有相关的地方性和全国性安全法规。每个项目的具体需求各不相同：有的遗址可以轻易从海岸抵达，有的可能用充气小艇就能到达，而有的则可能需要大型潜水支援船或驳船。应注意的是，平台越大，就需要更多、也更复杂的系泊操作使平台就位。经验表明，可以留在工作现场的合适的系泊系统通常是一项明智的投资，因为它能节省因系泊的再安置和取回所浪费的大量时间。对于在潜水作业期间全程停泊在工作地点的平台，需要考虑小型安全船的使用问题。同时也应考虑使用"船上食宿"的平台，以方便项目小组能在工作期间住在船上，这样能够节省每天往返遗址的时间和精力。工作人员可根据其工作进程安排食宿，这往往比起在岸上安排吃住的花费低。当然，如果要使用"船上食宿"平台，一定要考虑供给的获取、保护设施的使用，以及保证人员的休息时间等相关事项。

时间表：项目时间表的规划工作应贯穿项目始终，包括田野工作、评估、分析、宣传和保管。

预算：应该提供开展工作安排的花费，并说明每一笔估算的基础。花费应与方法陈述直接相连，同时应有充足的资金保证田野作业直至宣传的所有后续活动。除非得到相关人员的确认，否则不应假设项目设备或专才的专业工作是免费提供的。

后勤工作：要保证能在整个项目期间内的正确时间里提供开展考古工作、对考古工作进行安全管理以及项目成员野外生活生存所需的工具、设备和设施，这一点至关重要。这可能意味着保证所有设备从第一天起就现成可用，或只在需要的时间段把设备带到遗址。每件设备都应有适当的备件和相应耗材以确保其安全正常工作。同时，还应对项目组进行适度培训和实操以安全管理所有设备的操作并应对所有项目都要面对的不可避免的养护问题。大型项目可考虑配备项目工程师或厨师等专业人员，使团队中的考古学家能更有效地做好自身的专业工作。

田野工作后续：在进行田野工作时，要坚持不断更新记录和对考古发现进行及时处理，而不是拖到项目的最后阶段，这一点很重要（见第八章）。经验表明，在项目进行时忽略这些工作将导致日后浪费大量时间来梳理问题。应在每个项目的规划阶段就对这些问题加以考虑，并恰当分配资源。一旦田野工作完成，所有的记录和考古发现都应以合适的方式加以校对和存档（见第十九章）。在这些记录被再次使用之前，长达数月、甚至数年的拖延都很常见，而此时这项工作也可能已经完全由其他团队来承担了。

档案工作一经完成，应开始着手对所开展的工作进行评估，以对照成果是否与项目设计的最初目标相一致。这项工作应包括对数据进行更深入分析，评估其达到项目最初目标的潜力。评估应详细阐述项目规模、性质、情境、提取的方法（在合适情况下）和污染的可能性，最后这一项尤其适用于处在历史上拥有繁忙航运交通区域里的遗址。在此类水域中已经发现了过往船只逐渐产生的堆积物质在海床上对考古地层造成污染的案例。

评估之后，可能有必要根据从所开展工作中获取的新信息来调整项目设计。在这个阶段，也有必要总结所发现材料的研究价值，看看它们是否能够有助于回答在工作中显露出来的其他研究问题。同时还应该确定遗址对当地、区域和国家研究重点的潜在价值。

存储和保管：从一开始，项目设计就应明确所发现的考古材料（如果有）的合法归属者以及项目档案的最终存放地点。档案汇编应该征求文保工作者（见第十六章）、合适的博物馆专业人员和考古材料合法拥有者的意见。遗址档案数据的即时和长期保护以及储藏要求也应当加以考虑。要考虑电子数据未来的储存及获取方式（见第八章）。对于来自恶劣堆积环境，其保护和长期照看的费用远超其进一步研究价值的材料，要对如何从中选取代表性的样本做出建议。在这种情况下，务必保证在处理其他材料之前按要求完成了记录和分析。在制定丢弃原则时，必须要充分考虑档案的最终接受者和材料的合法所有者的意见，还应小心不要让丢弃的考古材料污损其他考古堆积。

发布：任何考古工作的最终目标都是发布成果。成果可通过很多方式和媒介加以发布，这些内容将在第二十章详细讨论。项目设计应该清楚说明项目成果的发布时间和方式。

健康和安全规定：人员的健康和安全应该是任何考古项目的主要考量之一。基于此宗旨，风险评估和潜水项目计划就成了项目规划的关键部分。这两者及其他与水下及潮间带遗址考古健康和安全相关的重要问题将在第六章讨论。

本章将考古项目的整个规划过程展现给读者。细致高效的项目规划对任何考古项目来说都不可或缺，这既适用于由多国专业潜水员团队参与的大型水下项目，也适用于兴趣爱好者们在周末进行的小型滨海调查。虽然为每个项目起草的规划文件的篇幅差别很大，NAS推荐在撰写项目设计时最好参照前文提及的英国遗产局的《历史环境中研究项目的管理》（简称MoRPHE）（English Heritage，2006b）。

扩展信息

English Heritage, 1991, *Management of Archaeological Projects （MAP2）*. London （www.eng-h.gov.uk/guidance/map2/index.htm）.

English Heritage, 2006[b], *Management of Research Projects in the Historic Environment （MoRPHE）*. London （www.english-heritage.org.uk）.

Institute of Field Archaeologists，2001a （修订版），*Standards and Guidance for Archaeological Excavation.* Reading.

Institute of Field Archaeologists, 2001b, *Standards and Guidance for for the Collection, Documentation, Conservation and Research of Archaeological Materials*. Reading.

Institute of Field Archaeologists, 2001c （修订版），*Standards and Guidance for Archaeological Desk Based Assessment*. Reading.

Institute of Field Archaeologists, 2001d（修订版）, *Standards and Guidance for Archaeological Field Evaluation*. Reading.

注：田野考古学家学会（Institute of Field Archaeologists，简称IFA）的标准和指南文件可在www.archaeologists.net免费下载。

项目规划

第六章 水下和前滩考古遗址的安全

目录

◆ 风险评估

◆ 潜水项目计划

◆ 操作规程

◆ 潜水作业控制

◆ 水下工作

◆ 可能发生的潜水问题和解决办法

◆ 发掘过程中的安全

◆ 潮间带遗址的安全

在一切水下和前滩考古工作中，安全最重要。虽然本书不可能也不致力于提供位于这些区域的遗址的详尽安全指南，但概括一些在前滩或水下环境里进行考古工作的安全要点至关重要。详尽项目计划的重要性业已在第五章中涵盖。在每个项目计划中，都有必要考虑与项目相关的安全方面的事项。

潜水员进入的是一个陌生的环境，每个个体面对挑战会有不同的反应。无论潜水项目的组织者进行了多大程度的准备和协助，每个项目参与者在入水时都将承担自身的安全责任，对于自给供气的轻潜潜水员尤其如此。即便通过水下通话设备能在一定程度上与水面监控者维持沟通，但潜水员一旦入水，将极大地脱离水面的监控，另外还应记住水下工作要求潜水员必须有能力完成交付的任务，所以必须在潜水开始前计划好额外的任务负载。

此外，每位潜水员有关照潜伴的义务，而且鉴于他们可能会进行有附加效果的活动（这不同于一般的休闲潜水），所以，每个人都有责任确保遵循安全的潜水操作。参与者需：

- 熟悉遗址和工作范畴；
- 熟悉全部安全资讯和潜水作业规程；

59

- 实事求是地评估个人的训练水准、经验和能力；
- 了解自己对其他队员的责任；
- 在安全或队员承担指派工作的能力问题上征求建议，就异议进行沟通；
- 保持在项目设定的范畴和自身能力极限内工作。

项目组织者不向队员施加压力，令他们进行超出个人经验或他们没有把握的潜水活动非常重要。来自同伴的压力可能导致危险和考古工作水准低下。

风险评估

个体在日常生活中经常评估自身的安全，比如过马路就包括认知潜在的危险并采取合宜的规避措施。规避可以是在横穿前左右张望，如果道路拥挤，合理的策略可以是沿道路纵深走到指定的横穿点，如果找不到安全通过的方法，行人可以选择彻底放弃过马路，通常这个过程发生在我们头脑中。认定有危险并估量危险的程度和种类，并采取合宜的措施避免受伤害的可能（甚至单纯地避开冒险）。

任何项目设计都必须有正式的风险评估过程，通过这一步骤提请参与者注意潜在的风险。虽然，大多数人都熟知怎样过马路，但并非所有的项目参与者都拥有了解项目相关风险的经历。判断潜在风险，了解处理风险和减轻风险的方式并将其文本化，使每个队员都能从有经验的项目成员处获益。这会为考古项目这类复杂操作的组织者带来很大裨益。如：

- 预先判断是否有风险，并系统地进行评估。
- 安全须知能够快速而准确地传达给项目参与者。
- 在项目计划阶段加入控制风险发生的方法。
- 在事故发生时，可以帮助判断是否在计划阶段就可以避免问题萌生。

备注：项目潜水总监认为，为潜水操作的每个步骤准备风险评估和潜水项目计划（见下方）是最佳选择。执照发放机关、项目赞助方和政府机关甚至保险公司都会对此提出要求。一旦项目付诸实施，始终都不能忘记风险评估，应该经常提醒大家，情况一旦有变，要适时采取不同的控制措施。同时，对单独的潜水计划进行额外风险评估的作法也得到认可。

潜水项目计划

设计潜水作业时，项目任务设计必须包含潜水项目方案。方案要细化完成项目任务设计的目标所需的潜水工作、资源和设备。为避免混乱，潜水作业必须遵循标准化、安全的准则，方案还应解释怎样控制已知风险，每次实施潜水作业之前都应完成针对该遗址的风险评估。参与项目的每个人都应知晓潜水项目计划，这一计划至少应考虑到：

- 潜水作业由谁负责控制；
- 海洋环境、水下能见度、污染程度、深度和温度；
- 从岸边/船只/平台离开和登临的位置（必须包括对失去行动能力的潜水员的应急寻回，其位置最好是在伤患出水后的3分钟之内可达）；
- 所需的（混合）呼吸气体和装备；
- 队员的数量（包括非潜水员）和他们的经验；
- 应急程序，包括救助失去行动能力的潜水员的方法，应急设备（如减压舱）的位置是否就近和所需医疗技能；
- 潜水方式（如水面供气或自携式呼吸器），陈述做此选择在安全方面的考量，该考量应是针对手头工作有的放矢的判断而非盲从于某一种模式；
- 受伤疏散预案，以及不需团队核心成员离开潜水点而能寻求更广泛应急救援的明确措施。

操作规程

从其他田野工作者的经验中收获的广为运用的一种方法是使用"（最优）操作规程"。这包括一系列注意事项或标准，通常由相关机构颁布，是经过往项目证明的行之有效或能被普遍认可的行动指南，所以潜水操作规程应该为每个项目所践行。考古工作者必须对潜水作业加以记录，其重要性不亚于项目的其他技术环节。而且不仅要做个人潜水日志，还要有项目的潜水时间和环境条件的日志。

大多数操作规程或是笼统或是仅具体适用于某个项目，这使得采用现成的操作规程比较困难。我们建议项目组织者们仔细考虑他们负责的项目的安全要素并草拟一份针对项目的操作规程。一套现成的规程不一定完全适合另一遗址，生搬硬套会造成安全规程的缺陷。新技术和程序的应用和发展，会对操作规程相应地提出更新的要求。另外，不同国家的政府为潜水作业者的健康和安全做出的规定也不同。项目潜水总监能充分理解与考古队作业相关的规则很重要，特别是当队伍可能由专业人员和业余人士共同组成而需实施特定规程时。编撰水下考古遗址的操作规程需参照多种材料（如商业的、科学的材料和休闲潜水手册）。本章末尾会提供一些作者建议的本方面的扩展信息资源。

同一遗址使用不止一种规程的例子很罕见，但当项目需要好几支潜水员队伍分别负责遗址不同层面工作时，在同一个遗址上，有些操作规程会比其他的更适用。优先使用一套特定规程会减少麻烦，但无论使用何种规程，每个队员都能熟悉其应用方式更为重要。关于风险评估，在项目实施过程中需经常审核操作规程的合理性。

为某个项目研究制定和采用的风险评估和潜水操作规程实际上就是一支队伍能胜任该项工作的声明。若发生事故（最好能避免），这些档案会被官方引证。项目主持人必须向官方证明已采取了所有合理的风险规避措施，并符合健康和安全的规定指标。

潜水作业控制

在大型项目里对潜水作业负责人（不直接负责考古工作）的任命是个敏感的话题。通常被称为潜水总监或潜水长的人得组织、规范和记录潜水作业方式，目的是要在现场创造出尽可能安全的工作环境。这种工作在要求经验的同时也要求处事机敏——既要能保证安全潜水，又不能显得专横和盛气凌人，这需要很高的技巧。称职老练的潜水总监可以控制好每一班潜水作业。

潜水总监必须能现场回答潜水员对潜水工作的质疑和抱怨，通常就发生的任何事故，即便是很小的事故进行全面公开的讨论很有用。事故必须记入项目作业日志，有些国家要求向健康安全执行机关或安全代理机构报告事故。有些人需要鼓励才会说出自己的焦虑，特别是如果他们在其他信心十足但并非一定是很胜任工作的队员面前有畏惧或胁迫感时。别等到严重事故发生时才客观评估队员对工作安排的安全感。

水下工作

前文已经提到但有必要重申一下，潜水员的目标是考古而非潜水，即潜水员在水下是为了工作，潜水只是辅助手段。因此，任何潜水机制必须保证潜水员在公认的标准下安全开展考古工作。需要潜水员的持续注意力以确保安全的潜水机制并不可取。选择合理机制时，要考虑的因素清单如下：

- 遗址环境条件——包括是否易接近、能见度、深度、潮汐强度和温度（如：孤立地点的深水遗址需额外的安全设施）。
- 工作类型——发掘的任务通常比调查更繁重，建议使用潜水员交互或潜水员与水面的通讯系统。
- 工作船只的大小——这直接影响潜水员的入水、出水，以及装备和发现物的提取，而且对失去行动能力的潜水员的救援能力也是必须考虑的因素。
- 潜水员的经验和资格——有些遗址更适合采用商业潜水系统进行调查，但仍常需调查者具备特定的潜水资质或经验。

正确的潜水机制和潜水队伍相匹配可以达到更高的考古标准。为达成这一目标，项目组织者必须透彻理解考古和潜水涉及的诸多事项（图版6.1）。

可能发生的潜水问题和解决办法

在项目的策划阶段要考虑许多因素。

身体问题：有很多因素会影响为考古项目工作的潜水员的身体健康，如氮醉、减压、呼吸气体的质量、气温和水温、疲劳、设备故障、通讯手段不佳、受伤、恶劣天气、水流和能见度。

寒冷（失温）是考古工作中的常见问题，因为潜水员通常必须长时间静止不动。即使在热带，长时间潜水也会导致潜水员受寒。我们建议此时要使用比普通潜水更长的水面间隔时间，或考虑缩短潜水时间。潜水员受寒之后工作效率降低，加之与寒冷相关的安全问题已为人共知，所以，让潜水员超过必要的寒冷限度只会得不偿失而无人获益。

不应忘记潜水员和水面队员过热（体温过高）也同样会产生严重问题——脱水。潜水员倾向于长时间穿着潜水服，或为等候下一班潜水、写日志或清洗文物。潜水员应当警惕脱水，因为它会加剧减压病。

潜水总监应评估与特定遗址相关的可能因素，以采取措施防范它们构成问题（见"风险评估"）。还应强调的一点是，如果潜水总监认为有什么原因使潜水员不适合潜水，那么他/她有权限制每一位潜水员（包括领队）潜水。建议在工期紧张、需要长时间持续潜水班次的项目里，提倡潜水员有计划休潜以恢复身心，减少余氮增加带来的副作用。休潜日可以让潜水员有时间抓紧案头工作、协助水面任务的完成。

随着潜水运动的发展，崭新、复杂的潜水系统越来越流行，特别是高氧（氮氧）潜水、混合气体和密闭式呼吸器，这些新系统明显能使考古潜水员受益，如可延长免减压停留时间，安全缓冲，通过混合气体中添加某些成份使潜水员保持思路清晰，这是考古工作达到高水准的要素之一。然而，我们也要考虑新系统可能产生的技术和后勤层面的问题。负责项目潜水方面的人员应综合考虑所有可用潜水系统的优势，不论采用何种系统，进行风险评估、使合理的安全保障措施和工作规程到位这几个步骤缺一不可。

心理问题：有许多因素会影响潜水员在水下的有效判断。氮醉的影响众所周知，但其他因素也会产生相似影响，如焦虑、紧张、酒精/药物甚至是工作热情过高。有些因素会致使潜水员忽视自身安全，而另一些因素（如焦虑）会导致恐慌、放弃正确的潜水作业方法。某些发生过的特例有：潜水员突然窜出水面，即便自身经历的培训告诫过他们这种作法的潜在危险。有损良好判断能力的因素会对安全造成妨碍，降低考古工作的水准，因此需考虑采取措施缓解问题的发生，比如通讯可以使潜水员不必强迫自己记住细节或测量数据，如前文讨论的换用另一种呼吸气体也不失为一个选项。把培训、经验、判断力和合理、运行平稳的潜水系统相结合有助于避免心理问题导致的不良后果。

潜水技术：运动潜水培训可以使潜水员在大多数考古项目中安全地工作，但运动潜水培训并不能涵盖到水下考古工作的某些层面，这些层面有时甚至与普通的休闲潜水员课程内容背道而驰。

就运动潜水而言，它很公允地强调了中性浮力的好处，进行摄影或调查脆弱堆积时要有对浮力的良好控制力，然而，有些任务和环境要求潜水员在实际有效工作时采用负浮力。有时，在项目实际运用的操作规程和大环境条件允许时，潜水员脱掉脚蹼工作会使行动更加方便，这有助于避免不小心踢到考古遗物，而且当潜水员可以扶着或用脚勾着探方框时也更舒服。

同样，潜伴制度是运动潜水的首选，但这在考古工作环境中并不总是可行或可操作，此时需要采取两种以上的安全保障措施。可以将单独潜水与单独工作但附近有其他潜水员这两者间划一条界限，但需将所有的遗址现场环境和潜水队伍的经验纳入考虑范围。

单独潜水有一定的优势，比如，在环境条件非常差时，潜伴的存在会对工作中的潜水员造成妨碍；有时完成任务只需要一名潜水员，潜伴被忽略的话，实际结果还是单独潜水。单独潜水员的潜水必须具备有效地与水面团队通讯的设施，而且他（她）要能很熟练运用这类装备（如信号绳、硬连线或水面通话），还应有其他团队成员负责照看潜水信号绳、一位随时准备施救的应急潜水员和一位潜水总监。许多国家都有管理考古潜水作业的特定规范，这为那些处于非工作状态的潜水员提供了实用的指导。

最有效的通讯设备是潜水员与水面之间的脐带式硬连线电话（图版 6.2），但如果考古队熟悉绳子信号的使用，这一工具也很有用。水面通话设备在不断改良，比起脐带式硬连线更为自由，但当潜水员被岩石或类似海床突起物屏蔽时会影响其使用。此外，建议为使用水面通话设备的单独潜水员配备一个水面浮球或信号绳，以便有状况出现时能确定他/她的位置。另外，有些地点有异常温和的潜水环境，此时允许潜水员单独行动，但这也必须纳入风险评估的考虑范畴并有充足的风险预防措施。

潜水员不应被迫从事自己感觉难以适应的作业，这一点很重要。同样，潜水员也不应为了拒绝进行自己觉得不合宜的步骤而感到焦虑。有些极富经验的考古潜水学者倾向于不单独进行工作，除非他（她）与水面有直接联系；有些人则乐于考虑单独工作，只要现场还有其他潜水员。还有关键的一点是，要记住所采纳的每个潜水作业程序都要与项目运用的操作规程合拍，并且与所有适用的当地或国家法律吻合。下列基本点是单独潜水员进行安全潜水作业的最低要求：

- 单独潜水员一旦遇上麻烦，必须有有效的方法向潜水总监呼救；
- 水面必须有一位全副着装的应急潜水员准备随时施救；
- 必须能很快定位需要救助的单独潜水员；
- 单独潜水员必须为紧急情况备有充足独立的呼吸气体。

发掘过程的安全

如果项目的工作内容包含发掘，就必须考虑额外的安全因素。待发掘的遗址对经验欠缺的潜水员来说既令人生畏又不熟悉。遗址上可能有空气、水或其他能源供给气压式抽泥机、水压式抽泥管或其他设备，能见度不好时，这些设备都构成了潜在危险，潜水员必须明确这些障碍物与工作路线的相对位置。项目潜水总监或其他负责安全的人员必须使设备和管线合理安置于遗址上以减少绞缠引发的潜在危险。

同样，发掘过程会令潜水员的思想高度集中而忽略气压等仪表和减压潜水表的读数。沾沾自喜与焦虑同样会造成问题，两者都不会产生高水平工作，因此让新队员渐进地掌控工作方法比指望他们能从容地一举应对要明智。在多数工作场合，一种用途很大的作法是建立一条入水绳，用来辅助上升下潜。这样，有了抵达遗址的固定路线，潜水员无需忙乱就可以到达工作岗位。

潜水员发掘过程中要用心，以保证可能导致气压或水压抽泥管堵塞的设备部件或大型物品不会被吸入抽泥管口。当气压式抽泥设备的抽泥管口部分堵塞时它迅速具备正浮力，若没被拴住，便会突然甩出水面。要培训新手潜水员，让他们熟悉安全操作程序。迅速关闭发掘设备电源的装置必须是操作该设备的潜水员触手可得的。应考虑在抽泥管口安装金属网以防止堵塞。为安全起见，许多潜水员都有备用呼吸器作为应急呼吸装置，但这可能造成危险，特别是在使用气压抽泥机时。如果备用呼吸器被吸入抽泥头，压缩空气会迅速流失，此类事故曾酿成大祸。为减少这类隐患，必须对备用呼吸器和其他外设装置的位置了如指掌。

世界上没有任何一项考古研究值得研究者为其付出健康或生命的代价。项目负责人必须避免给出这样的信号，即让队员甘于冒险，喊着"一切为了项目"而用自己的运气做赌注。应该有效率、专业和安全地做好本职工作，即便这样做会多费些功夫。

以下是安全工作最重要的几条（最佳操作方法）：

- 保证项目参与者充分了解项目的目标和宗旨；
- 保证项目参与者有实力完成自己的任务；
- 完成一份涵盖项目全局的综合风险评估报告；
- 必要时得提供额外的培训；
- 坚持撰写潜水计划；

- 坚持记录潜水时间；
- 进行日常装备检查；
- 每天撰写项目日志，内容包括：队员、潜水总监和某时段负责人的工作细节，天气和潜水环境，装备检查，项目工作日的重要事件（如潜水班次、总监更换、非潜水时间、设备故障和其他事故）。注意：项目领队或潜水总监应每天在项目日志上签字以作事件记录。

潮间带遗址的安全

水下考古工作者不应该低估位于潮间带的遗址所潜在的风险。在潮间带开展任何工作之前，必须完成风险评估报告，阐明在靠近遗址或在遗址上工作的潜在风险。如果遗址位于潮间带，到达工作地点的时机取决于潮水的涨落、水位的高低。涉及潮间带遗址的问题还有：船只等的物理构造已严重损坏，故此会产生相应的风险，因此，搁浅或废弃的船只遗址应被视为危险的工作环境。可能发生的危险有：搁浅、结构坍塌、铁器或其他扣件生锈，以及船只内部散落的固定装置形成的陷阱，发动机或蒸汽机等沉重物件会在不经意间悄然脱落。

项目负责人需强调指出在潮间带工作的危险，此时必须遵循以下防范措施：

- 考虑在遗址上进行任何工作之前要评估工作遗址的所有安全层面的问题。
- 应考虑指派一名队员负责观察环境条件的变化。
- 不要以个人为单位指派任务，如果是人员很多的考古队，必须在每天离开遗址前清点人数。
- 在冒险进入前滩之前先审阅潮汐表，仔细计划每日安排，确保有足够的时间回到岸上。
- 搜集在遗址附近当地关于潮汐情况的建议，确保每位团队成员知晓最安全的进退路线。
- 在条件允许的情况下，每位队员必须配备一部（电力充足的）手机，要确保大家互相知道电话号码。

- 确保每位队员知道急救中心的电话，也都有指明去当地事故和急救医院路线的地图。
- 应考虑铺设通向遗址的地垫或走道，这可以使工作更容易展开，并保证队员不至于因在泥浆中挣扎而感觉疲惫。
- 应考虑使用应急随行的安全船。
- 制定疏散伤员或病号的预案。
- 告知负责后勤的人员何时队员会上岸回到驻地，应考虑通知相关政府主管部门工作的起止时间。
- 如果在潮间带工作，要注意潮汐表并不一定能准确显示所有地点或天气情况下的潮汐，潮水会提前转流或不按表格显示的时间退潮。要有个全天候放哨的人，特别是在考古队全神贯注从事潮间带工作时。要记住涨潮可能比退潮速度快。
- 检查手表是否走得正常，要多带一块表或是确保队里的另一名成员也戴着。如果有闹铃功能，请设定在潮水开始涨落的时间。
- 应一直穿着易穿脱、硬鞋头的靴子而不是系带鞋，因为系带鞋一旦陷在泥里很难脱下来。
- 应考虑戴安全帽、穿有荧光条的外套或提供其他安全装备以协助预防事故。
- 注意天气的急剧变化。队员会遇到天气导致的问题，如中暑或失温。
- 在蹚过满水的小溪时要当心，因为它们有可能比看上去更深。建议此时最好沿河岸找到桥之后通过，即使这样会消耗宝贵的工作时间。
- 如果队员陷在泥泞中，而潮水与此同时涨了起来，在泥浆里爬行或"游泳"会比试图在泥里行走要更加安全。
- 在比较偏僻的地点，建议带上危险报警闪光灯、照明弹或其他信号装置。
- 如果处于涨潮被搁浅的危险中，请清卸掉装备尽快离开。这种做法虽不得人心，但人员安全应当作为第一考量，而大多数装备不怕水浸。

- 有些地方沿岸排放污水，这种情况下应检查被调查区域的排污口位置。建议和相关负责机构一起在项目策划阶段进行检查。戴好一次性手套，携带清水以便在餐饮之前洗手。用消毒剂清洁割破的伤口，哪怕是很小的伤口。检查是否每个人最近都接种过破伤风疫苗。

- 如果队员在潮间带工作时或工作之后感到不适，应及时就诊。[1]

其他基本装备包括急救药箱、备用衣物，以及数量充足的绳子、线以便能够既有效又安全地在遗址工作。应提供大量新鲜的饮用水和食物，另外还需清水清洗手和工具。

要记得潮间带风险评估应阐述紧急情况发生时该如何应对，应该强调如何确定通往硬实地面的最短路线以疏散运送伤员，必须在正式工作开始前弄明白所有通往潮间带的路线和从一个地点走到另一个地点的耗时。

扩展信息

请注意，下列大多数出版物只与在英国工作的人士相关，建议本书的读者查找自己的工作所在国家或地区的相关法规。

英国健康安全局（UK Health and Safety Executive，简称HSE）出售《潜水工作法规》（Diving at Work Regulations）和《核准实务规程》（Approved Code of Practices，简称ACOPs）。HSE每年还颁布一次经审核认证通过的潜水资质，这些有资质的潜水必须遵循各自不同的《核准实务规程》。健康安全局咨询：HSE Information Centre（HSE信息中心），Broad Lane，Sheffield，S3 7HQ；电话: 0541545500；www.hse.gov.uk/diving/information.htm。

Bevan, J., 2005, *The Professional Diver's Handbook*. London.

---

1 以上注意事项皆基于麦凯文（Mckewan）和古德本（Goodburn）1998年发表于米尔恩（Milne）的《潮间带遗址安全准则》（Inter-tidal Site Safety Guidelines），G.米尔恩（G.Mline）于2006年更新。

Health and Safety Executive, 2004, *Guidelines for safe working in estuaries and tidal areas when harvesting produce such as cockles, mussels and shrimps* （www.hse.gov.uk/pubns/estuary.htm）.

Joiner, J. T., 2001 （第4版）, *National Oceanic and Atmospheric Administration Diving Manual: Diving for Science and Technology*. Silver Spring, Maryland.

Larn, R. and Whistler, R., 1993 （第3版）, *The Commercial Diving Manual*. Melksham.

Lonsdale, M. V., 2005, *United States Navy Diver*. Flagstaff, Arizona.

Milne, G., McKewan, C., and Goodburn, D., 1998, *Nautical Archaeology on the Foreshore: Hulk Recording on the Medway*. RCHM, Swindon.

Scientific Diving Supervisory Committee （SDSC）, 1997, Advice notes for the Approved Code of Practice （www.uk-sdsc.com）.

第七章 水下考古相关国际与国家法律

目录

◆ 管辖权——法律适用于何处？

◆ 国际水域的管理制度

◆ 国际救助法

◆ 水下文化遗产和救助法

◆ 水下文化遗产所有权

◆ 放弃所有权

◆ 国家立法

◆ 国际公约

◆ 案例研究

与水下文化遗产的发现、调查和发掘相关的法律问题曾被形容为"法律谜阵"（Altes，1976年）。这当然是许多成熟和专业的水下考古学家的看法。本章旨在绘出穿过这片国家和国际法迷津的道路，并建立起对涉及水下文化遗产时可能遇到的法律问题的理解。

管辖权——法律适用于何处？

在决定适用于某一特定情况的法律制度时，首先要明确其位置。在公海上，这并不简单，要决定其适用的法律制度，需要参考国际法，尤其是《联合国海洋法公约》（United Nations Convention on the Law of the Sea，简称UNCLOS）。这部1982年通过的公约把世界上的海洋分为不同水域，并区分适用于每类水域的法律制度，基于此法建立了五种不同水域：

- 深海海底和公海；
- 大陆架；
- 专属经济区；
- 毗连区；

● 领海。

《联合国海洋法公约》建立了水域的范围，并明确了各国在不同水域的行为准则。在该公约起草时，水下文化遗产并非被优先考虑的问题，因此，当时并未考虑针对水下文化遗产确立有力保护制度。然而，该公约重点在于规定每个国家在每类水域能够管控什么。因此，必须相应地考虑每类水域。

由于《联合国海洋法公约》在陆地结束和海洋开始之处起效，因而决定每处水域起于何处也很重要。但是，考虑到退潮及潮汐和海湾、河口等凹口导致的水流变化，上述分界线从不固定。在国际法中，海洋开始于大比例地图上标志的低水位线，即"基线"，从这条线起的所有海洋水域被纳入测量范围。但是，基线并非总与沿海低水位一致，而可能会跨过河口、海湾、港口，或是沿着低潮时出现的岛屿或沙坝，因此在测量每类水域时总是以一条公认的基线为准。

深海海床和公海：深海海床被定位为"国家管辖权限之外"的水域，因此，它是领海或具体国家宣称的所有其他海洋区（比如毗连区或专属经济区）以外的水域。在该水域，国家不能宣称单边管辖权，而是适用传统的"公海自由"原则。但是，就一些资源而言，比如深海海底矿产和鱼群等活态资源，《联合国海洋法公约》规定了每个国家能做什么，并建立了每个国家分享这些资源的体系。公约谈判期间决定，水下文化遗产不应被定义为资源，那么，原则上，在这个区域发现的水下文化遗产的搜索、调查和发掘适用公海自由原则。但是，该公约确实在第149条声明"在'区域'内发现的一切考古和历史文物[1]，应为全人类的利益予以保存或处置，但应特别顾及来源国，文化上的发源国或历史和考古上的来源国的优先权利"。不幸的是，该公约没有定义第149条中的任何术语，国际法官已经普遍认同，这一条款过于模糊和不确定，不能作为规范性条款。因此，在公海和深海海底，所有国家有权利寻找、调查和发掘水下文化遗产，并且能授权其国民和悬挂其国旗的船只这

---

1 译者注：原文为"all objects of an archaeological and historical nature"，应译为具有考古和历史属性的所有物品，而不一定是文物。

么做。唯一可能的例外是，按照国际上认可的主权豁免原则，禁止其他国家侵扰某一国家所属的非商业性沉船。

大陆架：大陆架从领海浅滩延伸至深海海底，其长度因地理而不同。在拥有很长大陆架的沿海国，它们可以提出自测量领海的基线起350海里内，或2500米等深线起100海里内海域为其领海的要求。由于其复杂性和相关规定，国家必须向《联合国海洋法公约》设立的专门委员会递交其拟定的大陆架划界。大陆架短的国家可以要求200海里，即便实际不足此数。在该水域，每个沿海国有勘察和开发自然资源的排他权。水下文化遗产不属于"自然资源"，因此，公约没有规定沿海国拥有搜索、调查或发掘大陆架上遗址的排他权，但是，本公约第303条要求国家"有义务保护在海洋发现的考古和历史性文物[2]，并应为此目的进行合作"。为了实现该要求，一些国家已扩展其管辖权以管控在其大陆架上的水下考古活动，包括澳大利亚、爱尔兰、塞舌尔、塞浦路斯、西班牙、葡萄牙、挪威和中国。尽管这些或许看似是争议性要求，至今尚无其他国家提出类似的管辖权扩张。因此，如果要在沿岸350海里内开展项目，要留意沿海国或许会要求该操作符合其规范性制度。

专属经济区：专属经济区的创设是为了允许沿海国拥有自测量领海基线起200海里内水域开发自然资源的排他权。在此水域，其他国家将继续拥有特定的自由，比如航行、飞行、铺设海底电缆和进行海洋科学研究。水下考古不属于海洋科学研究，所以不必然作为此水域的公海自由。因此，管控水下考古的权利不确定，并且是一些国家间持续争议的根源。比如摩洛哥和牙买加要求在其专属经济区内管控水下考古的管辖权。但是，绝大多数其他国家没有该要求。

毗连区：毗连区是毗连领海的水域，沿海国在该水域内阻止或惩罚侵犯其海关、财政、卫生或移民法方面拥有有限控制权。该水域是指自沿海基线起24海里之内的水域。本公约第

---

2 译者注：原文为"objects of an archaeological and historical nature"，应译为具有考古和历史属性的物品，而不一定是文物。

303条允许沿海国在本水域发现水下文化遗产时，像在其领海内一样处理，这样就给予沿海国管控这种行动的专有权[3]。一些国家已把其国家法律扩展到该水域的水下考古。美国是最近这么做的国家，它于1999年声明了其毗连区。这一增长的趋势意味着，如果在沿岸24海里内开展项目，沿海国可能将管控这种行动。

领海：领海自沿海基线起延伸12海里内的水域。在这个水域，沿海国有管控水下考古相关所有行动的排他权。这些规范性法律的性质因国而异，后续内容将讨论其中一部分。

国际水域制度

基于以上情形，海洋法（The Law of the Sea，简称UNCLOS）规定在领海和毗连区，沿海国可以管控针对水下文化遗产的活动，此水域之外，任何国家均无管控针对水下文化遗产活动的排他权，但这并不意味着它们在这些水域不具权利。按照国际法，所有国家对其国民及在该国注册和悬挂该国国旗的船只拥有管辖权。因此，一国可以通过法律管控其船只和国民在国际海域的行为，这可以适用于水下考古，但是，该国不可禁止其他国家国民和悬挂他国国旗的船只在这些水域干预水下文化遗产。

因此，确定水下文化遗产地位于哪类水域，以确定哪个国家具有管辖权很重要。此后，才有可能确定管理国适用什么法律制度。鉴于各国国情不同，并拥有不同的法律体系，一些国家已议定，当一项活动与国际水域的特定行动相关时，将适用一项共同制度。虽然，水下文化遗产方面没有共同制度，但救助法方面的共同制度或许可适用于水下文化遗产。[4]

---

3 译者注：第303（2）条："为了控制这种文物的贩运，沿海国可在适用第33条时推定，未经沿海国许可将这些文物移出该条所指海域的海床，将造成在其领土或领海内对该条所指法律和规章的违犯。"
4 译者注：联合国教科文组织2001年《保护水下文化遗产公约》（2009年已生效）第四条明确规定："打捞法和打捞物法不适用于开发本公约所指的水下文化遗产的活动。"

国际救助法

救助法历史悠久，最早的救助法是始于公元前900年的《罗得斯海商法》（Rhodian Maritime Code）。此后，它在大多数海洋国家取得了相对一致的发展。为保障相似法律适用于在国际水域进行的救助作业，一些国家在1910年加入国际《救助公约》（Salvage Convention），其在1989年被更新。因此，这些国家已议定，将适用特定的一致性原则。在这个制度下，救助被定义为"补救补偿人适用于因其自愿帮助而把海上船舶或船货或者两者全部或部分地挽救于即将发生的海难，或在真实的灾难或损失中，比如沉船、废弃物或重获物，发现这些财物的人"。形成救助法基础的策略是鼓励个人自愿挽救海上的生命和财物，并向其所有者归还所挽救的财物。这么做，救助方保障了有价值的商品不受损失，而且能再次进入商业流通。在适用救助法之前，必须满足三条标准：

1 财物在航行水域遭遇海上危险；

2 自愿或通过合约作用来挽救财物；

3 部分或全部成功。

一旦满足这三条标准，法院将同意向其支付救助报酬（Salvage award）。在评估救助报酬时，法院将考虑一些因素，比如：

● 被挽救船舶和其他财物的价值；

● 救助方获得成功的考量；

● 救助方挽救船舶和其他财物时使用的技术和力量。

但是，它并不考虑在发掘和发现历史船骸中使用恰当考古技术的程度。

水下文化遗产与救助法

救助制度明显是以挽救濒临海上危险的船舶和财物而设计的。许多人会认为，沉没很久且与海洋环境达到基本平衡的水下文化遗产在承受"海上危险"，这并不合适。涉及历史船骸救助时，该争论在美国一些法庭案例中被提出，但几乎都被美国海事法院（US Admiralty Courts）驳回。因此，美国认为救助法适用于发现水下文化遗产。但是，并不是所有国家都同意，加拿大、爱尔兰共和国和法国等便不对水下文化遗产适用救助法。

《1989年救助公约》在定义"船舶"和"财物"时，没有专门提到沉船或其船货。在协商中，救助水下文化遗产的问题被提出来。法国和西班牙试图把水下文化遗产排除出该公约，但仅取得了部分成功。《1989年救助公约》第30条第1款 d 项规定了保留条款，"当所涉财物是具有史前、考古或历史意义并位于海床上的海洋文化财产时"国家可以保持其不适用该公约。因此，除非国家声明保留对该条款不适用的权利，否则《1989年救助公约》的确适用于水下文化遗产。并非每个国家在加入《1989年救助公约》时都声明保留对水下文化遗产不适用该公约。比如英国依据第30条第1款d项进行保留，赋予其在未来进行保留的权利。这种情况下，保留权仅允许英国在未来某天就不适用该公约进行保留。另一方面，法国已进行这种保留，法国船舶或国民在国家水域发现的、并随后登陆法国的水下文化遗产将不适用救助法。

水下文化遗产所有权

救助法不影响对任何财物的所有权。救助方不会成为救助财物的所有方，而是被认为挽救了财物，并为真正的所有方持有财物。但是，当所有方表示放弃所有财产权，或所有方不能确定时就有问题了。对于非常古老的船舶，因为所有方在声明持续所有权的时段什么都没有做，所有方或许被认为已放弃船舶中的所有财产权。当船舶为国家而非私人所有时，新的问题产生了。国际法对于其中一些问题并无清晰解释，而且不同国家已适用了不同方式来处理它们。

放弃所有权

国有船舶：国际法官们普遍认同，只有当该国清晰且明确表述时，才认为该国放弃对船舶的所有权。由于无法从情形中推断放弃，因此在国有船舶上进行的任何项目应以该船仍属于该国为前提条件。国家会对沉没于国际水域或其他国家领水的船舶持续声明所有权。比如，美国政府对1864年沉没于法国瑟堡（Cherbourg）沿岸的"CSS 阿拉巴马"号（CSS Alabama）沉船提出了所有权要求，而法国政府已对1686年沉没于美国德克萨斯州马塔哥达湾（Matagorda Bay）沿岸的"拉－贝拉"号（La Belle）声明了所有权。但是，并非所有国家都准备好接受这条国际法规则。

私有船舶：虽然，放弃对私有船只的所有权可以通过清晰且明确的声明而生效，如果在考虑所有因素后，可以认为所有者已放弃所有权是合理的，那么所有者也会失去所有权。能支持表明所有者放弃所有权的因素会包括时间推移、所有方进行救助作业时不作为，或者毁灭所有权文件证明。

放弃后取得所有权：当所有者被认为已放弃所有权，该国家或发现者将获得所有权。

国家所有权：大多数国家对已被弃船舶宣称所有权。这在所有方已表达放弃所有权，或能够表明其放弃时发生。不同国家对这个时段的起算点所许可的时间不同。在英国，所有者在报告发现后1年内能声明所有权，否则所有权归政府所有；在西班牙，国家可在3年后宣称所有权。此外，一些国家仅对具有考古或历史重要性的船舶声明所有权，有效地对其他船舰适用了发现物法。

发现物法：发现物法基于"发现者是持有者"的原则。如果所有权已被放弃，发现者一旦占有财物即成为其所有者。最常用发现物法的是美国，在美国，发现物法已可替代救助法。这在难以确定所有权的历史沉船的情况中尤其重要。

国家立法

虽然，大多数国家的立法仅适用于国家领水，但一些国家已扩展其立法以涵盖它们有一些权限的海洋水域，比如毗连区、专属经济区或大陆架。英国《1986年保护军事遗存法案》（Protection of Military Remains Act 1986）等一些法律可以适用于国际水域上英国国民和悬挂英国国旗的船舶。每个国家有独特的法律体系，对水下考古的管控也并不一致。在大多数国家立法中能找到一些特征。

保护范围：一些国家的立法仅适用于历史沉船（美国和英国），但其他一些则适用于所有水下文化遗产，包括史前遗址等水下历史景观。在仅适用于沉船的情况中，一些适用于有一定年限的所有沉船，比如50年（南非）、75年（澳大利亚）或100年（爱尔兰共和国），而另一些则仅适用于被认为具有考古或历史意义的沉船（美国和英国）。一些立法也适用于所有沉船，不论所有权，而其他则仅适用于被弃沉船，比如《1987年美国被弃沉船法案》，其名即如此。

所有权：不同国家对沉船所有权有不同规定。大多数国家允许所有者在一定时间内声明所有权。如果所有者没有出现，所有权则或归国有（英国）或归发现者所有（美国）。土耳其等国家主张所有文化遗产归政府所有，而且不允许私人交易。

奖励：对水下文化遗产适用救助法的国家对发现历史沉船回报以救助报酬（美国和英国）。在英国，这个回报可能极高，常超过所发现的人工制品75%的价值。高回报意在鼓励报告发现物，这被称为"鼓励诚信"原则。如果所发现的人工制品没有考古或历史意义，英国沉船接收处（Receiver of Wreck）或许会把人工制品的所有权作为救助报酬给予救助方，这实际上适用了发现物法。在不对历史沉船适用救助法和发现物法的国家，比如澳大利亚和法国，发现者常被给予"发现者奖"，这是鼓励潜水员报告发现物而不是扰动它们。

搜索许可证：大多数国家对搜索水下文化遗产并不要求有许可证（如英国、巴哈马、南非和加拿大）。另一些国家，比如希腊和土耳其则限制搜索和潜水活动，进行水下搜索时要求持有许可证。

调查和发掘许可证：大多数国家对历史沉船搜索和/或发掘要求持有许可证，许可要求的严格程度各国不同。许多地中海国家，比如希腊、土耳其和意大利，有极其严格的许可要求，而许多发展中国家即便有许可制度，其要求也很低。

惩罚：各国对不遵守管控的惩罚各不相同。土耳其等国家会处以高额罚款并没收设备。

文化遗产出口：大多数国家对文化遗产进出口有限制，这适用于发现在陆上和沿海国领海内的文化遗产。无出口许可证的出口一般会导致刑事定罪。不幸的是，领海难于监管，常可在一国领水内秘密发掘，再把人工制品直接运去其他国家。

国际公约

联合国教科文组织保护水下文化遗产公约

从上述讨论应可确知，在国家属地管辖权之外，水下文化遗产少有管控。救助法已趋向适用于大多数案例，但这显然不适合水下文化遗产。考虑到在国际水域采用不恰当的技术发掘水下文化遗产致使珍贵的考古信息正在消失，国际法律协会（International Law Association）和国际古迹遗址保护协会（International Council of Monuments and Sites，简称ICOMOS）起草了一份可以管控国际水域水下考古的公约草案，它被转至联合国教科文组织讨论，并在做了一些修订后于2001年被联合国教科文组织通过。它正在等待得到足够数量国家的批准以生效[5]。该公约的显著特征包括：

- 适用于水下文化遗产发掘的良好实践和恰当考古技术的考古管控导论，作为公约附件。
- 沿海国在专属经济区或大陆架上的水下文化遗产，有争议的管辖权延伸。
- 限制救助法在水下文化遗产曾被允许适用的情况。这有效地引入了国家控制的发掘体系。
- 介绍对不符合考古规范和/或非法进出口物品的惩罚和没收权力体系。
- 对水下文化遗产构成非常广泛的定义。
- 实施公约条款的国家合作义务。

---

5 译者注：此公约已于2009年生效，因晚于译本原书的出版时间，故做此论。

保护考古遗产欧洲公约（修订版）

因该公约于1992年1月16日在马耳他的瓦莱塔（Valletta）由欧洲理事会（Council of Europe）成员国和《欧洲文化公约》（European Cultural Convention）缔约国签署，故一般称为"瓦莱塔公约"（Valletta Convention），旨在为共同记忆及历史和科学研究保护欧洲的考古遗产。该公约在欧洲理事会（不是欧盟）的支持下完成，是《1969年保护考古遗产欧洲公约》（1969 European Convention on the Protection of the Archaeological Heritage）的修订版本。

在20世纪60年代，秘密发掘被视为对考古遗产的主要威胁，而在20世纪80年代，大规模建设项目则被视为更大的威胁。同时，考古的专业重点从取出和展示物品转变为原址保护。提取被视作最后的选择，检视背景情境和物品本身被给予同样的重视。该公约的前言指出，遗产并非不可扰动，但任何扰动必须采用恰当的考古方法，以保全从背景情境和物品本身提取的考古信息。

于是，瓦莱塔公约：

- 极其宽泛地定义了考古遗产；
- 适用于水下及陆上遗产，即便其在水下的适用或许是事后的考虑——确实，这部分显得行文粗劣，很少或没有考虑海洋背景的独特性质；
- 企图消除或消减商业开发导致的威胁，并反映考古重点和进程的这种变化；
- 包括认定和保护考古遗产、整体性保护、控制发掘和使用金属探测器及其他条款；
- 要求国家控制非法发掘，并保证对遗产的任何扰动均使用了恰当、最好是非破坏性方法；
- 列出了每个国家认定和保护遗产需要的措施；
- 要求每个国家对考古遗产保护提供法律体系，并制定约定性条款；
- 指出可能适用的其他措施（即更新清单、确定保护古迹和区域、设立考古保留区、强制报告发现物以供检查）。

瓦莱塔公约声明遗产由缔约国管辖权内的事项组成。如果一国因任何原因在领海外适用管辖权，该公约适用于管辖权的情况则值得商榷，因为许多国家的遗产包括位于大陆架边缘外的一切遗产。

案例研究

1986年保护军事遗存法案（英国）

这部国内法规定了国家能够规范在国际水域内与水下文化遗产直接相关的活动的方式。该法案适用于保护陆上和水下的失事飞行器或船只，不论其是否还有人类遗存。该法案源自对一些包含人类遗存的历史性重要沉船的发掘未曾对这些遗存予以恰当尊重的关注，包括1982年打捞"英国皇家海军爱丁堡"号（HMS Edinburgh），以及1983年取回"英国皇家海军汉普希尔"号（HMS Hampshire）失事者个人物品。1982年福克兰（Falkland）战争中沉没的一些船只也引起了对"战争墓葬"神圣性的关注，沉没的船只包括位于福克兰群岛领水的"英国皇家海军热情"号（HMS Ardent）和"英国皇家海军羚羊"号（HMS Antelope），以及位于国际水域的"英国皇家海军考文垂"号（HMS Coventry）、"英国皇家海军谢菲尔德"号（HMS Sheffield）、"大西洋运输者"号商船（MV Atlantic Conveyor）、"英国皇家海军辅助舰加拉哈德爵士"号（RFA Sir Galahad）。英国在其领水有完全管辖权，因此，可以指定该海域的英国和外国船只。因为国际法允许国家管控其国民和悬挂其国旗的船只在国际水域的行动，英国也能够指定国际水域的英国沉船。然而，在此例中，在受保护的或指定遗址发掘时，该法案仅适用于英国国民或英国控制的船只。该法案不允许英国阻止外国干涉指定遗址。这样，该法案允许英国管制在这种军事遗存上进行任何行动的英国国民的行为，即便这些遗存处于国际水域。

美国海事法庭的海洋危难——"埃斯皮里图·桑托"号（Espíritu Santo）

1554年4月9日，一列西班牙舰队离开墨西哥的韦拉克鲁斯（Vera Cruz）返回西班牙。20天后，舰队在美国德克萨斯沿岸遇到风暴，包括"埃斯皮里图·桑托"号的一些船只沉没在帕得里岛（Padre Island）。1967年，救助者发现了这些沉船并进行了发掘，但没有留下任何考古记录。而在此之前，船只一直未受扰动。德克萨斯州声称对船只和人工制品的所有权，而救助者要求救助报酬。在决定是否适用救助制度时，法庭指出"人工制品落在墨西哥湾的泥底上，位于水下30~40英尺，后来4~10英尺厚的砂子覆盖了它们。在这些条件下，物品有效地避免了来自海面上气候的影响，而且砂子阻止了水下侵蚀。物品保持着这种平衡状态，直至1967年普拉托洛（Platoro）开始其提取作业。"这说明，法庭认为人工制品本来被保护着，并不处于危急之中。但是依据法律，法庭判定，确实存在过海上危险，因而声称鉴于"远不清楚砂子仍可在墨西哥湾大量的海上危险中具有充分保护作用"，因此，"'埃斯皮里图·桑托'号位置被发现后，仍处于海上危险中"。

加拿大海事法庭的海洋危难

在加拿大案例，1997年皇家（Her Majesty）诉马尔潜水（Mar-Dive）AMC 1000案中，法庭认为伊利湖（Lake Erie）中的沉船不处于海上危险中，因此，不给予对沉船中一些人工制品的救助方以救助回报。实际上，法庭认为救助方的行动已毁坏了沉船，并严重破坏了其考古完整性，这意味着后续行为将不利于沉船，而是导致沉船处于更严重的危险之中。

皇家游轮"泰坦尼克"号（RMS Titannic）

1912年"泰坦尼克"号的沉没和1500余人的丧生可能是西方社会历史中最著名的海难。它沉没在靠近加拿大纽芬兰（Newfoundland）的国际水域。沉船发现者认为鉴于它是历经灾难者的纪念地，应予留存，但是没有国际机制来推动此事，于是一个打捞公司在1987年探索了沉船，并开始提取物品。这些物品被带到美国，美国海事法庭适用了推定所有权原则，以建立对该沉船遗址的管辖权。推定管辖权原则意味着，如果部分物品处于法庭管辖之下，法庭将考虑整个物品属于法庭管辖权。这是国内海洋管辖权前所未有的延伸，并非所有国际律师均认为它在国际法中有效。法庭判决救助方对沉船有占有权，并且如果无人声明对沉船的所有权，基于发现物法，救助方将享有所提取物品的所有权作为其救助报酬。美国、英国、法国和加拿大关注打捞会以不恰当的方式进行，并就使这些国家能防止其国民或船只进行不适打捞活动达成国际协定进行了谈判。然而，沉船的救助方同意仅从残片区提取物品，并不出售所提取的任何人工制品。这四个国家的谈判随之顺利结束，它们正在把成形的协议并入其国内法。但该协议不适用于非协议成员国家的公民和悬旗船。综上，"泰坦尼克"号案例仍显示了在国际水域缺乏规范性措施的情况。

"英国皇家海军伯肯黑德"号（HMS Birkenhead）

"英国皇家海军伯肯黑德"号是一艘铁壳桨轮护卫舰，1852年乘载至南非东部前线的军队时沉没在好望角殖民地海岬（Cape Colony）岸边。船只下沉时，船上挤满了军人和乘客，英国军队坚守着让乘客登上救生船，从这次英雄式的立场起，产生了妇女和儿童优先使用救生船的海军传统。该次海难中，445人丧生。因沉船位于南非领水，南非政府认为船只是其政府财产，并于1983年提出打捞许可。但是，英国政府也提出了所有权。后来，两国通过协议解决了争议，该协议允许继续调查和打捞船只，但明示了该沉船所有权属于英国政府。

"中美洲"号（Central America）

1857年，侧轮蒸汽船"中美洲"号沉没于美国南卡罗来纳州沿岸的国际水域，随船损失的是423条生命和来自加州淘金热的价值218.9万美元的黄金。这些黄金已在一些美国和英国保险公司投保，后来它们按所有要求进行了赔付。1987年，一个联合打捞公司"哥伦布－美国发现财团"（Columbus-America Discovery Group）发现了这艘沉船。大量黄金被取出后，曾于1857年履行了赔付责任的和源自老保险公司的保险公司要求其对黄金的所有权。救助方辩解说保险公司已放弃了所有权，因为公司已销毁了提货单和保险单等所有证据。最初，海事法庭判决保险公司确已放弃所有权，但是，上诉法庭（Court of Appeal）于1992年推翻这个判决，它判定放弃仅能通过清晰且确实的证据来证明，在此案例中，救助方并未这么做，因此保险公司被认作为黄金的所有者。因为该案例适用救助法，救助方被给予慷慨救助报酬。然后，美国法庭采取了考虑救助方在发掘中多大程度地遵循了恰当的考古实践的独特步骤。最后，法庭给予救助方黄金价值的80%多作为救助报酬。

"阿托卡夫人"号（Nuestra Señora de Atocha）

1622年，驶向西班牙的西班牙舰队副旗舰"阿托卡夫人"号沉没在美国佛罗里达州沿岸。1985年，救助公司捞宝者有限责任公司（Treasure Salvors Inc.）在寻找沉船多年后发现了"主矿脉"。大量人工制品、金银被提取出来。因为遗址位于约距佛罗里达群礁（Florida Keys）50公里（27海里）的国际水域，佛罗里达州和美国无法行使对沉船的所有权。西班牙也没有提出所有权，因此，海事法庭判定沉船已被弃，并适用了发现物法，使救助方成为了沉船和人工制品的所有者。

"多丁顿"号（Doddington）

1755年，载着一船黄金的属于"印度的克莱夫"（Clive of India）的英属东印度商船（British East Indiaman）"多丁顿"号沉没在南非沿岸，沉船于1977年被发现。《1969年南非国家古迹法案》（South African National Monuments Act

1969）适用于在水下50年以上的所有沉船，并禁止无出口许可的文物出口等。1997年，伦敦拍卖行（London Auction House）宣布出售来自"多丁顿"号的1200枚金币。鉴于南非政府未曾对来自"多丁顿"号的物品签署任何出口许可，可见这批金子一定是非法出口的。随后，南非政府要求归还这批已撤下拍卖清单的金子，但是，没几个国家会执行其他国家的公共法，包括出口法律，因此，南非政府或许需要依据其他权利以获得这批金子的持有权，这类权利可包括所有权。

"海尔德马尔森"号（Geldermalsen）

1751年，为欧洲市场运送一批中国瓷器的荷属东印度商船（Dutch East Indiaman）"海尔德马尔森"号沉没在南中国海。1985年，救助者发现并发掘了该遗址，且完全没有考虑恰当的考古标准。可笑的是，一发现瓷器，救助者就毁掉了遗址的遗存，以隐藏其位置。已提出两种可能性立场：一者，遗址位于中国的大陆架，而中国管控其大陆架上的水下文化遗产，该遗址应属中国管辖，然而中国政府对该提取作业毫不知情，因此需要隐藏该遗址；第二种可能性是，遗址位于印度尼西亚领水，印尼政府对救助者提出的诉讼，尚未解决。这批瓷器在阿姆斯特丹的佳士得拍卖行（Christie's Auction House）售出。

扩展信息

Brice, G. and Reeder, J., 2002 (4th rev. edn), *Brice on Maritime Law of Salvage*. London.

Caminos, H., 2001, *Law of the Sea*. Aldershot.

Dromgoole, S., 1996, Military Remains on and around the Coast of the United Kingdom: Statutory Mechanisms of Protection, *International Journal of Marine and Coastal Law* **11**.2, 23–45.

Fletcher-Tomenius, P. and Forrest, C., 2000, The Protection of the Underwater Cultural Heritage and the Challenge of UNCLOS, *Art Antiquity and Law* **5**,

125.

Fletcher-Tomenius, P. and Williams, M., 2000, When is a Salvor Not a Salvor? Regulating Recovery of Historic Wreck in UK Waters, *Lloyd's Maritime and Commercial Law Quarterly* **2**, 208–21.

Forrest, C. J., 2000, Salvage Law and the Wreck of the R.M.S. *Titanic, Lloyd's Maritime and Commercial Law Quarterly* **1**, 1–12.

Kennedy, W. and Rose, R., 2002, *The Law of Salvage*. London.O'Keefe, P., 2002, *Shipwrecked Heritage: A Commentary on the UNESCO Convention on Cultural Heritage*. Leicester.

Williams, M., 2001, Protecting Maritime Military Remains: A New Regime for the United Kingdom, *International Maritime Law* **8**.9, 288–98.

Zhao, H., 1992, Recent Developments in the Legal Protection of Historic Shipwrecks in China, *Ocean Development and International Law* **23**, 305–33.

第八章　考古记录

目录

◆ 记录的必要性

◆ 记录系统

◆ 规划记录：记录的内容

◆ 现场记录信息

◆ 记录船材

◆ 记录情境

◆ 记录地层

◆ 记录环境证据

◆ 记录样品

◆ 记录勘测结果

◆ 记录平面图、剖面图

◆ 记录摄影结果

◆ 记录的保存

◆ 识别考古材料

◆ 标签和标记

◆ 存储信息

◆ 计算机应用的选择和问题

◆ 地理信息系统

◆ 解释、登记和监管系统

　　记录是盗掘和科学工作的绝对分界线，也是商人和学者的绝对分界线……毁坏不可重建的遗迹证据是考古中无法原谅的犯罪；而且，每次发现都会毁坏证据，除非将之科学地记录在案。

（佩特里特【Petrit】，1904：48）

记录的必要性

考古项目中收集的数据范围和数量巨大，为了能使当代和后世从考古中学到知识，必须规范地整理这些数据信息，并且能方便地为所有人使用。本章主要讨论水下考古遗址中可能遇见的不同种类的证据，并总结记录的内容和方法。本章也强调选择和维护合适的记录系统的重要性，以确保记载考古项目进程中的所有证据。

理想状况下，考古学家或其继任者可以从档案（见第十九章）或记录中"重建"遗址。发掘会破坏遗址，并且将妨碍日后的调查，于是"重建"在发掘之后尤为重要。因遗址可能随着时间产生变化，所以，记录所有的相关数据供将来参考不失为好作法，即便对非破坏性勘测而言也是一样。要令人信服结论的价值，必须要向他们展示得出这些结论的详细调查结果。

考古记录的目的是尽可能准确和完整地记下遗址信息，赋予所有信息同等重要性，不让信息的阐释影响记录方法。记录应是客观过程。当然，知道发掘者在记录时如何理解遗址也很重要——毕竟，考古发掘工作者的灵光闪现经常能解释物品及其未出土时的关系，但是，这些意见和想法应与数据记录分开。阐释信息的方式可能受个人背景和文化影响，它塑造了每个人评判事物的一套想法和经验，这也许会导致考古学家就某件物品做出的假设与过去创造或使用它的社会的观念有很大出入，因此，所有事物以最能避免波及考古阐释的偏见和影响的方式记录下来至关重要。

记录系统

在项目规划的早期就应选择合适的记录系统，对系统的描述和选择该系统的原因应该包含在项目设计中（参见第五章）。记录系统必须能够记录遗址内所有证据的位置、识别和阐释这些多元的方面。应以易解手段储存和管理所记录线索的方式构建记录系统。记录系统应便于用户对照参考不同形式的信息（如个人观察、照片、绘图等）。

记录系统需包含下列繁多且广泛的证据类型：

- 案头研究成果（参见第五章）和历史信息（参见第九章）；
- 地理信息；
- 环境信息；
- 调查数据；
- 人工制品和遗址的关系（即哈里斯矩阵【Harris Matrix】——见后文）；
- 绘图（人工制品和遗址）；
- 照相记录（人工制品和遗址）；
- 人工制品和样品（发现物）；
- 保护记录（参见第十六章）；
- 阐释（人工制品和遗址）；
- 深入调查研究的资源（参考材料书目清单、专家、博物馆等）。

记录系统必须能够：

- 取得一致、可靠和精准的信息（通常其来源于许多不同人）；
- 以合适的形式存储信息（方便获取且长期可用）；
- 对照参考不同类型考古材料；
- 在项目期间或在其结束很久之后，充足有效地问询所有已掌握信息。

在选择适合项目的记录系统时，最好查阅已有实例和文本以甄别常见错误和最佳实践。然而，重要的是要记住，每个已有的系统都是为特定的机构和某些具体项目的特别方法和记录目标而设计的，或是设计以配合特定记录指南使用（Spence，1994），所以，在没有理解某一已有记录系统的设计目的和理念之前，不经挑选完全照搬的方法绝不可取。

规划记录：记录的内容

面对已知遗址时，熟稔可能遇到的各个方面和范畴的信息至关重要：系统是只需要记录船只、基桩和港口？还是也要记录其他类型的构造？这就需要为每处遗址编制一份必须记录信息的清单。重要的是要记得尽量全面地记录所见（看到了什么）和所释（可能的含义），但不将其混为一谈。

在考虑记录内容时，咨询需要该信息的专才非常重要。比如，如果工作涉及记录船炮（参见附录二），咨询主管部门并查阅文献以明确除记录人工制品的一般信息之外还应记录哪些内容。

任何类型的证据一出现即应开始记录。所有考古材料应尽早给予某种形式的唯一识别编号（如人工制品编号——见下文）。

现场记录信息

本部分将总结记录和存储水下或前滩考古遗址信息时需要考虑的一些要点。

遗址笔记：领队习惯仅将遗址细节记录在一本（或几本）遗址笔记本中。这样做的优点是易于记录、方便携带和形式灵活；其缺点是难以一致且客观地记录考古材料的所有方面。在较长期的项目中，信息范围和数量可能庞大到无法梳理，分析时难以提取信息。

预制表（Pro-formas）：为克服庞大数据量所带来的整理难题，使用预先打印好的表格来记录考古遗址的信息已经成为惯例。预制表一般由遗址工作人员完成，每张报表都会向记录者提出问题，促使信息记录水准一致。不管有多少需要记录的信息，或者有多少不同的人在做记录，都应记下相同的细节。在遵循有序和标准化格式的同时，所记录的信息还应易于查询和分析。报表的缺点是需要较多事先准备，而且，必须把报表的意图和含义详尽地告知所有使用它的现场工作者。事先填好的表格能提供恰当使用的案例和一系列可遵循的指南以避免预制表本身存在任何混淆或含糊之处。填写不当的表格是与任何单一来源（如遗址笔记）一样不完整和容易混淆的信息。

并非每件人工制品或每处遗迹的全部细节均需记录。理想的报表只记录必要的信息，布局清楚且富有逻辑很重要。理想情况下，相关细节会被归入易于识别的证据类型（如情境细节、物品细节和样本细节），然后，可用专门表格来记录专门类型的证据，比如船材（Milne et al.,1998），岸上的船只遗存（Milne et al.,1998）或者船炮（记录表见NAS网站）。

报表还用于记录遗址的存在、位置和与平面图、摄影、录像片段和遗址调查信息有关的相关信息。只要所有报表都相互参照，使用预制表能使现场记录任务更易于管理。然而，一般而言，每个项目都应该有一本总遗址项目书，像一本日记一样，记录多种非结构性信息，并能在规划期间做笔记。这种项目书有助于发现决定背后的原因，以及记录项目过程中的重要非考古性事件（如压缩机故障、人员问题或仅是灵感闪现），否则它们大概不会被记录。

所有记录系统都应在其目标允许的情况下尽可能简单直接。

考古潜水日志：水下工作的主要记录是考古潜水日志。潜水日志是第一手观察结果的主要来源，而且在田野工作后续阶段常被作为参考。通过潜水日志也能洞察潜水作业效果和工作环境对所记录信息的影响。潜水后尽快完成潜水日志很重要，日志需要包括的信息有：

- 潜水员（姓名、装备）；
- 潜水（时间、深度、温度、减压）；
- 状况（能见度、水流、环境）；
- 工作计划（任务、装备）；
- 结果（测量值、观察、草图、相互参考的其他记录）；
- 阐释的所有想法；
- 所有发现物，要提供一段描述和其在草图中的位置， 以及勘测点到物品的测量值；
- 人工制品编号（只要给予编号就需要在潜水日志上记录，无论是在海床还是在水面上编号）。

对于一些遗址来讲，潜水日志仅限记录个人潜水相关信息，而考古信息则记录在画板上，以便在工作日被多人使用

（正如田野考古发掘在探沟里做记录一样），这意味着不需要抄写或记背数据。

记录物品/人工制品：保持思维开放，而且同等用心地记录所有证据很重要，动物骨头、鱼骨、蛤壳等应被给予和金币一样的注意力。重要的是不仅仅因为一些材料或沉积物未立即显示出价值就抛弃或损坏它们，最不起眼或最不可能的物件可能是古代包装材料或精美物品的最后踪迹。记下发现物间的关联尤其重要，这类信息或许是决定材料是否属于某样容器或其周围包装物的关键。与这些问题相关的材料可能非常脆弱，所以，必须记录所有观察到的信息，即便并未认识到其真正意义。一件人工制品的变色情况甚至也能表明被侵蚀掉的其他事物的存在，比如人工制品上墨水般黑色的污渍或者残留可能说明附近有火药的存在，又比如木头上的一层白色沉淀可能是白色涂料。

物品出水后的详细记录方式请参见第十八章和附录的描述。然而，通常不必将物品提取出水以进行恰当记录。船炮、结构遗迹，甚至陶器碎片已能在不损坏遗址，而且无需冒着因运至水面而经常造成的信息流失风险的前提下，在原址完成有效记录。好的原址物品记录有时已经足以用于专业分析，甚至初步发行。如果材料要被打捞出水，尤其是看起来特别脆弱或散碎的材料，值得在它仍位于原址时花更多时间做详细记录。

原址记录应包括唯一识别编号（人工制品编号），物品描述，标有可测量的尺寸和位置、方向、伴生材料或发现物、适当的勘测测量值和任何可见的重要遗迹（图 8.1）的平面草图。更加详细的原址记录还会包括有标注的绘图和更密集的摄影记录。有时，一张带标签的快照可以帮助解释特定发现物的文字信息，甚至在它被交给专业人员和保护人员之前。然而，人工制品的最终照片应有合适用光，经过清洗，可行的话还应有与现时出版标准一致的比例尺和标签。

某些种类的物品和材料在海洋考古中尤为普遍，比如船炮（常见于沉船）、锚和零件或整体构架形式的船材，比如船只、港口、桥梁和码头等等。关于船炮和船锚的详细记录，请

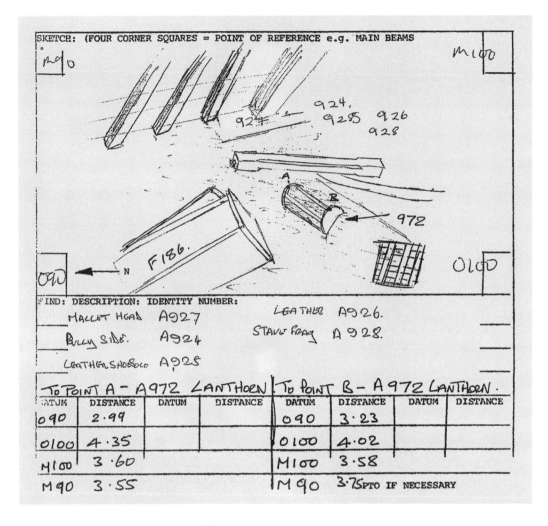

▲图 8.1 原址记录：1982 年，潜水员在发掘"玛丽·罗斯"号（Mary Rose）时所完成的记录表。（玛丽·罗斯号信托【Mary Rose Trust】）

参考附录一和二。船材的记录请参见下文。

每件物品都需要记录的基本要素：

- 位置：如遗址名称或代码、探沟代码、地点测量或位置坐标。

- 唯一识别编号（人工制品编号）。

- 描述：物品名称（包括分层列出，如金属、铁器、钉子）、形式或形状、沉积颜色、沉积质地、沉积紧密度、合成（材料类型）、情况、尺寸、发现日期，及与其他物品的关系。

- 关系：遗址的不同层位和遗迹如何相互联系（见下文的哈里斯矩阵【Harris Matrix】），以及如何确定层位或者人工制品与相邻层位或人工制品的早晚关系。

- 关联：如与相同情境下发现物类型的关联，与和其相连、固定于其上、甚或与其他仅仅相邻摆放物品的关联。物品的方向也是很重要的细节，需要加以记录。
- 阐释和动机：如方法论注释、取样原因、发掘方法、记录环境注释、发掘、材料复原、阐释注释等。
- 有注释的草图、绘画、平面图、扫描图。
- 记录的配合文件：比如相关联的平、剖面图、照片或录像片段、潜水日志、保护记录、存储记录、科学分析。
- 知晓哪位工作人员负责记录和进行阐释是阐释和协调记录的重要方面。因此，记录系统的实用栏目包括：谁做了哪个注释、谁记录了哪些遗迹、谁检查了记录、征求了哪些专家的意见。

记录船材

绘制船材的两种常用方式是按比例绘制和临摹实际尺寸（经常通过手绘或摄影方式成比例缩小）。需要的设备包括透明聚乙烯薄膜和临摹用的酒精笔（spirit-based pens，即防水笔），也可以使用有机玻璃板和瓷器描笔。各种颜色的彩笔在实际尺寸绘图上标明木栓、铁钉、凝岩或修复处等遗迹时很有用。然而，如果要通过摄影方式缩小绘图，可能必须使用黑色笔并建立清晰图例以区分各种遗迹。船材的支架非常重要，如果船材位于合适高度，即可避免过度变形。如果把船材从湿式储存处取出绘图，那么必须保持其湿度。

比例绘图：应按最有利于符合所需要细节程度的比例绘制木材。通常选择1：10，但更大比例尺的绘图也经常出现，尤其是需要记录船材间复杂关系的时候，但1:1的绘图并不常见。本记录层次要尽可能尝试显示所有的主要结构性遗迹，比如孔洞、槽口、连接处、闩扣及损伤（如蛀木虫或火烧所致的损伤）。此外，确保绘图中所有船材都标有其唯一船材编号也很重要。

在平面图中绘制船材有数种方法。可以在草图上添加测量值以记录船体单体构件的形状，这样就能记录建造物的主要遗迹，并作为后续可能缩小或者变形操作的控制物。结合 1∶10的素描图，画家能够基于船材的直接测量值绘制复原图。若使用绘图框，则需要一些控制性测量值和额外注释，以消除可能产生的错误且将可见性差的遗迹包含在内。

在比例绘图中，很多细节可以通过一系列标准图例和符号显示出来。选择图例时，必须确保持续使用，并且保证船材实际遗迹的象征性表现形式与真实性表现形式不相混淆。

临摹船材：有别于比例绘图，在透明薄膜上按1∶1的比例临摹船材细节是另外一种绘图方式。潜水员可以直接在聚乙烯板上临摹，或者将醋酸纤维薄膜直接蒙在要画的船材上临摹（图版8.1）。防水笔用来描摹遗迹。将画布直接蒙在船材上可减少视差引起的变形。

在横向固定于船材上的透明聚氯乙烯（PVC）硬板上绘图时，需使用在水下和陆上都能正常使用的瓷器描笔。一到水面，这些绘图就可以被拍摄或者转绘到聚乙烯板上。PVC板还可以擦干净重复使用。

在使用临摹类方法记录更加复杂的三维形状的时候，需要多加小心，减少变形，并需要线性测量值的支持。比如将聚乙烯画布直接覆盖在一段曲度很大的船材上临摹时（如船肋或者框架），只能得到船材表面的展开图，而不是准确的平面图。这种临摹图只有通过船材侧面手绘图或者尺寸记录辅助描述了其弯曲度后才有用。

绘图成果可以拍照复制以重绘和出版。在缩小之前，要选定一个标准比例尺以方便仔细检查图画缩小的准确性和一致性。将所有的图都标上带识别编号的标签，并将所有画过的横截面标注出来非常重要。

要记住以下几点：

- 在绘图时，应注意最小化草稿薄膜的变形和描摹时的移动。轻型固定针和重物都能帮助避免变形，但一定要当心不要损坏船材。
- 应在所有方向都标记参考点，在这些参考点之间小心测量并检查有无变形。参考点标记在检查拷贝图像的准确性时也很有用。

- 临摹图画要能防水，并且能够用于对比原件以检查是否有缩水。但是，即使是聚乙烯薄膜上的防水墨也会磨损，所以，要小心使用和存放。

- 经常用全尺寸纸质模板做展示时，可以用临摹图，它还可在保护阶段用以核对。

- 临摹图必须配有剖面图或侧视图，最好是在一个水平基准面以记录扭曲情况。剖面线应标示截面轮廓位置。

- 临摹可以很快捷廉价。可以用象征性图例来表示特定遗迹，比如闩扣细节（如铁钉可以用红色圆圈代替，楔形木栓可以表示成有阴影的圆圈等）。闩扣的尺寸应当标注在薄膜上。

- 板状船材不一定要画边视图，但要有前视图和侧视图。

- 板状船材的端视图能够表现木纹线条的方向，能够为再现木材的使用方法提供重要帮助。

- 绘图应配有相应的照片记录。

更多关于船材记录的信息，包括已有的船材记录表，请参考《海岸上的海上考古》（Nautical Archaeology on the Foreshore）（Milne et al.,1998）。

记录情境

考古情境是什么模样？情境可以分为结构、切入（cuts，如冲刷坑）、填充（fills）和层位（参见第四章）。在一艘沉船上最容易辨认的情境是沉船船体，它以连贯结构留存下来，而且清楚地表明船只沉没到海床上。船体的塌毁部分也许能体现出船只结构解体事件。收集的发现物（如炮弹堆或大量砖头砌成的厨房灶台）也必须以情境做记录，这有助于日后进行整体阐释。考古遗址中人为或自然挖的任何坑，显然都是非常重要的事件或过程，因此，应作为情境记录。这些洞穴或坑孔可能会被沉积物或其他材料填充，船体会被掩埋，该阶段有时可被辨别出来。填充材料的每一层都应被当作一个情境，因为它们各自代表了遗址的一个特定历史片段（图8.2）。总的来讲，水下遗址的地层（参见第四章断代部分）与陆上遗址的

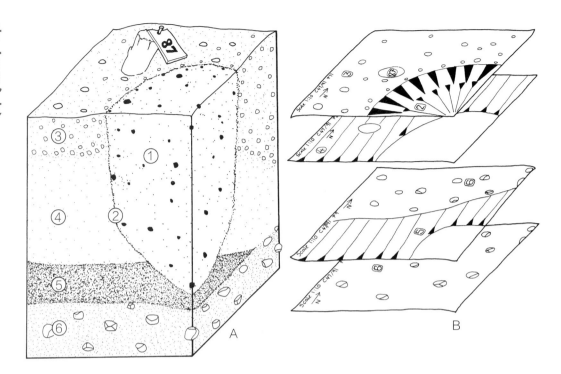

地层同样复杂，或更甚之。这是由诸多因素导致的，如潮汐运动、冲刷、人类干预和对海洋动植物的关注，更不必说遗址本身的情况，比如低可见度和多变的水流运动。

　　大多数地层能够被辨认，因为其内含材料与邻近区域的成分有些许差别（构成、质地和颜色）。伦福儒和巴恩（Renfrew and Bahn，2004）为地层及其合理记录提供了精彩论述。不同种类沉积的差别可能非常细微以至于难以察觉，所以，在辨别的时候要特别用心（图版8.2）。个人阐释和经验在这里非常要紧。应将遗址中遇到的每个情境中所有构成的独特情境特征的变量记录下来。就填土而言，可能包括以下指数：颜色、质地、稠度、颗粒尺寸（适用于沉积）、所依附物、沉积结构、形状、尺寸以及准确的位置。迪纳考兹（Dinacauze，2000）更详细地陈述了这些指数的本质和在陆上遗址中进行辨认的方法。

▲图8.2 情境平面图：（A）遗址中一些情境的代表；（B）在平面图中记录情境的示例。每个情境被移除或发掘之后，在下一个情境被移除之前都会事先绘制一个情境平面图。（基于本·法拉利【Ben Ferrar】的原创插图）

记录地层

　　记录情境时，记录每个情境与周围情境的相对位置非常重

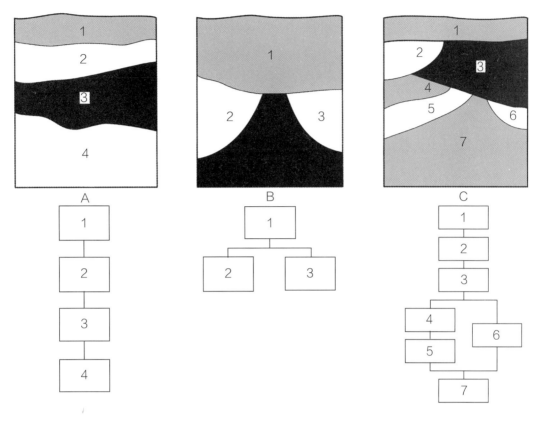

▲图8.3 地层系络图（如哈里斯矩阵）。（A）情境之间直接关系的简单序列；（B）情境 2 和 1 间的关系可以用图表表示，然而，2 和 3 的关系就无法表示；（C）根据 A、B 图的原理，序列 C 中情境间的关系一目了然。（图片基于本·法拉利【Ben Ferrar】的原创插图）

要，这点可以通过文字描述（"下方"、"上方"、"之中"等），并辅以把单体情境次序详细表示出来的图表实现，其表示方法就是哈里斯矩阵（Harrix,1989；另见www.harrismatrix.com）。这种图表的构建就像为搞清遗址内情境间关系的研究过程（图8.3）。表示地层的另一种方法见图8.4。情境间物理关系的实测图（或遗址平面图）也是遗址的记录基础，必须对照参考其他有关地层的档案资料。

记录环境证据

前文已讨论过遗址环境是如何影响证据留存的（参见第四章）。当认识到某一研究区域的意义之后，为之制定行之有效的记录策略很重要。向那些工作受到环境因素最直接影响的专家咨询的工作必不可少。文保工作者要知道一件物品的掩埋环境的种种细节，从而决定最恰当的保护手段。科学测年方法可能会被遗址环境的因素影响，负责年代测定的人

99

员也会希望得到可以用来测定年代的相关信息。

应当在潜水日志薄或者调查发掘记录薄上留一些位置记录单体物品或结构区域的局部环境因素。对影响遗址的一般环境因素的研究可能需要一个专门设计的表格来容纳全部相关信息。

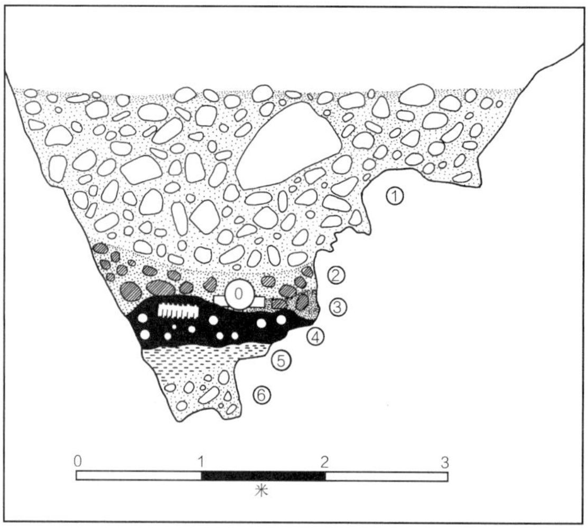

▲图8.4 "伟大的格雷风"号（El Gran Grifon，沉没于1588年）沉船遗址的冲沟剖面图。地层堆积情况如下：①流动的石子沙砾；②被有机物附着的石子沙砾，较上层稳固；③打破第四层的青铜船炮；④凝固层，上表面磨损，包含有较少铅粒；⑤早于1588年的海草形成的有机淤泥层；⑥早于1588年的沙砾沉积。（科林·马丁【Colin Martin】）

记录样品

调查遗址的环境特征可能包括取样以及在受控状态下进行后续分析。非人工制品类沉积物可能也需采样以做研究。记录样品在总量中所占比例，并把比例值仔细记在样品记录上（比如：50升左右中采集到的15升样品）非常重要。应详细记下取样过程，实地所采用的取样策略，以及遗址上所收集材料的密度或特定遗迹的密集程度的一些指征。此外，也应记下时间长短和保存情况的详细信息，以及原样品的现存地点（如果次级样品位于它处，也都要记下）。每个样品都应有唯一识别编号（见下文）。

记录勘测结果

任何勘测结果都应像其他证据一样小心记录和保存。关于勘测步骤细节的讨论请参见第十四章。

记录平面图、剖面图

绘图一般有标准比例，小件物品通常是1∶1，较大的物品则可能是1∶2或者1∶4，大多数遗址平面图比例不小于1∶10（虽然为了出版发行可能还需要缩小比例）。需要在每张图上记录下述信息：

● 代码或遗址名称

- 图号
- 图名（即什么东西的平、剖面图）
- 记录者
- 绘图者
- 日期
- 比例尺
- 位置（如平面图格【plan square】的探方坐标）
- 方向（如平面图的北方向，以及剖面图面对的方向）

这些信息还应在绘图登记本中按照图号做登记，这是与一处遗址/项目相关的所有绘图的目录。

记录摄影结果

第十章将详细讨论考古摄影。然而，有必要强调摄影与人工制品、项目本身如何相关的几个要点。

任何水下工作所拍摄的所有照片都应当在项目记录表中有一项记录，这点至关重要，因为很多照片细节经常只有摄影师本人才清楚，并且时间一长很容易忘记。经验表明，最好的办法是出水前在可能的时候对照片做简单注释，出水后马上填写照片记录表。当照片结果下载完毕，或者胶卷冲洗好，知道准确的胶片或图像编号后，登记就完成了。摄影应当按次序编号并标明日期，注明摄影师的姓名、相机种类、相机编号（如果使用了不止一部相机），是黑白还是彩色照片，以及其他技术方面的信息，如像素（适用于数码相机）、光圈、镜头种类等等。当然，最重要的信息还是每次摄影的内容，观察角度、方向及摄影范围对对照参考也很重要，需要记录在摄影记录本中。每部相机的具体技术信息可与记录本分开记录，并作为基线数据集，这对于记录遗址的试验曝光尤其重要，特别是在使用胶卷时。

即使使用了数码相机，记录技术细节也很重要：相机种类和品牌、镜头配置、有无闪光灯、像素（每英寸点数或者逐像素文件大小）、使用的是微距镜头、35毫米镜头还是长焦镜头。一旦照片中出现了任何变形，使用这些细节就可以跟踪到源文件。这些图像可以记录在数据库（见下文）中作为与图像文件的链接。数据库中的人工制品照片应包括遗址代码、人工制品编号和比例尺。

处理（数码或模拟）录像片段也应当采取类似的方法，但还需要有一段有关主题的文字描述，尤其是在没有语音解说时。在黑暗的水中非常容易迷失方向，而且任意一张船材的特写也完全可能与其他船材非常相似。录像片段记录应当在运行时间的基础上进行编制，每张录像带都有编号和日期，有时间代码和标题注释。这些对以后的剪辑工作也非常有价值。剪辑一段视频调查时，要记下这一片段是从哪些带子中获取的，并且将这一信息与剪辑后的片段一同保存。如果日后有人发现了一片值得关注的区域，那么就可以轻松地在特定的录像带中定位所需的录像片段，从而提取更多细节信息。如果在录像带和盒子上做了清楚标记，那么即使分散了也可以轻易辨认。确保录像带的妥善存放；数字片段则应包括下列信息：像素、文件大小、压缩类型和媒体文件类型（即后缀名为mpg、mpg2、avi的文件）。

务必在一台通用计算机上（苹果电脑【Mac】或个人电脑【PC】均可）下载和检查录像片段，确保相机译码不会失败。这项工作应在项目结束之前进行，如果有不妥的地方，或者记录有所损坏，还可以再次记录过程。存储每段数字视频序列时，记得一并存储一个"播放器"（即可以回放记录的软件）。技术日新月异，这一步骤不可懈怠。

记录的保存

一旦进入保护实验室或现场基地，每件发现物都应当在采取任何处理手段前记录或登记。处理发现物时需要记录的备份做参考，尤其是当保护工作是由实验室专员开展时。必须记下物品在等待被运送至保护处所时的保存情况，以及原址初步处理的详细信息。

在采取保护处理之前，或在长期存储未保护物品前，必须带比例尺和标签拍摄物品或物品组。人工制品的缩略图或者接触晒印图也应当附在记录卡片上或添入记录数据库以帮助识别。此外，还应当保有对物品所施加的所有处置的完整记录，因为基本所有物品日后都需要进一步处理，如果保护者清楚详细的物品处理历史，包括使用过的具体溶液、粘胶、化学制品和溶剂等，工作会更有效。第十六章将具体讨论考古保护。

识别考古材料

考古遗址识别出的所有考古材料应被赋予唯一编号。在特定条件下，比如一组同样的物品（如一起发现的火枪弹），则可以使用一个单独组别号或系列号。要尽早为发现物分配唯一编号。

发现物的项目代码系统应当尽量简单，但要包括遗址代码、年份、人工制品代码、也许还要有探沟名称。如，[SHIP00 A001]就代表了"斯卡伯勒港国际项目（Scarborough Harbour International Project）、2000年、001号人工制品"。所有号码都应当有对应的物品，号码空缺会引起发掘后续分析工作的混乱。每个项目都应当存有一个"编号登记薄"或总清单，在某个号码未使用、丢失或者无效时做记录，最后使用的编号也应清晰地标注在总清单上。事先编号的园艺标签线可以有效跟踪哪个号码使用过了而哪个没有，这种组合技术能帮助确保物件在项目的任何阶段都不会丢失。大型遗址也会使用不相连的序列号区别所记录物件是大件船材、环境样品或人工制品等。小型遗址或许一个序列就足够了。

标签和标记

每个物件都需要被标记上它的唯一识别编号或代码。最佳做法是尽快完成这项工作，以降低丢失或混淆的风险。材料仍在海床上时就可以分配号码和贴标签（图版8.3），然而，如果此时无法进行，就必须有在项目船或工作平台上做编号和标记的系统，这便需要有相关标记材料，以及号码登记薄或总清单的供给。这些信息越快转移到遗址记录系统内越好。

标记应当在不造成任何损坏的前提下尽可能稳固地附在材料上。标记可以用尼龙鱼线绑在考古材料上或与物品碎片一起包在耐特龙（Netlon）塑料网里面。对大件船材，标记也可以通过热镀锌钉、铜钉或者不锈钢大头针固定。绝对不要使用尾端有倒钩的钉子，因为摘除它们时（比如要摄影）会损害木材。样品和其他双套袋装材料应该在袋内有标签，并在里外两层袋子上做标注。在水下或者水浸物品上使用聚乙烯绳连接园艺标签的做法非常成功。需要用不褪色防水记号笔书写标签，记号笔最好不透光，这样字迹便不会淡化消失。推荐使用施德楼记号笔（Staedtler Permanent Lumocolor Markers），当然也有其他类似商品。

确保考古材料和相应的号码始终放置在一处至关重要，尤其在记录和分析期间，因为物品可能经过多人多次转手。最后一步是在物品上物理性标记编号和遗址代码，确保其身份不会丢失，并且任何研究者都可以回查原始证据。如果材料将委托给某家博物馆保存，要咨询馆长如何在物品上做标记、标记在哪里（图版8.4）。

存储信息

▼图8.5 包含所有项目信息的考古数据库。（摄影：凯斯特·基恩利【Kester Keighley】）

如上所论，从原始潜水日志到人工制品本身，考古遗址的信息有多种形式。每类信息必须以合适的方式存储，以确保其长期保存和未来研究的便利。

可以电子数据库形式（图8.5）为一处遗址或一个项目建立一套统一的存储设施。在考古和其他学科中，电脑记录保存已经标准化，而且，因在湿式环境中难以直接将数据录入电脑，故常与纸质（或防水纸）记录共同使用。将数据输入电脑的关键优势是，只要信息被输入精心设计的数据库程序，快捷有效地查询和分析记录就比较容易，无论数据量或其复杂度。虽然有人会认为，同时使用电脑和纸张记录是个缺点，因为数据必须被处理两次，然而，所需的精力有两个好处：

首先，数据输入可作为再次确认，减少了错误数据进入记录的可能性；其次，它即刻警示现场数据和测量值应需确认或深入调查。

数据库是信息的基础收集，但数据库程序使处理和展示记录更加有效。使用数据库能够比较来自同遗址不同部分和不同遗址之间的证据，以便日后研究形成书目文件和物品目录。数据库程序进一步优化了遗址管理中更为单调的方面——遗址记录、工作名册、人工制品、样品、调查、遗址报告、预算财务和工资单。市面上有很多优秀的数据库系统，个性化设计也很普遍。应重点考虑它们是否能够满足做记录的需求，从而加快阐释过程并使数据广泛为人所用。

但是，在考古工作中使用电脑也需要考虑几个要点。

计算机应用的选择和问题

电脑领域复杂多变，今天还强大的软硬件往往可能在很短时间内就成为过去式。负责建立电子记录系统的人员必须熟悉最前沿的科技和软件，或者去咨询这方面的专家。最好的方法是考虑使用一套"不会过时的"系统（因为软件功能通用或者输出文件的简单灵活而使其能够在未来继续存在）。现在普及程度最高的相当一部分软件在20年后也许就不再流行了。考古数据服务（Archaeological Data Service，简称ADS——如下）可以在这方面提供建议。通过互联网进行研究的可取之处还在于，即便是最少的预算也有多种选择，无论是现有项目预算，还是将数据转移至未来电脑软件的预算。

如今，许多考古项目一开始就有预先设计好的记录系统。将所有信息存储在一处非常便利，然而，不论使用什么系统，使用的机器一出问题，信息就可能全部丢失，因而必须建立一个经过认真设计的备用系统，把信息拷贝至另一存储设备上，从而将主要设备出现问题而造成的记录丢失降到最低。拷贝应放置在远离原始设备的安全地点，这样两者便不会因同一事故一起被毁。两个独立硬盘，一个用做备份，比用小容量磁盘或记忆棒拷贝要方便得多。

同时必须考虑到技术问题、兼容问题和预防措施。如果一处考古遗址远离标准电源，则必须购置不间断电源（UPS）。除了UPS，防止电子灾难还涉及浪涌电压保护器、项目和电脑运行必需的所有相关软件的拷贝，当然，还要进行日常备份。

地理信息系统

地理信息系统（GIS）软件实现了以图像方式四维展示和分析考古与其他数据。数据一进入系统，GIS软件包即可实现以多种方式对数据集进行问询。信息图层可相互叠加以观察某一区域（一处遗址、遗址之间甚或是遗址的一小部分）随着时间而产生的时空和其他变化趋势。统计分析、视域图（任意地点的视线图）分析以及历史对比都可以通过GIS档案和数据库实现。目前，市面上有很多GIS软件，但最常见的是ArcView和MapInfo。

解释、登记和监管系统

决定记录系统时要考虑以下几条原则：

- 记录系统越复杂，人们使用它就需要越多的解释说明，可能出错的地方也就越多。
- 能让未来研究者理解为记录遗址设计的系统的工作原理非常重要，因此必须将之有效登记。包括数据库，最好有数据库设计示意图（即清楚表明相互关系和身份名称等）。
- 应当避免模棱两可的用语。建议所有系统均使用（或必要时创建）提供所用术语清单的专门词汇表或参考书，这会确保前后一致及项目工作人员理解一致。如今，有现成线上词汇表和知识库可供使用（参见下文"扩展信息"）。
- 完整可靠地记录遗址每部分的信息很重要。错误和歧义时有发生，但数据输入能提供一个校验体系，因此是个好方法。对小项目而言，这可能是项目负责人的工作，但对大型项目而言，指定专人专办效果更好。这一角色通常还要负责记录管理和分配唯一识别编号，比如人工制品编号、样品编号等。

- 数据库中的下拉列表有助于规范描述信息，并避免拼写错误。比如如果它们的描述方式相同，包括拼写正确，数据库搜索会只生成所有袖珍日晷清单。

虽然，考古项目记录工作有时可能沉闷且艰巨，但是，这些记录的准确无误和认真彻底的记录工作所带来的巨大回报将会在项目的出版发行阶段体现得淋漓尽致。只有在细节上做到一丝不苟，将记录系统的设计管理和维护都做到最好，研究工作才有可能得到认可和证实，并以高度的专业标准呈现于学术界。

扩展信息

约克大学考古系考古数据服务处（Archaeology Data Service, Department of Archaeology, University of York）, King's Manor, York, YO1 7EP.电话: +44 （0）1904 433954;传真: +44 （0）1904 433939; 电子邮箱: help@ads.ahds.ac.uk; website: http://ads.ahds.ac.uk/.

Dinacauze, D. F., 2000, *Environmental Archaeology, Principles and Practice*. Cambridge.

Harris, E. C., 1989 （第2版）, *Principles of Archaeological Stratigraphy*. London.

Institute of Field Archaeologists, 2007, *Draft Standard and Guidance for Nautical Archaeological Recording and Reconstruction*. Reading （www.archaeologists.net）.

Petrie, W. M. F., 1904, *Methods and Aims in Archaeology, London*.

Renfrew, C. and Bahn, P., 2004 （4th edn）, *Archaeology: Theories, Methods and Practice*. London.

Spence, C. （编）, 1994 （第3版）, *Archaeological Site Manual*. London.

第八章 考古记录

记录系统

英国遗产局国家古迹记录库（English Heritage National Monuments Record Thesauri）网站: http://thesaurus.english-heritage.org.uk/

Gawronski, J. H. G., 1986, *Amsterdam Project: Annual Report of the VOC-Ship Amsterdam Foundation 1985*. Amsterdam.

Milne, G., McKewan, C. and Goodburn, D., 1998, *Nautical Archaeology on the Foreshore: Hulk Recording on the Medway*. RCHM, Swindon.

记录情境

English Heritage, 2004a, *Geoarchaeology: Using Earth Sciences to Understand the Archaeological Record*. London. （www.english-heritage.org.uk/upload/pdf/Geoarchaeology-2007. pdf）

Hodgson, J. M. 编, 1997 （第3版）, *Soil Survey Field Handbook. Soil Survey Technical Monograph No. 5*. Harpenden, UK.

记录系统中电脑的应用

Conolly, J. and Lake, M., 2006, *Geographical Information Systems in Archaeology*. Cambridge.

Eiteljork II, H., Fernie, K., Huggett, J., and Robinson, D., 2003, *CAD: A Guide to Good Practice*. Oxford.

Fletcher, M. and Locke, G., 2005 （第2版）, *Digging Numbers: Elementary Statistics for Archaeologists*. Oxford.

Wheatley, D. and Gillings, M., 2002, *Spatial Technology and Archaeology: the Archaeological Application of GIS*. London.

第九章　历史研究

目录
◆ 证据类型
◆ 原始资料定位
◆ 互联网
◆ 研究方式

> 船只通常代表国家或者商业企业的大规模基本建设支出，因此产出了丰富的文字资料——建筑规范；经营、养护和维修账目、吨位和负载计算、载货单、供给、装备与军备、船员和乘客名单等等。从16世纪开始，设计图与建造图表开始出现……若船只失事，诸如损失调查，船上人员命运或生还情况，保险评估和营救等更多相关文件则会应运而生。这些资料所触及的问题远不止沉船本身。
>
> （马丁【Martin】，1997：1）

历史研究是海洋考古所必须的，而非可选可不选的额外事项。仔细的研究，如项目规划和后勤准备，可以为工作节省下很多时间。与考古一样，为了行之有效，做好历史研究需要恰当的技巧和经验。

档案研究的回报可能相当丰硕。历史记录最起码可以提供一些有趣的遗址背景信息，从而提升日后的参观体验。在某些情况下，历史档案帮助定位了特定的遗址或船只，或识别已发现船只的身份。任何通过档案研究假设的"事实"，如果可能，应当由各种各样的消息来源构成的确实证据所支持。对历史资料不同程度的研究多种多样——无论是在试图识别特定遗址或船只、研究已知地点、或仅是探寻更大范围地区的历史。

档案研究也显示出一系列的挑战：

- 需要的信息藏在何处？可能在世界某一角落一个昏暗的档案室，或是意想不到的甚至未曾记录在案的档案的一部分。
- 资料如何取得？从已发表或未发表的指南、档案手册、电脑或者卡片目录中查找，最重要的是图书管理员或档案保管员的帮助。
- 阅读原始文件需要何种技能？早期的文字书写，即使是19世纪的字迹也可能难以解读，外语或者方言就更难理解了。长期以来，语言的使用也有明显的改变，许多文件就曾使用拉丁文书写，尤其是官方文件。

本章的目的并不在于将历史研究的所有不同来源、档案和方法列举出来，但是，本章会对历史研究的一些基本概念加以介绍，并归纳现有档案的主要类型。

证据类型

文字记录的种类有很多，从沉船目击者的描述到讲述渔民偶然发现的报章故事，记录地点的准确性和报道的细节会有些不同，但是只要多花些时间，这些依然是查找或识别水下和前滩遗址的可贵信息来源。

在使用历史数据的时候，必须懂得原始资料和二手资料间的区别。原始资料是事件发生时所产生的原始文件，如航海日志和灯塔看守日志；二手资料则是对事件或者原始文件的分析，比如报纸，包含沉船损失信息的书籍，或是基于原始或二手研究资料的出版物。

二手资料常常包含了索引，所以在很大程度上更易于阅读并且非常有用。它们通常是了解遗址或事件基本历史信息的最好方法，并且为使用原始数据进行深入研究提供了充足的知识储备。然而，对于海洋考古学所要求的研究类型而言，仅有二手资料常常是不够的，只有与原始资料做彻底的对照参考，才可能避免重大错误和围绕某些沉船永远的不解之谜。后者的典型例子是，一艘运载香料或皮草类易腐坏船货的有名字的沉船被同时期的报纸报道成其损失"价值连城",于是后世的出版物会把这段描述解读为这是一艘满载宝藏的船,而认识不到船货的真实属性和其残存的可能性。

即便是原始历史文献(原始资料),在某些方面也可能是片面的或具有误导性。人们只记录在当时对他们有用的东西,对诸如船籍或者生还人数之类的描述可能并不准确。在战争时期,交战的压力和混乱常意味着船只的位置变得模糊。战争经常关乎文件的存留,尤其是对失利一方,因而记录可能无法反映遗址或船只的全部内容或特征。有时,船舶公司或船东本打算运送一种物品,结果运了另一种物品(尤其是在战争时期)。装运时的差错和非正式货物(走私物)会使情况更加复杂化。此外,运货单和其他历史数据很少涉及到船员和乘客的个人财产。

记录也可能取决于遗址的后续历史发展,比如行政边界随着时间而变化,相应的记录保管机构也是一样。文献的所有权、档案甚至档案地点都可能改变;船只也可能因购买、掳掠或者偷盗而易手。比如17世纪战舰"危机"号(Hazardous)在被英国人俘虏并改作战舰之前曾为法国人所有,所以有关该船的档案在法国和英格兰都有保存。

诸如文件的损毁或丢失、刻意造成的错误、谎言和意外失误等因素将原始资料的阐释和理解变得更加复杂。此外,很多遗址根本就没有记录,尤其是在16世纪以前,在偏远地区,记录的出现通常会更晚。

原始资料定位

全世界各地区和国家档案馆拥有极多与水下和前滩考古紧密相关的历史信息,也有很多文件在私人手中。但有个主要问题是,很多文件,甚至在主要收藏机构中的文件,可能未做编目。即使文件是按照标题或者主题排列的,它们的内容也可能自完稿后就再没人读过。当然,很多档案井井有条,能让勤勉的历史学家从中大有所为。留存下来的航海日志和载货单可能相对容易追踪,但是有关特定船只、人员或事件的重要信息

历史研究

则会在分明不相关的文件中出现。这些预期之外的发现是历史研究的一大乐趣所在，但在所有档案都编目妥当且确实可用之前，追踪特定遗址的原始信息通常是一项艰难的任务。

档案可包括的资料类型非常多样。最常见的档案是手写或打印的，其他资料包括：

- 地图和图表；
- 船只设计图和模型；
- 图形和图像（如雕刻、绘画甚至涂鸦）；
- 口述历史（如生还者或事件目击者的记录）；
- 地名；
- 航摄相片；
- 纪念牌和纪念石（图9.1），教堂、镇政府或公共建筑中的荣誉册等。

上列各类档案都有多种类别和形式，这取决于国家或地区和其行政历史。下面举几个对于海洋考古最有用的原始文献证据实例：

- 与船只或船队建造有关的造船者的设计和笔记；
- 航海日志、设备和维修清单、货运单（运送收据）、花名册（姓名清单）、乘客清单，以及船只存在之时产生的其他资料；
- 军事档案，包括交战报告或战争日记、航海日志、军团和船只历史等；
- 灯塔看守日志，以及从19世纪中期开始出现的救生艇记录；
- 记录船只、货物、入港税和关税金额的港口和海关记录；
- 同时期的记载、私人信件和纸张，包括旅行者或者船员的日记或日志；
- 船只受损记录。

▼图 9.1 在石头上经常能发现船舶和小船的表现形式，比如纪念碑或涂画。珀斯郡（Perthshire）泰河（River Tay）附近这个18世纪的墓碑展示了一位三文鱼渔夫的方艉平底小渔船和他捕获的东西。（摄影：科林·马丁【Colin Martin】）

112

此外，很多其他种类的记录可能含有海洋考古学家感兴趣的信息。英国，尤其是英格兰，因为其地理范围大、政治稳定并较早形成集权政府，所以某些种类的记录尤其丰富。不过，其他国家通常也保有这类记录。

大多数记录是由于法律或行政目的而产生的，如征收税款。它们位于很多不同的名目下，而且可能提供不了我们想要的信息。比如海关记录就仅仅记录征收了关税的货物，而并非全部货物。

所有这些历史数据的存放地点类型之多不胜枚举。大多数历史文件现在都被存放在主要的档案管理机构中，同时还有很多在图书馆、博物馆、教堂和私人公司里。

当地资料（英国）：研究最好从当地开始，要么离研究者住处较近，要么离被研究的遗址或地点较近。这种研究可以简单到在当地图书馆、博物馆、潜水俱乐部甚或是当地酒吧咨询一些问题。年长的居民可能还记得船只失事或遗址过去的使用情况。当地的包船潜水船长或许对他们常去的沉船做过大量的背景研究。

大多数图书馆和博物馆都拥有与当地历史有关的馆藏和档案。偶然的发现或人工制品可能已被送到当地博物馆，而且博物馆工作人员可能掌握与任何提出的研究主题相关的特别的当地知识。很多大学允许公众使用其图书馆设施，这为研究者接触鲜为人知的出版物提供了途径。

一些当地考古和历史学会会出版期刊或会报，一些更加活跃的当地学会可能会参与到调查和发掘项目之中，也可能有一些未发表的报告，应当参照这些资料来获得对遗址和该区域的理解。穷尽当地档案信息机构后，可以考虑地区、国家或者国际档案馆。

地区资料（英国）：地区档案包括郡、区和市档案。但是要记得，当地行政区划可能变化过，所以文件可能在其他地方保存着。最好的地区信息来源是遗址和古迹档案（Sites and Monuments Records, 简称SMRs），也被称为历史环境档案（Historic Environment Records, 简称HERs）。虽然，陆上考古遗址一开始是在《古迹和考古区域法案》（Ancient

Monuments and Archaeological Areas Act, 1979年）的要求下记录的，然而越来越多的档案记录了位于潮间带或水下的遗址。有些档案可以在网上查找，所以在世界任何有互联网的地方都可以搜索到。

国家资料（英国）：大量的国家组织收藏有可能与研究项目有关的原始和二手文献资料，国立档案馆和国立图书馆还藏有手稿资料。威尔士较早归附英格兰，所以有着相同的法律和行政体系。北爱尔兰拥有自己的国立档案馆，威尔士则有自己的国立图书馆。1707年苏格兰与英格兰统一，但保留了自己独立的法律系统。苏格兰拥有自己的国立档案馆和国立图书馆，以及除了军事和海军事务以外的其他记录。

位于斯温顿（Swindon）的英国遗产局国立古迹档案馆（English Heritage National Monument Record, 简称NMR）拥有数量可观的考古和建筑调查资料档案，包括绘图和照片。航摄影像收藏包括了六十万张倾斜航摄图和两百万张垂直航拍图。威尔士国立古迹档案馆（National Monuments Record for Wales, 简称NMRW），北爱尔兰的古迹和建筑档案馆（Monuments and Building Record）以及苏格兰历史古迹皇家委员会（Royal Commission on the Ancient and Historical Monuments of Scotland, 简称RCAHMS）也藏有类似的记录。大多数情况下可以通过互联网检索国立古迹档案（NMRs）所藏的记录（联系方式请见本章结尾的补充信息部分）。其他国家通常也会有类似的保存地区或国家遗址和古迹记录的机构。

凯尔德图书馆（Caird Library）位于伦敦格林尼治（Greenwich）的（英国）国立海洋博物馆（National Maritime Museum, 简称NMM）中，这里藏有书籍、学术期刊、大量信件、日志、卷宗和手稿。船只设计图和历史照片收藏位于伍利奇（Woolwich）的黄铜铸造厂遗址（Brass Foundry），该处有超过一百万张船只设计图，包括公元1700－1835年帆船海军的海军部收藏。图书馆大约藏有一百万张涉及船只和海洋主题的印刷品。国立海洋博物馆还拥有超过2500件船只模型藏品，它们被存放在基布鲁克

（Kidbrooke）分部。此外，国立海洋博物馆的官方网站——"口岸"（PORT，www.port.nmm.ac.uk）是让人们能够浏览网络资源可搜索目录的主题门户网站。"口岸"主页显示有主题名称，其中一个是水下和海洋考古。

大英图书馆（British Library）从1753年建立伊始，除了是印刷品书籍的版权图书馆，也是私人文件的大宝库。那里收藏了大量的个人和财产文件，包括手绘地图和绘图。它还拥有全英国最多最广的全国地形测量（Ordnance Survey）地图。可以相比的图书馆包括苏格兰爱丁堡国立图书馆（National Library of Scotland in Edinburgh）和威尔士国立图书馆（National Library of Wales）。后者成立于1907年，是威尔士公共和私人档案的中央存储库，拥有仅次于大英图书馆的大量财产和家庭卷宗、插图和地图资料以及一系列素描簿。

国际资料：研究人员可能必须访问位于其他国家的档案馆。在数千年的航海历史中，船只的建造和航行覆盖了世界上每一个有海岸线或河道入口的国家，船载物品也是形式万千，因此，在英国，即使是相对较小且较为简单的海洋考古遗址也可能会存有海外资料。

考古遗址中发现的材料可能小到像进口的酒瓶或瓷器碎片，同样也可以是造币或武器这种具有明确判断性的证据，它们一经识别，就能得知谁曾经拥有或操作过船只，或者该船曾经造访过哪些沿海遗址。历史上，数不尽的外国船只沉没在英国沿海，所以，对于位于英国境内的沉船遗址的大部分研究工作就更可能需要在国外完成。两个最典型案例是16世纪的西班牙无敌舰队（Spanish Armada）和17、18世纪荷兰东印度公司（Dutch East India Company，简称VOC）的船只。

长期在其他国家或即便在其他城镇居住都可能花费甚多，因此每次外访必须提前计划周详。这包括进行前期造访来获取得到某一档案及其内容的途径，找出资料的位置，做好必要的前期安排。网络和电子邮件可在此时发挥很大作用。

私人资料：私人和遗址的独立档案常对海洋考古学家有用，其中最有名的当属伦敦劳埃德（Lloyds of London）保险公司的船运记录，其他范例还有主要港务机关的记录和大型船厂的记录。与此不同的还有陶瓷和船用装置这些特殊物品的生产商经常保留的产品档案，这在试图鉴别历史遗址中的材料时非常重要。

互联网

很多网站都包含有海洋考古学家感兴趣的信息，但有时难以辨别网站的真假或优劣。任何经由互联网进行的研究都应考虑下列标准：

- 网站上的完整引用信息是否属实？包括作者、出版日期、版次或修订版次、标题、出版商、网站访问日期以及完整的网站地址（统一资源定位符，或称URL）。
- 网站地址能够提供哪些信息？它的结尾是".org"、".ac.uk"、".gov"或者其他官方或半官方网站，还是仅仅是商业性网站".co.uk"或".com"？前者不受私人利益驱动，往往更加可信。
- 网页的作者是谁？作者本人或者著作机构是否具有资质？
- 页面信息陈旧过期还是新近并及时更新？
- 所引用的信息是否真实？它是否参考了其他资料？信息是否可以检验？
- 网页是否有作为资料的完整性和真实性，包括经得起客观推敲的证据和公正的报道，还是含有政治宣传、错误消息和虚假信息？
- 网站针对的受众是哪些人？是否对网站或其内容的访问评论？
- 网站风格如何？网页或网站有没有冷嘲热讽？
- 如果网站用户对网站所提供的信息有问题或意见，如何令其满意？有作者的联系信息吗？

互联网最大的好处之一在于在线访问书目和数据库。所有主要图书馆和博物馆，以及许多较小的收藏机构现在都提供在线访问。可以在网上查找资料的存放位置，有时候一些文件可以提前预约，方便研究人员抵达后使用，这使得研究工作更加简单、快捷和便宜。但是，必须谨记在线书目并不完备。如果查找的资料不在在线书目中，仍值得通过电话咨询或亲自访问档案馆，因为很多收藏机构有更多的纸质书目，尤其是有更鲜为人知的原始资料。电脑搜索还要注意不要只关注某一方面而忽略基本背景，不然会出大错。

大多数主流学术期刊也可以全部或部分在网上查阅，这就使得对很少人知道的二手资料的研究也简单了很多。高校的图书馆一般都有查阅电子版期刊的访问权。

研究方法

在从事历史研究的时候，会难于决定记录什么。搜集过多的数据会使资料搜索占据过长时间并且难以处理；搜集数据过少则可能由于信息不足，无法完成项目，而不得不二次造访档案馆。

或许最重要的是在到达后寻求图书管理员或档案管理员的帮助。访问档案馆时必须与一位或多位档案馆员工进行交流，不论别的搜索方式多有用，档案管理员对馆藏的知识通常无人可比。大多数馆员都会很乐意提供档案导览，解释资料的位置及其书目情况。他们中有很多人也是各自领域的优秀学者，经常能为所给出的题目提供很多额外的建议。

在档案馆收集原始证据的时候，最好使用一个大本子或者笔记本电脑，并且做到有条不紊。从记录标题、作者、出版物的出版地点或手稿的序列号开始，连同页码（以后需要复印件的时候会用到，而把某一出版物列入参考信息时则是必须的）一并记录。有时，所采集到的信息可用记录表格来实现收集数据的系统化。只有这种关键信息记录到位，研究才能继续开展。

安全存放记录也至关重要，最理想的情况是制作存放在别处的备份。项目完成后，全部历史数据都要放入项目档案中（见第十九章），以后其他人可以获取并进行研究。

如果时间紧张，可以雇佣档案管理员进行研究，虽然这种做法有利有弊。如果档案管理员刚好熟悉该特定档案馆，那就又便宜又高效。然而，档案管理员通常遵从字面指示，可能因为对研究主题缺乏一手经验而错过重要的信息，包括忽略可能是重要线索的其他事件的参考资料。

档案研究初看上去似乎是个枯燥且出力不讨好的任务，浪费时间和资源，并且和考古工作所有好的方面形成对比，也无法"逃离"常规工作环境。实际上，档案研究可以：

- 节省在错误地点搜寻遗址时浪费的无数时间；
- 为某地点或者沉船提供丰富的历史背景；
- 提供与其他研究者建立联系的机会，从而实现一系列长远利益的双赢。

组织良好的档案研究可以得到与遗址或历史事件相关的原始文件和记录，甚至是某个人拥有或使用过的资料。研究本身也可以在很多古老和令人向往的地点进行，这就不只是枯燥且满是灰尘的图书馆，还有博物馆、艺术馆和教堂。因此，档案研究也被认为是考古工作的核心部分，有激励人心和回报研究工作者的潜力。

扩展信息

English Heritage, National Monuments Record, National Monuments Record Centre, Great Western Village, Kemble Drive, Swindon, SN2 2GZ. Telephone: +44 (0)1793 414600; fax: +44 (0)1793 414606; e-mail: nmrinfo@english-heritage.org.uk; website: www.english-heritage.org.uk/nmr

Monuments and Buildings Record (MBR) – Northern Ireland, Environment and Heritage Service, 5–33 Hill Street, Belfast, BT1 2LA. Telephone: +44 (0)28 90 543004, website: www.ehsni.gov.uk/

National Monuments Record of Wales, Royal Commission on the Ancient and Historical Monuments of Wales (RCAHMW), Plas Crug Aberystwyth, Ceredigion, SY23 1NJ. Telephone: +44 (0)1970 621200; website: www.rcahmw.org.uk/

Royal Commission on the Ancient and Historical Monuments of Scotland (RCAHMS), John Sinclair House, 16 Bernard Terrace, Edinburgh, EH8 9NX. Telephone: +44(0)131 662 1456；website: www.rcahms.gov.uk

推荐阅读

Ahlstrom, C., 2002, *Looking for Leads: Shipwrecks of the Past Revealed by Contemporary Documents and the Archaeological Record.* Helsinki: Finnish Academy of Science and Letters.

Kist, J. B., 1991, Integrating Archaeological and Historical Records in Dutch East India Company Research, *International Journal of Nautical Archaeology* **19**.1, 49–51.

Martin, C. J. M., 1997, Ships as Integrated Artefacts: the Archaeological Potential, in M. Redknap 编, *Artefacts from Wrecks: Dated Assemblages from the Late Middle Ages to the Industrial Revolution*, 1–13. Oxford.

第十章　摄影

目录

◆ 摄影理论

◆ 数码摄影

◆ 水面摄影

◆ 拍摄发现物

◆ 水下摄影

◆ 水下摄影技术

◆ 数码暗房

◆ 照片或视频拼接

◆ 摄像机

◆ 视频技术

◆ 视频编辑

　　静态摄影和视频都是为考古学家所用的绝好纪录技术。摄影可用于制作某一已知时段的遗址记录，而且也是有效的教育和公共推广手段。相机和数字图像处理技术的进步，结合更便宜的用户友好型设备和软件，使静态摄影和视频摄影日渐风靡。互联网和电脑图像处理技术带来了更快速、广阔的信息传播手段，也使考古遗址"虚拟"体验成为现实。然而，抛开技术进步，摄影的最终成果——展示性充分的照片或视频片段——才是重中之重。图10.1是展示船只结构的照片范例，而且绘图潜水员的存在提高了照片的视觉效果。

　　本章旨在向读者介绍一些能让摄影师在水上和水下考古项目中完成过关结果的技术、规则和设备。

　　本章虽会讨论一些基本事项和技术，但仍建议摄影新人参考专门书籍并请教经验丰富的摄影师，以更好地理解本专题。本章主要意在阐明在可能位于水下的考古遗址工作的项目摄影师所需的额外思考过程和程序。

　　项目会出于多种目的对照片和视频片段提出需求，然

▲ 图 10.1 潜水员正在以色列多尔（Dor）绘制一艘 19 世纪晚期沉船。（摄影：凯斯特·基斯利【Kester Keighley】）

而，建议摄影师谨记每张照片的专门目的进行拍摄。项目摄影师与考古学家密切合作，负责建设摄影档案的任务，同时，他们也应制作一份任务或拍摄清单。为了有效管理任务清单，建议以不同标题把拍摄成果分类，如活动、任务、技术、过程、结构、人工制品、教育、阐释、趣事和赞助。

鉴于此，必须明晰照片或视频序列的拍摄原因，但应不扼杀艺术天赋和抓拍。比如，这次拍摄是为了文献记载还是出版发行？这些想法了然于胸后，第一步是制定粗略脚本，并在此基础上为将要拍摄的水上和水下序列制作拍摄清单。

拍摄前，务必要考虑为何照这张照片以及拍摄主体是否清晰。通过这一简单行为就能提高图像价值，也能减少图像处理、记录和存储所需的时间和费用。当所采集的照片或视频序列达标后，摄影师即可拍摄另一主体。

摄影理论

摄影理论的基础对传统胶片相机和数码相机皆适用。为取得适度曝光的图像，到达胶片或数码相机光敏芯片的光线强度必须受到控制，这通过正确的镜头光圈和相机快门速度来实现。光圈（又称f-stop）调整控制镜头进光量的透光孔大小，快门速度控制胶片或芯片的曝光时长，两者一起影响到达胶片或芯片的光线总量。如果一个值发生了变化（如要增加景深），必须相应调整另一个值。如果只调整一个值，致使胶片或芯片接收到的光线过少，图像会很暗或曝光不足；光线过多则图像太亮或曝光过度，两种情况均有损图像传递的信息。

第三个影响因素是图像采集介质的感光度（对胶片来说是胶片速度；对数码相机来说则是芯片的感光度设置——与胶片类似，被称为ISO值）。可以通过使用不同速度的胶片（表示为ISO或ASA值）或者调整数码相机的感光度或ISO值来改变感光度。按感光度强弱，最常见的胶片有64ASA、100ASA、200ASA和400ASA（同一ISO值），这会影响图像质量或颗粒度。所用介质的感光度越低，图像的颗粒度越精细，解析度、分辨率和清晰度越高。随着介质感光度的提高，胶片颗粒（胶片相机）和像素化（数码相机）形式的影像"噪点"增大，这是不可避免的现实情况。因而水下摄影通常使用高感光度（ASA或ISO速度）以弥补光线的不足。

在传统摄影中，冲洗前用光感的拍摄胶片保存曝光（或潜在）图像；在暗房中冲洗胶片后，光线通过放大机从负片投射到（光敏）相纸上；然后冲洗相纸得到永久相片。数码摄影原理根本上一样，除了不曝光胶片，而由光敏芯片将光线转换成电子信号，使图像能以电子形式存储在电脑中。

胶片和数码相机都有内置测光表测量画面内的光量，基于此可以按照所使用的相机系统类型手动或自动设置光圈和快门。

景深是焦距内图像的范围。通过用高光圈值，如从f4增加到f11来减小光圈（透光孔较小），即可加深景深。然而这样做有得有失。比如，在水下或光线不好的情况下，为了取得合理景深，需要采用小光圈，它需要降低快门速度以正确曝光。为防止相机抖动，必须采用速度较快的胶片或将ISO值调高，这样就损失了图像质量。或可借助三角架和/或闪光灯，以及改变镜头焦距（改用广角镜头）来减少相机抖动。

大多数袖珍数码相机都有微距设置，通常用花朵图标表示。传统相机没有类似设置，在非数码相机中，只有配备了微距镜头的单镜头反光（单反）相机（single-lens reflex cameras，简称SLRs）才能用于近景拍摄——如人工制品摄影（见下文）。

数码摄影

数码技术的引入使传统摄影发生了翻天覆地的变化，它带来了质量极佳的图像及其他东西。胶片相机和数码相机的相似之处在于它们都有带光圈的镜头、取景器、快门、快门速度、测光器、调焦装置和图像存储方式（胶片或记忆卡）。

数码相机内部在镜头后方的光敏芯片把光能转换成电脉冲，电脉冲通过图像处理器被处理成图像并存储在记忆卡中。所存储的图像的质量取决于组成芯片的像素数量，以及镜头和图像处理器的质量。

大多数数码相机有几个有用的附加功能，如液晶显示（LCD）屏。由于可以浏览图像、更改相机设置并重新拍摄，液晶显示屏提供的即时图像反馈使构图、曝光和光线控制更加游刃有余。液晶显示屏的尺寸很重要——较大的屏幕更利于图像浏览，尤其在水下。

数码相机的另一特点是对"白平衡"的控制，它校正不同光线条件下的颜色。通过校正图像使几乎所有光线看起来是中性的，以控制相机对光线颜色的展示。虽然，对日出和日落等具体光线条件有预设值，但相机一般都默认自动白平衡（automatic white balance，简称AWB）。摄像机也有类似的白平衡控制。数码图像的分辨率是所包含的像素数量。500万像素图像的标准尺寸是2560像素宽×1920像素高，分辨率为4915200像素（四舍五入即为500万像素）。

使用数码摄影技术，摄影师可以随意调整三个变量的值：图像尺寸、质量或分辨率和文件大小，改变其中任何一个变量都会影响到其他两个。决定如何设置时，需谨记最终结果要符合目标。比如，做数据库的人工制品记录照片图像可用小尺寸和低分辨率，但做出版用，就要高分辨率和大尺寸图像

（见第八章）。

大多数照相机拍摄的图像可以用三种格式保存，联合摄影专家组格式（Joint Photographic Experts Group，简称JPEG），标签图像文件格式（Tagged Image File Format，简称TIFF）和RAW格式。对大多数袖珍相机而言，JPEG格式是最流行的数码图像格式，图像被压缩为原图的十分之一到二十分之一的同时，画质儿无可见性降低。大多数照相机都可以三种压缩比率保存图像，压缩度对图像质量、分辨率和文件大小都有明显影响（压缩率较低则文件较大）。数码单反相机还有另外两种格式：TIFF格式和RAW格式。不同于JPEG格式的图像，TIFF格式的图像支持16位/通道多层次印刷色彩模式（CMYK，其字母包含印刷用主要颜色青色、品红色、黄色和黑色）图像，压缩时不丢失图像信息，因此为印刷和出版工作所偏爱。RAW格式，顾名思义指未经处理的原始数据。RAW格式图像质量极高，也是所有其他格式的起点。RAW格式图像保有图像记录传感器所记录下的全部图像数据，可以最大限度处理图像而不降低其质量，缺点是需要后续处理及文件尺寸大。要记住大图像可以压缩出小文件，而不能从小文件获取大图像。

照片总清单应尽量做到最好，包括存储设备（CD或DVD或外置硬盘）价格，以便用这些原始文件制作出日后所有拷贝。

除单反相机外大多数数码相机的一个缺点是存在快门时滞。快门时滞是指按下快门按钮到相机真正拍摄之间的延迟，有时建议使用三脚架以保持相机稳定；图像处理到可以拍下一张照片之间也有延迟，尤其当相机图像质量设置为最高时。

水面摄影

摄影师的职责是在水上水下拍摄能够涵盖项目所有方面的一系列照片。这项工作始于搭建项目动员和工作场所（如潜水支援船停泊到位，声学探测应答器【acoustic survey transpomders】、探方框、抽泥机【airlifts】等硬件入水），从开始潜水及其他设备和硬件布置妥当后持续整个项目。还应拍摄开展潜水作业、人工制品抬升、人工制品记录、数据处理到包装和储存发现物等项目工作不同方面的团队成员。遗址告一段落且项目遣散后，拍摄才告结。

记住，遗址考古照片、所发现人工制品的照片与调查和发掘技术照片明显不同，其主要区别在于图像如何使用。适合流行期刊的图像不一定适合学术演讲（见第二十章），同时，对遗址档案非常重要的其他图像则通常不用于公众展示。过去的传统是每件事物都拍摄两张——一张黑白图像和一张彩色幻灯片以作遗址档案，而现在，鉴于彩色数码照片可以通过改变灰度存为黑白图像，故不必如此。还应记住主要出于考古原因拍摄的照片一般应带有适当的比例尺。

发现、找回和登记人工制品时，应在所有可能的地方拍摄，而且有时要从不同角度反复进行。拍摄要突出所有独有遗迹和痕迹，并包括摄影比例尺和专用人工制品编号。人工制品的照片要在原址、保护前、中、后分别拍摄。此时可以使用数码相机完成工作，下载的图像可与人工制品数据库直接连接或使用小图。数据库照片可用较低图像尺寸和质量拍摄，形成较小的文件。或者，做项目档案时用最佳质量拍摄，而数据库存档用小图。

▼图 10.2 使用立式机架拍摄发现物的简易设置。白色泥烟斗置于无光背景面上，摆好比例尺和序列号。白色卡纸反光板把光线折回阴影部位，增强了唯一的光源，使物品边缘清晰。使用遥控快门以避免相机抖动。（摄影：爱德华·马丁【Edward Martin】）

拍摄发现物

应为拍摄发现物划出专门空间，这最好是在户外并使用自然光——但非直射阳光，以避免明显的阴影；最好使用三角架并在能够与物品形成鲜明颜色对比的合适的单色调背景下拍摄（图10.2）。

在可操作之处都应使用微距设置（花型图标），但要注意相机能够对焦的最小物理距离。要有比例尺和人工制品编号——包括遗址编号和年份（见第八章）。只要摆放得当，便可裁掉比例尺和身份信息，成为用于出版的"漂亮"照片而非记录照。精选的人工制品也可以较高图像尺寸和质量/分辨率拍摄，甚至使用带微距镜头的传统胶片单反相机。

应注意拍摄特定类型物品（如陶器碎片）是有规矩的。进一步详细了解遗址和人工制品摄影的细节请参考多雷尔（Dorell）的《考古和保护中的摄影》（Photography in Archaeology and Conservation）（见图10.3和10.4）。

水下摄影

本节将就不同类型的水下相机系统——尼康诺斯（Nikonos）系列、装防水壳的单反和数码相机做简略综述。本节也会总结摄影师在水下面临的一些问题，以及如何通过使用广角镜头、闪光灯设备和其他水下摄影技术克服困难。水下摄影一直非常费钱，但随着配有防水壳的数码相机的大规模生产，价格正随市场扩大而降低。

水下专用的水陆两用相机，如尼康（Nikon）公司生产的尼康诺斯系列，本来是最流行水下相机，但传统相机加装防水壳的发展改变了这种情况，只是这两种均仍售价高昂。很多袖珍水下相机比较便宜，但结果一般不甚理想，这是水下考古遗址典型的困难环境所致，比如（水中漂浮物造成的）低能见度、光线差、对比度的损失和深水环境下色彩的丢失。

为克服这些难题，水下相机系统需包括：

- 广角镜头，它使摄影师可以靠近被摄物。
- 水下闪光灯，在深水环境中光线和色彩丢失时它能增加对比度和分辨率。

虽有比较便宜的广角镜头和与标准镜头配套的镜头转换器，但用于考古的最佳配置还是尼康诺斯V配15mm镜头。就15mm镜头如此大的广角而言，其变形很小，但售价昂贵。在较清澈的水域，尼康诺斯20mm镜头就能胜任。装防水壳的单

▲ 图 10.3 垂直拍摄的发现物。从西班牙无敌舰队（Armanda）沉船"拉·特立尼达·沃伦塞拉"号（La Trinidad Valencera，1558 年沉没）上发现的木质棕织被置于半透明卡纸上拍摄。后侧光源制造出无影的自然白光背景。给物品仔细打光以显示出木头上的工具印痕。比例尺单位是厘米。（摄影：科林·马丁【Colin Martin】）

▲ 图 10.4 斜向拍摄的发现物。从西班牙无敌舰队沉船（Armanda）沉船"拉·特立尼达·沃伦塞拉"号（La Trinidad Valencera，1558 年沉没）上发现的木制风箱被置于自然光背景——非白光中，导致反光严重。（摄影：科林·马丁【Colin Martin】）

反相机就更加灵活，但为了拍摄广角照片，除广角镜头外还需要与镜头相配的鱼眼镜头罩。用装防水壳的单反相机拍摄不同类型照片要求不同的镜头和镜头罩组合，这包括广角、标准和微距。两种系统均可使用各类闪光灯，但其覆盖范围至少要与所用镜头的角度相当。因此，一些摄影师使用两个闪光灯以防出现阴影。

使用防水壳时要注意通常有两种镜头罩——广角镜头罩（dome port）和标准镜头罩（flat port）。广角镜头罩在设置后基本不用调焦，且能保持它后面的镜头在水下焦距不变。标准镜头罩则需随时调焦且有放大镜的作用，可为它后面的镜头增加约25%的有效焦距。

数码相机加装防水壳还可以选配广角镜头转换器和外置闪光灯。数码相机防水壳常配有柔光屏，能够柔和内闪并缓和由于闪光与镜头距离过近引起的水下后向散射问题。数码摄影部分提到过的一些优点使这些配件成为水下摄影的不二之选，尤其是图像回看功能。然而，加装这些配件的主要缺点是快门时滞，这一问题因拍摄时难以拿稳相机而变得更加明显。试图拍摄一连串动作时，这个问题使拍摄变得尤为不便。袖珍数码相机的镜头经常会产生严重的图像变形，特别是在设置为广角时。广角镜头转换器通常要在水下重装，使水进入镜头和转换器之间挤出气泡。数码相机的镜头上应装有氯丁橡胶遮光罩以遮掉防水壳中镜头周围的光线。数码相机市场上最高端的当属加装了昂贵防水壳、可更换镜头、广角镜头罩和强闪光灯的单反相机，它们拥有高质量镜头和最短快门时滞，是获取高质量图像的最佳选择。

水下摄影技术

潜水技术：完美的浮力和脚蹼控制是不干扰能见度所必须掌握的关键技术。水下拍摄意图作为每日项目简介的一部分，为其他项目成员知悉。理想情况是一天中有一段时间专门用于拍摄，其他潜水员不能入水。拍摄可以是泥沙被搅动前在静水中所做的第一件事，或在正午阳光最充足时进行。

设备养护：入水前后要检查设备是否有气泡和裂缝。在水下重新安装广角镜头转换器。潜水结束后用清水冲洗设备。

摄影技术：拍照时不要狠按快门，要轻轻按压以免相机抖动。在可见区域的三分之一范围内拍摄。

清理：拍摄前小心清理船材，整理发掘区域。

构图：构图对拍摄类型而言非常重要——有无比例尺，有无潜水员。要尝试从多角度拍摄以获取呈现主体的最佳角度。分清人工制品记录和公关照，它们需要不同的后期处理。等拍潜水员吐出的气泡以证明照片是在水下拍的。热情的小鱼偶尔游入拍摄范围能制造出潜水员吐着气泡与海洋生物共同工作的好照片。

对准闪光灯：正确摆放闪光灯是成功拍摄水下照片的重要因素之一。为避免反向散射，把闪光灯移离相机就不会照亮镜头和拍摄主体间的东西。把闪光灯保持在主体上方并偏向一侧，如图10.5所示，将其想象为模拟太阳。强闪光灯的一个使用技巧是把它装在杆上以延长闪光灯到主体的距离，并更好地模拟日光。使用闪光灯设置表时，要记住正确曝光所需的是闪光灯到主体的距离，而非相机到主体的距离。

比例尺：理想的水下比例尺的颜色应是亚光黄色和黑色。比例尺被用于多种水下拍摄，但主要是人工制品或船只结构摄影。小心放置比例尺以免遮盖任何细节，并且尽量保持比例尺与构图框架和人工制品平行。

使用胶片：正式拍摄前，用样品胶片拍摄和处理来查验设备和当地情况。使用多重曝光技术拍摄三张照片，一张正确曝光、一张过度曝光和一张曝光不足。

归档：潜水结束后尽快完成照片日志。

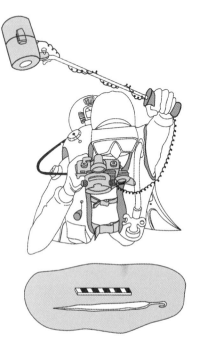

▼图 10.5 制作遗址摄影记录时，闪光、构图和比例尺都是重要的考量因素。（基于本·法拉利【Ben Ferrari】的原创插图）

数码暗房

　　"数码暗房"是现代摄影最重大的突破之一，即使用电脑改进原始图像，数码或胶片扫描的图像均可。JPEG格式图像最好以最高质量和最低压缩比率保存，下载后应以TIFF格式保存一份原版拷贝，因为每次以JPEG格式改动或保存都会丢失信息。最佳作法是在TIFF格式文件上做处理，然后用JPEG格式保存最终版以便导出。切忌在数码暗房直接处理原始文件，因为随时都有可能需要返工。

　　市面上的图像处理软件数不胜数，而且不断更新换代。无论选择哪一套软件，必须确保电脑显示器校准正确，能够准确显示各种颜色，使打印出来的图像与电脑显示颜色一致，这对颜色管理至关重要。输出图像会因所用打印机类型和打印机质量选择的不同而改变，所以要记下打印设置信息。

　　处理图像时，可以先通过调整图像浓度、对比度和色彩来提升图像效果，然后再进行一系列更深入的改善，包括选框或裁切、图像尺寸调整和孤立区域调整。黑白或灰度版图像可用作出版，但要确保文件以最终输出所必需的最高分辨率和最终图像尺寸保存，尤其在用作印刷时。数码暗房的好处在于可以低价、简单、快速地做试验，而不必在充满有毒化学气体的暗房内长时间停留。

　　鉴于胶片的锐度、色调和颜色细节的质量最高，扫描照片时应扫描负片或幻灯片而非印刷版。但是，扫描幻灯片使用的清晰度必须保证图像可以放大，而且最后输出尺寸仍有足够好的图像质量。要记住如果扫描尺寸增倍，分辨率就减半。用RAW格式拍摄后在电脑上做处理能获得最佳图像质量，这样便可以在调整曝光、白平衡、色相、饱和度和锐度的同时不丢失或仅少量丢失原始未加工数据。一些数码单反相机装有处理未加工图像的软件，或可从互联网下载第三方软件。

　　本节将以Adobe Photoshop为例，概述提升图像的一些基本调整方法，其中一些功能可在"图像/调整"中找到。Photoshop的一个智能之处在于"调整图层"的使用。下述图像处理行为皆可作为位于原始图像文件之上的调整图层得以实现，优点是可随意试验更改而不会改变原始文件。

- 首先调整整体曝光度——亮度和对比度。最好的方法是调整"色阶"，在柱状图上单独调整加亮、中间色调和阴影。将滑块从左面（黑色）和右面（白色）向中间滑动使其保持在柱状图两端，将中间的灰色滑块向左右移动来调整整体灰度或中间色调，或用"曲线"微调图像密度。

- 通过"色相/饱和度"控制来调整纯度（色相）和活力（饱和度）以控制整体颜色。一开始先增加10到15点饱和度，若图像有偏色则可调整色相做整体改变（小调整），此外色相用于修复和调整特定颜色。"色彩平衡"也可用来改善颜色，特别是在画面中有若干不同光源而使白平衡出现问题时。

- 选择图像的一个区域并在其中做改动，在图像独立区域实现亮度和对比度管理及色彩校正。有三类选择工具——"套索"、"磁性套索"和"多边形套索"或"选取框"。区域选择完毕即可在该范围内进行调整。

- 最后，锐化图像，这一步只能在最后并以最终输出尺寸进行。使用"滤镜/锐化"里的"USM锐化滤镜（Unsharp mask）"定位并强化图像边缘。对于大小在10mb以内的图像，将"数量"、"半径"和"阈值"分别设置为120、1.2和0；大小在10mb到30mb之间的图像，将三者分别设置为150、1.5和0。

照片或视频拼接

拼接图不是理想的首要调查成果手段，但应将其完成以补充或协助调查并增补细节。若因水深和潜水时间受限而无法完成，则至少应采取一些核对措施并用于准备最终的拼接图。

做拼接图的主要原因是水下能见度和清晰度差和/或遗址规模太大，无法一次性拍摄全景。作为替代，必须拍摄一连串相互重叠的图像，然后将其拼接、连结或合并在一起（图

10.6）。以往，拼接图都用印刷图来做，不过现在可以扫描图片（若非数码相机拍摄），并在数码暗房中进行拼接，或由潜水员或遥控潜水器（ROV）以固定距离在遗址上游动，用数码摄像机连拍，也可将摄像机安装在保持中性浮力的水下滑车上由潜水员推行，然后，可能以每秒一张的速度获取图像，并以类似方式拼接起来。通过调整最终的拼接图可以得到对比度、亮度和色彩平衡的图像。使用克隆等图像处理方法可以去除粗糙线条等问题，然而，应注意只有平坦的遗址才能得到良好的拼接图。

如今有多种为拼接图搜集静止图像的方法，比如搭建轻型拍摄架，沿遗址按预设的主体距离有序移动（图版10.1），

▼图 10.6 这张 5 平方米（264 平方英尺）的杜尔海岬（Duart Point）沉船遗存拼接照由 25 张 1 米见方的照片组成。（摄影：科林·马丁【Colin Martin】）

拍摄重叠率为50%的照片，或由潜水员或遥控潜水器沿预置的卷尺线或声学测线/轨（acoustic survey line or track）游动。最终拼接图的成功与否很大程度上取决于图像搜集阶段的用心细致程度（图10.7和10.8）。

过去使用最广泛的是加装15mm广角镜头的尼康诺斯系统，不过20mm镜头是广角镜头自带的光学变形和减少相机到拍摄主体距离以保证图像清晰度之间更合适的折中选择。只用图像中心部分（周边舍弃不用）来减少光学变形的方法同样适用于数码摄像机。现在有大量的全景图制作软件，相关技术的详尽描述请参考科林·马丁（Colin Martin）和爱德华·马丁（Edward Martin）编著的《Adobe Photoshop与水下照片拼接技术》（An Underwater Photo-mosaic Technique Using Adobe Photoshop，2002年出版）。

▲图10.7 放置在坚固的遗址探方架上的拍摄架。（绘图：格拉汉姆·斯科特【Graham Scott】）

摄像机

视频片段是静止摄影的有效延伸，尤其在水下（图10.9）。视频可用于展示技术、协助调查和制作拼接图或与项目有关的记录短片。太多的项目视频档案从来无人问津，信息也从未被使用或宣传。

只有经过深思熟虑且后期编辑得当的视频才能派上用场。视频拍摄目的明确后，就能制定底本以及水面水下影像清单。一种方法是制作分镜头脚本，即一系列展示计划拍摄场景的短片，基于此就能设计拍摄计划并进行拍摄，之后进行编辑，包括将影像下载至电脑并剪接在一起做进一步完善。编辑后的视频可以配上旁白和/或背景音乐，在视频开头可以添加标题和职员表，如有版权声明可在视频末尾添加。

本节讨论摄像机的使用，不过，对于更商业化的水下作

▼图10.8 拼接照片：计算达到所需覆盖范围所必须的镜头焦距和相机高度的方程。（依据格林【Green, 2004：171】）

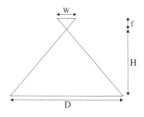

$$\frac{D}{H} = \frac{W}{f}$$

D = 所需覆盖距离（m）
H = 塔架高度（m）
W = 底片宽度（mm）
f = 底片焦距（mm）（因在水下拍摄所以要乘以1.33）

▲图 10.9 摄像机的水下应
用（摄影：凯斯特·基斯利
【Kester Keighley】）

业也有一套系统，即使用安装了防水壳
的小型摄像机，并用带脐带电路将之与
在水面上的控制单元和录像机连接起
来。它们主要用在水面供气潜水员的头
盔和远程遥控潜水器上。其优点是用脐
带从水面供电和控制，因而不会出现相
机或闪光灯电池耗尽的问题。遥控潜水
器通常携带一部额外的低亮度黑白聚硅
氧烷增强（Silicone Intensified Target，
简称 SIT）摄像机拍摄大致情况，用彩
色摄像机录制细节。

在水下使用加装防水壳的摄像机对考古而言最为理想，
潜水员可以自如控制摄像机。然而，其缺点是电池寿命造成的
限制，尤其在为水下闪光灯供电时。摄像机自身使用的锂离子
电池可以持续5个小时甚至更久，但传统的水下闪光灯一个小
时之内就可以耗尽电量。最新的氙气高强度气体放电（high-
intensity discharge，简称HID）灯（如Treble牌潜水灯）能发出
高强度的日光型白色灯光（色温5600开氏度），其亮度比标准
卤素灯泡高六倍多。这种灯可以配置低瓦数灯泡，以有效延长
消耗时间，但其价格高昂。还应注意，使用年限和在冷水中使
用会影响充电电池的性能。

摄像机类型不胜枚举，除了配件质量，主要差别是格
式，它影响的是影像分辨率和质量。摄像机的基本功能通常是
全自动的，比如正确曝光的自动光圈、自动对焦、自动白平衡
（确保正确的色彩再现）和自动音频水平，这些功能大多也
可以手动操控。与静止摄影相机一样，摄像机镜头中的影像
被聚焦到单电荷耦合装置（single charge coupled device，简称
CCD）芯片上。更专业的摄像机有三个CCD（即三晶片摄像
机），能拍摄出质量更高的影像。

最普遍的数码录像带格式是MiniDV。其一个主要衡量
标准是分辨率：家用录像系统（VHS）的分辨率为200~250
线，Hi~8和超级VHS（SVHS）为250~400线，MiniDV
为400~480线。一些半专业三晶片摄像机使用可以记录到

MiniDV录像带上的DVCAM格式（分辨率达到500~650线）。最新产品是HDV（分辨率为1080线），是一种把高清影片记录在标准MiniDV录像带或HDV MiniDV录像带上的新视频格式。从单晶片到三晶片MiniDV，到DVCAM，再到HDV，技术不断进步。索尼公司最新的Pro-HDV摄像机可以切换，并在MiniDV、DVCAM或HDV格式的录像带上记录和回放。Pro-HDV还可以用PAL（逐行倒相【phase alternating line】，是欧洲广播电视采用的彩色电视编码系统）格式和NTSC（国家电视系统委员会【National Television System Committee】是美国彩色电视播放系统）格式记录和回放。

数码录像带可进行音画无损拷贝，同样也可通过数码"火线"（IEEE 1394【高性能串行总线】）接口将其捕获在电脑上，编辑后再导回数码录像带，且并不损坏丝毫音质画质。或者，可将最终编辑的影片制成DVD，在家庭DVD播放器和电脑上均可播放。

视频技术

摄像机可以在弱光下运行，在水下，它们常比潜水员"看"得更清楚。然而，水下摄影的问题在录制视频时同样存在——能见度低，丢失光线、色彩和对比度。使用广角镜头可以减少这些问题，因为广角镜头缩短了相机到拍摄主体的距离，并维持了较大景深。摄影潜水员最好在能见度为三分之一的范围内拍摄，并且使用人造光。但是，如果光源离相机太近，可能会造成反向散射，所以最好在正午自然光强度最好时拍摄。

专业人员在水面上使用手动调焦，为每个镜头都重新对焦——镜头推进主体，手动对焦，再拉远并完成镜头拍摄。然而，受经过镜头前的水中颗粒物的影响，自动对焦模式下的对焦系统倾向于"猎寻"或一直调整，所以，在水下最好也用手动对焦。镜头应设置为广角以取得最大景深。最佳办法是以镜头所需的平均距离把摄像机对向有对比度的物品（比如其他潜水员），然后按下自动对焦超控按钮。这样一来，摄像机焦距会一直保持在那个距离，只要相机到主体距离设置妥当，该镜头拍摄期间，甚至整个潜水作业过程中可不必再对焦。如果距离有明显改变，就必须要重新对焦。

水下录音通常有摄影师呼吸产生的气泡声。在水面，特别是采访时，要找一个安静的地方。如果无法实现，可以尝试使用定向传声器，并在主体前放置挡风板。

很多同样的规则也适用于水下静止摄影（见上文）。此外，要考虑以下几点。

潜水技术：完美的浮力和脚蹼控制是避免干扰能见度的必要条件。应向其他潜水员介绍摄像组的工作，特别是当他们位于镜头内时，以免他们破坏能见度。

拍摄技术：由于能见度的限制，以及为了保持景深和对焦，在水下应避免变焦，保持广角并靠近主体拍摄。可以进行试拍来检查从所选潜点能否完成镜头拍摄，以及无障碍地完成预定的相机运动。为保持荧幕方向的连续性，按照想象的"情节线"从一侧连贯拍摄，不要越线。拍摄时一次只进行一个动作（如不要在靠近主体时摇镜头）。每个镜头的开头和结尾先保持摄相机静止几秒，再开始移动，这样就形成了三个有用的镜头——开头的停顿、移动和结尾的停顿，方便编辑。在视频序列的每部分都要拍摄一系列经简单编辑后完整展现那部分故事的镜头。比如，拍摄宽远景时，为叙述场景，续以中或近距离拍摄以展现更多细节和识别主要特征（或情节），最后是拍摄一些细节的特写镜头。

要有足够的材料来制作流畅的最终编辑视频，拍摄"切入"或从主体"切出"的镜头至关重要。切入镜头可以从细节表现情节或部分情节，从表现潜水员记录探方框的相对宽镜头移动到他（她）用铅笔绘制一个细节的特写，就是很好的镜头切入案例。切出常用以减噪，这可以是潜水员脸向下看的镜头，当这个镜头插入情节的宽镜头和特写镜头之间时，过渡非常流畅并赏心悦目。镜头切出在场景转换时也非常有用：表现事物的镜头，比如鱼、摆动的海草、潜水员的气泡或经水过滤的阳光都可用来中断当前镜头并轻松自然地转移到下一个镜头。这种镜头可以随时获取，储备一些此类镜头将使编辑工作容易得多。一段精心编辑的视频就像一篇好故事，应有开头、中间和结尾，还应"语法正确"、行文流畅。如果制作得当， 观众应难以发觉剪接处，视频应引导观众看完故事而不分神。

光线：在水下，光源和镜头要保持一定距离，与主体成大致45°角，以使反向散射和眩光最小化。把光源想作模拟的太阳照射——位于镜头上方1至2米并在一侧；或者使用安装在防水壳上的低瓦数闪光灯，同时另一位潜水员手持强力闪光灯担任灯光师。这种情况下，灯光师应把灯光指向防水壳上的灯光照射的方向。

归档：在编辑过程中进行归档非常重要，尤其是需要从录像带中快速找寻好镜头时。镜头也可以根据内容和质量或可用性（如良好、一般、较差）分类。

视频编辑

编辑是视频制作的核心技能。其最简单的形式是指节目中镜头的顺序和长度，其创造性在于它决定观众对拍摄主体的反应。最终视频应包括讲述一个故事的一系列相互连接的镜头，所以影像顺序要合乎情理。可以添加解说或旁白帮助视频结构更加清晰连贯，并提供仅通过图像难以传达的信息。然而，验证视频效力的是它能否不用配音便能独立成型并讲述故事。即便大多数音乐都受到版权保护，仍可购买到免版税音乐用于视频编辑。

有几种编辑方法，包括带到带，使用视频编辑控制器和电脑编辑。电脑编辑是当下流行的方法，但因DV录像带以最高分辨率存储时一般每小时约使用13G空间，所以需要带大容量硬盘的高规格计算机。通过连接相机的"火线"（IEEE 1394【高性能串行总线】）接口可以使用电脑捕获视频片段，完成快速数据传输，而且很多电脑都带有火线接口。

如果电脑有影像撷取卡，在Windows XP操作系统下使用Adobe Premier软件可以进行视频捕获和编辑。当然，也有其它视频捕获软、硬件和编辑软件供应商，苹果电脑（Apple

Macs）和Final Cut Pro是业内所有形式的编辑和影像处理软硬件中的佼佼者。Windows XP Movie Maker适合完成快速影片，但其编辑功能远不及Adobe Premier精细。然而，Movie Maker很适合以多种格式、不同压缩比率和质量（如保存在CD上或在网上发布）存储完成的视频。倘若追求最佳质量，可将视频导回数码录像带，或用合适的软件制作DVD。这样，视频文件就变成了另一种格式，只能通过DVD播放软件在电脑或家庭DVD播放器上播放。

扩展信息

Aw, M. and Meur, M., 2006（第2版）, *An Essential Guide to Digital Underwater Photography*. OceanNEnvironment, Carlingford, NSW, Australia.

Boyle, J., 2003, *A Step-by-Step Guide to Underwater Video*. www.FourthElement.com

Dorrell, P., 1994, *Photography in Archaeology and Conservation*. Cambridge.

Drafahl, J., 2006, *Master Guide for Digital Underwater Photography*. Amherst.

Edge, M., 2006（第3版）, *The Underwater Photographer: Digital and Traditional Techniques*. Oxford.

Green, J., 2004（第2版）, *Maritime Archaeology: A Technical Handbook*. London.

Martin, C. J. M. and Martin, E. A., 2002, An underwater photomosaic technique using Adobe Photoshop, *International Journal of Nautical Archaeology* **31**.1, 137–47.

第十一章 定位

目录
◆ 地理坐标
◆ 精度
◆ 定位方法
◆ 设备

在海上定位的基本原理与在陆上相同。然而离岸环境常需用替代性方法才能获取位置，而位置是通过距离和角度测量值找到的。

定位在考古中必不可少，它是用来：

- 确定遗址的准确位置；
- 建立遗址相对位置；
- 在物探期间获得位置数据。

本章将概述定位涉及的一些基本原理，并简要介绍定位设备，包括光学仪器、电子设备和卫星定位系统。第一步是明确位置的准确定义。

位置一般以坐标形式表示，绘在地图、海图或平面图上。然而，理解如何获得这些数字对于其正确使用很重要，这比乍看起来更复杂。地图或海图是地面或地球表面按比例缩小后的表示。经过几个世纪的争论，地球被确认为既不是平的也不是圆的，而是不规则的梨形球体。

所有地图制作者面对的问题是如何在平面纸张上表现地球形状。首先必须用数学法则定义地球形状，然后将其投影到纸上——更确切地说——平面上。地球的数学近似形状叫地球椭球体，不同的国家和国际测绘系统使用的是最匹配所要制图地区的不同的地球椭球体。在英国，国家坐标网（National Grid）基于皇家天文学家乔治·比德尔·艾黎（George Biddell Airy）先生在1840年定义的地球椭球体，而美国卫星导航网络，即全球定位系统（GPS），则根据美国军方专门为卫星定位定义的全球测地系统1984（World Geodetic System 1984，简称WGS84）计算位置。不同主权国家为专门用途各自采用不同的地球椭球体。比如，英国人在十九世纪早期基于埃弗勒斯椭球体（Everest spheroid）绘制了印度地图，并用完成测量的首席测量员命名，这一任务专用的地球椭球体沿用至今。

必须知晓所有海图和位置设定是基于哪种地球椭球体。标绘或使用来自以地理坐标表示的电子定位系统（如GPS接收机）的位置时尤为明显，使用错误的地球椭球体可能带来严重后果，包括遗失遗址点、船舶搁浅甚至领土争端。以WGS84椭球体在基于艾黎椭球体（Airy spheroid）的英国航海图上标注的位置会偏离预期位置164米（533英尺）。如今已有实现不同系统间转换的软件，但必须知道提供位置的系统和海图或总平面图所依据的系统。

地理坐标

常规航海图坐标是以经纬度描述的地理坐标，以角度为单位（度、分、秒）。纬线是指与两极连线垂直，横贯地球椭球体的线或（更确切地说）平面，垂直穿过定位点的假想线（法线）与赤道平面所成夹角测为纬度（图11.1），表示为赤道以北（N）或以南（S）的值。

经线或子午线定义是指地球椭球体表面连接两极的线。经度是所定位点与本初子午线在赤道平面上的夹角角度。本初子午线是规定为零的指定子午线，大多采用通过英国格林威治天文台（Greenwich）的经线。经线表示为本初子午线东（E）或西（W）。在航海图上坐标以网格显示，但因所有经线（子午线）聚于极点，所以它并非均匀或正交（方形形成的网格）网格，而是根据投影和比例而变化。

投影：是地球椭球体上的点转换到平面纸张上的方法。简单地说，不同的投

▼图 11.1 显示纬线、经线和赤道的地球

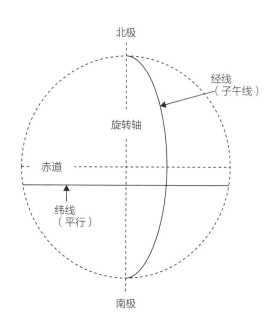

北极

经线
（子午线）

旋转轴

赤道

纬线
（平行）

南极

影图是选择不同数学方法把纸（或平面地图）包覆在椭球体上。投影是绘制地图的基础，但也给过去的大地测量者们制造了巨大困难。直到十六世纪，墨卡托（Mercator）发明了墨卡托投影后，地图学才得到真正发展。

图11.2显示了通用横轴墨卡托（Universal Transverse Mercator，简称UTM）投影的基本原理，这是海图和地图最常用的投影，是以适用于任意一种地球椭球体而设计的一组网格投影参数。一般情况下，使用GPS定位系统离岸工作时，WGS84椭球体应使用UTM参数。UTM旨在建立真正的国际测绘系统。它将地球椭球体分成六度带，并将网格参数应用于每个六度带中，这些六度带被称为狭带，而且实际上每个狭带是一个有不同中央经线值的不同基准面，各狭带间没有重叠。需要注意的是，英国由三个UTM狭带覆盖——狭带29、30和31所覆盖，范围如表11.1所示。

无论是引入网格坐标，还是将在线导航或跟踪系统匹配到作业区域的正确狭带，确定狭带都必不可少。横轴墨卡托投影有按比例值呈现距离和角度的优势，但其表示的面积是

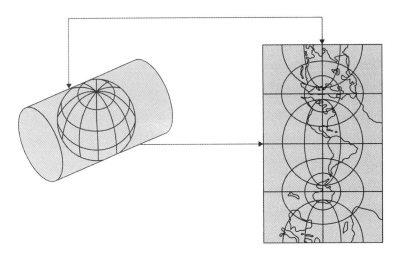

◀图 11.2 通用横轴墨卡托（UTM）投影原理

表 11.1 UTM 狭带范围（英国）

狭带	西区范围	中央子午线	东区范围	东伪偏移	北伪偏移	比例因子
狭带29	012W	009W	006W	500,00	0	0.9996
狭带30	006W	003W	000	500,00	0	0.9996
狭带31	000	003E	006E	500,00	0	0.9996

扭曲的。

陆地地图的网格坐标常以东向和北向描述。这些坐标表示平面上的位置和正交网格，这是国家和国际测绘系统的作法。网格坐标的好处是能以常规单位，最常用米，将地图上的距离和角度测量值关联到地面上。

网格如何与投影建立关联：网格覆盖在投影上（如前所述），将网格覆盖到投影上的方法和参数统称为大地基准面（map datum）。有许多不同的大地基准面，比如英国的国家坐标网（National Grid）基于大不列颠地形测量局1936（Ordnance Survey of Great Britain 1936，简称OSGB36）基准面，该基准面采用艾黎1840椭球体和横轴墨卡托投影，包含定义椭球体上网格位置原点和投影方向的参数。大不列颠地形测量局（Ordnance Survey）地图上的这个基准是东向和北向，并以米为单位。在旧英国海图（UK Admiralty charts）上，基准面可能使用OSGB36，但坐标实际用经纬度表示。在这种情况下，就不能使用网格，故只能通过椭球体来投影位置。阅读地图时，用户必须知道其所使用的大地基准面。

垂直基准：此前仅讨论了二维平面位置，我们还需考虑第三维——高度或深度。高度可以表示为地球椭球体表面以上的距离，但其更多与单独的基准面相关。在海图上深度与海图基准面——定义零海拔高度的平面——相关，因此基准面以下的距离以深度表示，基准面以上的距离以高度表示。每张海图的海图基准面不同，通常是采用来自当地潮汐观测所计算出的最低天文潮位（LAT）。LAT是从已知潮汐常数中预测出的最低潮位，只有受气象因素影响才会偶尔出现低于该水平的潮汐现象。

国家测绘系统设定的高程基准面对全部测绘区域是常数。比如，英国地形图上出现的所有高度均基于纽林地形基准面（Ordnance Datum Newlyn，简称ODN），因为康沃尔郡（Cornwall）纽林地形测量观测站被定为零高度的测点，该点于1911年通过潮汐观测得出。航海年鉴中标有英国沿岸个别海图基准面与纽林地形基准间的差值。

考古学和垂直基准——从史前时期至今，海平面经历了巨大变化，这个过程仍在继续。这些变化已明显影响到沿海定居点、导航及港口的存活等。现在，只能在潮汐很低的江河入海口和海岸边见到大片原始森林，更早的陆地景观被永久地淹没在海底，这些都见证了相对于陆地海平面的升起。比如在一些沿海地区，过去一万年中相对于陆地海平面上升超过20米（65英尺）。联系确定基准点对自然抑或人为古代遗迹的仔细观察和记录可以制作出这些复杂变化的纪年表。高度基准的绝对标准可以使用英国的国家基准点（Ordnance Datum，简称OD）或欧洲大陆的阿姆斯特丹海面平均高度（Normaal Amsterdams Peil，简称NAP）。这种信息可与国际地球科学计划（International Geoscience Pro-gramme，原国际地质相关计划【International Geological Correlation Programme】）收集的数据做比对，该团体成立于1974年，处理全球此类数据。

精度

　　精度是测量值即位置质量的指标。第十四章（水下勘测）将讨论测量值和总平面图质量方面的精度。该原则适用于所有形式的测量值和位置解算。

　　精度的概念体现了"绝对位置"的理念，这意味着存在正确结果。然而，由于任何测量和测量框架中无法避免的误差，正确结果从未出现过。斯科菲尔德（Schofield，2001）类比了勘测测量值与打靶射击。靶心代表被测量点的绝对位置，熟练的射手会在靶子上射出分散的弹着点，分散程度代表测量值精密度（precision），弹着点距靶心距离代表精度（accuracy），因此，可能得到完全不准确但非常精密的测量值（图11.3）。该案例是用卷尺对一个点的一系列精确到毫米的测量值，但卷尺的零起点却在2厘米处。卷尺上的每个读数可能非常精确，但值本身有错，因此读数不准确。所以，精度表示为被测量值或绝对位置可能所在的界限，这些界限在统计学术语中表

▼图11.3 显示精密度（A 精确性）和精度（B 准确性）的散布着弹点。

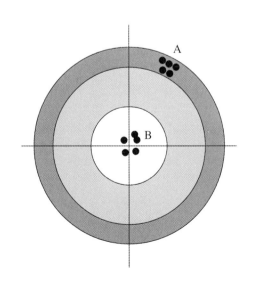

达为标准偏差（见下文）。获取准确勘测数据的本质是使误差最小化。有若干定义和术语可用来描述精度。

误差：误差有多种形态和尺寸，一般可分为两类——系统误差和随机误差。系统误差的产生是基于如上例中的仪器或测量系统；随机误差较不可预测，且包括过失误差等（如误读卷尺）。精度的概念是理解和量化误差的概念。

标准偏差：指数据值偏离平均值程度的偏差测度，以单独数值表示，是数据分布分散程度的量度值。

测量精度：与测量中的误差大小有关。比如，距离测量值可表示为相对误差一万分之一，表示10米距离误差1毫米。这个定义非常有用，常用来指示设备精度。

比例：地图或海图上描绘的区域受比例支配，并以比例单位来表示。比如比例为1∶1表明纸上1个单位相当于地上1个单位，而比例1∶50000意味着纸上1个单位相当于地上50000个单位（即地图上测得的1毫米是地上的50000毫米或50米）。

有效绘图精度：有效绘图精度是所有勘测设计要考虑的关键因素。大部分勘测呈现为比例图，当以1∶100比例绘图时，纸上1毫米代表地上100毫米（10厘米），铅笔尖宽度通常是0.5毫米，以1∶100比例相当于地上50毫米，因此，手工绘图仅可能绘制到50毫米精度，测量到毫米是在浪费时间和资源。

可重复性：指测量的一致性。换句话说，是指使用不相关系统或在不同场合使用相同系统能否再定位到所测位置？要注意，有时具有可重复性的位置也不一定准确，比如使用零位始于2厘米处的卷尺读出可重复但错误的测量值，尽管存在系统误差，仍可得出可重复性位置。测绘者很容易执迷于精度而导致影响到其制定工作计划或绘图，所以理解精度的概念和所进行工作的精度极限到关重要。

定位方法

水平夹角

六分仪是沿海测量中最有用的光学定位工具之一。它主要由反射镜连接量角器和望远镜而成，能够从勘测位置测量两处标志物间的角度（图11.4）。六分仪虽被电子设备取代，但由于它精确、便携，在一定情形下仍在使用。

一直以来，测绘者们通过三个物标间的两个角度来定位，但为了增加可靠性，最好再测量出涉及第四个物标的第三个角度，以核对前两个读数的精度。获得一组角度后，即可用若干不同方法将位置标注到海图上。可将角度绘制在半透明薄膜上后覆于海图上移动，直到角边线通过对应物标，边线交叉点就是标注位置（图11.5）。

也可采用几何构图标注位置，如图11.6所示，最简单的方法是在左侧物标对上画一条基线，然后以90°减去所测角度从每个物标画一条线。以这两条线的交叉点为圆心，以圆心与物标间的距离为半径画圆，圆上任意一点与两物标间的夹角

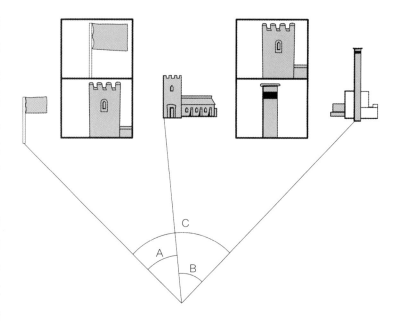

▲图11.4 测量水平夹角。用分镜头标定旗杆左侧和教堂塔左侧测得 A 夹角，教堂塔左侧和烟囱左侧间测得 B 夹角，旗杆和烟囱左侧间的 C 夹角应等于 A 夹角和 B 夹角之和。（基于本·法拉利【Ben Ferrari】的原作）

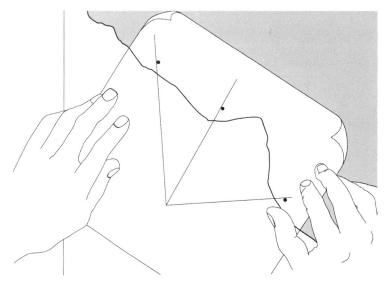

◄图 11.5 在塑料绘图薄膜上描出的夹角的误差不超过 20 弧分（三分之一度）即可满足在大比例图上标注位置的精密度。（基于本·法拉利【Ben Ferrari】的原作）

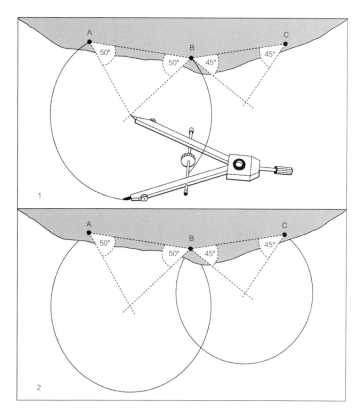

不变。用同样的方法，在第三个物标与已经用过的一个物标间画基线，并画第二个圆，两圆的交点就是标注位置。可以构建一系列基于不同角度的圆，在同一地区以相同物标从事大量勘测工作时，这些水平夹角海图将非常有用。

在理想条件下，用水平夹角法定位可精确到半径为1米的圆内，但在移动的船上进行观察还需多加练习。商业领域已不再使用六分仪测量，它已被便宜、多用途的手持GPS设备等电子定位设备所替代（见下文）。

▲图11.6 可以基于物标间基线以几何方法标出夹角。（基于本 · 法拉利【Ben Ferrari】的原作）

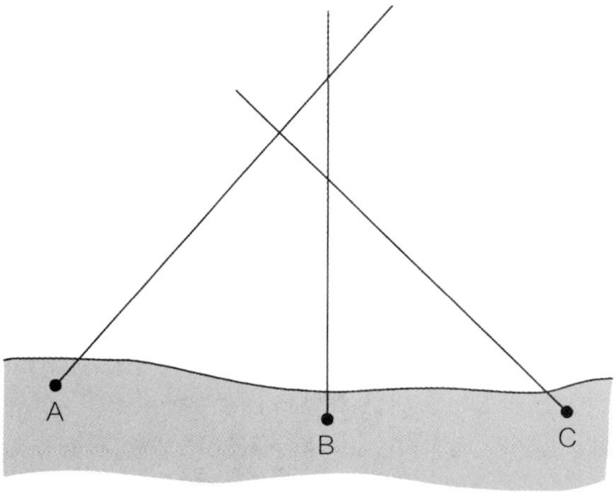

▼图11.7 有误差的大三角形或"三角帽"。三角形越小，定位越好

罗经方位

罗经可在考古调查中用作定位设备，但如今已有更好的选择。然而，知晓如何使用罗经很重要，它能增进对定位的全面理解。

要标注位置需使已绘制在海图上的物标与罗经方位瞄准成直线并读出数据。应采用至少两个物标（但最好是三个）的方位，其角度差最好约为60°。无论用海图所印的罗经盘还是用量角器据磁北物理测量，在图上标出了两个方位，这两条方位线的交点应与读数时所在位置一致。第三个方位线作为准确性的指征，应穿过已有交点，形成所谓的"三角帽"（cocked hat，图11.7）。

在船上或岸边或会用到棱镜或手持式罗经、内置罗经的双筒望远镜。这些传统手持罗经使用在液体中旋转的罗经卡读数，而现在的手持电子罗经是直接给出数字读数。电子罗经有更大的潜在精度，但现有模型所给出的方位精度仅在1°之内。

在运动的船上定位这一简单程序需要反复实践才能得到一致结果，尤其是使用传统磁罗经时，罗经卡会一直随着船体运动而不断移动。所有磁罗经的主要缺点是容易受到电子设备、钢铁构件的电磁干扰，必须格外小心确保罗经方位准确。与船用罗经不同，磁罗经通常不固定在船体上，这意味着每次使用后它与偏差潜在源的关系常常发生变化，使校正因子难以计算。

时刻谨记，所测定方位是磁北、而非真北很重要。两者间的差别（译者注：磁差）随时间缓慢波动，且因地而异。海图和地图上通常印有相关信息，一般可以计算出真北、磁北、所用海图或地图参考网格的指北方向间的差别（如果指北与地球两极间真南北向经线不符的话）。

方位叠标

可以在海图上绘出观测两个物标形成的叠标线；从同一点可视且与第一条线约成90度的第二对叠标可以得到极佳的交叉点（图11.8）。第三条叠标线将作为核查线以确定所观察物标是否为叠标。这个系统简单且极为精确，尤其是叠标线上两个物标间的距离与观测点和最近的物标间的距离成大比例时（图11.9）。只要一张合适的地图或海图，或许再加一台相机就可以记录叠标线，并不昂贵。

尽管该技术非常有用，但仍会有问题。水下考古遗址和有用物标之间很少具有适合的位置关系，这时可以选择不完全成直线的叠标或者选择可见叠标线（物

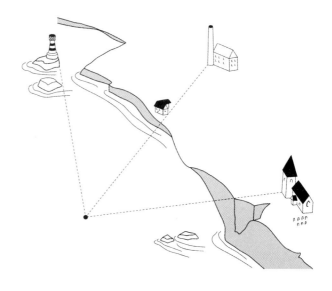

▼图 11.8 用近岸物标作为叠标以确定遗址位置。（基于本·法拉利【Ben Ferrari】的原作；依据奥德菲尔德1993 年 的 著 作【Oldfield, 1993:195】）

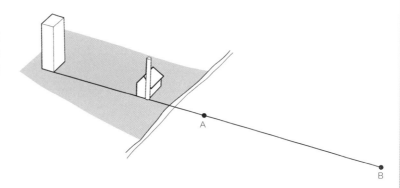

▶图 11.9 方位叠标的精度：以 A 为观测点定位精度远大于以 B 为观测点。（基于本·法拉利【Ben Ferrari】的原作）

标间相距较近）或不可见叠标线（两叠标部分或全部重叠）。

该方法通常得使用天然物标，因而难与海图所绘相符，比如，海岛或岩石边缘或崖基可能由于潮汐、侵蚀或季节植被而变化。在许多情况下，由于缺乏已标绘物标而不得不采用未标绘物标，有时会把测量员的成对测杆放在适当位置作为人工叠标（图11.10）。与未标物标一样，如果必须使用这些临时叠标线来标绘遗址位置，必须分别测量每个叠标并标记在适当海图或地图上。预先确立哪些物标用作叠标线并不总是可行，水平面能见度差，地形或植被遮蔽可能导致观察不到它们。

经纬仪、电子测距仪、全站仪

经纬仪是在垂直面和水平面上测量角度的光学测量工具。电子测距（EDM）装置被研制出来以前，大多数测量实践使用经纬仪结合测链和皮尺进行。电子测距仪使用红外线或

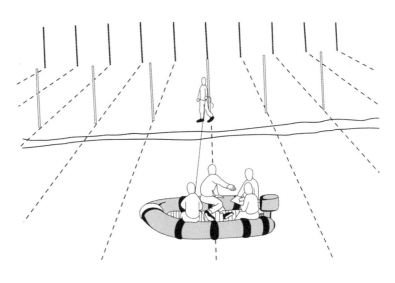

▶图 11.10 沿海岸基线设置成对排列的测杆形成临时叠标。在近岸或内陆水域收集数据时，皮尺或距离索是提供额外的位置控制的方式。（基于本·法拉利【Ben Ferrari】的原作）

激光来测量距离，而且可以加载或结合经纬仪，同时测量到同一点的距离和角度，由此，"全站仪"问世了。全站仪是结合经纬仪和电子测距仪的装置，用微处理器和数据记录仪处理和储存两套数据（图版11.1）。数据被存储在电子媒介中，或存储到存储卡上，亦或两者皆有。

经纬仪本质上是以固定刻度水平和垂直旋转来测量角度的望远镜。该仪器用气泡水准器调节水平，使刻度相对于地球的磁场方向精确校准。使用时视线沿着望远镜内置的十字丝分划板瞄准要测量的目标即可。使用全站仪时，测量员带着电子测距反光棱镜勘测相关点。与许多电子测量系统一样，电子测距仪依靠靠近电磁波谱中可见光末端的电子波辐射速度几乎恒定的特性，通常是热红外波段，测量脉冲达到目标并返回仪器所用时间，利用已知的脉冲行进速度即可测得距离。距离和角度数据结合即可使用若干方法确定位置。使用经纬仪或全站仪需经专业培训，一旦掌握这个简单而有效的工具，就可用于许多不同情况。有许多介绍经纬仪测量方法的资料：F·贝迪斯（F. Bettes）编著的《考古测量》（Surveying for Archaeologists）是很好的入门资料。

经纬仪和全站仪广泛应用于土地测绘和绘制陆地考古遗址测绘细节。全站仪已被用来测量海滩上的船只和残骸，以及准确定位潮间带遗址的调查资料（图11.11）。这些系统可以达到毫米级精度。

角度和距离可以直接标绘到纸上，使用全站仪则可直接在仪器上设定本地或国家网格。经纬仪相对便宜，而且作为建筑业常用仪器很容易获取。这些仪器的精度很高，因为根据精度要求，通常要在约0.5至5秒之间的短时间内取得一系列测量值，统计出的平均值随后转化成距离值，精度约是每4千米最大量程误差不超过5毫米。

电子定位和全球定位系统（GPS）

随着海上石油业在19世纪70年代的发展，为了给勘测和钻机以及容器和管道定位提供足够的定位精度，电子定位（EPF）系统被研制了出来，其中一些导航系统，比如台卡导

▲图 11.11 使用岸基电子测距仪测量浅水中的水下遗址。（基于本·法拉利【Ben Ferrari】的原作；依据莫里森 1985 年的著作【Morrison, 1985, 图 5.2】）

航（Decca Navigator）和罗兰 C（Loran C）最初与 GPS 系统结合使用。但它们现已几乎完全被淘汰，这一章将不再讨论。

全球定位系统（GPS）改革了海上和陆上定位方式。它是由美国军方研制、拥有并操控的卫星定位系统，但可供全球商业和业余用户使用。写作本文时，人们可以购买到在 15 米精度内的提供全球任何位置的手持 GPS 接收机。使用本章后续讨论的适当设备，通过差分校正，在地球 70% 的地方，其定位精度可提高到 1 米。在地方层面，单人可以设置和使用给出三维厘米级精度的系统。设备的易用性和可获性已使 GPS 成为陆上和海上导航和测量定位系统的标准形式。

19 世纪 80 年代，GPS 在早期系统 Transit 的基础上研制出来。最初，GPS 使用 18 颗环绕地球的卫星组网，在任何时间、任何地点都可同时观测到四颗，从而提供瞬时定位。本书交付印刷时，轨道上已有 24 颗卫星，另有一些故障备用卫星环绕地球运行。

采用 GPS 后，其他利益集团也研制着自己的卫星导航系统，但大部分基于与GPS相同的操作原理。其他商业用户和军事力量已经感觉到美国军方控制该系统的现状可能导致不经预先告知就停止服务，这毫不奇怪。于是俄国人研制了他们自己的系统——格洛纳斯（GLONASS）——用做运营，且可购买格洛纳斯和GPS双重接收器；还有在研的欧洲系统伽利略（Galileo），2010年应可全面运行。伽利略由商业组织研制，为商业和业余用户服务。

用GPS推导位置相对比较复杂，超出了本书范围。它基于第十四章（水下勘测）讨论的三边测量基本原理。已知卫星的太空位置，而且可以计算出卫星与地球上接收机之间的量程。每颗卫星发射包含卫星位置信息和信号发射时间的信号，不断跟踪和定位网络的一系列地面站不断更新卫星位置。接收机内置有测量信号到达时间的时钟。用已知的信号传输时间，并设定已知传输速度，即可计算出量程。用四个卫星的量程就可立刻计算出位置。该系统使用两个频率播送信号，可以修正信号中的大气干扰。较低频率包含P码，这是美国军方或包括其盟友使用的加密代码，但未向民用用户开放。较高频率包含C／A（粗略/获取）码，该代码用于商业和业余接收机的定位运算。因为用于信号传输的编码模式不同，C／A码的精度低于P码。它被进一步降级以减少精度，这种信号变体叫作"选择性可用技术"（selective availability，简称SA）。目前，SA已被关闭，结果是根据不同观测时间和位置，标准GPS接收机可以给出精度在2−20米（6.5−65英尺）间的位置。在SA放宽之前，仅可获取25−50米（81−162英尺）间的精度，且95%的情况下系统精度仅为±100米（325英尺）。

提高精度的方法

当前，专家们已经设计了一些用以提高GPS C／A码精度的技术，这些在SA实施时设计的技术已对解算定位的精度和可靠性产生了根本影响。随着SA的关闭，这些技术进一步提高着精度且仍有其重要性。

差分定位校正/差分GPS

差分定位最先被海洋勘测业和航空团体使用。随后，广播差分定位校正信号的系统和网络被开发出来，为国家和国际商业和业余海洋用户服务。由差分定位校正或被称为差分GPS（DGPS）提供的改进后精度已对GPS作为测量资源的重要性产生了深远影响。

差分GPS的作业原理是接收装置安设在已知坐标点上，并获取位置，这台接收机被称为基准站。所获卫星位置与基准站已知位置间的差别被计算出来，基准站已知位置是通过卫星观测值与计算机计算值间的差别推算出来的。静止固定的接收机是关键，因为它将所有卫星测量值关联到被准确测量的基准点上。这个基准站同一般移动接收机一样接收相同的GPS信号，但不像普通接收机一样工作，相反它用自己的已知位置计算GPS信号中的误差。然后，基准站实时向移动接收机传送这些误差，后者可以用来修正其测量值。误差改正值仅与计算方位用到的那些卫星有关（图11.12）。

刚开发该方法时，运营商为其特殊项目不得不建立自己的基准站。而今，许多机构已经在大部分海岸和许多港口建立差分站链，能够在世界大部分地方接收到来自卫星的修正值。国际航标协会（International Association of Lighthouse and Authorities，简称IALA）已经设立了北海到地中海的免费系统。通过无线电线路接收的修正值信号被解码并发送到GPS接收机。采用差分定位后，SA关闭后的定位精度约为<1米－4米（3－13英尺）、置信度95%，但这也取决于观测时间、地点和接收装置品质。

撰写本文时，增强系统正在开发并即将上线。所谓增强系统将提供差分距离修正、更多卫星观测数据及系统状态信息，这一信息将从卫星播出并用于指定区域。欧洲系统被称为 EGNOS（European Geostationary Navigation Overlay

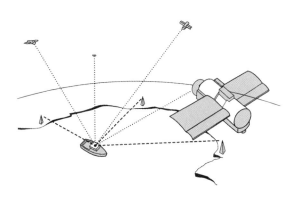

▼图 11.12 差分 GPS 系统与卫星、岸基基准站和船载移动接收器。（基于本·法拉利【Ben Ferrari】的原作）

Service，即欧洲地球同步卫星导航增强服务系统），它与美国的WAAS（Wide Area Augmentation System，即广域增强系统）和日本的MSAS（Multifunctional Satellite Augmentation System，即多功能卫星增强系统）兼容。这些系统将是向前迈进的一大步，它们将为兼容的标准手持GPS装置提供3—6米（10—20英尺）的动态精度。这将大大降低遥感调查和沿海评估调查的成本，尤其在无法从国家差分网络覆盖中获益的地区，将对海洋考古产生极大影响。

实时动态差分法（RTK）

RTK GPS与差分GPS相似的是接收机安设在已知点或基准站上，并将修正值发送到远程装置。然而，RTK GPS修正值的性质更复杂，因为它们基于具有无线电信号性质的载波相位，而不是差分系统解算出的量程。修正值被播发到移动接收机上。这个系统的优点是可以实时在三个维度上获取厘米级精度。目前，这个系统的缺点是设备费用。由于大气性质和地球曲率的变化，该系统也受限于约40公里（64英里）的最大量程。

设备

随着电子技术最新的发展，GPS接收机的成本（和尺寸）已大幅减小，使其成为最划算的定位方式之一。客户有可能以低于中等品质六分仪的价格购买到能够获得国际航标协会校正服务的带有差分接收机的手持装置，或欧洲地球同步卫星导航增强服务系统（EGNOS）的兼容部件。大多数业余航空器和所有商业航空器都载有GPS装置。接收机品质和价格取决于接收通道数量、内置时钟品质和计算位置算法的复杂程度。

要强调的是在这个阶段的GPS是基于WGS84基准面进行所有位置计算，而大多数接收器有能力从WGS84基准面转换到其他地方性基准面。所以，再强调一次，知道接收器设定在哪个基准面和正在使用哪个基准面至关重要。有些接收机也就计算出的位置给出质量评价指标，并表示为精度值或DOP值（DOP即dilution of precision【精密因子】），其前缀H代表水平值，前缀G代表几何值。基本上，数值越大，定位精度就越低。

GPS的局限

GPS的基本原理是所有运算都基于WGS84椭球体或基准面，这本身就能导致不可忽略的问题：如果接收机选用不同基准面，就要在WGS84和该基准面间进行转换。很少有GPS装置的品牌和型号具有一致的转换参数（在本地基准面和WGS84基准面间转换的方法），因此，对同一点可以导出不同坐标值，降低了可重复性。

比如，如果总平面图上分布着多个GPS点，误差或会叠加并超出精度限制。同样，使用基于地球是平面假设的平面网格勘测出的平面图与依据椭球体计算出的GPS位置做比较时也会发生上述错误。使用RTK GPS等高精度系统时，这是个明显因素。如果用卷尺测量两站距离，然后用RTK GPS装置测量坐标并计算其间距，结果将会是两个不同的值，这是因为RTK GPS装置测量距离并考虑了地球体曲率。要获得相当的测量值，用卷尺测量的直接距离必须采用比例因子（呈现曲率的值）。

总之，GPS是极其有用的定位工具。它相对便宜，在适当设备和条件下可以得到亚米级精度。然而，使用GPS时意识到并清楚理解本章中讨论的事项至关重要。

扩展信息

Ackroyd, N., and Lorimer, R., 1990, *Global Navigation: A GPS user's guide*. London.

Bettes, F., 1984, *Surveying for Archaeologists*. Durham.

Dana, P. H., *The Geographer's Craft Project*. Dept of Geography, The University of Colorado at Boulder. www.colorado. edu/geography/gcraft/notes/datum/datum.html（2003年更新）

Judd, P. and Brown, S., 2006, *Getting to Grips with GPS: Mastering the skills of GPS navigation and digital mapping*. Leicester.

Schofield, W., 2001（第5版），*Engineering Surveying*. Oxford.

第十二章　水下搜索方法

目录
◆ 定位
◆ 覆盖范围
◆ 安全
◆ 潜水员搜索方法

搜索可以分成两类：一类是由潜水员或潜水器，依靠人眼或手持仪器进行搜索；另一类通常是在水面或水面以上由一艘艇或其他船只载着声学或地磁设备和遥控潜水器（ROVs）开展的遥感探测。本章讨论的是第一类搜索方式，有关遥感技术的详细信息请参见第十三章。

定位

无论使用什么搜索方法，关键是要知道你现在在哪里和曾去过哪里（见第十一章定位技术），这样可以节约搜索作业时间并显著提升所记录的信息质量。只有准确报告和记录了覆盖区域和识别目标的位置，连同其他相关观察的搜索才有价值。潜水员应完成详细的潜水日志，记录所有对后续分析有潜在意义的信息。

覆盖范围

除非已经设计了深思熟虑的取样方案，否则通常目的是对选定区域100%覆盖。但遗憾的是，由于不同技术相异的效能水平，在此情境下难于定义100%。比如广泛的目视搜索可以覆盖每一平方厘米的海床，但会漏掉几毫米长的目标或暂时被浮泥掩盖的较大目标。同样，使用遥感技术、磁力仪间隔50米（163英尺）宽，也许足以检测到有铁炮的大型木质沉船，但大概检测不到一门孤立大炮等具有考古学意义的其他较小目标。

重要的是要意识到无发现的搜索并不一定意味着这里什么都没有。日益精密的遥感设备（参见第十三章）的发展已使海底调查成为更可靠的科学，但离能确信发现所有存在的目标仍有差距。

安全

无论选择哪种搜索方法，培训团队成员安全地执行该技术必不可少（参见第六章涉及考古遗址安全的补充信息）。然而，与以下技术相关的许多固有问题，可以通过设计和训练解决，包括开展帮助潜水员熟练定位、通信和有效记录技术的演练（图版 12.1）。

潜水员搜索方法

潜水员搜索方法最主要依靠的是视觉观察，但也可以配置诸如金属探测器和照相机这些手持式仪器和设备。任何搜索的速度和效率与目标物大小、能见度、潜水员在这类技术方面的经验成正比。泥底上的小物品难于定位。搜索组织者必须估计搜索物的材质、搜索区域规模、深度、海床类型、潜水员数量和可用时间，来考虑哪种方法可能得到最佳结果。搜索团队的选择也很重要，应该牢记，潜水员对海床上事物的觉察能力存在巨大差异，与这种能力有关的因素诸如：

- 对搜索区域的熟悉程度；
- 预期目标材料（如陶瓷碎片或大型船舶的船材）；
- 搜索技术培训；
- 在所使用搜索技术方面的经验；
- 潜水因素引发的焦虑；
- 潜水经验水平；
- 集中精力程度；
- 资质；

- 责任；
- 潜水条件和舒适度。

拖拽搜索

与该方法相关的设备有简单的（一名潜水员抓着绳系重物）也有相对复杂的（包括带有能够改变相对海床姿态和高度的可动翼片的拖拽式工具）。通用且廉价的系统使用能运动自如的简易翼或板使潜水员"飞翔"在变化的海床地形上（图12.1）。所有这些系统依靠水面队员来控制和记录航行，并在潜水员和船只间留出适当的调整距离。此外，水下运载工具也可以向前拖拽潜水员。从潜水员可手持的置于身前的简易电动马达驱动螺旋桨到迷你潜水器，潜水推进器（DPVs）的复杂程度各异。这些系统除成本外的主要缺陷是定位的难度，可以通过在水面上跟踪连着潜水员的水面标识浮标，或使用基于位于海床上已知位置的水声应答器的水中导航系统解决。

拖拽潜水员搜索的效率取决于能见度和潜水员相对海床的速度。潜水员以一节航速前进，每分钟覆盖可超过30米（98英尺）或每秒0.5米（20英寸），这是在一次潜水中搜索较大面积海床的有效方式。然而，在很多情况下，这个速度太快而使搜索者无法以需要的细节标准进行观察。

如果潜水员可以控制速度甚至停下来检视可能有意义的观察现象，工作效率就会显著提高。如果兼具滑索信号，潜水员与水面的联络会使这种方法的优势达到最大化。潜水员的麦克风通过导线与水面的电话式（实线）通迅往往比会受晃动的船只形成的湍流影响的水中联系方式更加清晰。规划搜索时，必须考虑到拖缆相对于推进装置的位置。具有有效通信，水面团队才能录入和标绘潜水员得到的观察结果。没有通信手段时，差强人意的替代

▼图 12.1 拖拽潜水员进行搜索。（基于：本·法拉利【Ben Ferrari】的原创插图）

方法是在所有观察发现的附近海床上抛投标记物，随后可以进行进一步的深入调查，此时标志物需要被准确定位，以便日后重新安置和评估。

为减少潜水员的固有风险和避免减压病，严格控制潜水深度很重要，但在拖拽时，这往往难以实现。使用能够准确记录搜索时潜水档案的潜水电脑表是种解决办法。很多潜水电脑表都有声响警报，在快速上升时提醒潜水员。能见度差时，工作组也应有能力探知拖拽潜水员路径中潜在的危险障碍。在拖船上安装前测声呐是一种解决办法。

泳道（漂移）搜索

实践、耐心和坚持是泳道（漂移）搜索的先决条件，它已在过去很多考古项目中成功应用。该体系依靠一排潜水员，通常是二至六人，按卷尺尺寸或刻度线水平等距排开，间隔小于能见度，因此可以完全覆盖待搜索范围（图 12.2）。这种搜索通常使用基线来引导导航员。为了能确定物品位置，在基线上标记适当的增量也有用。这种技术实际上是种大规模的平移调查（参见第十四章）。这些基线可以按需取长（已知最多有一千米长），并且应该相当直。要做到这点，最好从移动的船上布放基线，期间保持一定张力。精确布设长基线会有难度，但多练习就可能实现。只要基线是直的，就能确定两端的位置（参见第十一章）以便记录搜索区域。

该技术的主要困难是保持潜水员与基线成直角一线，在能见度差时必然更难。这种方法遇到过的另一个困难是保持潜水员之间的有效沟通以平稳推进。这个问题随着在线上的潜水员数量而成比例地增加，且因低能见度而加剧。通常，如果一位潜水

▼图 12.2 泳道式（漂移）搜索。（基于: 本·法拉利【Ben Ferrari】的原创插图）

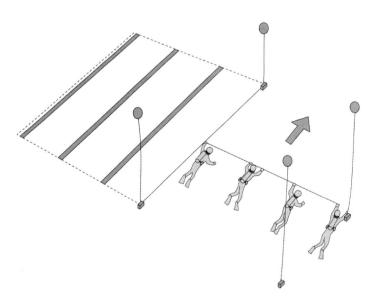

员需要停下来观察或准备再次离开，就要用信号代码向沿线的其他潜水员示意。通过练习，可以使用一系列呼叫（短拉）和停止（长拉）来沿连接线沟通相当复杂的信息。在许多潜水手册中可以找到标准滑索信号并可设计适合不同作业的其他信号。

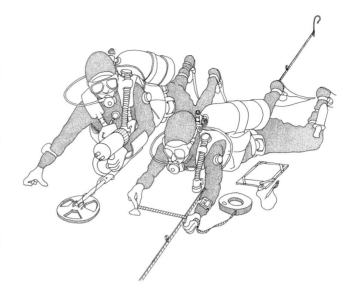

▲图 12.3 平移法可以用于记录遗迹相对滑索和基线的位置。在此例中，手持式金属探测器正被用以定位金属性遗迹。（绘图：格雷厄姆·斯科特【Graham Scott】）

还有一个困难是在同一深度和在相同环境的个体间因不同设备和呼吸频率导致的不同潜水时长。按照情况匹配潜水员呼吸气体能有所帮助。当其中一位潜水员因任何原因需要回到水面时最好中止搜索，除非潜伴可以陪伴该潜水员回到岸上或安全船上。

使用平移调查法时，可以用上述的相同方式标记搜索中观察结果的位置，这里需要记录沿基线的距离和距离基线的垂直距离。要完成详细调查，可由两名潜水员使用硬性短尺或卷尺，与基线成直角缓慢地向前移动（图 12.3）。此外，可以在感兴趣的点抛投浮标，稍后定位。如果每位潜水员需要的浮标数太多，那么另一种搜索方法，如滑索系统（见下文）或许更适合。

泳道式搜索在清澈的浅水区通常效果更好，但如果能考虑用潜水员辅助组或队来记录搜索队已定位的兴趣点，就能在深水成功实施该技术。通过纪律、良好沟通和过程演练，这种技术可以非常灵活，让搜索线定时停顿以记录海床性质，或计算表面标志物的数量（如碎陶片）以完成一幅分布图。

滑索（廊道）搜索

如果在目视或金属探测器搜索中要求全覆盖海底区域，可以使用滑索（廊道）搜索系统，但它比上述两种方法需要进行更多搜索前的组织工作。这种方法的最低要求通常是先以适当间距平行布设两根长基线，常为10米、30米或50米，在两根基线间以90°角布设滑索。用两根滑索来界定一个搜索廊道更有效，因为在有清晰边缘的区域可以进行更有效的搜索。滑索间的区域一搜索完，就布设另一个廊道，通常作法是把一根绳子从另一根上翻过去（图12.4）。重要的是要考虑到执行该部分作业时潜水员要分开工作时存在的潜在安全隐患。

用那些就测量点提出的类似方法（参见第十四章）可以把基线固定在海底，事实上基线的两端可能就是测量点。基线的问题之一是要在海床上保持平直。在浅水中，水的流动或许意味着基线得被加重或固定在海床上以防止过多的横向位移。甚至在深水中，基线可能必须顺着最大涌流的流向布设以防侧向移动。即便如此，只要基线被作为定位观察结果的遗址坐标系的一部分，就需要把它们固定在海底。

滑索本身持久性较弱，根据搜索的尺度和密度，滑索或许在一个位置仅能停留5~10分钟。锚定滑索的方法必须基于海底性质，一端到另一端的锚固方式可能完全不同。就像许多测量点，基线固定或许依靠25或50公斤（55或110磅）的金属块之类的物品，或紧固在海底基岩上的钉栓或其他栓系物、稳固的巨石，或沉积物上。即使是重物也可以非常轻松地被拖过海床（当然你想自己移动它们时并不容易），所以，重物常被固定在海床上以使其更牢固。

▼图12.4 滑索（廊道）搜索。（绘图：格雷厄姆·斯科特【Graham Scott】）

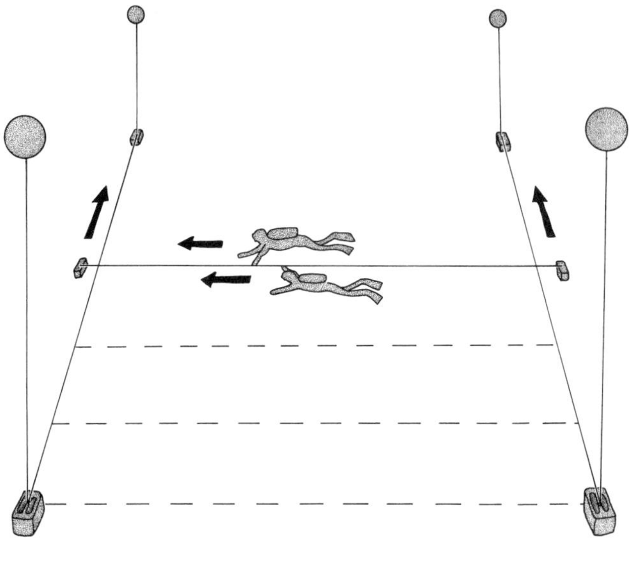

如果基线和滑索都标有刻度，其中一根基线应被视作零轴，滑索的"0"位可以放在这条基线上。保持基线间距离不变很难，因此，标有刻度的滑索的另一端不会总与第二根基线在所需的距离处相交。与其在不牺牲平移调查精密度前提下花费不必要的时间把一切做得完美，不如仅关注滑索线穿过基线的适当刻度值。稍长些的滑索有助于做到这一点。工作中常用绳或线（含铅线很有用）做基线，而滑索

常常就是卷尺，或更好是长达50米（165英尺）的塑料细测量线。在许多情况下，用约2米（6英尺）长的橡皮筋（"减震绳"或"弹力绳"）延伸长度可能会有益，其好处是能使线保持恒定张力，因而，在搜索时潜水员偶尔对其施力也不会有太大问题。这也意味着，只要有足够弹性，可以一次只翻滑索的一端，这比要先放松滑索两端才能移动它耗费的时间和精力更少。

滑索间廊道的正常宽度是2~8米（6至26英尺），取决于搜索每条廊道的潜水员数量、能见度和预期目标的类型和尺寸。虽然可以在滑索间安排四位潜水员做搜索，为使工作集约化，每条廊道最多安排两位潜水员能够更容易从滑索获得平移测量值，为每一处观察取得精确位置。

经验已表明，几乎不论能见度或海底性质，在2米（6英尺）宽廊的道，每位潜水员搜索1米（3英尺）宽的方式适于非常集约的海底搜索（或许使用金属探测器）。在均匀覆盖细沙或淤泥的区域，搜索条带的宽度可以再大些，在一些条件下可以宽达6米（20英尺）。如果预期目标相当大（如船舶般大小的压舱物堆），可以再宽些。

网格搜索

如果需要彻底搜索某区域，且需要精确定位相关遗迹，那么网格搜索便可以派上用场。第一步是布设一系列90°相交并适当间隔的基线，在遗址上创建一个网格。网格尺寸取决于各种因素，但一般在2~50米（6~165英尺）之间。留在海底的基线在任何时候都会被损毁或消失，然而，如果交点或锚点已被充分固定，即使基线已消失，也可以在后续潜水季重建网格。

网格一经建立，就能容易地开展廊道搜索技术，而且通过遗址坐标即可确定网点位置。一般来说，遗址坐标用左下角（西南）为零的水平和垂直轴上的一系列数字表示。有时，一根轴线会使用字母，以帮助缺乏经验的人使用坐标来表达位置。尽管通常没有必要，不过使用适当位数的数字可以把位置精确到毫米。

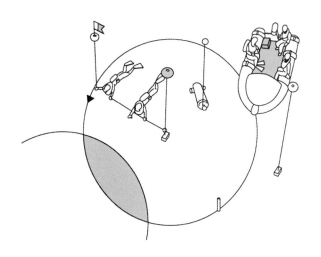

▲图 12.5 圆形搜索。（基于:
本·法拉利【Ben Ferrari】
的原创插图）

圆形搜索

在能见度差或突然需要进行搜索时可使用这个简单的搜索系统。该方法可以使用潜水员通常携带的设备，比如用潜水员标志浮标和重物形成的下降线和距离线，甚至船锚也可作为起点。然而，因为相交搜索产生的椭圆重叠（图 12.5），该技术不能轻易或有效地用于全海底覆盖，但是，它可用于尝试定位未被准确记录其位置的已知物品，或者在发现一件孤立人工制品后扩展搜索区域。它也可作为取样方案的一部分，在密集搜索开始前评估海底不同区域。

该系统依靠一根系在海床上某确定点的刻度线，常是一根皮尺。使用罗盘（标记开始和结束的方位）或海床上的明显标志为导引，潜水员在全圆内环形游动直到完成一圈。一个令人满意的解决办法是布设一条带有刻度的直基线（从搜索区域的中心拉出）作为开始/结束的指示物。每个圆形搜查区之间的距离与能见度和潜水员期待找到的目标类型相关。

圆形搜索通常从中心开始，并不断增加搜查直径。要记住，位于线末端的潜水员会比靠近搜索中心点的潜水员移动得更远、更快。然而，如果已知物品直立在平坦的海床上，那么从最大搜查长度处开始更有效。如果目标在圆圈内，搜索一圈应会发现一处障碍物，跟随距离线就能返回物品处。在正常的考古搜索中，显然不希望有这类勾挂。如果距离线的中部稍浮起来，就能减少有害障碍的问题。线通常保持一定张力，以确保潜水员一直在正确轨道上。如果线被障碍物绊住，放松张力应能使其上升并从障碍物上解脱。但在能见度非常差的情况下，往往直到搜索模式已严重变形才发现遇到了障碍物。

搜索区域的中心位置一经确定，根据其距中心的距离和手持罗盘上它的地磁方位就能记录搜索中获得的观察结果，这样可以记录下每个标定点，但其精度将会像使用辐射状调查法（参见第十四章）做调查一样受限。

金属探测仪搜索

虽然这些仪器是"遥感"设备，而且某些类型的仪器可以拖拽在船后面，但多种潜水员手持版本已被证明是对许多考古学家有价值的工具。与磁力仪（参见第十三章）不同，金属探测仪可以探测黑色和有色金属，而且在水下使用的探测仪常靠脉冲感应原理工作，能量脉冲被发射出去，并在搜索探头周围产生临时性磁场，其衰减速率因金属的出现而延长。衰减率和原脉冲相比较可以检测到最大范围约2米（6½英尺）的大质量金属物品，及约10厘米（4英寸）远硬币大小的物品。

在考古工作中，金属探测仪主要使用在三个方面。首先，在遗址扰动前的调查中，用于绘制金属触点和孤立响应的分布图；其次，用于确定欲揭走的地层中物品的大概位置，对因尺寸小或能见度低而被忽略的金属人工制品有非常高的检出率；最后，用于定位基岩上的金属人工制品，它们或因覆盖一薄层淤泥或因隐藏在岩石洞和裂缝中而无法发现。

必须系统地使用手持金属探测仪，它们才会成为有效的搜索工具。如图12.3中所示，通常用廊道或网格搜索技术进行全覆盖。重要的是，仪器的搜索探头要覆盖到所深入调查的海底每平方厘米的区域。对异常点周围进行挖掘以观查金属探测仪的反应，而不顾及可能被干扰的其他线索，以及任何让潜水员用金属探测仪随机在遗址上游动以寻找纪念品的方式，都不是规范的考古技术。

第十三章 地球物理与遥感探测

目录

◆ 搜寻模式、导航和定位

◆ 声学系统

◆ 水深测量

◆ 回声测深仪

◆ 多波束条带系统

◆ 海底分类系统

◆ 侧扫声呐

◆ 浅地层剖面仪

◆ 磁力测量

◆ 综合探测

◆ 潜水器：遥控潜水器和自主水下航行器

◆ 航空摄影

自20世纪60年代以来，多种海洋地球物理技术已被应用到一系列水下考古遗址深入调查中。近期考古研究的重点已经从单纯勘探转为对单个遗址更为全面的研究，包括详细的遗址测绘、船舶失事过程、遗址形成过程以及最终阶段——形成文化遗产的保存和保护等管理对策。

地球物理探测技术的一个显著优点是其迅速采集大量信息的能力，通常可与目标保持一定距离，使用这类搜索模式能以潜水员无法比拟的"对地速度"覆盖广泛得多的范围。有的设备类型可以探测到潜水员无法看到的被埋藏着的某类信息。此外，对地球物理探测设备来说，水下能见度差和强水流都不是问题，它们有时能在潜水员不能安全作业的海况下工作。然而，这些技术不应被视作代替潜水员进行水下考古调查的途径，而应被视为既能提高潜水员调查的有效性又能扩展水下调查工作环境范围的工具。

考古学中的地球物理探测一般与研究和/或遗址管理有

关。本章总结了可用于水下考古项目的一系列地球物理探测设备和技术，包括：

- 声学系统（见下文）；
- 磁力仪；
- 潜水器－遥控潜水器（ROVs）；
- 自主水下航行器（AUVs）。

搜寻模式、导航和定位

适用于潜水员海底调查的搜寻模式（见十二章）也适用于大规模调查，两者区别在于作业规模和位置控制方法。进行海洋地球物理探测必须设计船的航线，以完全覆盖搜索区域。通常是探测船沿一定间隔距离的平行线航行，间距与仪器范围和所需重叠相符。密集调查的重叠常大于百分之百以保证全覆盖并提供不同视角，或可考虑90°双通道甚或60°三通道。关于航线间隔和方向的所有决定均取决于所用探测设备类型和海床性质及环境因素。比如，在10米（33英尺）深的水中，带发射狭窄锥形声波换能器的回声测深仪或许仅能覆盖宽1.8米（6英尺）的海床条，明显低于侧扫声呐所能覆盖的范围。如果海底存在需用声学调查的裂隙，那么搜索模式或需调整，确保发射的声波能到达深沟底部。用全方位的磁力仪（见下文）则无此顾虑。影响探测航线方向的其他因素包括：浅滩和障碍物、航标和渔漂、航道、其他用海者活动、海风、洋流方向和强度以及潮汐周期中的水流强度和方向变化。

要解译从海洋中获得的任何地球物理数据，必须将观察结果与地理位置相关联；定位越准确，数据就越有用。关于定位科学与技术的详细内容可参考第十一章。

目前，海洋探测中最准确的位置控制方式之一是在舵手前方计算机显示屏上以图形显示船的位置。数据采集软件中往往内置专业探测组件，可迅速确定海域，规划出间隔方向均合理的调查航线，然后，舵手便可沿屏上选定的航线"操纵"光标（表示探测船）。

在海况良好的条件下，侧扫声呐可以探测海底宽约1000

米（3250英尺）的条带范围，而带发射狭窄锥形声波换能器的回声测深仪在10米深的水中或许仅能够探测1.5米宽的条带范围。这种海床搜索宽度的差异凸显出确定能够达到100％覆盖所需调查航线间距工作的难度。知晓目的物类型（或至少做出判断）、充分了解所用仪器的性能，并且考虑到环境因素也很重要，否则搜索区域就会留有空白。

声学系统

海洋考古探测最常用的地球物理方法是声学（声波或声呐）系统，包括回声测深仪、多波束条带系统、侧扫声呐、浅地层剖面仪和海底分类系统（详见下文）。在可用系统中如何做出选择取决于特定遗址所需获得信息的类型。重点考虑的因素是：

- 遗址物质构成和微观地貌哪个重要（或两者同等重要）？
- 需要定性信息还是定量信息？
- 目标遗址暴露在海床上和/或埋在海底下？

一个系统无法提供所有信息，而且一般总会有折中办法：有时或许必须进行多仪器探测来收集更广泛的信息。不管选用何种方法，探测区域应延伸一定比例，以便有机会将考古遗址放入其环境背景中。

水深测量

所有水下考古遗址调查都必不可少的一个部分是形成详细的海底测深（深度）图。其最终呈现的精度取决于高精度导航系统的有效集成和所用的地球物理探测技术。工作人员必须注意导航软件所记录的坐标系。GPS数据通常输出为使用WGS84基准的大地坐标（经度和纬度），而作为海陆无缝调查一部分的勘测通常把大地坐标系的测量数据转换为米制坐标系统（如UTM或英国的OSGB36）。为了保证数据的有效集成，考古学家应该注意多种坐标系的转换（见第十一章）。

如今有两个主要的测深数据采集系统：窄波束回声测深

仪和宽测绘带多波束条带系统。无论使用哪种系统，数据质量均会受以下因素影响。

声呐探头的相对高度：当使用安装在探测船上的换能器获取一系列深度测量值时，由于船体随波摇晃，在最终测深数据中得考虑到高度变化。对付潮汐影响的简单方法是用回声测深仪周期性探测海床某固定点的深度，读数间歇可校正收集到的读数使数据统一。通常可以使用从附近验潮仪读数计算出的潮汐变化曲线来纠正深度值。如果验潮仪距离遗址非常近则效果良好，但距离远时便不大有效。在遗址上安装刻度板作为验潮仪则相对简单，可以目视监测和人工记录读数。另外，可以安装自动记录数据并向探测船实时传送校正值的精密仪器。从附近验潮仪获取读数或许对某些项目有用，但很少能用于高质量和极高分辨率的探测。

由潮汐引起的高度差相对容易测量，而测量波浪和涌浪产生的高度差则难得多。正因如此，最高质量的探测倾向于使用实时动态差分（RTK）系统（见第十一章），该系统持续、精确地监测声呐探测头的相对高度，这样，任何原因引起的所有垂直位置变化均可自动补偿在数据集中。

滚动、升沉、仰俯和偏航。换能器随水中船舶波动的运动方式是需要考虑的因素。浅水长涌能够把船托举和抛下相当大的距离，若未考虑到这一因素则会产生测深读数错误。同样，波浪可以使调查船滚动、俯仰和偏航，可对声束方向产生严重影响。对于高清晰度探测而言，假设安装在移动的船上的换能器始终直接指向海底毫无意义，因为除为专业探测专门设计的回声测深仪外，大多数回声测深仪均无船体运动补偿功能。鉴于探测时准确知晓声能所指向的位置至关重要，必须以非常高的精度测量所有四个方向的移动。这可以通过运动参考装置来完成，虽较昂贵，它却是支持考古调查的高质量声学探测的必要组成部分。

对地航速：提高地球物理调查质量的简单有效的方法是让船缓慢行驶，以便对海床上的每一部分都收集更多数据。采用这个简单技术带来的最大问题是船在低速航行时难以沿航线精确驾驶，但如果逆流或顶风，自然力量可帮助减小相对海床的速度。也可用漂筒减小调查船速度，但这会对驾驶产生额外不利影响。

回声测深仪

传统回声测深系统含有一台单波束舷挂式或悬臂式换能器作为声波发射器和接收器（收发器）。这些系统产生100—300kHz典型频率范围内并具有频率依赖性的单频声脉冲，垂直分辨率为厘米级。回声测深仪发射立体角一般在5至45度间的圆锥形声波脉冲、方向垂直向下，所以声波能量集中在投射于海床上的圆形小区域内（圆形区域半径取决于水深）。这些系统的水平分辨率由源频率、立体角和水深的组合来控制。比如，10度立体角、频率200kHz的声波在10米（33英尺）深的水中形成的是1.8米（6英尺）的覆盖直径。

回声测深系统不能提供深度直接测量值，而是通过记录的声波往返时间计算深度值。得出的深度信息或用数字，或通过二维模拟踪迹整合后的数字化来记录。惯例是以米为单位纪录深度，所显示的实际数字代表换能器到海床的距离。对来自近海环境的数据进行测深分析时，获取的所有数值必须加入潮汐变化和换能器在水面下的深度进行校正。

窄波束测深系统的一个主要缺点是探测网格线间距控制着系统的有效水平分辨率。在潮汐环境中，通常可实现的探测网格最近间隔约为5米（受调查船可操纵性的限制），因此，测深数据的最高可能水平分辨率为±5米。测深数据按惯例表示为纵断面图和/或二维等深线图。

总之，回声测深仪的测量质量难以匹及多波束条带测深系统，且费时颇久；但其优点是费用较低，并可获得有用数据。

多波束条带系统

多波束条带测深技术由回声测深技术发展而来，可用来记录海底狭窄条带到船舷间的深度测量值，当船在行进时，每秒可重复记录50次以上。在一程中，它能比单波束回声测深仪提供更多海底深度信息。在前例中，回声测深仪在10米水深前行时，可覆盖1.8米宽的海底条带，而典型多波束条带系统在同样水深时可以覆盖55米宽的条带范围。再加上多波束条带系统非常高的垂直测量精度，现在水文地理测量专业人员选择它毫不奇怪。

这些精密系统大都具有大型声呐探头阵列，虽可安装在大型船只的船体内，但考古工作往往适合在较小的船只上完成，这意味着声呐探头需要安装在连接船体的架子或拖拽浮动平台上。如果操作谨慎得当，即使是用临时安装装置，探测结果也可以接近多波束条带系统的理论分辨率值，即水平分辨率为5毫米，垂直分辨率为6毫米（图版 13.1）。这种精密度对考古遗址深入调查甚为理想。

水深增加或将阵列安装在遥控潜水器（ROV）/自主水下航行器（AUV）上时，需要降低声呐发射速度以在下一脉冲发射前收到回波。这意味着必须降低调查船速度以保持最高分辨率，这也有额外好处，因为速度提高时，安装在船架上的声呐探头会震动，因而降低数据质量。作为一般规则，要获得最佳质量的多波束条带探测数据，要尽可能保持调查船速低于4节（约2米/秒）。

多波束条带在探测时收集的数据通常以剖面图和彩色等深线图或复杂的三维图像实时显示。探测后，数百万数据点经常含有由多种自然和物理现象造成的"飞点"和"奇异峰"回波干扰，这些干扰信息通常可以在后续处理中过滤掉，但要由考古学家或具有相当考古经验的测量员进行编辑，否则会在不经意间删掉考古遗迹。

查看多波束条带数据的软件通常可将人工渲染的表面贴在软件认为它应该在的位置上，这对正常海底类型有效（图版13.2），但对考古证据却是灾难（图版 13.3）。将沉船等人工材料的多波束条带数据看作漂浮在空间中的点云很有必要，每个点代表每个脉冲回波相应的x、y、z坐标值，高精度探测时会非常密集地聚集在一起。大多数专用多波束条带数据可视化软件包可以三个维度查看点云，并在电脑屏幕上旋转，这比静止图像提供了更多信息，目前在分离和识别遗迹方面人类眼睛和大脑优于软件。该软件包还可以从任意方向穿过数据集生成剖面图，并在任何两点间进行测量，这在试图阐释和理解遗址时极为有用。

多波束条带探测仪对于水下景观重建所必须的大范围海床覆盖和遗址专门工作来说均是标准探测工具（图版 13.4）。进行多波束条带探测获取遗址主体位置的基本信息后交由使用卷尺和绘图框的潜水员调查。由于地球物理探测不像潜水作业似的受限于水压、水下能见度和水流，它甚至可能在无法或无法有效进行潜水调查的遗址获得很好的数据。

多波束条带系统的优越性在于它能非常快速地提供基线探测，而且就整个遗址而言，精度非常高。完成基本遗址勘测的速度比最有经验的潜水队快100,000倍（图版 13.5和13.6）。然而，在被测距离小于2或3米（6½−10英尺）的地方，潜水员用卷尺测量往往更精确，是进行小区域详细考古勘测的理想选择。对于更长距离和一处遗址中相关的多个小区域，高分辨率多波束条带探测则最快、最精确，但它必须始终作为潜水调查的补充，而非替代。

由于实现遗址高标准重复探测相对简单，多波束条带探测也是非常有用的管理工具。这使直接比较多次探测得以实现，从而可以轻易监测沉积物变化（图版 13.7和13.8）或考古遗址变化（图版 13.9）。

这种探测产生的数据量被视作多波束条带系统的缺点——一天高达10千兆字节。幸运的是，计算机处理能力和存储量的进步已大大克服了这个问题。其另一个潜在缺点是成本问题，但设备可按天租用，此外，也有可能找设备制造商或赞助团体支付或至少补贴一些费用以便可以使用这个重要的考古探测工具。

海底分类系统

多波束条带探测仪和回声测深仪最初的设计仅能给出海底地形定量数据，然而，改进后已可尝试从回声信号中提取海底材料属性的替代指标。如今有多种海底分类（海底判别）系统，大多基于单波束"剖面"技术，所以给出的是单点上材料类型的指示。这些系统既观察直接返回的海床形态，又结合海底多次反射来确定海床"硬度"和"粗糙度"，然后对这些参数进行彻底实地查验来确定海底颗粒尺寸。海底分类系统的现有文献表明，它能确定广泛的沉积物类型（基岩、碎石、沙子和淤泥），而且的确已应用于一些考古勘测中（图版13.10）。要使这些系统成为真正有用的考古材料成像工具，需要研究它们对考古遗址常见材料类型快速改变和对典型考古材料实际声频属性的敏感度。考古学家正在积极研究从多波束条带测深数据中提取这些信息的可能性，但提取材料类型的非垂直入射散射是主要挑战。还应指出，基于单波束声源的那些系统存在与前述单波束回声测深仪相同的水平分辨问题。

侧扫声呐

侧扫声呐使用的是与多波束条带测深系统类似的宽角度脉冲水下成像方法。侧扫声呐系统显示从海底沉积物和裸露在海床上的物品散射回拖鱼的声强，而不从回波中计算深度信息。侧扫数据经处理后可实时提供无失真的海底图像。调查员通过调节拖鱼距海底高度来控制单程航线所扫描的海底范围，也可通过调节船速或拖缆长度来完成。

传统上建议扫描宽度为水深十倍，尽管这种设定或许适合基本海底探测，但并不总能为考古信息给出最佳图像。对于精细探测，声能到达目标的入射角度非常重要，而且以非常低速和非常高速沿同一测线行驶时常会展现出非常不同但可互补的信息。

侧扫声呐系统有多种型号、测深等级和操作频率。商业化的最新发展包括以一系列频率实现扫描的"啁啾"（Chirp）系统（因其发射噪音而得名）和以较长频率提供极好分辨率的合成孔径系统。标准系统通常直接与笔记本电脑连接来显示数据。这种系统会在两个工业标准频率100 kHz和500 kHz中选择一种来成像，尽管它们与标准频率或许相当不同，这取决于型号和制造商。一般来说，100 kHz作业频率适用于每侧扫描带宽超过100米（325英尺）的区域性探测，

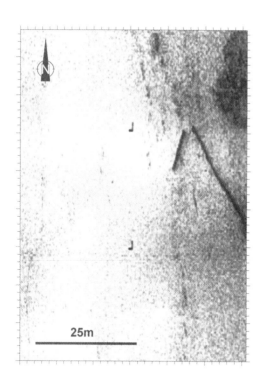

▲图13.1 爱尔兰韦克斯福德郡（County Wexford）巴罗河（River Barrow）中 V 形鱼堰的 500 kHz 侧扫声呐图像。使用 EdgeTech 272-TD 型数据采集系统获得的数据。（科尔雷恩的阿尔斯特大学海洋考古中心 [Center for Maritime Archaeology, University of Ulster, Coleraine] 提供）

500 kHz的声源通常用于需要更高分辨率的地方，诸如沉船或水边结构勘测（图13.1）。高达2.5 MHz的甚高频系统可提供更好的分辨度，但其有效范围有限，有时甚至小于10米（33英尺），所以仅适用于小且界限清晰的遗址，而且还要有良好的拖鱼位置控制能力。

被探测区域的材料性质（主要是粗糙度性质）决定了海床回波（反向散射）强度。岩石、沙砾、木头和金属比细粒沉积物具有更好的反射力，因此，在声呐图像上记录为较暗的像素。目标形状，包括海底坡度，也影响反射率和反向散射。可以说以考古为目的的侧扫声呐记录中最重要的现象是声影，它为本质上是二维的勘测提供了三维品质。声影产生于耸立或部分裸露在海床上的物品附近。在侧扫声呐数据中，声影通常能比从目标本身返回的声波显示出更多目标形状和性质信息（图13.2）。

大多数侧扫声呐调查依据预先确定的探测计划。搜寻计划通常包含一系列按照探测要求确定了间隔的平行测线。间隔必须小于声呐的侧扫描宽度，从而允许测线（探测区域）间重叠，以确保100%区域覆盖。虽然，传统上数据显示为纸上的痕迹，但现代系统允许通过电脑显示实时数据，而且既可以传统黑白单色显示，也可由操作员选择用几乎任何颜色混合显示。然后，可以用软件确定任意遗迹的坐标（几何纠正），通过测量声影长度和拖鱼高度，即可计算出该遗迹在海床上的投影。几何纠正后的侧扫图像可以拼接成大图，提供具有初始分辨率的大区图像，从而减少了数据分辨率和探测范围间的权衡折中。

浅地层剖面仪

虽然，侧扫声呐和多波束条带测深仪在发现和描绘暴露在

171

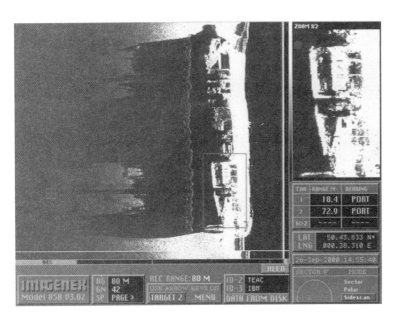

◀图 13.2 "斯托拉"号（SS Storaa，沉没于 1943 年）蒸汽船侧扫声呐图像显示声影详细补充了沉船的反向散射信息（圣安德鲁斯大学【University of St Andrews】ADUS 提供）

海床上的考古对象方面是最有效的技术，但许多考古遗址位于高沉积地区，导致结构、遗迹和人工制品部分或全部被掩埋。用磁力探测或许能发现含有大量钢铁的沉船（见下文），然而浅地层剖面技术是探测被埋藏木质人工制品的唯一适用技术。此外，海洋考古学家对识别埋藏这些人工制品的环境或景观越来越感兴趣，要了解这些，必须探究海底表面和表面以下。

　　浅地层剖面仪有两种主要系统类型：发射单频脉冲的系统（如 Pingers 和 Boomers）和发射较宽线性调频脉冲的系统（Chirp）。单频脉冲系统处于穿透深度与分辨率的矛盾中，简单而言，高频声源能提供较好分辨率，但在沉积层中只能穿透很短距离；与之相反，低频系统穿透较深，但分辨率较差。20 世纪 90 年代初，Chirp 技术的发展就试图通过发射既可以穿透海床几十米深又仍然能保持分米级分辨率的脉冲来处理这个矛盾。应当指出的是，每个系统的有效性取决于被成像沉积物的性质，粗糙沉积物（砂和砾石）比细粒沉积物（粉砂和黏土）更难穿透（图 13.3）。

　　所有浅地层剖面仪使用的声源产生穿透海底的声波脉冲，然后，这些声波从海底以下的物品或分层界面反射回来，被通常与声源安装在一起的声波接收器（或水听器）接收。界面两边的密度和/或声波速度不等就会发生反射，返回

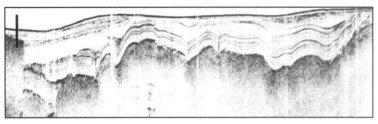

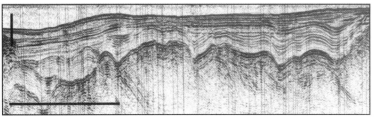

▲图13.3 北爱尔兰斯特兰福德湖（Strangford Lough）中同一个地点的 Chirp（上图）和 Boomer（下图）图显示了 Chirp 剖面图中上部细粒沉积物的高分辨率详细分层，和 Boomer 图像中从坚硬的冰川沉积层到基岩的较好穿透性。用 GeoAcoustics Chirp and Boomer 系统获取数据。垂直标尺代表 15 米（49 英尺）。（国家海洋学中心/南安普敦大学[National Oceanography Centre/University of Southampton]提供）

的声波信号被发送到记录装备，要么是硬盘要么直接发送到打印机上（图13.4）。

浅地层剖面仪产生的数据集经处理后，可经双向传播时间（脉冲从声源到反射体再返回接收器所用时间）给出船舶行进方向的横断面图。

随着对声波在沉积物中传播速度的了解（通过对核心材料的原址测量或与标准经验导出值进行比较来获取），可以将横断面图转换为深度剖面图。数据的二维性不可避免的导致了浅地层数据具有与前述回声测深数据同样的覆盖问题。近年来，英国国家海洋学中心（National Oceanography Centre）的研究人员已经开发出高分辨率的3D Chirp系统，能够获取海底表面以下的真正3D数据，而且在考古遗址等小型区域的调查方面具有巨大潜力。

Pingers发射单一高频短脉冲（如3.5 kHz），产生0.3－0.5米（12－18英寸）的分辨率和20－25米（65－82英尺）的穿透深度。在这种系统中，生成脉冲和回记录波在单一换能器中执行，优化了系统水平分辨率。Boomer系统具有单一低频声源，通常在1－6 kHz之间，其输出脉冲的脉冲频率和输出能量均可根据探测要求调整。Boomer系统的穿透深度为50－75米（16－246英尺），最佳垂直分辨率为0.5－1米（18－39英寸）。

Chirp剖面仪与海床间的安全拖拽深度一般为距海底5－10米（16－33英尺），若配置得当，也可在2.5米（8英尺）的水深中作业。Chirp系统的频谱或带宽较宽（一般在6至10 kHz之间）很重要，它控制垂直分辨率，在深度超过30米（98英尺）时可获得20—30厘米（8－12英寸）的实际垂直分辨率。

对识别人工制品而言，Chirp系统是目前可用的最好技术，不仅因其分辨率良好，而且还因为经过适当的后数据处理能在一定程度上表达被埋藏物的材料特性。Boomer系统对于水下景观重建最为可靠，因为它能够穿透沿海地区发现的大多数沉积物类型，从而能够保证被埋藏景观的一些基本图像。然而，在理想情况下，探测中应同时使用Chirp和Boomer，以确保既能获得任何细粒沉积覆盖层的详细图像又能穿透基岩。

磁力测量

　　磁力仪测量地球磁场强度，而且能够探测含铁物品或含铁类地质构造引起的磁场强度变化。现代的灵敏系统也可以探测到古代炉缸和陶瓷制品堆积产生的微弱磁

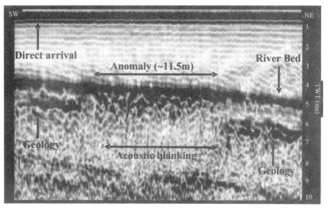

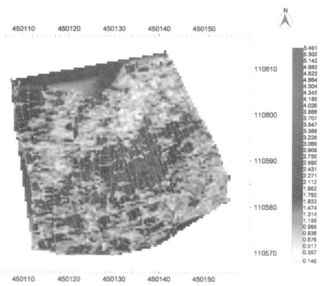

性。海洋磁力探测是非常成熟的技术，而且经常用于定位和详细调查铁壳沉船和携带武器或含其他铁质组件的木壳沉船（图版13.11）。近海海洋考古研究使用三种类型的磁力仪。过去使用最广泛的是质子旋进式磁力仪，但它正在被铯（或光泵）和双重核共振磁力仪系统取代，因为它们比质子系统灵敏度更高，故可在更大尺度内探测较小物品。

　　地球表面的地球磁场强度不同。两极磁场聚集因而强度高达61000nT（1nT=1伽玛），赤道磁场很弱，一般为24000nT，局部区域的磁场趋于均匀。如果含铁物质或物品进入该区域（如铁质沉船），磁力线会被扰乱。磁场中的这种局部干扰具有潜在考古价值，而且干扰量是同物品质量和其组合方式具有函数关系。

▲ 图13.4 英国汉普郡(Hampshire) 汉布尔河 (River Hamble) 中"感恩上帝"号（Grace Dieu，沉没于1439年）沉船的二维剖面图和不同时间数据的插值图像。数据由英国国家海洋学中心和地声学有限公司（National Oceanography Centre and GeoAcoustics Ltd）研制的3D Chirp浅地层剖面系统获取。（图片由国家海洋学中心／南安普敦大学【National Oceanography Centre/ University of Southampton】友情提供）

海洋用磁力仪一般是拖拽设备，以避免调查船干扰。通过增加拖缆长度直至船体不再被记录为磁异常时可以确定最小返回距离（拖鱼与船尾间的距离），或有必要在多个方向上进行该步骤。磁场信息通常显示为读数和图形，随探测进展更新。较好的系统一般用笔记本电脑收集数据，而非厂商提供的专用记录设备。这一组合具有可以快速处理数据的优势，而且使用合适软件能以等深线图等信息化图形显示探测数据。

质子旋进式磁力仪记录速率一般为0.5－2.0秒，灵敏度为0.2－1.0nT。铯和双重核共振磁力仪测量速率更快，一般为0.1秒，而且灵敏度至少为0.02nT。这些更精密的仪器与传统质子旋进式磁力仪相比，拖拽速度更快、更趋稳定，通常对考古工作更有效。质子旋进式磁力仪的优点是拖鱼尺寸相对较小，购买或租用较便宜。

近海磁力探测的一个问题是港口发展和人们利用或滥用海岸带形成的海底残留物，港口等发达地区的非考古学地磁异常很丰富。这是在船锚、船链、船缆和军械等强磁特征物品会有效遮盖考古异常的遗址中的特殊问题。更广泛但局部化的难题是地质构造的背景磁场，尤其在探测区域内紧密褶皱多次接近海面的地方。可用多种技术减轻这一问题——包括固定阵列的多种磁力仪可以将铁质岩石或附近的铁沉船等超大质量物质与具有潜在考古价值的较小型迹象区分开。

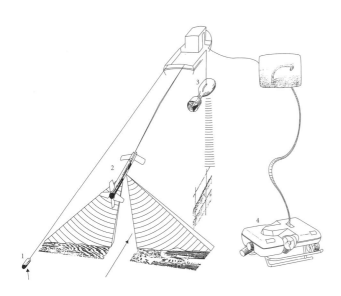

▼图13.5 地球物理设备：（1）磁力仪，（2）侧扫声呐，（3）浅地层剖面仪，（4）遥控潜水器。（基于马克·莱德克奈普【Mark Redknap】的原图）

综合探测

综合系统常用于测绘水下文化资源。综合探测系统包括下列设备中两个或更多个的组合：水深测量设备、侧扫声呐、浅地层剖面仪和磁力仪。这种综合方式能够获取大量且有效的数据集，数据一般以数字格式获取以便离线处理和空间整合（图13.5和图版13.12）。

175

潜水器：
遥控潜水器和自主水下航行器

遥控潜水器（ROVs）和自主水下航行器（AUVs）是集成系统的案例，它们可以执行潜水员的许多任务，包括视觉搜索和摄影，但不像潜水员那样会受水深和在高压下停留时间的限制。这些系统能够集成一系列声音和视频图像数据收集设备与一些水下视频系统，后者包含能在水面监视器上显示比潜水员在水下所视更多细节的图像增强器。

遥控潜水器通过电缆与支援船相连，并由潜水器操作员从船上控制。潜水器技术领域发展快速，撰写本书时，深水遥控潜水器可在6000米（19500英尺）内深度作业，而相对较便宜的浅水系统可在约300米（975英尺）的深度作业。自主水下航行器，顾名思义，是不需远程控制、牵引缆绳或电缆的自动系统。撰写本书时，受限于电池寿命，其潜水深度值约为3000米（9750英尺）。

航空摄影

航空摄影，尤其是使用现代数码相机的航空摄影是潮间带和前滩研究的成功调查方法，但因其一般仅能穿透到水下1—3米（3—10英尺），故在水下研究中作用有限。现代高分辨率数码相机既可拍摄彩红外图像（假彩色）也可拍摄真彩色图像。根据飞机飞行高度和速度，每个像素覆盖的地面尺寸为10至50厘米（4—20英寸）或更大。尽管这种像素提供不了传统胶片那么精细的图像，但数字图像更容易纠正和分析。

扩展信息

Boyce, J. I., Reinhardt, E. G., Raban, A. and Pozza, M. R., 2004, Marine Magnetic Survey of a Submerged Roman Harbour, Caesarea Maritima, Israel, *International Journal of Nautical Archaeology* 33, 122–36.

Dean, M., 2006, Echoes of the Past: Geophysical surveys in Scottish waters and beyond, in R. E. Jones and L. Sharpe (编), Going over Old Ground – Perspectives on archaeological geophysical and geochemical survey in Scotland, 80–87. *BAR British Series* 416, Oxford.

Fish, J. P. and Carr, H. A., 1990, *Sound Underwater Images: A Guide to the Generation and Interpretation of Side Scan Sonar Data*. Boston, MA.

Papatheodorou, G., Geraga, M., and Ferentinos, G., 2005, The Navarino Naval Battle Site, Greece: an Integrated Remote-Sensing Survey and a Rational Management Approach, *International Journal of Nautical Archaeology* 34, 95–109.

Quinn, R., Breen, C., Forsythe, W., Barton, K., Rooney, S. and O'Hara, D., 2002a, Integrated Geophysical Surveys of The French Frigate *La Surveillante* (1797), Bantry Bay, County Cork, Ireland, *Journal of Archaeological Science* 29, 413–22.

Quinn, R., Forsythe, W., Breen, C., Dean, M., Lawrence, M. and Liscoe, S., 2002b, Comparison of the Maritime Sites and Monuments Record with side-scan sonar and diver surveys: A case study from Rathlin Island, Ireland, *Geoarchaeology* 17.5, 441–51.

Quinn, R., Dean, M., Lawrence, M., Liscoe, S. and Boland, D., 2005, Backscatter responses and resolution considerations in archaeological side-scan sonar surveys: a control experiment, *Journal of Archaeological Science* 32, 1252–64.

第十四章　水下勘测

目录

◆ 勘测类型

◆ 初始草图

◆ 规划

◆ 布设基线/控制点

◆ 安装测点

◆ 勘测原理

◆ 用卷尺、探方和绘图薄膜勘测

◆ 高程控制（高度/深度）

◆ 绘图/平面图框架

◆ 探方框架

◆ 处理测量值和绘制遗址平面图

◆ 三维计算机辅助勘测

◆ 声学定位系统

◆ 在真实世界中定位遗址

本书在其他章节中已经表明，进行田野工作应该有项目设计确定的明确目的和目标。或许勘测即可回答项目设计提出的问题，那么，准确的遗址平面图就是田野工作的最终产物，而非只是项目的一个阶段。

本章的目的是介绍水下考古所用的基本勘测技术。这里描述的技术与陆地考古，以及土木工程和建筑中所用的一样。勘测与搜索不同：潜水员寻找沉船遗存是搜索，潜水员记录那些遗存的位置则是勘测。勘测的目的是形成遗址的精确图画，通常是附有辅助描述和测量值的二维平面图（图14.1）。本质上，这是遗址被扰动前，在纸或电脑上按其现状重新创造遗址的尝试。遗址平面图必须准确，所以不可以简单勾画或猜测物品位置。

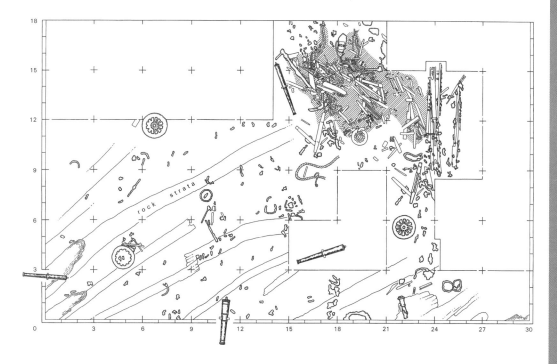

▲图 14.1 部分西班牙无敌舰队（Spanish Armada）沉船拉·特立尼达·沃伦塞拉号（La Trinidad Valencera，沉没于1588年）的发掘平面图。该遗址散布在平整的沙质海床上。框架内显示了发掘范围，以及重要物品的位置。主要的有机物堆积处的范围用阴影表示。（科林·马丁【Colin Martin】）

勘测类型

考古遗址的勘测大致可分为四种类型：

1 评估勘测；

2 记录勘测（包括扰动前勘测和发掘勘测）；

3 监测勘测；

4 地形勘测。

每类勘测的最终产物都是相同的——以已知程度的细节和精度记录遗址。

评估勘测提供的信息是田野工作策略的依据，在着手更具体的扰动前勘测之前可以用它来确认遗址范围（见下文）。它也可以提供遗址内遗存考古材料的范围、类型和稳定性方面的信息，其重要性在于这类信息能够影响应该何时采取何种行动的决策。这种勘测可以帮助确定主要测量点。评估勘测的目的是尽可能快速有效地大致了解遗址范围和布局。由于计划往往可以在日后加以改进，速度比定位精度更重要。评估勘测至少应生成按比例绘制，显示遗址重要遗迹、海床类型、地形轮廓，以及项目设计所要求的所有信息的纸质平面图

（图14.2）。

记录勘测包括扰动前勘测和发掘勘测，它要求定位精度高，所以需要仔细计划、记录和处理，并且相当费时。关于扰动前勘测的常见问题是"应记录多少信息？"其答案简单却让人望而生畏："在不扰动遗址的前提下越多越好。"通过无损扰动前勘测收集得信息越多，未来在遗址开展的工作可能就越有效。这同样适用于遗址未来工作规划和避免对考古材料产生的不必要损害。

扰动前勘测是保证完成遗址完整记录的关键步骤，进行扰动前勘测并非因其本身，而是因为它能为当时的遗址情况提供有用的信息。如果不用做进一步工作，可把勘测结果作为日后监测的基准（见第十七章），如果遗址将被发掘等侵入性深入调查改变或毁坏，可把它作为遗址原始情况的记录。扰动前勘测期间收集的信息可以帮助确保在对遗址进行任何扰动前，已安排妥当合适的资金、保护设施和专业技术。

▼图 14.2 视觉影像转变为书面记录。海床（左）可用右图所示的符号表示。（基于本·法拉利【Ben Ferrari】的原创插图）

(a)   (b)

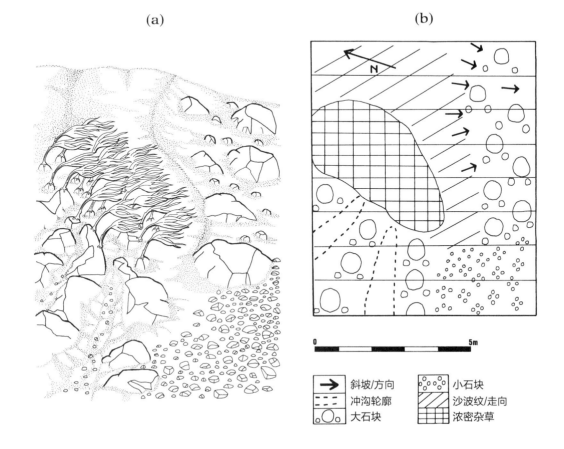

符号	含义	符号	含义
→	斜坡/方向	小石块	小石块
---	冲沟轮廓	沙波纹	沙波纹/走向
大石块	大石块	浓密杂草	浓密杂草

如果侵入性调查被认为是一处考古遗址面临的最佳选择，那么在发掘中进行记录则是扰动前勘测结束后的必要延续。扰动前勘测的结果在发掘中随着更多人工制品、结构和地层的发现而成型。

监测勘测的目的是监测该遗址如何随时间变化。监测勘测使用现有勘测结果与通常被认为最有可能体现变化的部分做比较。典型例子大体包括监测暴露遗址中舭柱的位置、姿态和留存情况，或遗址在海床下的埋藏深度（见第十七章）。

地形勘测旨在记录海床形状和特点。其所用原理相同，不同的是它需要覆盖广大区域。记录海床形状通常涉及记录已知位置的海床深度或高度。如果在遗址上定期间隔测量，便可以生成一张用等深线显示深度的平面图。有关水下沉积物和基岩表面的细节应包括遗迹的相对高度信息。准确详细地记录地形很耗费时间，有时通过绘制遗址草图和添加已知遗迹点的深度，可以在合理的时间内获得更多信息。准确的大面积地形图和三维模型通常用多波束回声测深仪制作（见第十三章）。在描述海床和沉积物类型时有标准方式。读者可参阅为如何记录此类信息提供详细实践信息的《海洋搜索观察表指引摘要》（Seasearch Observation Form Guidance Note，网址：www.seasearch.org.uk – Seasearch Recording）获得更多信息（另见表14.1）。

表 14.1 海床本身可以根据沉积中颗粒的尺寸进行分类。*

沉积类型	颗粒大小（毫米）
黏土	小于0.004
淤泥	0.004-0.06
细沙	0.06-0.2
中粒砂	0.2-0.5
粗砂	0.5-2.0
细卵石	2.0-8.0
中型卵石	8.0-16.0
粗卵石	16.0-64.0
圆石	64.0-256.0
大圆石	大于256.0
基岩	不适用

初始草图

任何勘测的第一步都是绘制遗址草图，因为这会成为日后全部工作的基础。一张好的草图可就一处遗址非常迅速地提供大量信息，这在项目早期阶段难能可贵。因为需要掌握遗址的大小和形状，所以必须有某种形

---

* 注：依照Wentworth，1922，或参见http://en.wikipedia.org/wiki/Particle_size_%28grain_size%29

181

式的草图才能计划未来工作。草图应旨在提供主要地形和考古遗迹，以及任何问题或潜在危害的概况，并应帮助确定设置控制点（见文下）的位置。在项目后期，简单草图（像照片那样）对记录物品间的相互关联极有用。不过，在原址而非后来在陆地上绘制的草图会更有价值。

记录信息的清单可在潜水前写在画板上。如果草图是在水下绘制在塑料薄膜上的，必要情况下可在陆上将其誊到纸上，手绘、复印、扫描皆可。有了准确草图，才能够彻底、有效地计划遗址上的未来行动。

如果能见度差，用圆规和卷尺进行径向勘测或许比较容易。径向勘测是只需一名潜水员携带卷尺和圆规即可完成的简单技术。卷尺的一端系在遗址中间的一个控制点上，潜水员绕着遗址游动，记录每个遗迹相对中心点的距离和方位（图14.3）。这种方法当然最好是在很少有海草覆盖的平坦沙质遗址上进行；只要检查卷尺不被钩挂，它也可用于大深度遗址。其主要局限是方位测量的误差，特别是当距控制点距离增大时。径向勘测图用刻度尺、圆规和圆形量角器绘制。在纸的中心标记一点，代表中心控制点；选择合适的比例尺后，从中心控制点就每个勘测过的遗迹绘制一条带有恰当方位的线（代表距控制点的记录距离）。绘制勘测结果的更多内容，请见下文。

▼图14.3 径向勘测法，即从中央控制点测量周围遗迹的距离和方位。因为得减小铁炮磁场效应对罗盘的影响，所以，虽然测量精准度随距离增加而降低，但仍需从箭头所指的延伸点测量图示方位。

规划

在所有遗址工作开始前先做好规划很有必要，这样遗址工作才能高效、安全且不出问题。与规划和处理测量值相比，团队在水下和遗址上实际花费的时间通常很短。规划的第一步是基于项目设计定义工作范围（见第五章）。对细节和准确级别的要求

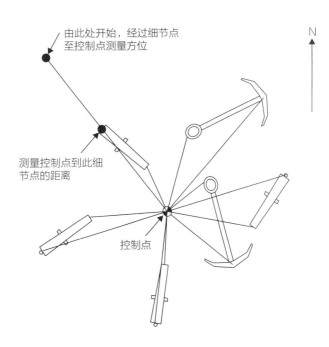

由此处开始，经过细节点
至控制点测量方位

测量控制点到此
细节点的距离

控制点

N

决定了所要进行勘测的类型和能够使用的技术，所以，应在项目设计中明确这两点。工作范围也取决于之前所做的所有工作。如果该遗址完全未被记录，就需要进行评估；如果已完成评估，那么后续工作就有章可循。

勘测细节和内容取的水平决于一些相关因素：

- 要求——需要记录什么？
- 时间——在可用时间内有可能记录什么？
- 设备——可用什么工具？
- 专长——具备何种技能？
- 环境——什么可以被实际记录？
- 资金——有什么可用资金？

要求：需要记录什么信息取决于项目设计制定的目标，而项目设计本身应考虑到这里列出的其他因素和已有的信息（见第五章）。对于不会改变遗址的工作，可以考虑不同程度的记录，因为如有需要，会重复该工作直至达到较高标准。在进行发掘的地方，则应记录"一切"，达到考古领队决定的水平，并在项目设计中清晰体现。

时间：可以记录多少信息和可用方法由能在遗址上工作的时间决定，它本身又取决于分配给项目的时间和遗址的工作条件。计划出在水下工作可能花费的时间和由于天气原因或不利的潮汐条件而可能损失的时间很重要。如果工作时间较短，那么目标应该是使用简单技术进行简单勘测——少量有用数据比完全没有数据好得多。在水下做一次卷尺测量平均需要大约5分钟，这个时间会随深度、遗址大小、水温、能见度和经验等变量而减少或增加。

设备：大多数水下勘测方法使用一样的基本工具——卷尺和绘图板。诸如声学定位系统一类的先进工具（见下文）并不常见，但它们偶尔也被用来辅助水下考古工作，所以在项目规划阶段也应予以考虑。确保选择适当的潜水设备使潜水员安全并舒适地进行工作很重要。结实的小型充气艇能使团队快速往返遗址，而大型硬壳船则能确保团队整日在遗址工作的舒适性。能在遗址上处置结果是大船的重要吸引力之一，因为它允许当场矫正错误并接着采集额外测量数据。

专长：有必要在项目早期就考虑团队是否具备安全并准确地开展勘测所需的合适的考古、勘测和潜水专长（见第六章）。如果需要额外技能，可通过培训、书籍、互联网、集思广益或增加额外团队成员实现。航海考古学会在水下考古的许多方面提供不同技术级别的培训。如果任何团队成员需要复习，可以先在陆地上练习要用的测量技术。

环境：遗址位置和条件会限制记录程度。遗迹分散范围广的遗址更难以准确勘测。按照常规，任何一组分布超过30米（98英尺）的遗迹应被视为不同遗址。能见度良好时，可以将控制点布置得更分散，从而减少设立控制点的工作量。能见度很差时，潜水员的收获或许会受限（如在低能见度下检查卷尺是否被钩挂会花费更长时间）。卷尺在强流中会弯曲，所以控制点要布置得近些，以减少每次测量的长度。这样做会需要更多控制点来覆盖遗址，而且勘测必须安排在平潮期。

资金：上面提到的大多数限制条件可以拿钱解决。然而，大多数团队的预算有限，它决定了可以使用的设备和可以在遗址上花费的时间。应记住，用有限的资源通常也能够完成像样的勘测。

布设基线/控制点

勘测的基本原理是能够从其他点或一些点得出某一测点的位置，使用已知遗迹定位未知遗迹。陆地上已知点的位置往往以三角点或标石的形式出现，不幸的是，水下不存在这些，因而必须创建。启动勘测所需的只是测量遗址中两个主要测点间的距离。此时，这两个主要测点在现实世界中的位置仍然未知，它们会被随机指派某一坐标，以（遵照比例）标注于平面图上，这两点现在就是"已知"控制点了。这两点间画有一条"基线"，它们是遗址平面图的起始。通过测量这些点到其他遗址内固定点的距离和/或角度，就可以相对这两个初始控制点在平面图上标出其他点，然后才有可能完成带有距离测量的测点网。点和距离构成的遗址平面图要按比例绘制，并能表现海床上的考古遗址。

大多数考古遗址需要两个以上的控制点来组成控制点网，这些点是建立后续勘测工作的框架。永久性的固定点常布设在遗址外围，如果遗址很大，也可能会穿过遗址中间。手工记录至少必须有两个点（建议有第三点用以核对），三维电脑记录（见下文）则必须有三个点以上（或四个点用以核对），不过通常会使用更多的点。控制点和细节点的水平位置用矩形x，y坐标定义，不用考虑勘测它们所采取的方法。坐标原点（0，0）可以设在真实遗址上的任何地方，但如果把原点设在区域的最西南边则更容易，这样，遗址上所有点的坐标都为正数。如果遗址范围未知，而且可能向西南进一步延伸，那么把原点设得远离遗址或更有利。为此，可给遗址极端西南点坐标定一个大数字，比如1000，1000，这被称作"假定原点"。

为避免混淆，勘测小组应规范要使用的单位和图例。建议坐标、距离和深度单位使用毫米、米、千米，角应使用角度。数字的书写方式也应规范化。建议用厘米或毫米记载距离和深度测量值，因为用米表示距离时牵扯到小数点，从表格誊数字时容易丢失。

安装测点

每个测点的位置一旦选定，下一步便是把它们安装在遗址上。在条件允许的地方，控制点应尽可能地永久放置。每个潜水季布设新的控制点，不仅浪费时间，还可能影响精度。

使用下列三种测量点：

1　一级控制点（primary control points）在规划阶段形成，并且是勘测的主要参考点。

2　或许随后添加二级控制点（secondary control points）以解决视线问题或减少测量长度。

3　细节点（detail points）是人工制品和遗迹上用以给这些物品定位的点。

一级控制点最重要，工作完成之后仍必须保留至少两个一级控制点，这样日后任何勘测就能与先前的勘测联系起来。一级控制点不应布置在人工制品或遗址结构上（因为考古材料不应被损坏，而且它们或许会移动），而应被牢固且安全地固定在海床上。一些近期现场再勘测重复使用了20余年前安装的一级控制点。二级控制点可以布置在不大可能移动的结实结构或人工制品上。从一级控制点测量可以重新建立二级点，所以确保其永久性不那么重要。

要将控制点永久固定到岩石中，可以使用大型电镀钢板或不锈钢螺栓，或者用把铁轨固定在枕木上的螺栓（长钉）。要附着得更持久时可以使用水下专用水泥，或添加了少量水和聚乙烯醇（PVA）胶（防止水泥在浇筑过程中被冲走）的沙和水泥的混合物来浇筑螺栓。这种混合物可以放在塑料袋里像挤牙膏一样使用；也可以使用质地合适的金属攀岩钉打入岩石的缝隙中。螺栓或岩钉要留下足够长的可见部分，为卷尺扣提供牢靠的附着物。如果螺栓太大，则可用快卸塑料绑线临时固定卷尺。

在沙子和泥上安装任何永久物都很困难，尤其是沙子本身可能在移动，因此，通常需要中间物。可以在海床上打入长强化钢条，而且长度越长，稳定性会越好；也可以使用脚手架（用打桩机、大锤或空气探头打入海床），或为保护和固定栏柱基础而设计的金属支架。如果在潜水工作中有撞到标杆的危险，则应裁掉任何余长部分。所有标杆、棒或管上必须清晰标识用于测量的实际点，在底部系上塑料环是个好办法。鉴于标杆的任何位移越往上越大，所以最好不要测到标杆顶部。显然，在安装测点前核实海床底表下是什么很重要，以免损坏遗址。

不鼓励在船骸或结构本身上安装控制点，因为这很容易损坏要记录的物品。不可避免的话，应谨慎而行，并且最好安置在无遗迹（比如连接处、木栓或装饰）的船材上。固定在仅凭自身重量着位的物品上的控制点只适合低能量遗址，任何移动必须低于预期测量精度。安装在过重物品上有时也不好用，因为它们会逐渐沉入海床，或随冲刷而移动。黄铜螺丝易于安装，并可在水下保持相当长时间；钉子和弯钩易于安装，但往往不能保持很长时间，应仅用于临时性工作。大型绑线或束带已被用于把塑料浴帘挂钩牢固地系到炮和船锚上。

所有测点都应以其能持续到所需时长的方式来清晰标

识。记录测量值最常犯的错误之一是测量到错误的控制点。一级控制点的标识方式应以保证其持续可见的标准设计，即便海洋生物生长几年之后也不会受到影响。每个点都需要一个能清楚识别其名称和编号的标签。一级控制点的标签应大且牢固地固定在点上或紧挨着它，塑料板上镂出点名制成的标签很好用，即使被海生物覆盖，其字迹依然可辨。二级点和细节点的标签则可以使用较便宜的园艺标签。如果用烙铁焊出点的名称，那么此标签在水中多年后仍可辨认。

寻找点是个问题，特别是在大型遗址或能见度差的遗址上。对于固定在岩石上的点，可用钢丝刷清除周围的海洋生物，使其能见度更高。其他有效方法包括使用为陆地测点设计的亮色塑料标记或动物耳标，以及使用各种耐磨带或在点上涂色，如果有海草覆盖，则可用浮标浮于其上。

遗迹或人工制品常得益于附有标签，尤其是炮和船锚。定位任何人工制品时，应记录实际位于人工制品上的点——通常一幅简单的草图就够了。遗迹或人工制品上日后要重新定位的测点应予以标记。迄今已使用过的技术包括：白色地图针用于临时标记点，并给出照片中物品的边角；有机硅密封胶（silicone sealant）用以将测点布置在潮间带中锈蚀严重的金属结构上；黄色蜡笔叉用于点，或为铁质或水泥浇筑物件上添加标签。另外，绑线的连接处可以作为定位点。

勘测原理

勘测，即以象征性的方式描绘遗迹，并显示出它们之间的三维关系（尽管结果通常显示在平面上）。比如，这可能涉及自然遗象间的关系，如沟壑与堆积其中的考古遗迹和物品，但同样涉及沟壑中不同物品和遗迹间的关系。勘测所需的精度取决于所要显示的内容和展示之所用的方法（包括比例尺）。

所有勘测都基于测量值和方位，两者相结合以构建一幅复杂图像。有两种基本勘测方法：位移法（offsets）和三边测量法（ties/ trilateration）。

位移法

位移法是相对于固定在两个控制点间的卷尺基线来定位遗迹的测量值。位移测量通过测量已知点到基线的单次垂直距离对遗迹进行定位，针对小型区域简单且有效。位移测量需要两名潜水员，分别位于卷尺一端。与径向勘测一样，虽然点深也能被记录，但通常用二维图像给出位置。位移测量最常用于评估勘测、记录细节，或用在岩石沟壑之类的狭窄区域。

▲图 14.4 用高程位移法从水平基准线来记录船材外形。（绘图：格拉汉姆·斯科特【Graham Scott】）

这种方法的第一步是在两个控制点间布设卷尺基线，贯穿所要记录区域的中心，并且两点间无视线障碍。潜水员使用卷尺或测量杆横向或纵向测量该基线至遗址中遗迹的距离。高程位移法（vertical offsets）常用于测量船材的外形（图14.4和图版14.1）。用位移做定位时，要对遗迹到位移测量与基线垂直相交的点之间进行测量（图14.5（1））。可以通过摆

▼图 14.5（1）位移法；（2）建立直角的方法；（3）绘制位移结果。（基于本·法拉利【Ben Ferrari】的原创插图）

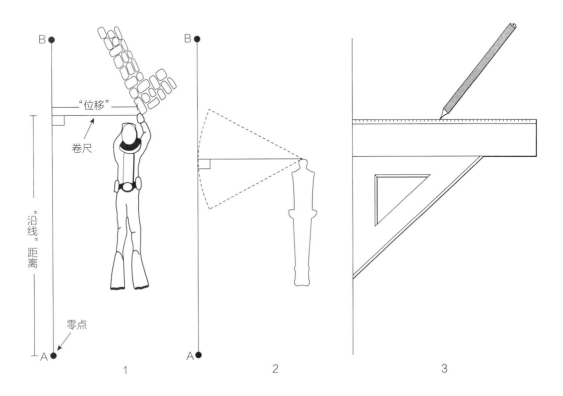

动"位移"卷尺与寻找至基线最短距离的位置来找到直角点（图14.5（2））。能见度低时，或许要安排另一位潜水员在"位移"卷尺处上下游动以确保其不被钩挂或许会有帮助。

用此方法会记录两个距离——即遗迹到基线间的"位移"距离和基线原点到位移起点的"沿基线"距离（图14.5）。位移法测量的位置精准度受限于难以正确估测卷尺与基线是否成直角的事实，因此，只适于在能见度良好且靠近基线时使用。长卷尺基线会偏移，因而无法为位移测量提供稳定参考。

三边测量法

该方法通过创建一个三角形，取得遗迹到基线上选定的两点（控制点）间的测量值（图14.6）。三角形越接近等边三角形，测量值越准确。虽难以精确实现，遗迹上卷尺间的夹角应保持在30º到120º之间：这就是方位角差（angle of cut）。

▼图 14.6 三边测量法：勘测和绘制结果。（绘图：格拉汉姆·斯科特【Graham Scott】）

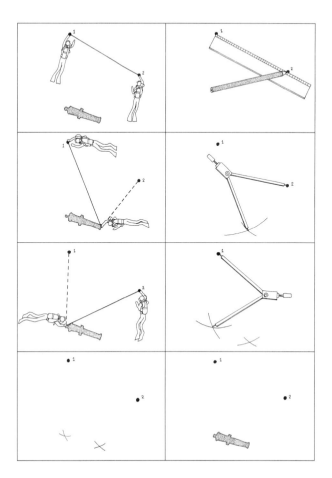

应尽可能地在水下绘图，以便添加细节及识别和修正错误。无论基于哪种方法在干燥陆地上绘制平面图，都需要刻度尺、圆规和三角板。这两种方法都要按照基线长度和纸张大小选择合适比例，按比例画出基线，并标出控制点。使用位移法时，沿基线（从适当的控制点起）用刻度尺标出按比例换算后的测量值，然后，用三角板标出到基线（位移）的距离（图14.5（3））。使用三边测量法时，把圆规调整到正确测量值，从一个控制点画一条弧线，并从另一个控制点画另一条正确长度的弧线，两道圆弧的交点即为第三点（图14.6）。绘制完成后，锐角度

数太小或钝角度数太大而无法产生精确结果的原因一目了然——两条弧线的交点不如在接近理想的60º相交时清晰。该原理同样适用于电脑绘图。

三边测量法不受基线的限制，在遗址中任选两个控制点即可测量。它也可以用于连接额外的控制点，这在记录那些相对孤立的发现物时尤其有用。对于考古材料密集的堆积区域，则通常使用探方框架来做测量（见下文）。

用卷尺、探方和绘图薄膜勘测

通过在遗址中安装的控制点，就可以搜集用来计算点的位置的测量值。遗址中的每个点都有三维位置：水平面上的x和y及表示深度或高度的z。水下定位主要是测量物品间的距离，用于此的最典型工具是卷尺、绘图框架（drawing frame）和硬尺。

最常用于记录水下测量的是一种叫做写字板（slate）或剪贴板（clipboard）的绘图板。写字板的尺寸应略大于A4纸，3~5毫米厚的塑料片通常就够硬度了。写字板应下沉而不能上浮，因此如果需要，可将一小块铅片附着在其底部。应用有挂钩的短挂绳将它挂在潜水员身上，如果要用网袋携带写字板，应把板的边角打磨圆滑。如果袋中有其他设备，则必须警惕图像被弄脏的危险。应用挂绳把铅笔系在写字板上，挂绳的长度要够铅笔在写字板上任意位置自如使用。塑料自动铅笔在水下很好用（建议使用软［2B］铅芯），普通铅笔浸水后则容易折断。

测量值写在用夹子或绝缘胶带固定在写字板上的塑料薄膜或绘图薄膜（drafting film）上（图版 14.2）。通过把纸质表格复印在绘图薄膜上（75微米厚的塑料纸可以通过大多数复印机和打印机）可以制成标准防水表格。每张表格应有遗址名称、遗址代码、日期、潜水序列号、潜水员姓名、预计能见度和水流，以及小型草图的空间。可创建多种不同表格：用于距离测量、位移测量、深度测量，以及用于绘图的空白表格和用在绘图框架上的带方格的表格。文字要用大写字母清晰书写，还要避免弄脏，要使用事先协商好的标准单位和图例。任何有测量值的记录表格都应妥善保管，它们是所有工作的原始记录，并应在工作处理完后仍予留存。用笔记本记录有关遗址的日常事务、推测和想法往往会有用，笔记能在之后处理测量值时派上用场。

许多不同种类的卷尺有不同的材质、长度和设计。适用于水下勘测的卷尺长度不应超过30米（98英尺），并要带有符合遗址平面图要求的刻度。外露式卷尺更好用，因为使用后容易清洗，且可拆解以清除淤泥和砂砾。黄色卷尺在照片中易于辨认，而白色卷尺常会因反光而难以读数。

最常见的卷尺是由玻璃纤维塑料制成的，而添加了不锈钢或塑料配件的卷尺使用寿命最长。玻璃纤维卷尺便宜且容易从建筑商家购得，但经常使用会被拉长。钢芯卷尺与玻璃纤维卷尺看着很相像，但不易被拉长，只不过售价略贵，而且如果使用不当会绞缠。普通钢芯卷尺在理想情况下可准确到每30米误差约6毫米，而玻璃纤维卷尺则只能准确到每30米误差30毫米。可达精度的确取决于水下条件，任何水流运动都可能影响测量值的准确性，所以建议测量值不要超过30米，这么长的卷尺难以操控，而且卷尺下凹也使测量值不准。

鉴于玻璃纤维卷尺会拉伸，用力得适中以确保记录正确距离。卷尺的自重常使其下凹，所以测量值常会较大；为了把卷尺拉直，潜水员可能会拉太紧，而记录了过短的测量值。任何水流运动都会使卷尺弯曲，这与下凹有同样的影响，所以要尽可能在静水期进行测量。虽有办法测量正确的松紧度，但这在水中难以实现，而且非常耗时。只能通过反复练习掌握正确张力，但更重要的是保持一致的松紧度。在水下使用前，在陆上训练潜水员使用这些技术很重要。

卷尺的自由（零）端应挂在一个控制点上，然后沿着测量点所在方向拉开，在要测的点上拉紧卷尺，并记录点中心的距离。相关点的名称连同其测量值应清晰地记录在表格上。这里需要非常注意，因为在写下或由处理测量值的人读取该测量值时可能会造成错误。测量值应在表格上清楚记录，以便从未到过遗址的人能处理结果。处理过程中常有必要参考记录表，以协助决定是否需要剔除某测量值。很多因素都会影响测量质量，能见度低、水流湍急和深水工作往往会导致更多的常见错误。

　　卷尺容易被两个被测点间的其他物品钩挂。当卷尺两端均不可见时，应在测量开始前检查卷尺是否被钩挂。可行时，应成对潜水，一位潜水员进行测量，另一位确保卷尺不被钩挂。避免拉拽卷尺使之脱离障碍物，这样会损坏它。每条用于记录的卷尺都应在正常松紧度下，与未使用过的卷尺在15米和30米（49和98英尺）处进行校准。任何大于勘测所需精度的差异都意味着会出现问题，故不应使用该卷尺。用作校准的卷尺应是钢芯的而非玻璃纤维的，而且最好不应在水中使用，以免损坏。

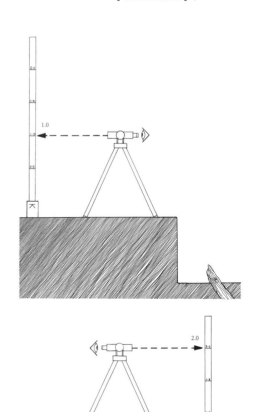

▼图 14.7 水平法建立相对高度 / 深度的原理。比如，如果基准点位于 6 米处：上方图像所示水平高度高于深度基准面 6+1=7 米；下方图像所示水平高度比船材高 2 米；因此船材顶端的突出部分比深度基准面高 7-2=5 米。（绘图：格拉汉姆·斯科特【Graham Scott】）

高程控制（高度/深度）

　　勘测定位的另一构成因素是高度或深度。在勘测术语中被称为高程控制，这里描述的原理与陆上水平测量所用原理相似（图14.7）。最常见的深度或高度测量工具是数字深度计和潜水电脑表。这些仪器测量水的深度，并通常将结果以0.1米（4英寸）的分辨率显示在屏幕上。潜水电脑表需要时间反应出正确测量值，因此记录每个深度测量值前要留出足够时间。深度传感器读数受温度剧烈变化影响，因此测量值会在潜水过程中随电脑表的冷却或升温而改变。如果气温和水温差别很大，则应保持电脑表远离太阳光照，或在下水前30分钟左右把它放入盛有海水的桶中。有的电脑表较其他更为准确，所以要尽量使用同一支电脑表测量所有深度值。海浪和潮汐会影响所有深度测量仪器，水下勘测常参照海床上的某一点进行，以消减潮汐的影响。遗址内的永久性遗迹被指定为所有深度参照物或所有深度测量值的临时基准点（temporary benchmark，简称TBM）（图14.8）。

其他可用于水下勘测的工具包括：

- 用于记录细节的1米（3英尺）长硬尺和塑料折叠尺；
- 用于寻找磁北的潜水指南针；
- 用于测量船材和船体结构倾斜度的倾斜仪（图14.9和图版14.3）；
- 用于记录物品厚度的游标卡尺，如船材或船炮直径；
- 用于高程位移测量的铅垂线。

如果潜水员未在水下按比例进行记录，那么要尽快把测量值从潜水员处转移到遗址平面图上，这样才能在无效测量值歪曲或充斥整张平面图之前尽快重新测量。

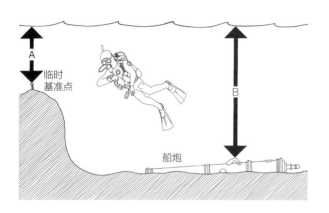

▲图14.8 船炮相对于临时基准点的深度（=B － A）。（绘图：格拉汉姆·斯科特【Graham Scott】）

▼图14.9 用从自己动手做（DIY）商店购买的零件制作的简易倾斜仪。（科林·马丁【Colin Martin】）

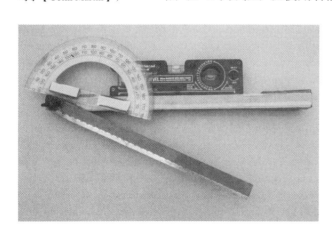

绘图/平面图框架

绘图框架或平面图框架被用于快速准确详细地记录遗址内的小面积区域，并且可以像水平使用时一样垂直放置以记录剖面和直立结构区域（图14.10、图版14.4和图版 14.5）。典型的绘图框架是由金属管或塑料管制成的1米见方的正方形硬框架，用细绳或松紧带细分成100或200毫米的方框。200毫米间隔（5×5小方框）让使用者能用肉眼判断物品位于哪个方框，100毫米间隔（10×10小方框）则需计数，以确保正在正确的小方框上工作。潜水员应在方框的正上方绘图，以避免视差错误。在框架上绑双线是确保潜水员在正上方的有效方法，当两组线完全对齐时，潜水员即可知她/他位于正确位置。直接在绘图板上绘图时，应按比例把框架及其小分区绘于图上。

或者，如果在绘图框架上蒙一张透明亚克力或聚氯乙烯（PVC）纸，就可以直接用蜡笔或瓷器描笔（Chinagraph pencil）在上面绘制细节。回到水面后，可以用手绘、摄影或扫描的方法把所绘制的方框按比例缩小，亦可以把方框以同比例描在绘图薄膜上。

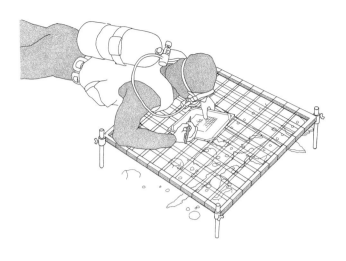

▲图 14.10 双线框架帮助消减因未位于绘图对象正上方所导致的变形。（绘图：格拉汉姆·斯科特【Graham Scott】）

在1米×1米或2米×1米的剖面上可用100毫米间距的钢筋网格作绘图框架。这些框架的优点是结实耐用，并能在潜水间隔期留在遗址上。不过，使用钢丝网框架时要小心，因为它们很重，可能会损坏易损人工制品、结构和潜水设备。使用绘图框架技术简单，而且在小区域上非常准确，但必须准确放置框架。绘图框架的设计不尽相同，但必须便携、不变形，且线绳必须紧绷。水平使用框架时，需要可调节支架和两侧的水平仪。

如果需记录的面积大于一个绘图框架，则必须准确定位每个框架，确保所有单张图纸可以拼在一起。如果没有进行勘测控制，错误就会随着记录过程逐渐积累，导致最终总平面图变形。如果要记录条带状海床，则可以沿基线放置绘图框架，有时候定位了该基线的两端就足以在平面图上定位绘图框架。对于较大区域，则可用相对控制点网定位每个绘图框架的四角，但是，这很耗时。第三种方法是在遗址内布置带标签的标志（控制标志），相对于控制点网定位——最好用塑料测量标志。绘图时每个框架必须至少有两个控制标志，而且标志及其名称必须出现在每个绘图框上。

为确保区域覆盖，建议框架方格间有一定重叠。在测量绘制时，重叠部分可用于校准相邻方框，但这不应是绘图时定位方框的唯一方法，因为，这会导致遗址平面图严重变形。移动框架前，可以放置标志来指示刚完成绘制的区域的四角，据之排列下一个框架。

框架必须靠近主体放置，以看清细节。能见度差时，作业会比较慢，但不应影响准确性。可为每个项目建立一套符号和图例，这样不同材料和遗迹就可以同样的方式呈现在每张绘图方框上。使用绘图框架记录会形成大量小方框用以组成遗址平面图。原始图不应被描摹或贴在总平面图上，因为它们是原始记录，应保存下来以核对最终平面图。每张原始框上都应标注以下附加信息：遗址代码、绘图日期、潜水员姓名、磁北方向、个人或潜水序列号、位置描述。

手绘平面图需要一张与方框等比例的遗址平面图，并能够显示出控制标记的位置。然后，就可以把每个方框排列在合适的标记上，并画在平面图上。使用电脑绘制平面图框架勘测结果时，涉及到电脑生成的遗址平面图，该平面图应显示出控制标记的位置，随后就可以扫描原始图，以数字形式叠加在遗址平面图上。尽管连缀位于其边缘的遗迹即可轻易对齐绘图方框，但并不推荐这样做。把控制标记和/或测量点包括在平面图内非常重要——否则平面图的整体形状就会变形，而且会无从得知平面图的准确性。

探方框架

在遗址上控制位置的另一种方法是在整个遗址或工作的遗址部分架设探方框架。框架通常由结实的金属或塑料棒制成，彼此连结形成牢牢固定在海床上的矩形探方。可在每个方框上用标签和颜色代码清晰地指示出遗址的不同区域，这样，探方上的点就成了勘测控制点：它们高于海床，是测量的理想布置。架设框架时可以添加控制点和标签，框架的优点在于可以根据需要放置控制点，而不只是遗址决定的位置。此外，带有可移动高程量杆（vertical measuring rod）的便携式刻度杆可沿探方框架上下移动，用于记录遗址点的位置。

探方框架在小型遗址上很好用——其他条件下则难以布设探方。然而，探方也可用在大型遗址中实际开展工作的部分。可在陆上制成框架后带到遗址，或在现场用零件组装框架。遗址应位于相对受到保护的地方，因为风暴、捕鱼活动或船锚会移动、破坏，甚至毁损探方框架。因为需要投入时间布置，探方框架一般只用于在一个长时段要完成庞大工作量的遗址。

使用探方框架可以达到高勘测精度。在遗址上布置框架时可能会使框架扭曲变形，所以，即便探方框架上的每个点都已在陆上定位，可能仍需在水下再次定位。在一组调整后的距离测量值中，任何一个点的10毫米变形都可能显现出来。探方框架周围还应安装一些外部控制点，以便在下个工作季或框架被意外移动后在原位重设探方框架。使用探方前，或者在测量控制点深度并进行处理之前，必须仔细地为探方取水平。

举例来说，边长5米的硬探方可以用做安置1平方米绘图框的框架。在发掘中，有时在探沟里安装硬探方，其可能只是用做潜水员的支持物，而不一定用于勘测控制。可以使用绳制探方，但如果大于约10平方米，就会受到其定位精度差的影响。绳制探方可用于快速勘测，但布设可能费时，而且难以准确定位。

可以任何方向绘制遗址平面图，但通过校准使其北方向位于平面图的正上方，有时可能更有用。要校正遗址方向，就必须测量出现在遗址平面图上的遗址内某件大型物品的方位角（北方向角）：最好在两个控制点之间拉一条基线。通过沿着两个控制点间卷尺放置的潜水员手持罗盘测量方位角，之后，旋转平面图使基线位于正确方位。铁质或钢质沉船的方向很难测量，因为船骸的磁效应会影响罗盘测量值。在这种情况下，一般倾向于使用表面GPS定位仪的方向（见十一章）。罗盘的测量值对应磁北方向；如果遗址的磁场变化已知，就可以修正方位角，并可参照真北定位遗址平面图。

处理测量值和绘制遗址平面图

第十九章总结了每张勘测绘图和遗址平面图必需包括的信息。遗址平面图是用从遗址中收集的草图和测量值制成，可以手绘也可用电脑绘制。电脑生成的平面图的优点在于可以轻松制作打印件，可以不同比例尺打印，而且细节显示的程度可随工作进程而改进。如果未曾记录过该遗址，草图或评估勘测结果可被转化为基础遗址平面图。期间常确认出缺失信息，并规划其他工作。

如果正在进行记录勘测，那么第一步是在遗址平面图上添加布设在遗址周围的控制点。如果之前通过评估勘测已经制作了遗址平面图，或许需要新控制点到遗址内一些主要遗迹的测量值，以使之前的遗址平面图对准控制点。控制点一经建立，就可以在记录和处理遗迹的同时把它们添加到平面图上。

将遗址平面图画在纸上或塑料薄膜上的优点是，几乎不需要纸张、铅笔、尺子和圆规之外的其他工具。水下测量值可以按比例缩小后直接画在纸上。不过，使用纸张也有一些缺点：

- 只有一份遗址平面图清稿（fair copy），其丢失或损坏是毁灭性的（虽然，定期数字化可以解决这个问题）；
- 如果遗址因环境作用或发掘而变化，就得重绘平面图；若未制作清稿，就会毁掉之前的遗址平面图；
- 通常会用到大型纸张，这需要使用大型画板或桌子；
- 如果遗址扩大，新画的图可能会超出现有纸质平面图的边缘；
- 纸张随着湿度变化而收缩和舒张，不过绘图薄膜较为稳定。

上述原因说明，用电脑绘制遗址平面图更为可取。现在，个人电脑和用于绘制遗址平面图的计算机辅助设计（CAD）程序非常普及，可以绘制二维或三维平面图，可以覆盖所有区域，也可用任意比例绘制。这些程序中的图层功能使平面图可按所选的可见信息子集绘制。遗址测量值的处理也变得更加容易，勘测处理程序算出的点的位置可以轻松地被成批导入。有很多适用的CAD程序，决定使用哪一种基本是个人选择。建议使用较常见的程序，或者使用"绘图交换格式"（drawing exchange format，简称DXF）等标准文件格式的程序，这样做能轻松共享遗址平面图，并且最小化"未来适用"（future proofing）的相关风险（见第八章）。

用电脑程序绘制遗址平面图可将其和其余遗址记录信息分

离开来。把所有信息汇集在一处需要地理信息系统（GIS）。GIS系统程序可以在个人电脑上运行，而且能够整合CAD绘图程序和数据库。GIS程序可用于绘制遗址平面图和记录发现物、控制点、测量值、潜水日志和其他与遗址本身有关的任何事物的信息。与CAD绘图程序一样，有多种可用的GIS程序。所有这些程序都可以用来记录遗址信息，但花费和复杂程度差别很大。目前，只有一款专为水下考古工作设计的地理信息系统，即3H咨询有限公司（3H Consulting Ltd）的"遗址记录器"（Site Recorder）程序。与其他GIS程序一样，Site Recorder可以记录遗址信息和绘制遗址平面图，而且它也包含了考古专门工具，比如能够处理勘测测量值（图版14.6）。

复制并在安全的档案保管处存放遗址平面图和遗址信息至关重要。如果遗址被意外或有意（发掘）破坏，遗址平面图或许是遗址本身的唯一记录。应为纸质记录做影像或数字化拷贝，并在团队成员处和遗址负责机构分开存放。数字记录也可交予专业档案组织，比如英国的考古资料服务处（Archaeology Data Service）（见第十九章）。

三维计算机辅助勘测

有点高度变化的遗址可以通过在二维平面图上添加等高线来记录。处理非常三维的遗址，比如大型船体遗存时，就需要三维记录，而且最好利用电脑程序完成。三维（3-D）三边测量或"直接勘测测量"（direct survey measurement，简称DSM）使用直接距离和深度测量值来定位遗址中的遗迹。直接测量控制点到遗迹的距离，而且任何深度差异在处理过程中都会涉及（图14.11）。三维三边测量技术有许多优点：非常准确、三维记录位置，而且非常便于潜水员获取测量值。此外，标准勘测处理技术可用来计算遗迹的位置，并显示那些位置的好坏。不过，这种技术的主要缺陷在于，需要电脑程序从测量值中有效地计算点的位置。

把平面位置与高度或深度分开，即可简化在三维中定位点的问题。大多数水下遗址是三维的，而且勘测可用的工具通

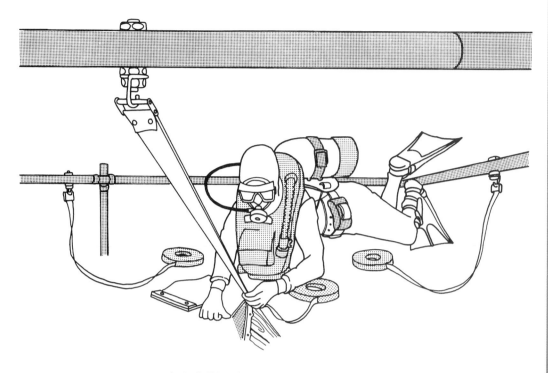

▲图 14.11 正在取直接勘测
测量值的潜水员。（绘图：
格拉汉姆·斯科特【Graham
Scott】）

常也有限。卷尺可以用来测量点之间的距离，这样，这些点就可以被画在平面图上。但是，如果两点间的高度差很大怎么办？此时，测量的距离是斜向距离，而不是可以画在平面图上的水平距离。把每个斜向距离换算成水平距离虽简单却耗时，因此，最好有使用斜向距离的技术。使用三维三边测量法可以达到非常高的精度，这是使用卷尺测量的技术中最准确和可靠的。使用这种方法计算的良性测点位置可精确到20毫米（95%），不过这取决于控制点网的准确性。

三维三边测量法要求在遗址内部和周围建一个控制点网。这个点网是整个遗址记录的框架。这些控制点与丘陵顶上和山顶上的混凝土三角柱（三角点/三角测站）的使用目的相同。三角点为国家提供勘测控制，控制点则为遗址提供同样的控制。主要或一级控制点应建在遗址外围，这些点应布置在不会因发掘遗址而被移走的地方。如果没有使用勘测控制点网，就很难把测量值整合在一起，或难以证明任一勘测的准确性。如果控制网未达到项目设计指出的位置准确性，或者更糟糕，根本没有测量，那么后续勘测工作永远无法达到所要求的准确性。

建立控制点网络的第一步是以现有遗址知识为基础，规划控制点的位置。控制点的规划位置常基于先前评估勘测的结果，然后，用控制点间的距离测量值加上每个点的深度，来计算其位置。计算得出的控制点位置被视作固定值，随后加入的详细测量值无法改变控制点的位置。可以使用四个或四个以上控制点的测量值来定位人工制品和结构等遗迹上的细节点。

陆上勘测工作以三角形为基础，因为用于陆上勘测的经纬仪等工具测量的是角度。水下勘测大多使用卷尺，测量距离而非角度。如果在陆上设三点，测量其间角度并相加，总数应该是180º。如果总数不是180º，该差数就是角度测量值好坏的体现。不幸的是，这对尺量测量值（tap-measurement）并不起作用，因为三个距离测量值几乎总能组成一个三角形，所以要使用对角线四边形（braced quadrilateral）取而代之。对角线四边形或"四边形（quad）"由已测过边长和对角线距离的正方形或长方形中的四个控制点组成（图14.12）。如果把点的位置画在纸上，使用六个测量值中的五个可以定位四点，第六个测量值用作校验。大多数情况下，校验测量值无法完全吻合，差别尺寸反映出其他测量值相连的准确程度。如果校验测量值与预期值差别很大，那么六个测量值中就有一个是错的。

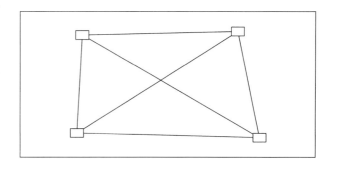

▲图 14.12 对角线四边形（三维勘测）。

▼图 14.13 连接四边形（三维勘测）。

一个完整控制网可以很简单：只需要四个控制点。然而，如果尺量测量值要保持在15米（49英尺）以内，就只能覆盖典型遗址中的一个小区域。为了覆盖更大的区域，就要使用边缘相接的四边形（图14.13）。要避免控制点的布设间距小于5米（16英尺），因为这样不会改善勘测结果，反而会浪费很多时间来定位额外的点。控制点安装在高

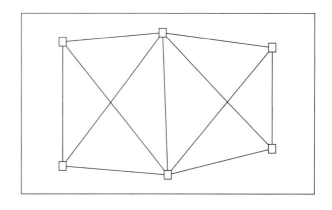

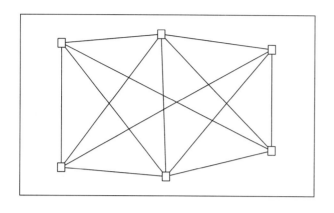

▲图14.14 四边形间测量（三维勘测）。

处，这样，此处的潜水员的视线就可以清楚无误地看到遗址的全部。但要注意，视线好的高点往往最易受损。

几个四边形一相接，就有可能测量相邻四边形中的点。图14.13所示网络是计算三维中点的位置所需的最少测量值数量。如果任何测量值有误，就难以找出和修正。如图14.14所示，通过增加测量值得到了更多关于点的位置的信息，应较易找出任何有错的测量值。四边形组可以扩展以覆盖大区域，但在非常大型的遗址上布设会耗时良久。在一些情况下，把相距30米（98英尺）以上的成组遗迹当作不同遗址处理会更为简单。

测量的最佳网络形状是圆形和椭圆形（图14.15）。可以用圆形，但圆形遗址并不多，所以，大多数情况下需要椭圆形网络。椭圆的理想长宽比应该小于2∶1（长度不超过宽度的两倍），有时需要在遗址某一边布设额外的"舷外支架"支撑点，以达到该长宽比。将所有遗址控制点相互连接成为一个网络至关重要，把部分遗址分离为较小的不相连网络会给绘图带

▼图14.15 形状良好的控制点网（三维勘测）。

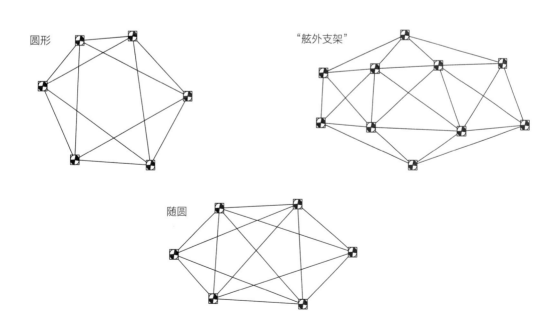

圆形

"舷外支架"

随圆

来问题。如果没有完全摸清遗址范围，或许需要随着遗址的不断发现来扩展控制点网。扩展后的控制点网整体形状应保持圆形或椭圆形。如果遗址范围大，可以在遗址内布设二级控制点，避免过长的尺量测量值（图14.16）。这些点在一些遗址是永久性的，固定在海床上；然而，这有时不太可能实现。

固定在结构或大型人工制品上的二级点可用来贯通遗址两边之间的间隔（图14.16）。应该避免狭长或尖角突出的网络，因为远离网络主体的点的位置误差会更大（图14.17说明了不合理的控制点布局）。要使控制点网形状合理，与一点的夹角测量值应不小于45º且不大于135º。

上面已经演示过了如何用六个测量值来定位四个控制点，其中一个测量值用作校验。可以手工将四点标注在同一高度，然后根据预期值判断用于校验的测量值的差异大小；这个差值也被称作残差（residual）。如果点的高度不同，则可以测量深度，并通过勾股定理（Pythagoras's theorem）矫正测量值的差值，然后再标注控制点。

如果控制点的数量超过四个，或者验证测量超过一次，

▼图 14.16 二级点（三维勘测）。

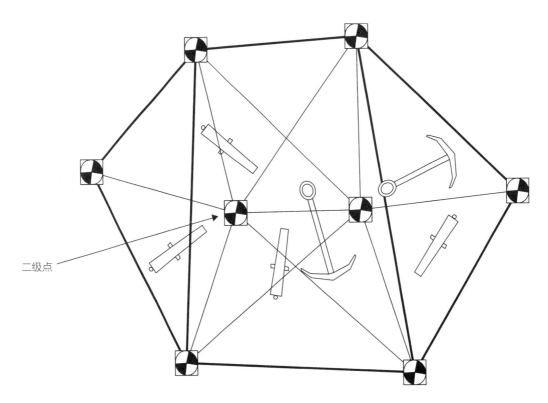

二级点

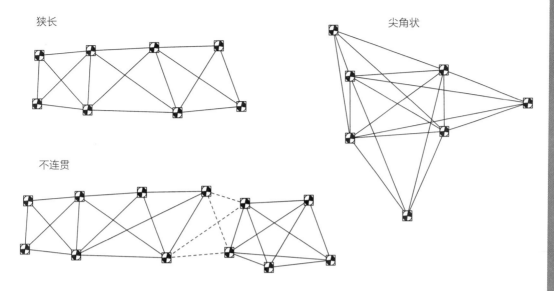

狭长

尖角状

不连贯

▲ 图 14.17 形状不好的控制点网（三维勘测）。

那么就会出现一个问题：根据所使用的测量值的不同，可以标注点的地方就会有许多个。因为没有规定应该使用哪个测量值，所以要利用统计方法。可以使用一种叫做"最小二乘法（least squares）"的数学方法为任意一组给定的测量值计算最佳答案，这个过程也叫做"调节（adjustment）"。这一技术对数学运算能力的要求非常高，最好使用专门的电脑程序完成。虽然可用的程序很多，但人们大多采取三维三边测量法的遗址会使用3H咨询有限公司的"Site Recorder"或"遗址测量员（Site Surveyor）"软件，或者"Web for Windows"程序（DSM）。

电脑程序依据的是对测点位置的初步猜测或估计，以及所测量的点之间的距离。以这些为基础，软件会计算出遗址内点的新位置，以及有关每一点位置精度的信息。根据这些点的新位置，程序还可以估算测量值的质量以及它们的匹配程度。

因为大多数遗址基本上是平的，距离测量很难告诉我们这些点的深度。这就是为什么必须要测量每个控制点和细节点的深度，并在进行数据处理时将测量值包括在内。当计算出的每个控制点的位置符合项目设计要求的精度时，本阶段的工作就完成了。在这一阶段，很有必要在电脑程序中"修正（fix）"所有控制点的位置，以保证添加更多点和测量值时不会影响己经过仔细计算的控制点位置。

仔细定位的控制点可用于定位遗址中的细节点。细节点附在遗迹、人工制品和结构上，所以，通过定位细节点即可计算出遗迹本身的位置。定位细节点时，需要测量每个细节点到最近的四个控制点的直接距离。最好从细节点四周的点取测量值，而不要只从一边取点（图14.18）。

可以使用同一物品上细节点的距离测量值，比如船炮两端细节点的距离，但应避免测量不同物品上细节点间的距离，因为，物品本身可能会在工作中被移动，而且这样会更难以找到不正确或"失误"的测量值，而使数据处理困难许多。细节点之间测量值的错误会影响这两点的位置，所以，一个不准确的测量值会改变由测量值联系在一起的整个细节点结构链，而细节点和经"修正"控制点之间的失误测量值只会改变细节点的位置，将失误测量值的影响仅限于一个细节点。与控制点一样，测量每个细节点的深度很必要。

用来处理或"调整"测量值的电脑程序会计算出每个控制点的位置。这些位置可以标注在纸质图上，或导入CAD或GIS程序。这些调整程序在图上表示控制点和细节点的位置，完成了相当一部分的绘图工作。上述软件的使用说明不在本书的讨

▼图 14.18 用控制点定位遗迹上的细节点（三维勘测）。

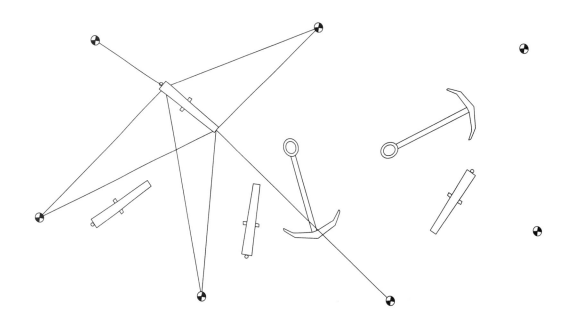

论范围内，请参见每个程序附带的手册。

声学定位系统

就像陆上和水面的全球定位系统（GPS）一样，水下"声学定位系统"（acoustic positioning system，简称APS）可以在水下提供位置。APS广泛用于海上油气业勘测、定位遥控潜水器、潜水员和遥感拖鱼。这些系统通过以超声波脉冲测量的距离取代卷尺测量的距离来定位水下物品。它们很准确，可以在非常大的区域高效工作，并且持续汇报水下潜水员位置。其主要缺点是价格昂贵，而且高质量的系统操作复杂。

APS已在海洋考古项目中使用多年。1972年，"玛丽·罗斯"号（Mary Rose）的可见船材就是用声学距离测量系统勘测的。近来，APS的使用更为普遍，俨然成为全球考古团队的常规工具。适用于海洋考古的APS有两种："长基线（long baseline，简称LBL）"系统和"超短基线（ultra-short baseline，简称USBL）"系统。两种系统都使用水面上的个人电脑来实时和三维地计算和显示所追踪物品的位置，让潜水长、考古学家和遥控潜水器操作员看到潜水员和遥控潜水器在水下的位置。把APS和地理信息系统连接起来，就能把潜水员的位置实况显示在遗址平面图上，从而实时记录遗址。

LBL系统的工作方式与使用卷尺进行三维三边测量非常相似。为APS在海床上布设的四个或四个以上的声学应答器信标（acoustic transponder beacon）与为三维三边测量在遗址周围安装的控制点作用相同。声波信号测量潜水员身上的无线电收发单元到每个信标的距离，潜水员身上的单元还可以测量其深度，所以用深度值和距离测量值计算该潜水员的位置所使用的数学方法与三维三边测量法完全一样。LBL系统可用于小于5米至1500米之间的深度，而且在任何深度都能达到同样高的精度。鉴于LBL系统要求在海床上布设信标网，每次布设能够覆盖的区域大小取决于网络大小，而网本身取决于所用系统和深度。浅水（深度小于50米）中高精度工作的典型尺寸是100米×100米，而在深水中，则可以增加到1000米×1000米。位置精度取决于系统质量和信标位置计算的好坏。低成本LBL系统的典型位置精度可以达到500至100毫米，而质量最好的系统则可以稳定地定位到30毫米以内。由于收发器需要与水面电脑系统沟通，被定位的物品得用电缆与水面相连。但这并不像看上去那么局限，因为使用这些系统的潜水员需要与水面保持语音交流，这通常需要电缆。

USBL定位系统可以相对水面上的船只定位潜水员和遥控潜水器。其声波收发器被固定在杆的一端，然后从船侧放入水中。杆上的收发器接收潜水员身上的应答器信标发出的声波信号来计算该潜水员相对船只的距离和方向。整合这些测量值和GPS接收器提供的船只位置，可以计算出潜水员的位置。USBL系统的定位精度取决于船只与潜水员间的距离，潜水员距船只越远，定位准确性越低。由于USBL系统附着于船只上，而船只可以随意移动，所以，它没有覆盖区域的限制。这些系统常被用于追踪遥控潜水器，使船只可以像遛狗似的跟随遥控潜水器任意移动。因为定位精度取决于船只和潜水员的间距，所以，精度常用倾斜范围（距离）百分比表示；然而，工作精度读数一般是每100米1米。不幸的是，该系统的精度很大程度上取决于安装在船上的GPS接收器、罗盘和运动参照装置的质量。USBL系统被认为比LBL系统易于操作，但要仔细安装和校准才能取得最佳结果。

在真实世界中定位遗址

为了简单起见，通常用不参照真实世界中的点的当地坐标（local coordinates）来记录遗址。对于遗址牵涉陆上遗迹，或者已搜集了遥感数据的项目，就有必要确定遗址在真实世界中的位置，从而把勘测数据与国家坐标网（National Grid）或经纬度相关联。在海洋表面获取位置的方法在前面已经做过介绍（见第十一章）；把海面上的点与海床上的点准确关联起来依然是个问题。在浅水中，可把长度足以够到水面的杆放在控制点上，然后使用"全站仪"（total station，图14.19）或差分全球定位系统（differential global positioning system，简称

▲ 图 14.19 用岸基全站仪勘测浅水中的水下遗址。（绘图：格拉汉姆·斯科特【Graham Scott】，依据莫里森【Morrison】, 1985, 图 5.2）

DGPS）定位。在深水中，把水面上的大型浮标系在控制点或重型人工制品上也很好用。如果浮标大，系绳就能紧绷，使浮标保持在定位点上方；这个方法在风平浪静的静水中效果最好。任何比简易水面浮标复杂的方法可能都是浪费精力，除非水面定位系统性能卓越，因为浮标在定位点正上方的位移幅度可能小于水面定位的精度。为了在深水中获得高精度（绝对值300毫米/12英寸）的位置修正，可以使用声波定位系统。这就牵扯到在定位点安放应答器信标，APS是通过结合声波范围测量值、深度测量值和差分GPS接收器定位器的位置来定位信标。

扩展信息

Atkinson, K., Duncan, A. and Green, J., 1988, The application of a least squares adjustment program to underwater survey, *International Journal of*

Nautical Archaeology **17**.2,119–31.

Bannister, A., Raymond, S. and Baker, R., 1992 （第6版）, *Surveying*. New Jersey.

Cooper, M., 1987, *Fundamentals of Survey Measurement and Analysis*. Oxford.

Cross, P. A., 1981, The computation of position at sea, *Hydrographic Journal* 20,7.

Erwin, D. and Picton, B., 1987, *Guide to Inshore Marine Life*. London.

Green, J., and Gainsford, M., 2003, Evaluation of underwater surveying techniques, *International Journal of Nautical Archaeology* **32**.2, 252–61.

Historic American Buildings Survey/Historic American Engineering Record, 2004（第3版）, *Guidelines for Recording Historic Ships*. National Parks Service, Washington.

Holt, P., 2003, An assessment of quality in underwater archaeological surveys using tape measurements, *International Journal of Nautical Archaeology* **32**.2, 246–51.

Holt, P., 2004, *The application of the Fusion positioning system to marine archaeology*. www.3hconsulting.com/downloads. htm#Papers

Holt, P., 2007, *Development of an object oriented GIS for maritime archaeology*. www.3hconsulting.com/downloads.htm#Papers

Howard, P., 2007, *Archaeological Surveying and Mapping: Recording and Depicting the Landscape*. London.

Rule, N., 1989, The direct survey method （DSM） of underwater survey, and its application underwater, *International Journal of Nautical Archaeology* **18**.2, 157–62.

Smith, S. O., 2006, *The Low-Tech Archaeological Survey Manual*. PAST Foundation, Ohio.

Spence, C.（编）, 1994（第3版）, *Archaeological Site Manual*. London.

Uren, J. and Price, W., 2005 （第4修订版）, *Surveying for Engineers*. London.

Wentworth, C. K., 1922, A scale of grade and class terms for clastic sediments, *Journal of Geology* **30**, 377–392.

软件

3H Consulting Ltd（www.3hconsulting.com/）

Sonardyne International Ltd （www.sonardyne.com）

第十五章　破坏性调查技术

目录
◆ 探查
◆ 取样
◆ 发掘

本书始终强调调查和记录的重要性，但是发掘和侵入性技术也十分重要。与在陆上一样，水下考古遗址不得不被发掘，这个过程本身具有破坏性。只能通过精心计划、扰动前勘测、全面记录和公布而减少这种破坏。做出进行水下发掘的决定尤为艰巨，因为出水物品的保存常会出问题且费用高昂（第十六章）。因此，尽管公众一直认为"发掘"是考古的精髓，而现今大量实地工作却不做发掘，这并不只是因为遥感技术的大幅进步（第十三章）。

站在纯粹的立场，调查有限的、不可再生的资源时，发掘会被视为最后的办法，这反映在全世界的遗产管理政策上，即采取原址保护的原则。因此，本质上发掘的正当性基于两点：以任何其他方式无法回答研究问题时和/或遗址面临某种威胁时（Adams, 2002:192）。实践中，第三个理由是培训，虽然这与其他两个理由略有不同，但它永远不应是发掘的唯一理由。这是"发掘"被列为国家航海协会（NAS）第三部分教学大纲中唯一非强制性科目的原因。随研究和抢救作业做培训的案例包括NAS项目、大学培训发掘或一些由英国文化遗产局（English Heritage）等政府机构资助的发掘。

正当发掘可采用不同策略，必须评估每种策略在信息提取和遗存影响间的平衡。整体发掘是最具破坏性的选项，也许并无必要。许多发掘策略涉及某种取样、使用探坑、探沟或更大、更开阔区域的方式（图15.1）。

进行水下发掘前，除了行业道德约束外也要考虑实际问题。它常（虽非总是）比其他调查技术费钱，一向需要多种技能和良好的后勤支持团队。这一章简述在寻找线索中会扰乱遗址的三种基本方法：探查、取样和发掘。

探查

探查原理显而易见，即探查是一种确定表面下沉积物或结构的尝试，但实际上并不总像看上去那么简单。遗址系统探查或许有助于评估其范围、保存情况和埋藏深度（图15.2）。然而，鉴于其操作依赖于感觉，探查结果很难测量和阐释，它最好只用于回答非常简单的问题，诸如地表覆盖下的沉积层深度，或是被埋残骸范围。由于对脆弱考古材料的潜在危险，只有经过仔细考虑后果后才能做芯管取样。

为了回答特定问题系统地探查才有永久价值。问题的性质决定探查策略（如沿直线在测定间隔或网格交叉点读数）。

探针类型：最简单的探针是金属杆，细到可以插入沉积物中又够粗以对抗弯折。在实践中，沉积物阻力显示其深度，否则很难区分于真正的障碍物。在这些情况下或在沉积物坚实的地方，可用管制成更高效的探针（如25毫米【1英寸】钢筒），把水泵入其中（图15.3）。仅需低水压即可穿透除最密实材料外的物质，高压水会切穿它所通过的几乎任何东西，包括考古材料。缺点之一是来自表面的水常为富氧水，这或许会扰乱脆弱的考古材料赖以幸存的厌氧环境。

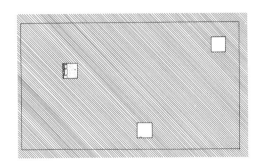
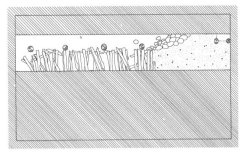
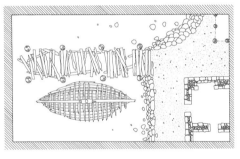

▲图15.1 发掘策略：不同策略方式举例。探坑（上图），探沟（中图），提供遗址整体（下图）不同层次的信息。（绘图：格雷厄姆·斯科特【Graham Scott】）

◀图15.2 记录沉积物深度和障碍物的探查是评估某些遗址范围的有效方法。（基于本·法拉利【Ben Ferrari】的原作）

取样

样本是收集自考古情境或自然情境的具有代表性数量的材料。进行环境或科学分析的样本应与所有遗址相关且适合。取样原因或许很多，从断代到有机遗存认定。收集材料或堆积物样本"看看有没有什么"与为了回答特定问题而取样有区所别。

只有满足三个基本原则才可取样：

1 应有证据表明样本含有能为过去提供有价值信息的线索，最好在遗址或实验室检验试点样本做复核。

2 必须有充分的收集材料的理由。应提出专门问题，如果目标阐述清晰，发掘后分析就容易进行。

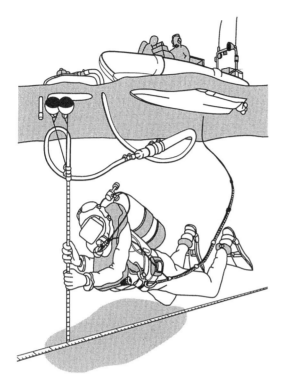

▲图 15.3 空气或水探针可用于探索遗址，但具有潜在破坏性。在此例中，测量值（皮尺固定间隔和深度探针）通过潜水员 - 水面通信系统正被传送到船上。（基于本·法拉利【Ben Ferrari】的原作）

3 应有确实会研究材料的清晰预期，应通过在考古调查前或早期阶段咨询专业人员而确立。然而，即使没有预先安排科学方案，仍应对重要材料取样——通常能找到研究重要材料的专业人员。

如果事先或在发掘期间，问题一旦变得明显，考古学家和相关专业人员达成了清晰策略，就能最好地满足这三条原则。然而，重要的是要理解即便在进行详细检验后，科学家或许无法提供简单而不过关的陈述报告。每种检验方法都有其局限性，通常必须采用一种分析方法检验一组现象，再采用截然不同的第二种方法检验同一样本的其他方面。

尝试把非人工制品或环境考古遗存分入大类或许有益处。比如：

● 经济——环境考古学对我们理解一处遗址或某个时期的经济大有贡献。其最简单的层面或许涉及该遗址食用什么；在更复杂的层面上，环境信息可用来重建当时的农业经济，或用来表明遗址内或遗址间的差别（如社会、宗教或种族）。

- 环境——这指的是或许可以反映遗址或附近整体气候、环境或生态条件信息的堆积物取样。对水下遗址，这或许意味着可以提供遗址形成信息，或可能有遗址化学和物理特性及特定保存条件数据的样本。

- 行为——某些情境含有的生物遗存和/或其在遗址的分布可能与人类行为的多个方面相关。最明显的是，水下聚落谷类作物的脱粒和漂选会形成可辨认的植物组合生产模式。沉船遗址中动物骨骼或其他材料的典型群落或许能呈现出船上手工业或商业活动，还可能诠释特定地区的功能或确定容器的原始内容。

地层学是所有考古调查的重要部分：它对组成遗址层理的各种沉积物、嵌入层结构和迹象进行研究（第四章）。除了区分特性的视觉方法外，或许必须对出现的各沉积层取样以供实验室分析。沉积学——通过沉积序列观察物质颗粒大小和组成——帮助确定过去所发生的变化（见下文取样专栏）。

放射性碳元素原理和树轮年代学（树木年轮）测年已经成为绝对断代的两种主要技术（第四章），然而许多因素严重影响着样本对于特定断代分析类型有效性。

放射性碳取样：建议应在早期阶段，如有可能，在所有取样前，与放射性碳元素实验室联系。应考虑以下几点：

- 绝不在放射性碳元素样本所要解决的考古问题未明确前提交，它可能与年代学无关，应一直寻找与遗址年代学跨度和重要事件紧密相关的年代，不要仅因其存在就选为样本。要始终试图明确一个样本确实能够为所要寻找的人类活动或自然现象断代可能性的概率。在大多数情况下，没有伴生关系或同时期的绝对确定性。

- 从考古沉积层的断面或核心提取放射性碳样本前，要研究沉积层或地层性质及地层情况（如地质复杂性、上层腐殖质污染的可能性、根系穿透、不同时期可见的动物活动）。

- 收集多于一次断代所需的样本或样本量，因为或许需要后期核查，或者样本可能丢失。要判断可用样本量是否足以提供所需的年代精密度。意识到要在放射性碳元素实验室处理前做植物、动物或化学认定。

- 把样本放在塑料、铝箔袋或玻璃瓶中，并在每个包装样本上立即写好遗址名称、样本号（深度和水平位置）和采集者姓名。把原始包装样本连同全部档案交给实验室。

- 如果提交实验室前需要存储样本，应把它们放在凉爽、避光和干燥的地方。不要使用有机防腐剂，对于沉船材料，不要提交沾有焦油等防水介质的样本。

树轮年代学抽样：建议应在早期阶段，如有可能，在所有取样前，与树轮年代学实验室联系（English Heritage, 2004b）。应考虑以下几点：

- 结构年代的测定需要切割自保存完好且年长木料的样本，最好带有边材。树轮取样最好选择木材最宽的部分，无旁支和结节，锯成50－100毫米（2－4英寸）厚片。一般少于50年的年轮序列测年不准。原始木材生长率或许变化很大，故而年轮宽度不等。

- 断代最好用向边材延伸的长年轮模式序列，如有可能，要包括边材。这种完整样本使树轮年代学有机会就断代目的进一步选择最合适和富含信息的样本，而且也提供了从种类、树龄和生长率来描述完整树木群落的选择。

- 最好截取垂直于纹理的完整剖面，如果已被选作保护和展示，从背部切"V"形木片或即足够。在某些情况下，取自木材的截面经计数树木年轮后仍可拼回原位。

- 也可以取木芯，尽管它被认为或许会导致年轮序列压缩和变形。增量取芯器已成功应用于测定沉船发现物（如Tyers,1989）。选择最佳取芯位置时应仔细评估，考虑年轮序列范围和对外部年轮（可能高度腐朽）损害的风险。

- 样本应提供尽量长的年轮序列，包括木材上最晚近的年轮。为获取最具精密度的断代，需在现场鉴定包括一些边材（最好是完整的）的样本，并优先取样（图15.4）。

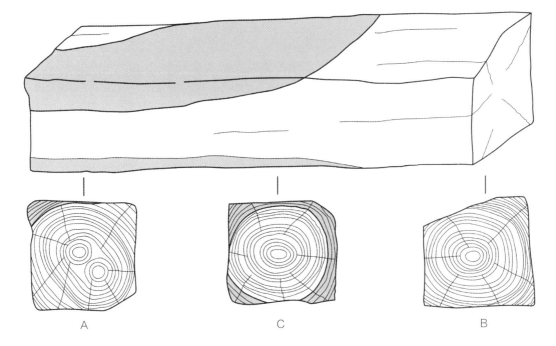

破坏性调查技术

A   C   B

- 锯开裂或散开的木头前需支撑和捆扎。应极为当心木头外表面，这个区域或许由边材组成，与心材的干燥速度不同，容易脱离。
- 要包装样本以防物理损伤或脱水，并贴上标签，这样每个样本与原始木材记录才能相互参照。

必须明了诸如下列问题的答案再做出应取多少堆积物或材料的决定：

- 是什么构成堆积?主要成分是什么?是否未被污染?必须留存有预取样材料；情境必须细致分层和断代；而且必须有可能以不产生样本偏差的方式取到可以获得识别材料所需最小量的足量样本。
- 其潜在性是什么?在遗址的考古方面，它能揭示什么?
- 从发掘预算和资源角度而言，重新发现全部或部分堆积物将带来什么?
- 提供认定和阐释的专家的意见是什么?

可使用推测性取样作为协调取样方案的组成部分（如提供测试样本）。要以最短延迟来处理和研究这种样本，所得证据数量和范围的信息要能够迅速传递给考古学家，他们才有机会修改与原始堆积有关的发掘策略。发掘计划阶段应包括发掘

▲图 15.4 树木年轮取样的最佳位置：（A）分叉处扭曲年轮模式，（B）没有边材，（C）有无扭曲年轮和保存良好的边材。（基于本·法拉利【Ben Ferrari】的原作：依据 Nayling,1991:47）

▲图 15.5 现场取样。（基于本·法拉利【Ben Ferrari】的原作）

前、中、后科学研究潜在可能性评估。应考虑到：

- 进行科学研究所需的时间；
- 费用（以包括遗址探访和会商以及实验室时间的费用）；
- 纯粹文化考古研究或与之相关分析的可能重要性；
- 考古科学学科发展的内在重要性。

现场取样：这些或许是小范围集中的生物材料（不含木材），比如果核、昆虫遗骸或小骨头群。在材料被安全运送到专家或更适宜的处理条件之前，不要试图做清理或分离。基于材料性质和所提出的考古问题，可以用生物分析普通样本检验许多不同种类遗存（昆虫、果实和种子、寄生虫卵）的存在（图15.5）。

下面是提取样本的基本步骤，说明一些基本要点：

- 带密封盖的适用、洁净的容器。
- 确定取样处堆积的范围。
- 以测量值、草图和笔记形式在水下记录表/单上记录所有位置细节（诸如与其他情境的关系、样本方位）。
- 确保计划取样区域经过清理以减少污染风险。
- 如果不能取出"整个样本"，用干净小铲或泥刀切下或轻轻分开部分堆积（每次取样后都要清洁工具以防交叉污染。）
- 把样本放入容器并盖紧盖子。
- 如果一次潜水要提取几种样本，要确保它们不会相互混淆。如有必要，使用预帖标签的容器或包装袋。
- 时刻谨记污染的可能性，记下所有怀疑。
- 记录真正提取的材料或堆积物数量，及其与原始堆积整体的比较（即便只是估计,诸如"约100千克中的10千克"）。
- 封闭容器出水后交由有关专业人员即刻检查。

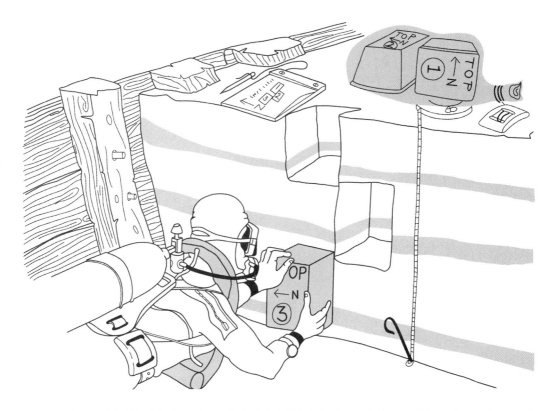

- 确保所有笔记被准确转填到"样本记录表"上（或等效资料）。

芯管和柱状（块状）取样：应以不扰动序列的方式收集在自然形成堆积（如泥炭或湖泊沉积）中发现的时间分层序列。有两种可行方法：从表面向下钻取沉积物和切取整块沉积物（或许从截面切取）。

把（不锈钢或硬塑料）通道或管子插入沉积物提取柱状和块状样本，然后用最便利的方法提取之获取未被扰动的序列。块状或柱状样本可由一系列单独样本组成（图15.6）。若把容器压入截面，有可能取出一大块未扰动沉积物。应小心避免因污渍或混入外来杂物而污染情境。所有容器应仔细贴上写有方向、样本号和位置的标签。

条件更合适时可做进一步检测，可使污染最小化。应由专业人员或在其直接监督下为进一步分析（如花粉）取芯状或块状子样。未扰动柱状样本的X光片有助于识别肉眼看不见的地层或结构。

▲图 15.6 从截面做柱状或块状取样。注意已画出工作草图。（基于本·法拉利【Ben Ferrari】的原作）

发掘

考古发掘可定义为有控制地揭露开形成遗址的情境——与过去人类存在有关的沉积物、表面、结构、物品和材料——以理解他们的时间、空间和社会关系。

本节的目的是介绍已被证实能产生满意结果的多种发掘方法和流程。鉴于每个出现的问题都会带来稍有不同的临时性情况，故本书并不能涵盖所有情况，而且并不是说只要使用了某种特别的设备就一定能完成高标准的发掘。然而，对考古发掘的充分理解，加上使用下述设备的经验，即便在最没有希望的情况下也能做好工作。

没有在一系列遗址累积的必要经验，就难以实现高水准发掘。由于在深水中可用于工作的时间有限，获得水下发掘经验是个漫长的过程。在水下相对更难于向周围人学习，这使经验的累积变得更难。另一个主要限制是机会，尤其在20世纪70、80年代，全世界主要几处发掘由大型团队每季参与几个月。当时的专业潜水考古学家就更少了，团队主要由专业人员、学生和业余志愿者组成。现在这种项目少且间隔时间长，部分原因如上所述，同时也因为现在的调查一般更少进行水下发掘，即使在几处涉及发掘的开发者出资的遗址，也是由小团队与从事海上工作的合同考古公司承担（撰写本文时相当少，尽管各国不同），因此，很难积累高水准发掘所需技能。然而，必须满足培训需求，这一责任落在航海考古协会（NAS）等协会、组织身上，希望政府也能参与。

具体案例当然是提供相比在大多数遗址上工作学习能更快积累经验的NAS第三部分课程（见附件三）；另一有价值或不可或缺的获得重要发掘经验的方式是参与陆地遗址发掘。水下发掘原理和基本方法与陆上完全相同，只是环境不同。

重要的是明确发掘区域和遵循既定限制。训练有素的方式很必要，因为：

- 它通过集中区域作用提高项目效率，区域选择基于其解答项目设计所提出问题的潜力（第五章）。

破
坏
性
调
查
技
术

- 在明确、有序的区域工作让计划后续调查更有效。因为已进行发掘的精确范围可供记录，项目知道曾在哪些区域调查过。

- 明显的调查边界有助于工作人员更彻底地找出阐释遗址所必需的所有证据元素。发掘所致的不可避免的损害能限制在明确区域内，而不会随四散的发掘者扩展到更大区域。

- 训练有素的工作也有实际益处，比如发掘边界整齐的垂直边缘有助于地层记录和集中抽泥机和探方架等遗址设备。

应让工作者牢记，必须集中注意力于划定区域。这应该通过两种方式实现：

1 必须对工作区域进行物理标记，比如刚性网格（有利于保护发掘边缘）或线（用于提供永久性标记的话，必须锚稳）。

2 如实叙述调查的物理限制及其原因，也要向将承担工作的人提出要求。对训练需求没有合理解释，再多的物理标记也无法形成系统性发掘。

潜水员的手仍然是扇开泥沙或向吸泥机/水压抽泥机口舀泥沙的最敏感、准确、有用的工具（图15.7），然而，工作区域或许需用其他工具间歇性清理或撤去悬浮物，以确保地层迹象或其他关系持续可见。这个工具可能是"泥瓦匠勾缝铲"——一种不论在陆地或水下，一切考古发掘的基本工具。根据情况，这个75－100毫米（3－4英寸）长的小刀具可以灵巧或有力地用刃边而非刃尖向身体刮削（图15.8）。大型手铲可用于更柔软、较松散的沉积层，尤其是清理或刮削剖面。由于铆接刀刃在长期使用和接触海水后会在连接处断裂，无论何种尺寸的手铲都应使用焊接刀刃。

水下考古像手铲一样必不可少的是油漆刷。大刷子在陆上用作手

▼ 图15.7 在无敌舰队（Amanda）沉船"拉·特立尼达·沃伦塞拉"号（La Trinidad Valencera，沉没于1588年）上发掘木制织综。注意考古学家用食指娴熟地剔除表土去除沉积物。也能看到抽泥机，其唯一目的是带走表土，而不是挖掘考古堆积。（摄影：科林·马丁【Colin Martin】）

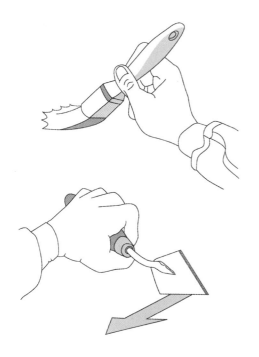

▲图 15.8 手铲、油漆刷和手是最常用的发掘工具。（基于本·法拉利【Ben Ferrari】的原作）

刷以清理表面，在水下，记录或摄影前用它们清洁木材表面效果极好。小刷子（40－60毫米宽）通常是对付松软砂子、淤泥和黏土最好的工具，尤其当发掘有机物和其他脆弱材料时，因为只用手铲几乎无法工作。

除了手铲和刷子，茶匙、牙科探针、刮刀、小刀等类似许多其他工具和用具都适用于发掘。强调不要伤及精致的有机表面时，非金属工具特别有用。小工具最好保存在某种潜水容器里以免意外丢失。

发掘时，潜水员必须意识到需要注意识别构成遗址的情境（见第四章）和地层性质。发掘者应以堆积反序去除层理，覆盖情境被全面检查和记录后，才可接触更深堆积。

一些沉积物无法按清晰层理顺序发掘。在这种情况下，以既定测定深度对发掘保持控制（如任意层除去10厘米【4英寸】深），然后清理和记录暴露出的表面，并重复该顺序，直至到达可辨别的不同层理。对这些看似均质的层理的后续分析或许会提取出有用的证据。缺乏明显分层不是使用无控制发掘技术的理由，使用既定测定深度也不是忽视情境差异的借口。只有发掘深度即随意发掘，不是相对断代的可靠方法（见Harris，1989：119）。在难以区分层理的地方，保持工作有序、整洁更重要，让大量松散的沉积物堆积开来会掩盖细微变化以及小件发掘品。

一发现或揭露出情境和地层，应即刻记录。调查期间只能这么做。然而，发掘中也应找机会在切入情境和地层时从侧面做记载，这能给出多个情境间的额外信息（见第八章）。有三种方法可以做到这一点，在同一发掘中或许都会使用：

1　永久剖面在遗址边缘留有未发掘沉积层的地方。这些剖面被称为永久的原因是发掘过程中不可能去除它们。

2　临时剖面可用来记录永久剖面未充分呈现的情境。发掘期间，部分情境不做发掘而仅记录其侧视图，其余情境可取出并继续发掘。由于在切开时情境差异会变得更明显，所以临时剖面可作为发掘辅助物。如果发掘情境期间保留垂直面，就能更容易发现对下一层理的侵入并及时停止。

3　在不稳定或深厚沉积物中，沉积物直立面无法形成或不安全，此时可记录累积性剖面。这是在情境剖面被支撑物、沙袋或倾斜发掘面破坏前予以记录的简单步骤。这一方法根据沿同一条线的精确测量值，贯穿发掘一层一层积累剖面图，形成切过该点的沉积层图片。

发掘面最好应尽可能垂直，这样便可在相对水平面成90°的平面上记录真实地层序列。平面和剖面与自然水平基准面相关时相当有助于地层分析。如果由于某种原因不可能汇集累积剖面，应从斜剖面或阶梯剖面记录信息以作替代。剖面线两侧的层理变形或会扭曲关系，所以这种记录不那么令人满意。剖面上露出的物品和结构残余应留在原处，掏掘物品只会削弱剖面并模糊层理。然而，在剖面已经记录完成后，它的确为多个层理样本提供了极佳来源。

应标出剖面位置。对于不十分明显的临时和累积剖面，应向在该区域工作的其他潜水员解释清楚，以免他们无意中造成损害。当然，这些事情中安全至上，而且不稳定的发掘面可能是严重隐患，必要时应使用沙袋和模板加固。

随意取出物品将严重影响发掘结果，所以取出前必须十分留心发掘和记录物品的方式。把物品从周围沉积物中拽出是不被接受的考古行为，理由包括：

- 损坏物品的风险；
- 损坏未暴露的其他相邻或附着物品的风险；
- 无法记录附近物品的伴生关系；
- 无法识别其伴生的考古情境。

对于相当坚固的物品，发掘涉及有序去除周围沉积物直到物品充分暴露可做记录，然后，将物品放在合适容器或篮筐等中抬起。然而，随着物品暴露程度提高，它将越容易受到损害影响，无论是来自潜水员活动或水流、水夹（砂）或穴居生物

等环境因素。发掘中或许必须对暴露物品进行物理保护和支撑。夹板和填充物可增加机械强度，但对于易碎物品一向需要熟练发掘者并有附近潜水员的合作，即便是整块留存（图15.9）。这就是发掘者在安全因素允许的遗址上要脱掉脚蹼的原因，这些会对地层和其他考古材料造成巨大损害。

即便是这些措施，有时或许仍不适用于提取纺织品、皮革和其他非常易碎的材料等最脆弱的物品，最好将其带着一些周边沉积物一起取出，通常一并移入合适容器中，这也避免了物品出水后可能因自身重量而崩散。整个步骤需要练习，如有可能，应由熟悉所提取物品类型的人员完成。

▲图 15.9 文物保护者取走西班牙无敌舰队（Armada）沉船"拉·特立尼达·沃伦塞拉"号（La Trinidad Valencera，沉没于 1588 年）上发掘出的火药桶余部。提取前已用绷带固定物品，之后置入放有沙子的容器，然后，在提升出水前盖上盖子。（摄影：科林·马丁【Colin Martin】）

有些材料在暴露和记录后不需取出（如船舶结构），但必须为长远保护制定规定。这或许涉及用沙袋固定回填，这一方法通常用防护膜垫在探沟里，然后用发掘时挖出的一些沉积物"回填"，或为此目的填入特殊性质的沉积物。

与陆地一样，水下发掘由两个相异步骤组成，每个都有其相关工具：①真正发掘和②剔去"弃泥"（发掘过程散落的多余沉积物）。尽管经常使用与陆地发掘一样的工具进行发掘，但在水下去除弃泥的方法与在陆地上差异很大。有时仅有水流就够了，但通常要使用由工业开发品改造的某些抽吸装置。早期发掘者犯的错误之一是把这些抽吸装置用作发掘，使上述两个步骤混为一谈。如果控制是负责任发掘最重要的方面，那么，保持上述两个步骤区别至关重要。

发掘是持续决策的行为——挖多深、发掘什么、发掘哪里等等。这个活动的副产品是松散的沉积物，其中一部分或与物品一道取出或被取为样本，其余则是被认定为不含足量信息的"弃泥"。这一判定是发掘者、探沟监督员和最终由遗址领队承担的职责，一旦形成，弃泥即需被运走。就像在陆上用泥铲产生的弃泥可用铁锹、铲斗、手推车或传送带运走，水下也用多种工具完成同一目的。

吸泥机和水压式或感应式抽泥机本是为其他工业所需发明的抽吸装置，现已在水下考古中无处不在。过去，它们被形容为水下铁锹，但其真正功能是像手推车或铲斗一样运走发掘中的多余发掘材料（弃泥）。在这种意义上，它们是水下发掘的优势之一，一运行就自动工作。

▲图15.10 使用吸泥机发掘。（绘图：格雷厄姆·斯科特【Graham Scott】）

吸泥机

吸泥机是由刚性管组成的简单设备，通常由水面压缩机把空气注入管下端（图 15.10），随着空气升向水面，就把管举到近乎垂直，并在底端产生抽吸效应，水和所有松散材料被吸入并带走。其吸力取决于管顶与底端间的深度压差以及空气注入量。

吸泥机可以使用任何来源的压缩空气，但最好由用做气动工具的马路压缩机驱动，如手提钻和凿岩机。它们提供大量低压（7至10帕，即100－150 p.s.i.）空气，而高压或低压潜水压缩机都不能提供足够气量。另外，所需的压缩机大小取决于遗址深度和规模，以及将同时使用的吸泥机数量。最小的空压机每分钟产生2立方米（273立方英尺）空气，够两套吸泥机使用。任何情况下都不能用这样一台压缩机（或任何其他空气源）同时给潜水员和吸泥机供气。

这些压缩机的限制是其自重，除非可以放在附近陆地上，否则需要足够大的船或浮动平台。另一个限制因素经常是套组费用，尤其相对于发掘总费用而言，虽然短期租赁费用并不过高。

小型作业中可用软管把压缩机直接连到吸泥机上，然而，必须把空气软管固定到海床某一便利之处，这样软管充气并具有浮力后便不会给吸泥机额外拉力。在多台吸泥机作业的更大型且更长期的项目中，直接从水面拉出的软管会不可避免地纠缠在一起从而构成安全隐患。在这种情况下，用一根输送筒连接压缩机和固定在海床上的多接口歧管更好些。如果歧管是由有数个接口（装有手动或自动阀门）的长钢管制成，潜水员可在方便点连接单个吸泥机。多数情况下，潮汐流会180度改变方向，在遗址上下游均放置歧管会更方便。

首次在遗址上使用吸泥机前，需要定位和固定，然后连接软管或把连有软管的吸泥机带到水下，这必须在开始供气前完成。如有可能，应在海床最高处排气。启动压缩机并使它达到工作压力后，发掘者即可以打开入口阀。只要将吸泥机嘴向下，空气会在管道中向上升，而且吸泥机将慢慢变垂直。如果空气只是从吸嘴往外冒且吸泥机仍伏卧，只需降低管口或微抬吸泥筒。难于做到时，另一个方法是用手捂住吸嘴，这样空气无法冒出便只能沿管上升。这个技巧的危险是会使吸泥机浮力剧增，只有吸嘴连着管架且被系好时才能这样做。作业时要小心调整空气阀使吸泥机保持近中性浮力状态，如果作业中吸泥机浮力过大，则需用一点压铅压载；有的吸泥机只有开足马力才能达到中性浮力，这样的话就去掉重物。

需要谨慎安排弃泥排放位置，弃泥不能排入已发掘区或其他敏感区域。如果有恒定潮流或水流经过该遗址，则会从工作区域带走弃泥；如果水流很小或没有，可把吸泥机放在角落，确保弃泥排在发掘区外。如果不够远，可选择再次搬运弃泥（要避免的措施）或使用抽泥机。吸泥机固定向下导致自如运动受限和易用性降低。

如果软管排放端露出水面，应调整低端重量。大多数情况下，作业时管中空气浮力稍大，应不必在排放端系浮漂。对于特殊情况或需不同设计：较低端口可用110毫米（4.5英寸）塑料波纹软管以进入遗址的局促区域，但必须有发掘者触手可及的气流控制杆，使他/她在紧急情况下能够关闭空气供给。

使用吸泥机必须非常小心。在发掘考古情境时与去除回填物或杂草堆积截然不同，吸泥机必须只能用于去除淤泥，通常用手、刷子或泥铲向吸泥机管口轻扫淤泥。最好由发掘者以舒适姿势持吸泥机距发掘表面约20－30厘米（8－12英寸）远，如果暴露出任何极其易损的东西，这一距离可能要更远些。空气供给阀门控制抽吸强度，故可非常精细地调整除泥速率。如果无法控制发掘中进入软管的东西，则是因为发掘进行过快，或吸泥机管口过于靠近工作面（图版15.1）。

不应要求在吸泥机或抽泥机抽吸端安装网罩以防止"吸入"物品；也不应为"逮到"被吸进来的物品而在出口安放装置。或许会在排放端定期放置筛子，但这只能作为监测发掘标准的手段。

抽泥机

水泵或感应式抽泥机与吸泥机类似，区别在于前者或多或少水平运行，而且出口排出的是水而非空气（图15.11）。其优点是组建较便宜（因为购买或租用同功效水泵比压缩机便宜），而且能在极浅的水域工作。

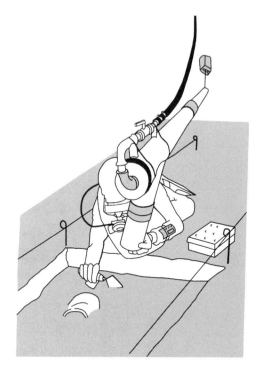

▲ 图 15.11 抽泥机作业。（基于本·法拉利【Ben Ferrari】的原作）

可在抽泥机抽吸端接弹性软管以到达难进入的地方，并增加机动性（图版15.2），但与吸泥机一样，出于安全原因，控制装置的阀门必须触手可及。

送到抽泥机头的水量可能是与其效能相关的最重要因素。根据经验，75毫米（3英寸）出口口径便携式消防泵能为两台110毫米（4.5英寸）直径的抽泥机提供充足动力，任何超过1000升/分钟的都足够。较小的50毫米（2英寸）出口口径水泵通常只够提供中等吸力，但许多情况下，这或许正合所需。水泵越小，价格或租金越低，占用空间越少；泵越大，获得有效冲力的机会越大。

抽泥机的基本使用方式与吸泥机完全一致，它只应用来输送发掘者送入的弃泥，除了运出先前发掘区回填物、杂草堆积或在调查间歇冲入遗址的其他碎片等不重要考古材料外不应用作发掘工具。与吸泥机不同的是它没有浮力，因此，在任何给定情况下都必须将其调整到最适合。可在抽泥机上绑缚一两个充气塑料容器（5升/1加仑）使之具有中性浮力（图版15.3）。

抽泥机的缺点之一是水的快速排出导致的影响，以及排水会在海床上造成扰动。这种喷射可能很大，尤其当潜水员没准备好就开动水泵时。它也可能对考古遗存造成损害，故而必须避免。可以采用多种途径，如加长排放筒使得其落在海床上的自重可以缓解这个问题，但这增加了排放端损坏的风险，并使吸泥机较难移动。

排放筒可用重物或其他形式的锚，以及浮漂放置在海底上方，然后可把筒端固定在合适高度。锚定抽泥机头末端也是降低喷射影响的途径，但限制了其灵活性。如果移动性不是问题，可延伸排放筒使其远离遗址（已实现超过一公里的距离），以沿其长度为该系统注入更多水。实现的简单办法是把一台抽泥机的排放端与下一个抽泥机的吸入端连接起来。

克服喷射问题最简单的方法之一是消弭排放流，可在距抽泥机末端约75毫米（3英寸）处穿过排放口固定一块平板。也可以设计其他消弭方式，比如在排放端加装口径大于排放筒的标准塑料排污管配件（诸如T形管）。

还可以加装小弯件（非90度直弯）向上排放，并配以适当浮漂和/或锚。用这种方式可能会在几乎任何遗址达到预期效果，且不损坏考古证据。聪明的潜水员和考古学家无疑可以想出许多办法解决这些及类似问题。

有可能买到现成抽泥机头，美国大量生产这种机头以供给无数作业者从河流和湖泊中找回高尔夫球。这些设备通常由钢材制造。然而，也有可能用五金商店出售的零件制作抽泥机头。只要有足量水进入软管并经软管开端流入主软管，边管另一端就会产生吸力，抽量取决于泵入水的速度和流量，以及设计的整体效率。比如，进水管道应准确指向主软管下方中央，并应最小化大口径筒内的水流障碍。

在吸泥机和抽泥机之间做选择

一般而言，吸泥机比抽泥机效率高，但运行需要更多资源，而且通常在极浅的水中效率较低。然而，做选择时或许涉及到考虑每种类型对表面的不同要求。

如今可以生产出系列尺寸的抽泥机和吸泥机：较小的用于复杂工作，尤其对吸泥机而言，较大的（如150－200毫米【6－8英寸】直径）适合回填物或快速清理海草之类的任务。为一台110毫米直径的吸泥机提供动力需要略显庞大且笨重的压缩机，或许可能像几个现场已经做过的那样，将其放在岸上把空气泵入遗址。

吸泥机比抽泥机易于操控，但在水深特别浅的地方，抽泥机或许是唯一选择，尤其是它能基本放平。然而，如果泵入极大量空气，吸泥机能在深度不足2米（6.5英尺）处工作。此外，少于三分之一长度突出水面时，吸泥机也能工作。两种工具均可通过手动阀轻易控制，但如果对使用方式不做控制，则确实会造成无法预料的损坏。在所有考古作业中，以细心和训练有素的方式工作才最符合幸存证据的利益。

水炮

偶尔使用的另一动力工具是水炮，就是按照与任务匹配的水量和压力从形状各异的喷嘴射出的高压水。其高水量和/或高水速不作区分的性质限制了它在考古遗址中的应用，更不用说它对能见度的影响。然而，关闭抽泥机后，可用微型水炮高效地进行细致工作，水炮也可与抽泥机结合使用。功率很低的小水炮的使用方式类似毛刷，对清理有机材料很有效。然而，发掘易损物品时，任何情况下都不要在物品上尝试新技术或新工具。

水炮的另一用途是在工作区域周围难以维持能见度时生成人工水流，比如湖泊中。瑞士为了发掘史前湖边聚落而开发了这项技术，这一技术从湖面抽水并从略高于湖床的定向排列的成排小喷嘴导出。

应发挥潜水员可在调查研究区域游曳这种独特能力的优势来尝试很多技术。硬探方架（第十四章）的优点之一是可提供额外潜水支持，已成功应用于许多遗址的一种技术是用脚勾住水平杆（一上一下）以45度斜悬挂在遗址上方（图版15.1）。单脚交替用力可使发掘者完全控制着他/她对于考古堆积的高度在该区域周边移动。使用吸泥机时，可通过控制呼吸或如上所述略微改变吸泥机浮力来调节潜水员相对考古堆积的高度。然而，最好的控制方式是利用吸泥口严重堵塞时增加的吸泥机浮力。发掘者只要握住吸泥机边缘，并在水流中将手指伸进或缩回吸泥口，就能使吸泥机相对上下移动。这种技术学起来可能很难，但一旦学会就可以让发掘者自如地升降出入敏感区域。

扩展信息

Adams, J., 2002a,Excavation methods underwater, in C. Orser（编），*Encyclopaedia of Historical Archaeology*, 192-6. London.

Barker, P., 1993（第3版），*Techniques of Archaeological Excavation*. London.

Buglass, J. and Rackham, J.,1991, Environmental Sampling on Wet Sites, in J.M.Coles and D. M. Goodburn（编），*Wet Site Excavation and Survey. WARP Occasional Paper No.5*. Exeter.

English Heritage, 2004b, *Dendrochronology: Guidelines on Producing and Interpreting Dendrochronological Dates*. London.

Harris, E. C., 1989 （第2版），*Principles of Archaeological Stratigraphy*. London.

Institute of Field Archaeologists, 2001a（修订版），*Standards and Guidance for Archaeological Excavation*. Reading.

Mook, W. G. and Waterbolk, H. T., 1985, *Radiocarbon Dating, Handbooks for Archaeologists No. 3*. Strasbourg.

Nayling, N., 1991, Tree-ring dating: sampling, analysis and results, in J. M. Coles and D. M. Goodburn（编），*Wet Site Excavation and Survey. WARP Occasional Paper No. 5*. Exeter.

Oxley, I., 1991, Environmental Sampling Underwater, in J. M. Coles and D. M. Goodburn（编），*Wet Site Excavation and Survey. WARP Occasional Paper No. 5*. Exeter.

Roskins, S., 2001, *Excavation*. Cambridge.

Tyers, I., 1989, Dating by tree-ring analysis, in P. Marsden（编），A late Saxon logboat from Clapton, London Borough of Hackney, *International Journal of Nautical Archaeology* **18**.2, 89 –111.

Watts G. P. Jr, 1976, Hydraulic Probing: One solution to overburden and environment, *International Journal of Nautical Archaeology* **5.4**, 76–81.

第十六章　发现物的考古保护和紧急处理

目录

◆ 水下埋藏环境

◆ 材料降解和发掘后劣变

◆ 发现物取出期间及之后面临的主要风险

◆ 出水发现物的紧急处理原理和流程

◆ 提取、搬运和运输

◆ 包装和存放措施

◆ 采样和分析

◆ 初步清洗

◆ 缓蚀和预保护处理措施

◆ 记录

◆ X—射线照相和设施

◆ 健康和安全

◆ 保险

◆ 清单

考古发现物不可替代，而且包含着可能有助于认识与理解过去的有价值的信息。材料只有在与周围介质或埋藏环境达到物理和化学平衡时，才有可能留存，如果没有得到正确的处理，饱水物品特别容易损毁。将发现物从其埋藏环境中提取出来可能会加速其腐蚀和劣变的进程，严重时，可能会导致考古证据的损坏，因此，正确规划和应用紧急处理流程（全面保护处理前对发现物进行的处理）往往是至关重要的。水下埋藏环境中影响考古材料降解和腐蚀的因素非常多样，本章尤其适用于那些工作内容可能与考古发现物紧密联系的人员，因此，本章内容主要着眼于规划程序、存放措施、设备和补给，而不是复杂且已被其他书籍详细介绍过的材料技术和制造史。

考古保护建立在对材料科学和材料在埋藏环境中的劣变进程有了解的基础上，一个最重要的原则是信息恢复——大量未被书面历史记录的资料，往往可通过分析技术来揭示。此外，选择适当的处理措施需要考虑多种因素，包括物品或物品群（集群）的状况、研究目标、价值、未来用途以及各项可行措施的优缺点，因此不存在针对专门材料可以不加区别地进行化学稳定性处理的标准化流程或"秘方"。相反，考古保护涉及持续复杂的决策，这些决策经与其他团队成员磋商后决定，并基于以下方面：

- 埋藏环境和介质的作用（病害类型）；
- 一般状况（如脆弱性、活性腐蚀）；
- 根据实地调查目标确定的价值（与同类遗址的材料相比较）；
- 确定年代的可能性（如硬币、陶管或瓷器的鉴定）；
- 表面证据留存的可能性（如使用磨损的迹象、原有表面处理、保存的有机质和制造工艺）；
- 保留供日后分析的可能性；
- 最终用途（如展示、搬运或研究，包括可能的安装方法）；
- 包装和存放；
- 在宣传活动中的搬运；

干涉往往导致不可逆的变化，因此，专业的保护实践需遵循以下原则：

- 最小干预——目标是用尽可能少的干预、最小的长期影响，达到预期的效果；
- 处理的可逆性——采用的化学药品、材料和方法应持久并可逆；
- 信息恢复——尽可能从可供后续分析的考古证据中收集所有信息；
- 档案记录——记录所有采用的方法和流程（对于健康和安全以及判断材料的长期变化至关重要）。

所有项目都应在最初阶段即征询保护建议，这样可有效降低长期存放、保护和分析的费用。倾向于进行全面发掘的遗址，以及那些存在大体量或脆弱材料的遗址，需要有考古保护工作人员在场，他应参与各级经费规划，并在开展所有工作之前为他分配一定的预算。

　　其他项目无论如何也最好事先与受过专业培训的考古保护工作人员取得联系。在发生紧急情况时，有合作协议的保护机构的人员或许可以提供及时的帮助或者随叫随到。他们或许还可以协助对材料进行鉴定，这对发现物的正确存放和处理至为重要，并且他们应参与以下方面的规划：

- 发现物存放、分析、X-射线照相和全面保护处理的经费规划。
- 在项目开始前获得必要的物资和设备（项目需求在某种程度上可依据之前的遗址记录和现存集群的性质进行规划）。
- 紧急处理的具体要求（如存放设施和电力、安保、当地供水的质量等当地设施）。
- 发现物记录、登记和监测系统设计，以有助于解释、便利参观和早期处理。
- 搬运、提取、存放和全面处理措施。
- 发现物和样品的分析。
- 发现物档案的长期存放和展示，所有这些应在项目工作前经过协商。

　　在成本方面，大件物品可能需要特定的供应和遮蔽物，且可能会被认为"花费巨大"，而许多小件发现物的紧急处理和全面保护相比船只、设备维护和团队后勤等其他开支可能只占整个预算（取决于位置）的很小一部分。在工作开展前，应向项目团队的全部成员进行全面说明，使全体人员对各自在发掘中的职责及在现场将使用的记录方法和流程有充分了解。在项目开始阶段或针对新加入的团队成员，可以采用发放介绍材料或进行交流的方式进行说明，这有助于记录和发掘方法的标准化。除了负责记录材料和海上存放管理的工作人员（发现物管理人员）外，应至少委派一名人员负责发现物的接收并帮助沉重或精致材料的提取和获取。

　　在一个特定遗址的全面发掘过程中配套建立一个设施完备的保护实验室可能需要好几年时间，因此建议寻求现有考古保护机构的帮助（见www.conservationregister.com的

"Conservation Register"栏）。有合作协议的考古保护机构，不论其是单独部门还是依附于博物馆，在有意外发现或可能有破坏性海况情况下尤其重要。他们还可以帮助"抢救"脆弱或有价值的发现物和结构。

水下埋藏环境

物品在埋藏环境中如何保存下来是个极为复杂的问题，这与化学、物理、生物作用和埋藏地的条件有关。涉及因素包括：

- 制成物品的材料；
- 制造工艺（如合金、表面处理、复合材料）；
- 物品的历史（磨损和使用）；
- 周边埋藏介质的状况和性质；
- 遗址分布情况；
- 遗址电化学腐蚀电位分布，可能在保护某种金属的同时导致其他金属的腐蚀。

水下环境可看作是潜在活性化学物质溶液，有高浓度的可溶盐和微溶盐（常存在于物品孔洞和缝隙之中和外表层）。海水是最为浓缩的溶液之一，因此也是最具反应活性的溶液之一。深度、温度、酸碱度、含氧量、光和污染情况及其他因素均起一定作用，所以即使在很小的范围内，每个部分的化学和物理行为均是"独特的"，因此，没有两个完全相同或者遵循同一模式的物品。

活体生物（微观生物品和宏观生物品）同样会对物品的保存产生影响。微观生物品包括能在多种不同环境类型下生存的细菌；宏观生物品包括钻木软体动物（如船蛆【Teredo navalis】），见图16.1）、甲壳纲动物（蛀木水虱）、海草、藤壶和霉菌等常以木材为食的生

▼图16.1 Teredo navalis（船蛆）：作为主动保护前记录和清洗过程的一部分，从"玛丽·罗斯"号（Mary Rose）的上艉柱木材中去除一只大贝壳（古老船蛆侵袭木材的证据）。（摄影：道格·麦克尔沃格【Doug McElvogue】）

物。钻木软体动物尤其猖獗，因而海床之上的木质构件数年间即会遭受严重破坏。藤壶等生物往往将材料作为附着介质而不是食物来源，可能会导致表面污损或一定程度的变化。沉船遗址形成初期的物理沉降过程常受沉船性质、所处地点的地理地形因素和海床类型的影响，此后则或遭受持续性的沙流和/或剧烈潮汐作用，导致冲刷（磨蚀）或淤积（沉积物或底质物质的堆积）。尽管受上述因素影响，木材、皮革和纺织品等有机质材料在潮湿和饱水条件下往往保存状况较好。

材料降解和发掘后劣变

对于取自水下埋藏环境的发现物的保护而言，有一个很重要问题与溶解在周围溶液中的可溶盐有关。干燥过程可能对发现物产生破坏，因为当环境湿度较高时可溶盐会重新溶解，而当湿度降低时则会重新结晶，产生破坏性的物理应力，因此可能发生持续的破坏循环：相对湿度（即RH，一定温度下空气中的水蒸气百分含量）微小但持续性波动或会造成严重破坏，即使对于材质坚固的物品也是如此，甚至，会导致物品的完全解体。因此，物品的干燥，尤其是对于那些来自海水环境的物品，虽然肉眼无法察觉，但只需很短时间，就可导致结构和表面的弱化。一件脆弱的发现物，在兴奋的团队成员之间传看，很容易遭受上述破坏，较好的、保证这种物品免于风险的解决方法是在发掘出来后尽快进行饱水浸泡，然后再分批安排相关人员鉴赏。

此外，埋藏在水下环境中还可能导致：

- 物理基质上成分的流失——导致结构弱化，即使在海底时表面看来仍显得坚固；
- 由沉积物和附着的碎屑组成的表面覆盖层的形成——即"凝结物"（与原始表面通过化学作用连接）或"附着物"（覆盖层）——会遮掩原始细节；
- 有机体和金属质发现物引发的问题——如铜的腐蚀产物对一些有机体来说有毒，而铅、铁和银的腐蚀产物可能会引起附在表面的有机体的更换和/或留存。

以下列举了发掘后可能发生的其他形式的材料降解。虽然不可能全面，但根据不同材料类型仍能证明"紧急处理"流程的重要性。

无机质材料：由非生物品制成，包括陶瓷器、玻璃和玻璃质材料；石器；金属和合金。

- 陶瓷器特别是低温陶易受盐破坏，包括表层和釉层的剥落。

- 玻璃在碱性环境中极易受破坏。

- 由不同种类金属制成的物品可能发生持续的电化学腐蚀（与电池中发生的化学反应类似），因此不同金属应避免存放在同一容器中。

- 除金银块外，很少发现纯金或纯银质物品。在制作时，它们通常与其他金属制成合金，以加强强度和改变加工性能，因此，某些在埋藏过程中产生的腐蚀物在发掘后有进一步腐蚀的可能。所以，清洗或腐蚀物的去除只能作为全面保护处理的一部分。

- 铁倾向于向外腐蚀，可能导致变形。此外，海洋出水铁器上的腐蚀产物常与难溶盐和碎屑凝结，以致器形辨别困难。

- 锻铁质发现物（将铁敲击、挤压和以其他机械方式"加工"而成的物品）常会沿着起初加工时形成的"夹渣线"缓慢腐蚀，若在埋藏过程中未达腐蚀终点（如仍存有铁质核心），此类物品很可能不稳定。在制造枪支和锚等多种用途方面，铸铁（加热后倒入预制的模型）最终取代了锻铁。

- 铸铁腐蚀为"石墨化"过程，常存在可能仍有反应活性的铁质核心。海洋环境出水的铸铁构件可能处于化学上的不稳定状态，当暴露在空气中时会发生放热反应（释放热量）导致表层剥落或迅速解体，物品有时会发热甚至在极端情况下会发生爆炸。

- 若出现"闪蚀"，即快速氧化，就表明铁质物品仍有腐蚀活性，其征兆是形成橙黄色腐蚀点和/或储存液中出现腐蚀痕。

- 铜（以纯铜形态出现较少）和铜合金通常在表面发生腐蚀，使得原始表面得以保留并附着有机质。然而，此类物品也可能被附着层覆盖，附着物有时会与下表层凝结，因此清洗只能作为全面保护处理的一部分。

- 铅、锡及其合金（如镴）的化学稳定性并不如预期想像那么好，无论在干燥或潮湿条件下，均易受有机酸腐蚀。它们或保留有表面加工（如电镀）、压印或标识的痕迹，对于薄的物品可用X－射线照相技术加以揭示。

某些来自水下埋藏环境的发现物由于表面有厚重的附着物滋生而导致器形无法确认，即所谓"凝结物"（图16.2）。金属质发现物（尤其是铁器）易形成附着层，该层可能包含多种材料形成的复杂的物品，这常导致内容难以确认。但是通过应用X－射线照相技术和适当的保护处理，仍可获得大量的细节信息（图16.3和图16.4）。

有机质材料：由生物品制成，包括木材；皮革；纺织品；骨、角、象牙及其制品。有机质材料经埋藏后可能导致物理弱化和化学劣变，大部分原始结构为水所填充，发掘后水

▲图16.2 苏格兰马尔岛(Mull)杜阿尔特岬角沉船（Duart Point wreck，沉没于1653年）上发现的一件凝结物。（摄影：科林·马丁【Colin Martin】）

▲图16.3 图16.2所示凝结物的X-射线照相显示其包含有制作精细的剑柄。（苏格兰国立博物馆理事会【Trustees of the National Museums of Scotland】提供）

▲图16.4 保护处理后图16.2和图16.3所示的杜阿尔特岬角（Duart Point）剑柄。（摄影：科林·马丁【Colin Martin】）

分的蒸发很可能导致收缩、变形、开裂、弯曲甚至弯曲解体（图版16.1）。

复合材料：由多种材料制成，通常包含有机质和无机质材料，其保护问题要经团队成员协商确定。

发现物取出期间及之后面临的主要风险

发现物从其埋藏介质中移出后很可能发生下列剧烈变化：

- 干燥可能导致开裂、表面层状剥落、不可逆转的收缩、盐结晶和霉菌滋生。
- 温度的升高、氧气的增加可能导致劣变、生物病害（藻类和霉菌滋生，常使发现物"变绿"）和腐蚀加速，且/或引发金属新的腐蚀反应。温度的变化可能引起不同程度的膨胀和收缩，从而导致破坏，尤其是对复合材料物品而言。
- 光照的增加可能导致光氧化、褪色，还会加快劣变速度、促进绿藻滋生。
- 将不同种类的金属一起浸泡存放可能导致电化学腐蚀（加快腐蚀反应速度）。
- 搬运不当或缺乏物理支撑可能改变重心，以致开裂或破碎。
- 标注不清或未能及时监测储存水位可能导致背景信息和重要考古信息的丢失。

采用合理的"紧急处理"流程可在一定程度上避免上述问题。

出水发现物的紧急处理原理和流程

无论是在发掘期间还是发掘之后，详尽的规划、对细节的关注、标准化的记录和适当的维护管理，都是非常重要的。在任何项目中，所有用于发现物的"紧急处理"方法

（Robinson，1998）需根据以下因素考量：

- 待发掘物品可能的质地；
- 集合物可能的尺寸；
- 大体量考古结构的发掘方案。

现场"紧急处理"设施需为发现物提供适宜的存放空间（图版16.2），而全面保护处理应在设备齐全、环境易控的保护实验室中开展，以保证材料可以获得适当的检查、分析并用适宜的设备进行处理（如好的光照条件、冷冻、显微镜等）。

在长期项目中，所有发现物、包括新近发掘的材料在每个发掘季结束时都应及时进行分析和保护处理。上述工作最好在保护工作者的帮助下进行。

在发掘期间，所有发现物的存放都应满足以下条件：

- 饱水——理想状态下应连带原始情境一同浸泡；
- 低温——保存温度越低越好，最好冷藏（但不可冰冻）；
- 避光——无论何时何地；
- 标签清楚——使用至少两个防水标签；
- 根据材料分类存放——不同种类的金属不能一起浸泡；
- 使用惰性容器——比如聚乙烯的袋子或带盖盒子（不能与金属容器直接接触）；
- 安全——应谨慎对待枪支、炮弹、军火和任何可能爆炸的物品，并遵循所在国家相关法律法规以确保安全。

此外，还有一些关于存放的一般要求：

- 应在第一时间就存放要求的有关问题征询专业的保护建议。

- 所有发现物应完全浸泡，尽可能减少与空气（氧气）的接触。可以将带盖容器装满水，或者在水面覆盖保护级惰性聚乙烯薄膜。定期加水，以保证所有发现物完全浸泡。暴露部位的末端，就如"灯芯"，会导致快速劣变和/或永久破坏，因此有必要定期检查水位（包括袋装物品）。

- 应定期清洗用于存放的容器，避免霉菌和/或"黏滑物质"的堆积（建议戴手套）。禁止使用专用的家庭清

发现物的考古保护和紧急处理

236

洁剂。在清洗容器期间，发现物应转移至备用的容器中存放，搬运和转移时应尽量减少接触空气。记录清洗和更换浸泡液的日期、时间等信息。

- 饱水玻璃、小件有价值的有机质物品、潮湿材料和所有有机质样品均应避光且冷藏（大约4摄氏度/39华氏度）保存。应绝对避免冰冻，以免造成不可逆转的损伤。（值得注意的是将大量材料从冷藏室移出后冷藏室内的温度会显著降低，可能导致剩余材料的冰冻。因此需相应调整冷藏室的温度调节装置。）在初步拍照和绘图期间，不应使它们有一点干燥。

- 发现物应至少做两次防水标签。这是必要的，因为标签可能在短期内磨损。应定期（至少每月）检查所有标签，必要时加以补充。由特卫强（Tyvek，即纺粘聚酯等制成的防水标签）应置于袋子和/或容器中，在使用前应事先在袋子上写上所有的参考号码。

- 应定期监测所有发现物并作记录（最好每周），详尽记录存放条件、液面位置，补充浸泡液和清洗容器等信息。若存放条件发生改变，应尽早征询专业的保护建议。

- 在处理金属物品时应戴手套：某些铅和铜的化合物有毒，且皮肤上的酸也许会对发现物造成破坏。

- 凝结物应尽快进行脱盐处理，以免海水中的氯化物加速腐蚀。只有经过X-射线照相，并由保护工作者操作，才能对凝结物进行覆盖物的去除处理。

- 坚固的瓷器应浸泡在淡水中。然而，陶器应谨慎处理并监控以防釉层的脱落。

- 黑玉、页岩、琥珀和玻璃应保湿并冷藏保存——这些材料极易劣变，部分干燥就会造成不可挽回的损害。湿玻璃非常不稳定，其表现为表面鳞片状剥落和/或形成虹彩。

- 石制品，尤其是砂岩等稍软的材料，可能会变得脆弱，因此需要谨慎处理。只有大体量的未经加工的石材，譬如压舱石，才能进行干燥（若有疑问，需征询专业建议）。

- 在人工制品或样品周围禁止抽烟、饮食。
- 应尽可能缩短发掘与全面保护之间的时间间隔。对于小件的有价值的发现物、复合物以及由玻璃、象牙、黑玉、页岩、琥珀、皮革或纺织品等物质组成的物品，建议尽早寻求保护工作者的帮助。

去除海水不可与"脱盐"相混淆。海水的去除过程是指发掘后立即进行数次淡水冲洗，以达到去除可能存在的化学和生物反应物的效果。所有发现物应定期监测。通常情况下，坚固的材料可用海水：淡水为1∶1的浸泡液浴冲洗两到三次，每次持续30分钟至2小时，随后用淡水浸泡。之后，换水进行"脱盐"处理（去除物品孔隙中的盐分），此项操作可能耗时数周甚至几个月，理论上此时大部分材料应已经进行过考古保护处理。起初脱盐浸泡液可用海水：淡水为1∶1的稀释液，每次浸泡6－8小时，2－4天后改为每4－6天更换一次浸泡液。

大型浸泡池中，水的缓慢流动有助于减少霉菌、藻类和"黏滑物质"的滋生。对于复合材料或有机质等非常脆弱的材料，以较慢的浸泡液稀释进度为宜，以防止在"渗透压"的作用下发生崩解。同理，若有疑问，应尽早征询专业建议。

有时，发现于深海海底沉积物中，且属于发掘后最易受破坏物品的潮湿人工制品（不饱水，但也不干燥），应营造与原始环境尽可能相似的存放环境。在发掘时，应连带周围沉积物一同提取并保持其湿润，但不能用水浸泡。在包装时，可添加少量来自原埋藏环境的水，所有潮湿材料应用聚乙烯自封袋"双层包装"且/或置于带盖盒子中以隔绝空气，将其冷藏并尽快进行保护和/或分析（最好在发掘后24－48小时内）。应与有关专家协同确定发掘材料和流程。

提取、搬运和运输

人工制品的提取、搬运和运输往往是个复杂的问题，需要提前规划并根据具体项目进行调整。确定方案时需考虑多种

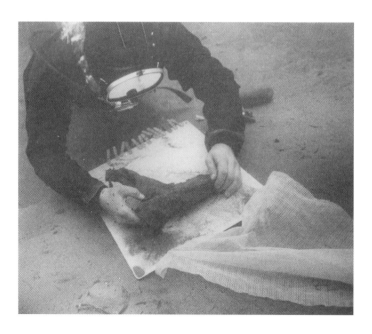

▲图 16.5 发掘一件小型脆弱物品。这件来自西班牙无敌舰队（Armada）"拉·特立尼达·沃伦塞拉"号（La Trinidad Valencera，沉没于 1588 年）沉船的皮革质水壶用手发掘后被置于一块支撑板之上，支撑板一端固定有一片纱布，当物品放置到位后，用塑料衣夹把纱布围护在板的剩余边角上。（摄影：科林·马丁【Colin Martin】）

因素，如人工制品的脆弱程度、价值、区位、尺寸和重量、项目目标、时间表、资源和保护安排。所有团队成员应事先充分了解所采用的系统和方法，以及相应的保护机构和环境科学家的信息，以便在发掘大体量或复杂发现物和结构时，可以及时向其请教。

发掘材料时，除非有必要保留埋藏介质（周围的沉积物或堆积物），否则所有发现物应待完全揭露后才能提取。许多饱水物品看似坚固，实则物理强度已降低，因此，拉动或提起一端仍嵌在沉积物中的物品时可能导致其断裂。对于大体量物品（如大炮）和小件发现物均是如此。因此，应提前关注埋藏较深并穿透多层介质的发现物的提取。若有类似情况，则需采取折中方案。比如，部分暴露的木质构件会受环境的破坏作用，提取后在周围地层留下孔洞，可能造成对此区域内的扰动。

- 发现物在水下应缓慢移动，以防水压对其造成物理破坏。
- 若发现物必须解压停留，应规划适当的程序。
- 空气提升袋上的环索与发现物接触处均应使用柔软的惰性材料作为衬垫。接触点数量应尽可能多，以达到分散负荷、避免形成承压点的目的。
- 应在潜水平台、工作船、驳船或岸上基地预备适宜规格的储存容器。

发现物，尤其是那些无法承受自身重量的发现物（图 16.5），在发掘和提取期间，可采用如下支撑方法（可同时采用多种方法）：

- 托板，如木质厚板、钢铁烘烤盘或聚乙烯盒盖（物品存放后即移除）。

- 塑料自封袋，用于盛放周边环境的水和/或沉积物（可提高额外的保护）。袋中避免盛放过多的水，且封合时应排除空气。

- 气泡膜、塑料绳或棉绳，比如归档磁带（archival tape）。

- 自制托架，底部开孔，加装绳索，以支撑多个盒子或大体量物品转移至船上或岸上（图16.6）。

- 对于脆弱或大体量物品，可连同周围埋藏沉积物进行套箱提取，虽质量较重但可留存大量的考古信息。

所有提取的发现物，在潜水员移交至平驳、工作船或平台上的工作人员时，应尽可能缩短其在空气中暴露的时间；移交时应尽可能缓慢柔和，以免负荷和/或多余的水快速流动造成破坏，尤其是对脆弱材料或有机质材料而言（图16.7）。

大体量物品： 大型、沉重或复杂物品，比如枪炮、船体构件和附属结构，尽管看似坚固，实际上可能由于腐蚀或蜕化

▲图 16.6 提取一件大型有机质物品。这件来自西班牙无敌舰队（Armada）"拉·特立尼达·沃伦塞拉"号（La Trinidad Valencera，沉没于1588年）沉船的轮辐式木轮连同凝结物重约半吨。由于木轮已不能承受自身重量，因此，提取前在其四周和底部设置了支撑框架。图中所示为其成功转移至保护槽中的情况。（摄影：科林·马丁【Colin Martin】）

◀图 16.7 图 16.5 所示的皮革质水壶被带到水面，并交予等待的保护工作者。（摄影：科林·马丁【Colin Martin】）

而强度减弱，且过于沉重而无法支撑自身重量。对于水可能占现存重量比重较大的物品，比如饱水木材，需要进行全部支撑（如用厚木板）。某些发现物表面柔软脆弱，但可能留存重要的考古细节（如切痕），因此在提取过程中需用气泡膜或聚醚泡沫塑料衬垫包裹。用绳索按照绷带条绑薄木片的方式进行捆扎，以保证在提取时绳索不会勒进表面，同时使负荷尽可能作用于支撑物（图版16.3）。容器（如箱、桶、安佛拉罐等）应整体发掘并正面向上提取（可用绷带包扎以支撑整体结构），使得原始介质留于原位。可用细尼龙网、聚乙烯薄膜或聚乙烯袋等包裹容器顶部，以防容器内物质散失。移动可能会导致：

- 由于缺乏内部支撑而发生坍塌；
- 内容物的稀释、污染或丢失，从而影响分析；
- 不利于可控条件下的进一步检查和发掘（内容物样品应尽早交于环境专家）。

可用空气袋提取重物，但应事先与团队成员讨论确定提取计划。所有大体量的发现物应尽快浸泡到适宜的容器中，理想情况下可用原环境的水作为浸泡液。在发掘前，应在潜水平台、工作船或平驳上放置适宜规格的存放容器。发掘上来的古代储存容器的内容物会发生变质，在某种程度上影响分析结果的可信度，因此此类容器应在发掘后尽快移交给保护工作者，以便清理、分析内容物并保持原始容器的稳定。

脆弱物品：应尽量减少绳索、纺织品、骨器或角器等包括小件脆弱发现物在内的饱水有机质材料的搬运。在发掘时尽可能使用刚性支撑，连带提取一些原始沉积物，将其用聚乙烯自封袋包装或薄聚乙烯薄膜包裹后，用绷带轻轻捆绑。

用于运输的材料包装需达到以下目的：

- 营造饱水环境并减少干燥，尤其对于过一段时间后才会打开包装的发现物更是如此；
- 包装材料作为衬垫以避免震动造成破坏；
- 避免对物品施压或磨损表面；
- 在满足要求前提下尽可能减少用水量（避免物品"晃动"并减轻整体重量）；

- 使物品可见（降低拆包和搬运的必要性）；
- 尽可能排除空气；
- 制作清晰的永久性标签，包含发送者和接收者的具体信息，如有必要，添加"脆弱易碎"或"此面朝上"等额外标签；
- 在分析专家的指导下对样品进行包装（图版16.4）。

对于大型饱水发现物，即使已经采用塑料进行包装，数周时间后仍可能会干燥，因此此类方法只适用于运输，此后发现物需尽快保湿存放。

包装和存放措施

- 项目开始前检查水电的供应情况，包括便利性、当地每天或每周的限定和水位高低（或许会影响水蒸馏器和去离子机的使用）。
- 所有发现物应根据材料分类存放。由于可能发生电化学腐蚀，不同种类的金属材料不能一起浸泡存放。
- 搬运乙烯、乳胶或丁晴橡胶类物品时应戴手套（使用无粉手套，尤其对敏感肤质而言）。
- 所有的包装和存放材料均应是保护级惰性材料，且需从专门的保护供应商处购买，包括带盖聚乙烯塑料桶、盒和箱；自封聚乙烯塑料袋，气泡膜；泡沫板（能漂浮在水中）、聚乙烯塑料泡沫（沉于水中）和绷带（帮助支撑大型脆弱物品）。
- 为负责发现物搬运的人员提供笔、标签、绳子、剪刀、工具等基本的记录材料。
- 小件发现物可在保护前饱水装在自封袋（双层包装）并放置在聚乙烯容器中。
- 可用保护剂塑料膜制作适宜尺寸的大型塑料袋，并用热封器封口（预算许可的话）。
- 非袋装材料应放置在带盖且气密的聚乙烯盒中，加满水以排除空气，并使用聚乙烯塑料泡沫、气泡膜或泡沫板等缓冲材料，以防物品与盒盖、四壁和底部刮擦。精细物品需用定制的气泡膜封护并覆盖额外的薄泡沫层。

- 适度衬垫后的塑料排水管可用于为长且薄的精细人工制品提供支撑，比如木材或绳索等。

- 来自专门情境的大量木材或皮革等类型的物品可以存放在箱中，用塑料"树"网状管（可从园艺中心获得）束紧，两端密封并做标签。

- 大体量物品可以存放在惰性材质的箱、桶、槽或缸中，最好是聚乙烯材料而不是聚氯乙烯（PVC）或金属材料。高且深的容器使用不便，因此最好选用长且浅的容器。可在容器底部安装塞子或水龙头以便更换浸泡液。

- （如用气泡膜或惰性的聚乙烯薄膜）覆盖槽或箱的浸泡液顶部可避免冬天冰冻或夏天蒸发。

- （如用来存放船材的）金属质槽或缸需（如用聚乙烯薄膜）做内衬。所有内衬材料应定期更换，以防材料老化和/或霉菌或黏滑物质的滋生。

- 一旦确定实施原址保护，对于大体量构件，应尽可能营造与原埋藏环境相似的存放条件。存放大体量木材时，可在地底或海床底挖洞并设置内衬。但这只能作为临时存放措施，并应征询专业的保护建议。

- 对公众参观应加强管理以保证重点工作不受干扰，并避免存放区域因参观而产生过多的光照和湿气。

- 装在盒子里的小件发现物可放置在架子上，架子最好选用金属质而不是木质（避免火灾或虫害隐患）。

采样和分析

保护工作者常与物品打交道，可协助进行鉴别和分析。采样前应事先就取样方法、样品包装和存放的要求征询专家的建议。一般来说：

- 尽可能缩短样品分析前的间隔期（最好不超过24－48小时），因为过久的存放可能会影响检测结果。

- 理想的短期存放条件应与原埋藏条件尽可能接近（如

水分/湿气、暗度）。

- 在经专家检查前禁止给样品加水。
- 应就所戴手套的类型、使用的材料、采样方法和存放要求征询相关专家的建议。
- 严禁在样品和/或待采样的人工制品附近抽烟、饮食，因其可能会污染样品（如烟雾可能影响碳同位素测年结果）。
- 待运样品、尤其是运往国外的，应根据海关、航空和快递公司和等待接收的分析专家的要求进行包装。前期就应重视此类安排，并对所有材料做好标签。

初步清洗

为去除大型生物体（如虾、藤壶和海草等）而进行初步清洗非常必要，这有助于避免存放期间的生物病害。若有可能，应轻柔地去除所有的活体生物并放归原位。为去除砂土和沉积物，可使用小型喷水器和软刷有控制地开展进一步清洗。

- 所有实质性清洗均应作为全面保护处理的一部分，因为对发现物进行清洗可能会破坏留存的表面处理、装饰和加工痕迹的证据。
- 需要好的光线条件。照明放大镜十分有用。
- 清洗工具的材质应比被清洗对象软（如用木制烤肉叉清洗金属）。
- 所有清洗和采样流程均应记录并移交给接收工作的保护工作者。

缓蚀和预保护处理措施

只有在征得保护工作者的建议后且万不得已时才能在浸泡液中添加生物杀灭剂或其他化学物质，因为某些化学物质可能会损害邻近的其他材质的材料（如复合材料物品）。禁止使用专用的家庭产品，尤其是含漂白剂的产品。适宜的方法是定期更换冷水并尽早开展全面的保护处理，这最好是在发掘后数天或几周之内。

加入浸泡液的化学添加剂——作为"紧急"处理的一部分——一般可分为以下几类，应根据考古保护工作者的建议酌情添加：

- 抑制生物病害的杀菌剂和防霉剂；
- 旨在减少潜在腐蚀的化学药品；
- 作为全面保护处理一部分的前处理措施。

杀菌剂和防霉剂可能引发腐蚀反应或影响保护处理和长期保存，此外，其中很多具有毒性，因此需根据相关健康和安全法规配戴手套和其他保护装备。

"缓蚀措施"指用倍半碳酸钠、苛性钠（氢氧化钠）或苯并三氮唑（BTA）等化学试剂抑制某些金属的腐蚀。然而，它们可能会影响后续分析或保护处理。

前处理措施的目的是提供内部支撑和稳定化。对于湿态材料而言，在有控制的干燥前，前处理措施是保护处理措施的一部分。如，聚乙二醇（PEG）常用来处理饱水木材，而甘油有时用于处理多种有机质材料。处理效果取决于材料种类、构成、结构、尺寸和保存状况等。若使用不当，也会对考古材料造成损害（如PEG若与铁和其腐蚀物接触会分解导致物品腐烂）。

记录

发现物的登记和记录系统的设计对考古分析来说至为关键，需提前谨慎计划（见第八章），这需包括保存类型和区位以及所有实行的紧急保护措施等信息。其他有关发现物及其保护的记录包括：

- 出入库登记，记录离库时间、是否为临时性出入库或其他相关信息。需所有相关人员签字。
- 监测记录，需清晰、明了、及时地记录发现物处理细节或状况变化。简易的汇总表格适用于记录此类信息，并需转交给相关的保护工作者，因为保护档案记录伴随着发掘而开始。

- 容器标签、发现物和样品区位记录的综合系统。
- 纸版潜水日记。

此外还有其他要求：

- 电脑需远离潮湿的工作环境，并制作纸版备份以防电脑出现故障。
- 填写入库登记时手应洗干净并干燥，因此，需为处理潮湿发现物的工作人员提供干净毛巾和纸巾。
- 紧急服务、保护工作者、专家的联系信息以及材料和设备供应者的信息列表和/或通知应张贴公告。

出于出版、宣传或保护记录等目的，会对发现物进行照相（Dorrell，1994）。即使是紧急处理，发掘后第一时间拍摄的照片也有助于对发掘后产生的变化进行长期评估，这时可使用传统和数码照相方法（见第十章）。材料从存放容器中取出进行拍照时，应尽可能缩短失水时间，并定时喷水（如用手持园艺喷壶）以避免可能的损害。然而，在操作期间，保持物品潮湿的要求可能会导致水在表面流淌，从而影响拍摄。变通方法是将物品放在玻璃槽中，放入干净的水并静置，槽后放置颜色适宜的背景，随后进行拍照，这会比将物品从水中取出拍照更能准确记录形状和颜色信息。然而，需注意避免水面反光（如将相机和物品置于同于同一平面）。此外：

- 需指定项目团队中的部分人员专门负责发现物拍摄，并事先讨论确定镜头和照明类型；
- 使用热灯或演播室灯光时应避免过热；
- 拍照时应使用照相用比例尺（而不是尺子、指头或笔等）和发现物编号；
- 所有照片应有序存放；
- 重要发现物应在发掘后第一时间进行拍照；
- 应保留记录不同拍摄目的的整体照相清单；
- 适当时候，需与其他机构签订版权协议。

X－射线照相和设施

作为一项能提供大量信息的无损检测技术，X－射线照相广泛应用于考古材料的分析和优化中，特别是地下遗址出土铁质发现物的检查和记录。X－射线照相能在发现物发掘后第一时间立即提供永久档案，而且对不稳定且易受破坏的海洋铁质发现物的分析和鉴别非常重要。此项技术对于有机质和薄的铜、铅质发现物等许多其他质地的材料的分析也极为有用。进行X－射线照相的发现物的选择应在考古保护工作者的帮助下进行，最好是前期联系过并协助项目工作的人员。（注意：医用等工业用X－射线设备在考古保护上不太适用【Southerlang，2002】。）除了为作为保护处理一部分的凝结物分解和清洗提供有用的"图像"外，X－射线照相还可以揭示以下信息（English Heritage，2006a）：

- 制作工艺和构造细节；
- 人工制品的器型和鉴别（如包裹在凝结物中）；
- 腐蚀和/或残存金属核心的区域；
- 标记、表面处理和残留有机质的痕迹。

健康和安全

- 在项目开始前应根据相关法律法规制定全面的健康和安全规定。
- 建议将有关规定详细告知所有人员。可采用包含相关信息的简报或资料包等形式。
- 进入紧急保护设施的人员应熟知突发事故下的有关规定（如消防安全通道和疏散通道）。
- 所有建筑、设备和设备相关程序均应经过风险评估。
- 应对操作特殊设备（如使用帮助人力抬升的起重机）的人员进行培训。
- 在英国，所有涉及化学品的行为均要求使用者填写COSHH表格以通过COSHH（危险物质控制规程，Control of Substances Hazardous to Health）的风险评估（Health and Safety Executive，2002）。化学品或其他相关物质的供应者需提供能填写此类表格的数据单表。应将COSHH的规定告知所有涉及化学品的人员，并使之了解相应的文件、地址和相关信息。

- 所有风险评估和COSHH表格均应由负责人签字。
- 所有可能会处理发现物的人员均应进行免疫接种（尤其是破伤风）。

保险

应根据有关规定对所有项目场所进行全面投保。若允许参观者进入项目场所，则需要全面的公共责任赔偿保险。还需对物品运至和运出项目场所进行投保。若有疑问，需征询专业建议。

清单

下列清单，即使不够全面，但对参与项目工作的人员，包括那些参与预算有限的小型项目的人员，还是有帮助的。提前进行规划并准备设备、材料和供给，往往花费更少而且更有效率。

项目规划

在项目工作前应解决以下问题：

- 需与专业的考古保护和分析团体一同商议（包括运输和保险等细节）。
- 在英国，根据法律要求，只要有任何"沉船"材料发现或抵达，均应告知沉船接管部门（海事与海岸警备署，Maritime and Coastguard Agency）。
- 需确定"紧急处理"设施和发现物存放的地点。
- 建立发现物记录和登记系统。
- 为意外发现准备应急资金（尤其是针对枪炮、船体结构等大体量物品）。
- 确定接受发掘出来的材料的库房、博物馆或档案馆。
- 为在当地社区和博物馆举办项目展览进行预备。

紧急处理存放设施

发现物"紧急处理"设施需：

- 有可上锁且安全的房间或建筑物，应靠近遗址或项目总部；
- 工作区域干净、采光好且通风；存放区域少光照；
- 有足够的空间以便发现物的接收、存放、记录和绘图；
- 与项目办公室、设备存放、记录及存档区域隔离；
- 设置烟雾感应器、灭火器和其他防火设施，设备应能正常工作；
- 有水电供应，有水槽、照明和通风设备。

紧急处理设施还需有：

- 方便参观者和发现物移动的通道，针对大体量发现物可设置斜坡；
- 防滑阶梯（最好有排水系统）；
- 表面防水的桌椅；
- 存放发现物和样品（而非食物）的冷藏箱；
- 摆放存放容器的大空间，最好有排水系统；
- 坚固的架子；
- 害虫监测系统；
- 相对稳定的环境，冬季时需有暖气装置；
- 用于安全存放化学品的指定空间；
- 防盗报警器（若必要的话）；
- 紧急情况和保护相关的通讯录（现场应有急救包和事故记录本）。

其他措施包括：

- 水蒸馏器或去离子纯水柱；
- 用于搬运大体量人工制品的绞车和滑轮系统；
- 入库发现物登记和评估的区域；
- 干湿工作区域的分配；
- 包装材料的存放空间；
- 长期存放经保护处理后的发现物的干燥区域。

材料和工具

应从保护供应商处采购，需包括：

- 小型工具（装在工具箱中，供处理发现物的人员使用）；

- 纸巾和用于擦手的干净毛巾；

- 聚乙烯绳、书籍订装绳或归档磁带（可从保护供应商处购买），以及弹性和非弹性绷带（可用于提取）；

- 特卫强（纺粘聚酯）防水标签（穿孔或不穿孔）；

- 保护级无酸纸、气泡膜、聚醚泡沫、聚乙烯薄膜和自封塑料袋，最好有可写标签的区域；

- 聚乙烯泡沫（"泡沫板"），可从保护供应商处购买，有不同厚度、黑或白色（常用作拍照时的背景及发现物包装、检查和支撑）；

- 手套——乙烯、乳胶或腈类（符合健康和安全法规，如在处理杀菌剂和/或防霉剂时应戴氯丁橡胶或丁基橡胶手套）或家用橡胶手套（用于更换浸泡水等重体力工作）——并与穿戴者确认规格和种类（某些人员可能需要无粉或非乳胶类）；

- 用于采样的惰性聚乙烯容器或玻璃管（征询专家的建议）；

- "树型网状管（tree tubing mesh）"（可从园艺中心获得）；

- 园艺喷壶（聚丙烯或聚乙烯材料）；

- 聚酯薄膜（细聚酯薄膜，有不同厚度和功能用途）；

- 起重环索和惰性泡沫衬垫（如硬泡聚醚）；

- 水罐（塑料）、水管、补充储存水的水管接头和卷盘；

- 垃圾箱；

- 小型踏梯；

- 惰性塑料储存槽和箱（需有盖，可能的话设置水龙头/排水塞）；

- 用于湿藏的带盖聚乙烯容器和托盘；

- 干净的（新的）平坦刚性烤盘（用于提取）；

```
0              3
        cm
```

▲ 图 16.8 这件嵌入罗盘的小型口袋式日晷发现于"肯内梅兰"号（Kennemerland，沉没于 1664 年）沉船。将其从凝结物中分离出来是文物保护工作者技术和耐心的胜利——甚至绘制的硬纸板罗盘卡也保存完好。（摄影：科林·马丁【Colin Martin】）

- 塑料排水管，纵向分为两半，用于支撑长条状物品；
- 用于观察存放容器中物品状况的手电筒（带备用电池）；
- 玻璃器皿（烧杯和量筒）；
- 大型放大镜或检查镜头（或安装在伸缩臂上的立体显微镜）；
- 温度计；
- 相机、照相比例尺、"背景材料"和相关设备；
- 玻璃槽和小型玻璃容器（用于发现物照相，有利于对发现物进行检查）；
- 用于制作塑料管或袋的热封口机（预算允许的情况下）；
- 塑封机（为箱、储存间、通知等制作防水标识）；
- 档案文具，包括日常工作需要的田野记录本、登记本、进出库本、笔、登记卡片、监测记录本；
- 根据需要配备用于登记记录的电脑、软件和打印机。

不应使用的包装材料包括：

- 塑料或玻璃食物容器，除非经过完全的清洗；
- 可能含有能渗入物品或包装材料的化学物质的聚苯乙烯颗粒（用于家庭包装）；
- 家用绳索，它们在潮湿条件下可能腐烂；
- 铝制托盘（装满水时可能会弯曲且/或可能引起发现物发生反应）；
- 普通褐色包装纸、纸标签、报纸、厚纸板和纸壳箱均不耐潮且可能受虫蛀；
- 橡皮筋和常用的家用胶带。

扩展信息

Dorrell, P., 1994, *Photography in Archaeology and Conservation*.Cambridge.

English Heritage, 1996, *Waterlogged Wood: Guidelines on the Recording, Sampling, Conservation and Curation of Waterlogged Wood*. London.

English Heritage, 2006a, *Guidelines on the X-radiography of Archaeological Metalwork*. Swindon.

Health and Safety Executive (HSE), 2002, *The Control of Substances Hazardous to Health Regulations* (Statutory Instrument 2002 No. 689). London.

Institute of Field Archaeologists, 2001b, *Standards and Guidance for the Collection, Documentation, Conservation and Research of Archaeological Materials*. Reading.

Neal, V. and Watkinson, D., 1998（第3版）, *First Aid for Finds*. London.

Robinson, W. S., 1998 （第3版）, *First Aid for Underwater Finds*. London and Portsmouth.

Sutherland, A., 2002, Perceptions of marine artefact conservation and their relationship to destruction and theft, in N. Brodie and K. Walker Tubb（编）, *Illicit Antiquities: The Theft of Culture and Extinction of Archaeology*. London.

网站和机构

The American Institute for Conservation of Historic and Artistic Works (AIC) (http://aic.stanford.edu).

Canadian Conservation Institute (www.cci-icc.gc.ca).

The Conservation Register (www.conservationregister.com).

Getty Conservation Institute (www.getty.edu/conservation).

The Institute of Conservation (ICON) (www.icon.org.uk).

International Centre for the Study and Restoration of Cultural Property (ICCROM) (www.iccrom.org).

International Committee on Monuments and Sites (ICOMOS)(www.international.icomos.org).

International Council of Museums (ICOM) (http://icom.museum/).

The International Institute for Conservation of Historic and Artistic Works (ICC) www.buildingconservation.com).

第十七章　遗址监测和保护

监测

　　水下考古遗址监测包括观测、调查和对遗址进行抽样，从而探测短期和长期变化的迹象。监测项目可长可短，其时间取决于相关遗址所涉及的问题。

　　遗址监测的目的包括：

- 查明遗址是如何形成的：人们很难得知水下遗址的形成过程，而针对一处遗址的监测，不仅能够解释该遗址是如何形成和到达目前状态的，同时也利于更广泛地理解水下遗址通常的形成过程及后续变化。

- 观测并理解影响遗址状况的过程：很少有遗址能够保持绝对稳定，大多数遗址都以某种方式发生着变化，变化有慢有快，有的剧烈、有的细微。对这些变化进行观察和测量，有助于考古学家理解对遗址保存产生正面或负面影响的复杂过程。这一理解有助于预测遗址未来变化可能带来的影响（图版17.1）。

- 确定其是否需要保护：根据以上两点中搜集到的数据使得决策和遗址保护过程有更多信息做支撑，这也使得考古学家能够识别出是否需要、何时需要以及需要采取何种主动管理措施。这同时还可以帮助确定遗址是否需要加固或是否需要提取人工制品。

　　由于遗址数量庞大且可用资源有限，对所有的水下考古遗址都进行监测不切实际。尽管一些措施已广为人知，比如由NAS牵头的"沉船领养"项目（见NAS网站），对水下考古遗址的监测很可能仍然具有高度选择性。

　　人们很难对何时应该对遗址进行监测给出综合建议，因为这取决于地方和国家优先考虑的事项以及人们对各个遗址重要性的认知。但在下列情况中，必须考虑进行监测：

- 在任一干扰性调查之后；
- 具有潜在的极度不稳定性；
- 被视为国家或国际级的遗址，无论稳定与否。

监测项目所需的数据类型与数量取决于最初监测遗址的原因，以及：

- 是监测单个遗址还是整个景观；
- 位置；
- 可用资源的水平；
- 可能需要的监测时间的长短。

监测项目的规模和复杂性因此差别巨大。下面的例子示意了一些监测项目和可能涉及的工作范围：

- 对受法律保护遗址的可疑人为干扰的调查：这可能只需要一次性探访遗址以检查干扰的迹象，也可能需要对遗址进行定期检查。除非发现人为干扰迹象，否则所涉及的工作基本仅限于目视调查。

- 因土木工程项目完工，致使担心附近水下考古遗址遭受侵害：在这种情况下，可能需要对每处遗址都进行一次探访以检查其是否发生变化，检查以目视调查的方式进行，并以视频或静止摄影和测量加以记录。如果要监测更加长远的变化，可能还需要重复探访。如果有长期影响的可能，则需要进一步定期探访。如果对海床和地层了解甚少，就可能需要进行岩芯钻探或试掘。地理调查对此会有帮助。

- 对某处重要遗址形成过程的资助研究：在这种情况下，可以部署一整套科学监测技术，包括取样和试验工作，并在很长一段时间内反复探访遗址。

生物学调查在遗址监测工作中的地位不可忽视。调查海洋钻孔生物、细菌、真菌并取样对了解遗址的变化可能至关重要。如，某些种类的海洋生物可以为洋流对遗址的影响提供信息，这便避免了使用数据记录器等更昂贵的技术。在苏格兰杜尔海岬（Duart Point）遗址，生物的分布和年龄（如藤壶）就为因侵蚀造成的海床受损提供了重要信息（Martin，1995a）。

为确保数据的获取和使用有序且行之有效，有必要制定一套监测工作计划。项目规划在第五章已经进行了论述，在此将对部分和监测项目相关的具体事宜进行探讨。

监测项目的案头评估（见第五章）必须确保明确以下内容：

- 沉船的材料组成及分布；
- 海床的构成及其对沉船材料可能造成的影响；
- 遗址生物（如海生生物的生长，所有出现的海洋蛀虫【蛀木虫】及其对沉船材料的影响）；
- 遗址上方的水流运动（洋流和波浪）；
- 水体本身（如盐度和pH值）；
- 外部因素，如可能对遗址造成影响的人类活动。

目视调查：搜集监测数据最简单的方式就是由潜水员进行简单的目视调查。这种类型的调查有时被称为"一般性目视检查"。这需要潜水员在遗址周围简单巡游，并在潜水过程中或在潜水结束后第一时间将观察记录下来，这项工作的效果依赖于潜水员能否在两次或多次造访遗址时辨认期间遗址状况的变化。因此，当潜水员业已熟知遗址情况，且具有相当的相关技术知识时，这项工作才能被最有效地执行。此外，如果潜水员按照固定的路线围绕遗址监测，或者在定期开展的调查中使用同样的潜水员，往往能达到最佳效果。

然而，单纯的目视调查对于水下考古遗址的监测价值十分有限。尽管人眼是非常精密的观察工具，但其所能获取的信息完全依靠参与工作的潜水员们彼此差别很大的知识、观察能力和记录水平，其高度的主观性意味着目视调查最好能得到其他方法的支持。

平面草图或许是对目视调查提供支持信息的最简单的方法。假如潜水员具有相当的手绘能力，那么很多难以用书面或口头形式描述的信息就能够被记录下来，然而其结果可能仍然具有主观性。

视频和静止摄影：这些是支持潜水员观察工作非常重要的方法，正常情况下，摄影图像可提供的信息量远远超过潜水员的书面描写或口头表述。视频和静止摄影还具有可对遗址进行远程研究的优点，不论研究者是不是潜水员都没有关系，也不必重访遗址。除此之外，照片还可以为潜水员的描述纠错。不同时间拍摄的照片与潜水员的描述相比也更容易做对比。和目视调查一样，通过摄影对遗址进行监测，需要在长时间内对遗址进行多次探访。

因此，如有可用设备，且环境因素，如水下能见度允许，则应该在所有情况中使用视频和\或静止摄影。对于静止摄影来说，项目设计应该明确拍摄对象和拍摄角度。所有的照片都应具有某种形式的易于确认并一致的比例尺，如果在日后重复拍摄，则应从同样的视角进行拍摄。同样地，项目设计应该确定需要哪些视频素材，还应仔细确保拍摄视频时的稳定和慢速。如果可行的话，视频片段也应包含比例尺。

如果条件允许，还应考虑拍摄制作照片镶嵌和全景照片，除非也要用于测量调查，监测用的照片镶嵌通常不需要严格遵循比例，而且可以通过简单的"游摄"方法获取。

更多关于获取、整理和存储影像记录的详细信息请见第十章。

进行测量： 测量是识别和量化分析变化的有益方法，只要采取的是精确且可重复的测量方式。可用于遗址监测的测量范例包括：

- 遗址埋藏深度变化的测量。如果一处遗址被全部或部分掩埋，则可以在固定地点探测掩埋深度，也可以测量固定点到海床表面间的垂直距离。固定的点可以是一个附着于外露考古遗迹上的钉子，或稳稳插入海床的长棍或长钉。
- 使用倾角测量仪测量金属船骸上金属板或构架的角度来检测移动迹象。
- 清点物种或个体标本的数量，并测量样区内海洋生物的大小。
- 使用深度计进行跨海床测量。通过对比先前的测量结果，可以探明海床形状的变化。

若打算通过多次探访重复测量遗址，那么应该以某种方式标记出这些"测量点"的位置，从而确保可以再次定位，并准确进行重复测量。当工作由团队中不同成员，或整体由另一个团队承担的时候，这样做尤其重要。

采样：采样的形式多样，可采集海床沉积物并进行鉴定，从而显示遗址是否易受侵蚀，人工制品埋藏的化学和生物环境信息；船材样品检测可以提供有关蛀木生物和其他生物的威胁信息；采样还可为暴露在空气环境中的木质人工制品的保存时间提供重要信息；采集海洋生物可以精确识别不同物种，从而帮助确定遗址各个部分所处海洋环境能量的高低，并由此突出特别易受损害的区域。只有在其他非侵入式方法无法获取所需信息时才应考虑采样，而且始终应在可能获得的好处和其可能导致的损害间认真加以权衡。

非破坏性测试（Non-destructive testing，简称NDT）：围绕近海石油和天然气行业中大型金属构件的定期检查已经形成了一个复杂的产业。这一产业所用的一些技术已经被考古学家直接或改进以应用于金属沉船和其他金属人工制品的监测。

腐蚀电位（Corrosion Potential，简称CP）的测量可为金属人工制品过往的腐蚀情况及其脆弱性提供相关信息。它已被用于研究20世纪大型金属船骸和钢筋火炮。在某些情况下，这项技术还能协助文保人员确定原址保护的方法，比如使用牺牲阳极附属物。尽管这项技术的应用需要相当的专业知识，不过设备却比较容易获取，或能以适中的花费制作，因此，腐蚀电位测量应该在大多数得到适度保障的项目的可承受范围之内。

同样，超声波测厚仪（Ultrasonic Thickness Measurement，简称UTM）可用于监测金属结构，比如铁板或钢板的厚度和腐蚀。设备也一样现成。

地理调查：侧扫声呐和多波束条带测深仪一类的设备可用于海床形状和深度的测量，并可探测是否存在考古资料。因此，这类设备可用于监测长时期的变化（如遗址上沙丘的移动，以及对沙和其他沉积保护层的侵蚀或堆积）。

传统的地球物理探测（见第十三章）需要潜水员或遥控水下机器检查并阐释探测结果以求掌握实际地貌资料，但是，随着数据质量和考古人员阐述技能的提高，彻底的地面实况探测的需求逐渐减少，并且这一趋势很可能会继续。原先需要花费潜水队数周或数月的工作，现在借助物探设备数小时内便可完成，因此，不论是政府还是开发商资助的项目，使用这类探测进行的监测都逐渐增多。然而，不应该将此方法看做完整的解决办法，或认为它适用于所有遗址。也因为如此，地面实况探测在可预见的未来内应该不会完全消失。

这种监测技术的效力很大程度上取决于各次探测中所检测到的变化，因此，需要以合适的时间为间隔进行多次探测（图版13.7和13.8）。高昂的费用，尤其是多波束设备的开销，以及操作和阐释结果所需的专业知识，意味着这种方法在资金量不大的项目中的应用可能非常有限。尽管如此，始终要考虑使用这种方法的可能性。

另外，也有其他可用于监测工作，且对专业技能要求较低的现成设备（如回声探测器）。当与合适的差分全球定位系统（见第十一章）设备连接时，回声探测器可为遗址周围及内部海床地貌变化提供详细信息。

水动力环境：水温、pH值和盐度的测量花费较少且相对容易完成。若资金充足，则可以使用数据记录仪测量水流强度、方向、固体悬浮物和其他可能影响遗址稳定性的因素（图版17.2）。另外，水动力环境的信息还可以通过研究海洋生物的类型和分布获取，其他公共或私有信息来源还包括水文机构等。我们推荐与其他机构或组织交流合作，共同对水动力环境进行研究，以提供有价值的信息和科技投入。

其他技术方法：实验技术非常有用。比如MOSS项目（Cederlund，2004）证实，通过提取埋藏于遗址中或暴露在外的牺牲测试对象并进行试验，能够获取颇有价值的有关木头降解的信息（图版17.3），此类研究可以在很大程度上揭示遗址的形制和稳定性。其他项目，比如最近针对17世纪晚期英国战舰"危机"号（Hazardous）船骸的调查（Holland，2005；2006）表明，使用"示踪"物品能够为遗址埋藏过程和海床上人工制品的移动提供信息。使用这些技术的价格相对低廉，而且很多都无需专业技术知识。但是，这些技术方法通常需要对遗址进行多次访问。

为了解遗址的生物环境并制定相应的监测方法，专业知识可能必不可少，不过咨询的费用大都微不足道。对于大多数保障充足的项目，尤其是采用跨学科研究方式的项目来说，这些通常都在可用资源范围之内。

上述许多方法都依赖于比较反复造访遗址所搜集到的数据。初次工作所提供的"基线"数据将作为此后获取数据集的比较对象，因此，仔细记录基线数据的获取方法，并确保随后的数据以同样或类似的方法获得至关重要。这点要在项目规划阶段认真考虑以确保可以实现数据的重复性收集。

同样还应该深思熟虑的是如何确保重复工作能够在恰当的时间进行。如，如果怀疑海床外观会受到季节性风暴的影响，那么应在合适的季节之前、期间以及之后访问遗址。经过对比，如果认定遗址仅受非常缓慢的长期变化的影响或变化可忽略不计，重复工作可能就只需要按每年一次，甚至更低的频度进行。

间隔性重复监测工作尤其需要保证工作内容尽可能简单，特别是在资源有限的时候。如果该项工作由不同团队或个人共同承担，可重复性就更加重要。报表形式的记录是这种情况下比较合适的记录方法。

在与本书同类型的出版物中不太可能对监测数据的阐释提出综合性的建议，因为影响每个遗址的过程千差万别。不过，下面仍列出了一些可能要加以考虑的例子。

- 材料的表面分布：遗址中人工制品的移动或消失可以由多种过程导致。有色金属人工制品的遗失通常意味着人为干扰的存在。然而，人工制品的移动或消失可归因于一系列因素的影响，包括侵蚀或自然掩埋，所以对它们的阐释要格外小心。

- 海床形状的变化：海床形状的变化很可能来源于侵蚀，遗址也可能因此而不稳定。对监测数据进行分析或许有助于确定所发生的变化究竟是自然重复的循环还是一个单一事件，以及是否有必要主动干预以稳定和保护遗址。海床形状的变化也可能解释人工制品为什么消失。

- 人工制品劣变：要考虑人工制品劣变的方式和速率。评定的途径有若干，比如通过对定期拍摄的特写照片进行对比，或对人工制品进行近距离观测检查，包括探寻海洋蛀木生物带来的影响。这样的评估有助于确定是要打捞人工制品还是要进行原址保护。劣变的原因可能归咎于多种因素，包括侵蚀、生物侵害和人为干扰。如果劣变速度过快，则需要主动干预，将人工制品打捞出水或在原址进行保护。

- 腐蚀电位：高腐蚀电位或者波动的腐蚀电位可能意味着需要打捞人工制品或进行原址加固。

项目规划应为整个监测项目期间收集的所有数据及文件（包括影像及静态图像）提供统一的储存空间，这被称作项目归档（见第十九章）。

确保为项目出版分配足够的时间和资源是监测项目组织者义不容辞的责任，且要保证该出版物符合遗址所在国公认的考古标准，或在无国家级标准时，符合国际公认的标准（见第二十章）。

监测报告及其基础数据越来越多地可以从地方和国家档案中获取。采用地理信息系统的创新性网络出版项目，比如泛欧洲的MACHU项目（www.machu-project.eu/），可以使数据和技术知识变得方便可及。

保护

保护是一种使用物理或者其他方式的原址干预手段，它能够减缓、阻止或者逆转那些被认为对考古遗址有负面影响的过程，因此把它描述为"稳定化"也许才最为合适。尽管在过去几十年里为遗址保护而进行的尝试从未间断，但直到最近，关于水下原址考古保护的研究仍然很少，因此人们对它也知之甚微。第七章已经探讨了如何对遗址进行法律保护，从而使其免于受到人类活动带来的负面影响，因此这里不再作讨论。

当监测项目表明遗址情况有明显恶化或严重不稳定时，应考虑对遗址进行保护。典型情况包括：

- 脆弱的考古材料暴露在外或正在劣变，且不便或无法提取（如一段具有独特或重要特征的木质船体暴露在外，却因为体积过大而无法打捞）；

● 深埋的考古材料，但埋藏深度已无法继续保证其免于劣变（如不再处于厌氧环境中）；

● 需要短期保护（如一处通常被掩埋的遗址因罕见的风暴而被揭露，且自然的再掩埋过程非常不确定）。

只有时间和经费资源得到充分的保障，或得到保障的可能性很高时，才应考虑采取保护措施。有时也会需要长期监测，这时则和监测工作一样，采取以项目设计为先导的保护方法。和监测工作一样，最佳实践应包括详尽彻底的记录和工作成果的出版发行。

对沉船遗址原址保护中采用过的所有技术方法进行充分讨论超出了本书的范畴，不过，在此提供几个例子说明可供考虑的选项。

回填：在遗址因为沙或其他覆盖层被移除而变的不稳定的时候，可以考虑简单的回填。然而，这种做法的成效大都是短期的，除非导致遗址暴露的过程不再活跃。如果缺少可以阻止破坏性过程的手段，则可考虑用抵抗力更强的材料进行回填（如用碎石取代沙），同时必须考虑不同材料对遗址可能产生的物理及化学影响，以及添加破坏性材料的风险。如果使用沙砾覆盖遗址，且沙砾来自海洋活动频繁的区域，如进港航道，那么后一种风险就可能尤为显著。

回填可能会产生大笔开支，尤其是大型遗址，除非可以与已有的商业作业展开合作。

沙袋：沙袋可以用于覆盖整个遗址，或选择性的加固或覆盖单独或成组的人工制品，它能抵抗水流并且适度的抵抗浪涌。沙袋非常适合用于填补冲刷坑或发掘探沟，并为人工制品增加负重，比如很容易受到扰动的木质船体的细小残片。在放置时，每个沙袋要相互紧挨或最好依次叠压，以便其间空隙可被沙或其他可移动的海床物质填充（图17.1）。单独或三三两

▼图 17.1 杜尔海岬（Duart Point）沉船一处脆弱区域上覆盖的沙袋。（摄影：科林·马丁【Colin Martin】）

两地使用沙袋效果就会差很多，而且也不应该把这视为一种永久或"安装后即忘记"的保护手段，因为不管是人造的还是天然的，织物终会腐朽。除非将沙袋掩埋于覆盖层之下，否则定期检查仍不可少。

应铺设沙袋以促使水流平缓的穿过遗址，这能减少因沙袋本身在遗址附近或其他地方形成水流漩涡而造成侵蚀的风险，同时也能延长它们的使用寿命。如果要在整个遗址范围内铺设沙袋，则应将它们紧密堆积，且摆放的尽可能低平。在遗址内铺设沙袋以防止侵蚀的例子包括英格兰多赛特郡（Dorset）海岸15世纪的斯塔德兰湾遗址（Studland Bay）以及苏格兰的杜尔海岬遗址。杜尔海岬在部分发掘后使用沙袋进行防护，以促进原有海床表面的复原（Martin，1995b）。

安放沙袋可能消耗大量时间，因此项目规划要确保该项工作的实施速度越快越好。安放速度过慢或局部安放可能会增加侵蚀而非减少损害。低估所需的沙袋数量也是一个常犯的错误。

土工织物：人造纺织品薄膜也可用于覆盖遗址和增强遗址稳定性。可用的材料多种多样，选择范围从能由园艺供应商提供的可抑制杂草生长的薄膜卷，到土木工程行业所使用的更加复杂的纺织品，以稳定水下或岸上的脆弱表面。通过在海床表面提供平缓而连续的屏障，这些纺织品会在其下方形成一个稳定且通常无氧的环境。专为海床环境生产的织物，通常能促使其安置区域内沉积物的重新堆积。如一些纺织品可能会带有"叶状体"薄层，这一设计可减缓与之接触的水流的速度，使悬浮的泥沙沉降至海床。

土工布往往硕大笨重且难以放置，确保将土工织物覆盖于海床上需要认真仔细并深思熟虑，而且也可能需要定期监测。这在海运或休闲功能繁忙的区域尤为显著，因为土工织物松动后可能导致重大的危害。土工布可能非常昂贵，尤其对于大型遗址，但它们可以产生良好的效果，因此它们的应用很可能会增加。泰拉姆（Terram）常常被作为土工布产品的代表，也有很多其他种类可供选择，因此，为确定最合适的土工布，应考虑可否先在临近遗址或与遗址环境类似的地方进行实验。

阳极：在一些遗址，比如杜尔海岬，在当地的工作已经表明，阳极可用于帮助稳定金属人工制品，如海床上的铁炮（MacLeod，1995）。其另一个好处是，如果预计到有关人工制品终将被取出，那么使用阳极就能使部分常规保护措施在人工制品仍在海床上时就得以进行（图版17.4）。然而，阳极的使用需要一些专业知识，其涉及长期的田野工作承诺，且相当昂贵，因此这种方法只有在相关人工制品异常重要，或计划随后将其打捞时才值得考虑。

在某些情况下，原址保护可能不切实际或最终难以成功，面对这种情况，即使与现行的遗产管理政策背道而驰，将脆弱的人工制品取出可能是保证其保存的唯一可行手段。因此，应在项目规划中考虑这种情况的可能性，并制定相关应急安排。这项工作应始终在与相关文物保护专家的协商中完成。如果确定了相关材料的所有者，那么此人或团体理应在初期就参与进来。

扩展信息

Archaeological State Museum of Mecklenburg-Vorpommern, 2004, *Management plan of shipwreck site Darss Cog, MOSS Project.*

Camidge, K., 2005, *HMS Colossus: Stabilisation Trial Final Report.* Unpublished report for English Heritage.www.cismas.org.uk/docs/colossus_stab_trial_final.pdf

Cederlund, C. O. (ed.), 2004, *MOSS Final Report*, web published final report (www.nba.fi/internat/MoSS/download/final_report.pdf).

Det Norske Veritas Industry A/S, 2006, *Recommended Practice RP B401: Cathodic Protection Design.* Laksevag, Norway.

Gregory, D. J., 1999, Monitoring the effect of sacrificial anodes on the large iron artefacts on the Duart Point wreck, 1997, *International Journal of Nautical Archaeology* **28**.2, 164–73.

Gregory, D. J., 2000, *In situ* corrosion on the submarine *Resurgam*：A preliminary assessment of her state of preservation, *Conservation and Management of Archaeological Sites*, **4**, 93–100.

Grenier, R., Nutley, D. and Cochran, I. （编）, 2006, *Underwater Cultural Heritage at Risk: Managing Natural and Human Impacts*. ICOMOS.

Holland, S. E., 2005 and 2006, Following the yellow brick road. *Nautical Archaeology Society Newsletter* **2005**.4 and **2006**.1: 7–9.

MacLeod, I. D., 1995, *In situ* corrosion studies on the Duart Point wreck, 1994, *International Journal of Nautical Archaeology* **24**.1, 53–9.

Martin, C. J. M., 1995a, The Cromwellian shipwreck off Duart Point, Mull: an interim report, *International Journal of Nautical Archaeology* 24.1, 15–32.

Martin C. J. M., 1995b, Assessment, stabilisation, and management of an environmentally threatened seventeenth-century shipwreck off Duart Point, Mull, in A. Berry and I. Brown （编）, *Managing Ancient Monuments: An Integrated Approach*, 181–9. Clywd Archaeology Service, Mold.

Palma, P., 2005, Monitoring of *Shipwreck Sites, International Journal of Nautical Archaeology* **34**.2, 323–31.

第十八章 考古绘图

目录

◆ 基本绘图工具

◆ 绘制考古材料

◆ "用眼睛"记录

◆ 记录装饰和表面细节

◆ 记录构造性及其他细节

◆ 实地工作后的摄影和激光扫描

◆ 呈现一系列复杂信息

"一图胜千言"这句古语用于形容考古记录领域特别贴切。各类线图和插图是迅速地表现大量信息的便捷方式。有关考古插图的详细信息可参考现有文献（见本章"扩展信息"）。本章提供记录小型发现物的工具和技法，以及呈现考古绘图中的信息的不同方法的基本建议。附录一和二提供了记录大型发现物信息的方法，尤其适用于水下考古。

基本绘图工具

因为有几本全面涵盖绘图工具选择的书籍可资利用（如格林2004年的著作［Green，2004］和格里菲思等人1990年的编著［Griffiths et al.，1990］），这里仅提供简要指南。仅需几件基本工具即可开始绘图，由于所需工具的范围取决于绘图类型，考古绘图"工具包"可以随着时间而充实；初步采购清单可包括绘图纸/绘图薄膜（drafting film）、铅笔、绘图笔、橡皮擦、测量工具等。

绘图表面越平滑，绘制的线条就越流畅。绘图胶片（permatrace）表面非常光滑，但价格高昂。绘图纸有各种厚度，一般选择中等厚薄、双面无光、表面平滑的纸张，也可使用薄薄的光泽纸板（bristol board）。如有疑惑，图像艺术和技术绘图工具专卖店的员工能提供很多建议。许多插图员喜欢用CS10纸，因为它是理想的美术用品，而且表面非常光滑，可以小心地刮去笔误。

要记得询问所售绘图材料（墨水、纸张、绘图薄膜）的长期稳定性，以及墨水和绘图笔与绘图表面的适配性。应避免使用容易褪色的墨水、容易泛黄和变形的纸张，描图纸尤其不稳定。

有一系列硬度的铅笔就能在绘图薄膜和纸张上作业（硬度4H至HB的铅笔应可应付大多数情况）。注意，在绘图薄膜上绘图时，4H铅笔可能表现得更像2H铅笔。出现错误不可避免，要接受其必然性并买块好橡皮。

绘图笔，也称针笔，也有一系列尺寸。0.35毫米笔尖是勾画许多图形轮廓线时的常用尺寸，尽管出版时会被大大缩小的大型线图需使用0.5或0.7毫米笔尖，不缩减的小线图则用0.25毫米笔尖绘制。一般用0.35毫米或0.25毫米笔尖绘制细节，用0.18毫米笔尖绘制精致细节。但要注意，如果线图被缩小50%以上，精细线条可能会消失。

现有专用墨水清除器可供使用，要选择与正在使用的墨水和绘图纸匹配的适用类型。清除墨水的一般作法是用圆刃手术刀（10号）刮除绘图薄膜上的笔误，然后用专用制图粉抛光表面后再落笔。

获取准确测量值需采用一些特定方法，因此测量工具很重要。卡规和标尺是基本必需品，而且形式多样。游标卡尺非常有用（事实上，是画陶瓷器的必需品），应尽量提供。

大多数线图需要某种形式的标签或注释。手写文本一般能用作登记和记录，然而除非专业熟稔，否则无法用于出版；字板廉价易得，但需练习；可用标签打印机把文本和标题打印到空白不干胶标签上，贴在线图或平面图上；用连接高清打印机（如激光打印机）的文字处理器能快速方便地生成合乎标准的文字，可据需打印出注记和标题并附在线图上以供复制。此外，还可（高清）扫描线图并用图像编辑软件（如Adobe Photoshop）添加文字，最佳作法是以最低600dpi灰度级扫描线图后保存为TIFF文件。

其他基本工具包括一把手术刀、一套三角板、一把工程角尺和方格纸。

要有一个能让人舒适地持续进行绘图工作的指定区域。工作台面和照明是要考虑的关键点。

必须有一张合适的绘图台。特制的可调节绘图桌最为理想，但价格高昂。可购买或自制绘图板，制作时确保绘图板一个边角平直会非常有用，这样可用它作丁字尺。用胶带将坐标纸固定在绘图板上很有助益，坐标纸上的线条能透过绘图薄膜，并可用来调整线图、标签和基准线。

绘图基于观察，可控强光源极有助于辨别可能会错过的细节，可调角度的台灯最好用（图18.1）。通常使用左上角来光绘制物品，因此在画板左上角放灯，并把绘图板放在让自然光从左上角射入的位置。在不同照明条件下从多个角度检查物品，新遗迹就很可能变明显。

随着经验增加，绘图工具箱日渐丰富。更多的笔、一张可调节绘图桌或一台缩刻机都能使工作倍感轻松方便，并绘出高质量的图纸。然而，使用上列基本工具即可完成准确清晰的线图。

绘在纸或薄膜上的线图应储存在安全、干燥的地方，最好用图柜，线图可以放平且易于查用，异形线图也可挂在架上。如有大量线图，要在每张纸或薄膜储存后的易见位置处标上其编号。所绘人工制品的记录卡上应附有其图纸号，以便轻松找到相关线图，这有助于防止信息丢失（见第十九章）。

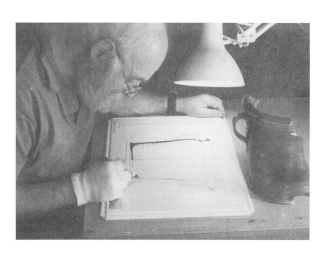

▼图 18.1 用铅笔记录物品轮廓和其他细节后，即可用墨水在空白描图纸或绘图薄膜上描图成最终线图。注意台灯位置，并且要使用棉布手套以免在绘图表面上留下影响墨线附着的污渍。（摄影：爱德华·马丁【Edward Martin】）

绘制考古材料

考古插图的要点是表现信息，而不打断整篇文章。精确和清晰至关重要。插图需要表现每件物品的技术信息——准确尺寸、材料类型、制作方法、使用痕迹及许多其他遗迹——要精确到足以让研究人员识别来自不同地方的材料之间的相似、相同或差异之处。

考古插图遵循既定标准和惯例以满足这些要求。这个主题领域广泛，读者可以参考本章最后"扩展信息"部分所列的出版物。大型考古项目需做大量绘图工作，值得委派主管负责确保所用惯例的一致性。第十章内容已涵盖人工制品摄影，本节将讨论通过绘图记录考古材料所涉及的基本概念和技法。

考古绘图可被描述为手工过程。拥有艺术天赋是种优势，熟练完成的考古记录线图往往是极具吸引力的自有权利作品。如前所述，完成达标成果的主要技能是仔细观察物品并将测量值转移至纸上的能力。

线图和照片间的选择：线图相比照片具有许多优势，它可以更容易地表现清晰、重点突出的特定细节。虽然，照片可以相对快速地记录大量物品，但它不能像线图那样呈现完整或几乎完整的物品的截面信息；也不适用于形式比较。线图还比照片更容易表现显示想象重建的插图。大多数人认为照片作为考古物品的图像记录并不够。在做考古材料实测图的过程中发现有助于完善最终记录的更多信息很常见，因此，绘图期间所作的观察笔记需要保存并加入书面记录。

线图记录可分为许多方面：

- 记录形状和尺寸；
- 记录装饰和表面细节；
- 记录成分和工艺的相关细节。

上述内容本质上是基于仔细研究和测量的主观过程。然而，许多线图涉及阐释——比如，页面中物品的方位、对遗迹的强调、记录视图的选择。这种阐释不可避免，然而插图员必须努力确保这种决断不会令读图者形成曲解和偏见。下面分别论述不同种类的明确阐释性线图。

需要注意的通用规定很少。如前所述，绘制考古材料最常假设光源位于图纸左上角。记录图一般不涉及视角；正面图从所需的多个角度绘制以表现可用信息。做档案记录的视图或许比最后发表的多。物品截面图作为其他视图的附件非常有用，在绘制陶瓷器时应始终将其包括在内。

所有记录线图均应清晰且永久地标注物品记录号、起草者名字和线性的度量比例。

原图和缩小图：大多数人工制品是用铅笔全尺寸绘制的，完成的墨水清绘图视出版需要缩小。一些小型物品画得比真实尺寸大（通常描图自精确缩放的照片），而其他物品（如双耳罐）则以1：2或1：4的比例缩小描画。必要时，任何线图的清绘图均应是适用于出版的缩小图。

显然，从计划画线图一开始就必须考虑缩小图的问题。即使因出版而缩小或放大线图，使用线性比例仍可保持其真实性。线条宽窄和细节详略也是要考虑的重要因素：以50%缩小时，宽度小于0.25毫米的线条常会消失，而且未细心绘制的复杂细节将变得模糊。应当牢记平面图和截面图必须像物品图一样绘制缩小图。在这些线图中必须尤其注意确保缩小后所有文字或标识仍清晰可辨，在扫描并缩小后的线图/平面图上添加文字有助于避免这一问题。

考虑到缩小图的效果，有时会用稍显简洁的全尺寸线图，但这仅有利于以出版尺寸重现时做合并和模糊细节。在极端情况下，可能必须绘制一幅极为详细的记录线图和另一幅为出版而缩小的粗略但准确的线图。

缩小图具有以下优势。

- 线图缩小50%，可以从视图上消除许多轻微瑕疵，并平顺略为粗糙的线条。
- 用复印机可以快速查验缩小用线图的效果，并选择缩小程度。
- 有效绘制缩小图是种技能，像其他事情一样可以习得。

记录形状和尺寸：完成物品绘图记录的初始步骤是绘出其轮廓和总体尺寸。不同物品所用的技法不同，但下述关于绘制陶瓷容器轮廓线的有用技法案例将用作介绍适用于大多数情况的工作方法。其他物品或需从更多角度绘制以表现所需信息。

陶器常以全尺寸绘制后缩小，这样就能取得最大数量的测量值，以缩小尺寸（1：2或1：4）绘制或从缩小照片描图的双耳瓶形式是例外。绘制陶器有许多不同方式，且方法根据容器完整程度而变化。

绘制完整、几乎完整的陶瓷容器

可以用直角三角板和工程角尺（或任何类似装置）以下述简单方法来记录完整或几乎完整容器的轮廓和尺寸。

把容器直立侧放在绘图纸上，其口缘或底面平贴直角三角板。有时可能需要用橡皮泥或建模粘土支撑容器（决不要用会剥离容器表层并留下油污的蓝丁胶【blue tack】），保证器物不会晃动。沿直角板底部画一条线代表容器底线或边缘。

靠着容器边缘放置工程角尺，角尺与纸接触的地方是容器上点的正下方，在绘图纸上用铅笔做出标记（图18.2）。绕着容器边缘移动角尺并用铅笔在纸上标记各点即可标绘出容器轮廓，做的标记越多越容易连成精确的轮廓线。应该注意轮廓显著变化的地方（如口缘）和附加手柄或壶嘴的地方。用这种方式可以记录大多数物品的轮廓。

绘制几乎完整的容器或大型物品的另一种方法是把它牢固放置在水平平面上，然后设置垂直基准面（图18.3），测量基准面到物品的偏移值来描述形状。

绘制不完整的陶瓷容器

绘制不完整容器的轮廓线可能复杂得多，有时只有容器碎片，但细心应用简单技法仍可能完成物品形状的有效记录。

缺了一半以上口缘或底面的容器无法用上述技法来绘制容器两侧的轮廓线，但可以用其他技法完成。显然，找出容器底面和口缘宽度对重建其形状很重要。可以用半径模板（图18.4）或把口缘或底面碎片放置在半径图上（绘有已知半径的半圆图板——见图18.5）来完成，具体步骤如下。

把口缘以适合的平面倒

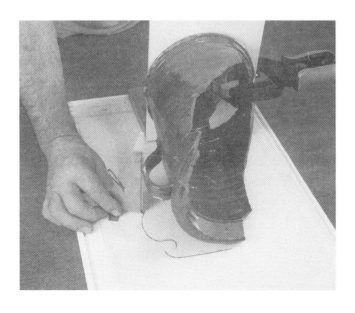

▼图18.2 记录物品形状的简单方式是将它侧向安放，并用尖端连接铅笔的三角板绕其描线。图示的是商业制品，但其很容易自制。用带软橡胶垫的夹子把罐底固定在垂直板上。绘图时必须注意不要损伤物品。（摄影：爱德华·马丁【Edward Martin】）

▲图18.3 通过设置垂直基准面（图中是放在木头基座上的塑料三角板）和测量偏移值可以记录物品形状。（摄影：爱德华·马丁【Edward Martin】）

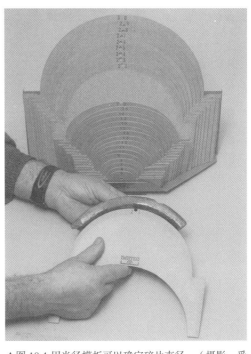

▲图18.4 用半径模板可以确定碎片直径。（摄影：爱德华·马丁【Edward Martin】）

▲图18.5 可用绘有标准半径圆的图做陶器碎片口缘或底面与连续弧度的对照，直至找到精确匹配。显示整圆百分比的片段可用于估计所测碎片的数量。（摄影：爱德华·马丁【Edward Martin】）

放在半径图上，然后，沿纸张平面查看以检找其真实位置，调整持握碎片的角度直到口缘或底面弧边平贴在纸面上。碎片可能非常小，故而圆形或磨损的口缘很难正确定位（图18.6）。以同一方向沿半径刻度移动底面或口缘，直到从上方看到外缘曲线与半径图的某一曲线完全重合。比如，尽管仅存一片口缘，如果口缘碎片匹配10厘米半径的曲线，即可推断出该容器口缘宽20厘米，就可以在线图上注明容器尺寸。

确定口缘或底面尺寸后，即可用上述三角板绘出容器各面轮廓线，但必须格外细心确保陶器碎片正确定向。把罐口缘或底面靠在垂直木块上，确保口缘在正确平面上（像使用半径图时那样）。尽管定位侧面的角度可能必须进行一定程度的估算，绘制单片碎片时应把其定位到提供最完整侧面的方位。可用橡皮泥或造型黏土固定以防止罐或碎片移动，然后如前所述般使用工程角尺画图。

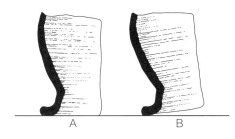

◀图 18.6 试图在半径图上正确定位陶器碎片时，坯轮机制陶痕迹（制作时产生的水平线）会非常有用，尤其对圆形或磨损口缘：A）可以看到痕迹是水平的，表明碎片位置正确；B）口缘没有正确对齐，会从图上得出错误读数。（基于本·法拉利【Ben Ferrari】的原作）

画完后要核对，可能的话重复画另一侧。用半径图获得的测量值提供了容器对侧口缘的位置。罐和其他物品极少是匀称的，完成一个侧面的测量线图后用其描图形成对侧轮廓线并不合适。然而，仅有容器一侧的碎片时，便不得不用同一侧碎片来重建两侧轮廓。研究容器碎片形状或可扩展其轮廓线，可用碎片越多越容易做到。所有轮廓线的推测部分应用虚线表示。

如果没有口缘或底面碎片，就可能无法重建所研究容器的形状。绘制主体碎片横截面能够提供一些形状迹象，但重建完整轮廓会牵涉过多猜测。然而，这并不意味着这种陶器碎片无用，它们或有不可忽略的独特装饰或制作痕迹应予记录。

绘制轮廓线后，通常要沿罐的中点绘制一条线把其分为两半。按惯例，左半边用于显示内部细节，而右半边显示外部遗迹（图18.7）。

用卡尺测量壁厚（图18.8）并绘制切过容器的横截面，显示在线图左侧。在该阶段应仔细注意内部细节。完整罐的内部细节不易观察，但对器形相似的破损品的研究有助于估计可能存在的遗迹，并找到记录它的策略。罐右侧表明装饰或技艺特质等外部遗迹。把手和嘴部轮廓线经常引起问题，有许多不同的惯用手法可用来表现它们的截面和剖面（图18.9）。然而，把手通常出现在线图右侧，而嘴部在左侧。此后应以直接测量法用卡尺仔细核查得出的物品尺寸。

◀图 18.7 简单的陶器线图。惯例是右侧显示容器轮廓，左侧以截面方式显示其内部，一条中间线分开两侧（想象左上部四分之一罐身已被切除）。右侧显示外表面细节，实线表示口缘一圈和底部的完整部分，以及器身表面少量不完整的坯轮机线，渐弱线强调其柔和的属性。我们在左侧看到以黑色强调的容器截面和内壁显示的坯轮机线的痕迹。罐的两侧各有一个把手，右边把手用横截面显示外表，而左边把手使用垂直剖面，并用阴影线表示它被附加到容器主体上。采用这些简单惯例可以适应每个罐的特质，应尽可能遵循。（科林·马丁【Colin Martin】）

0   10
cm

▲图 18.8 厚度测量卡尺可用于确定罐的剖面。（摄影：爱德华·马丁【Edward Martin】）

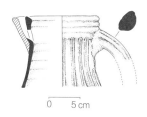

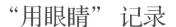

▲图 18.9 依据惯例，图左侧显示壶嘴，且在线图中可看到其附着容器方式的细节。如有需要可以添加壶嘴的其他角度视图。（基于本·法拉利【Ben Ferrari】的原作）

"用眼睛"记录

也可"用眼睛"记录，画出物品轮廓线。把物品小心地放在纸上并用造型黏土支撑，整个过程中保持物品不移动很重要。然后，草稿绘制者站在物品和铅笔尖边缘，保持在铅笔尖和物品边缘的正上方围绕物品绘图。用这种方式可以画出准确的轮廓线，尤其对于边缘清晰的平展物品，但需大量实践，并应通过非常仔细地测量来核对结果。铅笔、物品边缘或眼睛的轻微错位便可能产生重大误差。

▼图 18.10 取形器可以提供快速测得物品形状的方法，但它们很容易破坏物品脆弱的表面，只应该用来测量结实的物品。记录小型发现物通常不推荐使用它（有更好的技法），但是它们可用于记录诸如枪支模制件等遗迹。（摄影：科林·马丁【Colin Martin】）

如果插图员可以使用带有精确放大和缩小功能的翻拍机，便可拍摄并按所需尺寸打印平面物品或材料，然后，把打印图像放在绘图薄膜下作为线图底本。取得一系列单独核查测量值以确保准确的变形比例是使用这种方法的关键。辅助记录轮廓的工具多种多样（如柔性曲线仪【flexi-curves】和取形器【profile gauges】），但只有用心使用才能记录形状的精细细节。这种方法十分有用，但需很多实践经验（图18.10）。

记录装饰和表面细节

准确记录和检查物品轮廓和尺寸后，即可添加表面细节，这也应经过仔细观察和测量。可用精确缩拍照片的描图来图解复

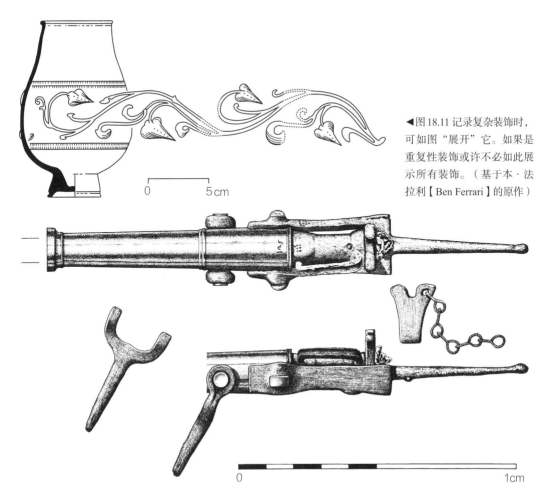

◀图18.11 记录复杂装饰时，可如图"展开"它。如果是重复性装饰或许不必如此展示所有装饰。（基于本·法拉利【Ben Ferrari】的原作）

杂装饰，并可用同样方式记录物品轮廓线。精确重现装饰和繁复加工表面应仔细用心（图18.11）。其他人或想用这类线图与其他地方的考古材料作比较，因此，风格和形状的小细节很重要。

有一些表现三维形状和装饰的方法。点画（一系列点）和阴影线是广泛使用的方法，而且在不同遗迹的表现方式上均有惯例。浏览大量出版作品就能熟悉这些惯例，及其做到既富含信息又精至美观的方式。经有效应用，点画可极大增强线图效果、显示形状和质地（图18.12和18.13）。然而，如果运用不当也会引起误导，并可能模糊所显示细节。

记录构造性及其他细节

除了装饰性表面细节，记录其他表面遗迹也很重要。比

▲图18.12 复杂物品的线图，选择了表达最大化信息的视角和细节。使用了不同技法来表达"拉·特立尼达·沃伦塞拉"号（La Trinidad Valencera，沉没于1588年）沉船上这枚回转炮不同材料的质地和特性：用点画表达青铜炮管柔和的反光表面；不同粗细的线描绘了铁制后膛、旋转支撑和锁楔的粒状结构；用黑白块表现锁楔后面的皮革垫，少许打点表达折痕的褶皱。（科林·马丁【Colin Martin】）

▶图 18.13 "达特茅斯"号（Dartmouth，沉没于 1690 年）上两对不同设计的黄铜制两脚规。该图显示了每件仪器的正面和侧面视图，适当处有截面图，用点画表达了细节和金属暗淡的表面。（科林·马丁【Colin Martin】）

▼图 18.14 更复杂的壶。外表面上的坯轮机制线更明显，而且壶顶施釉。用变化的点表示一些流下来的釉料。上部环有刻线和印线，壶脚在坯轮机制后用拇指捏成"馅饼皮"形式。该图遵循陶器线图的通用惯例，使用了简单技法表达这些遗迹。（科林·马丁【Colin Martin】）

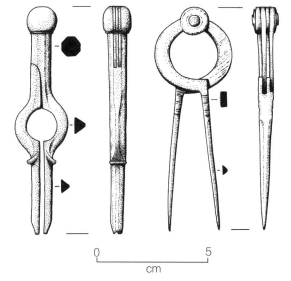

0   5
cm

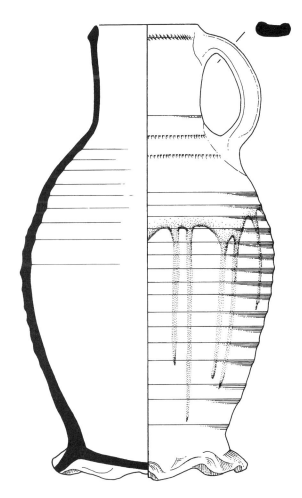

如，是否有物品制造或修补方式的证据？在陶器上，这表现为其构造、容器内部形状或起伏表面所表现的圈状构造（图 18.14）。铁制品可能显示着铆钉、焊接或锤击的证据，石制品上也许有明显的工具使用痕迹，这些遗迹对记录所有可用信息都很重要。

应注意区分复合物品的不同材料。比如可用点画绘制带木柄铁刀的铁质部分，用阴影线表达木柄纹理。应从大量可用方法中细心选择每幅插图最合适的方法（图18.15）。清晰是关键，提供所用惯例的凡例常有助于此。

最后，避免误解性添加或省略很重要。绘有漂亮光滑边线而全无点画的罐表面会暗示它用料精细、可能是轮制品；然而，如果该容器实际上用料粗糙且不匀称，应在绘图记录中表示出来。同样要避免在物品上没有东西的地方画实线。绘图过程涉及一些决断，但如果边缘是圆的就应画成那样，如果连接点或遗迹不够清晰敏锐，用虚线和折线描绘就优于用暗示明确边界的实线。

实地工作后的摄影和激光扫描

实地工作后记录人工制品的替代或附加技术包括摄影（见第十章）和激光扫描。激光扫描用反射镜、相机和激光器的精细组合来记录物品表面细节、结构和外观。三角测量激光扫描仪用反射镜移动激光扫遍物品表面，激光线在表面变形，相机就记录下激光线的形态，这样小型物品表面即可以数字形式记录和存储在计算机里（图18.16）。可以用飞行时间（time-of-flight）激光扫描仪扫描整个容器等大型结构，通过物品上数百万次反弹激光脉冲形成结构图（图18.17）。

呈现一系列复杂信息

等轴和轴测表现图：投影图（可能是等轴的或轴测的）是呈现结构信息的常用绘图方法。这些只是把源于遗址记录的单平面视图所含信息表达为复合三维视图的方式。等轴线图（使用60°和30°角的三角板）依据任意轴线，而轴测（大于30°或60°）表现图依据

0   3
cm

◄图18.15 苏格兰西部造船工的焦油刷。该图通过多种绘图技法表现制成这件人工制品的不同有机材料：底部突出的残留手柄是木制的，用显示纹理的线描绘；其上的绑带是皮革的，用浅淡的点和黑色龟裂线表示；再上面的细绳和织物碎片用简单的写实技法处理；刷毛由一些细黑线画出，在阴影区聚集，并用手术刀仔细刮削出根根分明的"毛发"。（科林·马丁【Colin Martin】）

◄图18.16 英国皇家海军"巨人"号（HMS Colossus，沉没于1798年）上船艏饰像的三维激光扫描数据渲染图。高清三维激光扫描仪适用于海洋人工制品的详细记录，从该像扁平膝盖部分精细刀痕的记录可见一斑。（版权属于 Archaeoptics Ltd；由玛丽·罗斯基金会【Mary Rose Trust】授权复制）

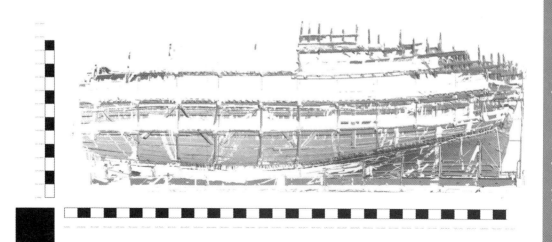

▲图 18.17 "玛丽·罗斯"号（Mary Rose, 沉没于 1545年）船体三维激光扫描数据着色正视图。扫描仪以"视线"方式作业时，近地面扫描视角使接近顶部的船材变模糊。（版权属于 Archaeoptics Ltd；由玛丽·罗斯基金会【Mary Rose Trust】授权复制）

一个或多个轴线。

表现图通常是从"公用角"观测的，即物品三个可视面的交点。同一平面上的所有投影图主纵线（principal lines）相互平行。不画透视消逝效果，而且不需透视收缩。如有原稿，应据之核对木材结构（如节点细节）的所有等轴投影图。直立结构的正视、侧视和后视图提供必要信息的可取比例是1∶10。应在上部结构、基座和基础处绘出平面图（码头、河码头等），这类结构的剖面图应显示船材与相邻沉积物的关系。

计算机辅助设计（CAD）：计算机绘图能够通过勘测信息生成和处理二维和三维图像。使用CAD无需有人用键盘操作或"从头"输入数据，只要把遗址的比例线图放在数字化输入板（敏化电子绘图面）上并用笔状仪器仔细描图输入计算机，或把图像导入成位图（Bitmap）并用软件程序数字化描图，就从原始线图生成了高清二维线图，然后可以加入相对高度信息生成三维图。

三维透视图能呈现出建筑凹陷或船上扭曲变形的效果，而二维视图很难做到。旋转结构或改变视角功能可以揭露遗迹，否则只能通过乏味的重复绘图来实现。这个遗迹在三维展示考古地层序列方面同样清晰，地表轮廓、地层和人工制品均能在其原始空间关系中得以展示。这种表现程度使考古学家得以用前所未有的方式分析遗址。CAD绘图除揭示了潜在观察外，复制图纸所需的工作量也显著减少。CAD软件可以取代照片复制任务，仅需按一个键即可生成各种尺寸的线图。

　　阐释性线图：阐释性线图、重建图、视图中的物品像被使用过，而且以既定关系放在一起的物品在考古证据描绘中有其位置。然而，它们应与记录线图严格区分，后者是物品本身的表现图，而非认为它们应该是什么样（即观察而非阐释）。应清楚标明记录线图中任何涉及假设性重建的因素（如罐残部的形状）。当然，一些重建图比其他图绘制得更值得信赖，而且考古工作交流想法和探索阐释可能基于这种线图。然而，不可言过其实，这几类插图不是物品的充分唯一记录。

扩展信息

Eiteljork II, H., Fernie, K., Huggett, J., and Robinson, D., 2003, *CAD: A Guide to Good Practice*. Oxford.

Green, J., 2004（第2版），*Maritime Archaeology: A Technical Handbook*. London.

Griffiths, N., Jenner, A. and Wilson, C., 1990, *Drawing Archaeological Finds: A Handbook*. London.

Institute of Field Archaeologists, 2007, *Draft Standard and Guidance for Nautical Archaeological Recording and Reconstruction*. 阅读www.archaeologists.net

Steiner, M., 2005, *Approaches to Archaeological Illustration: A Handbook*. CBA Practical Handbook 18. York.

第十九章　田野工作后续分析和建档

目录

◆ 处置材料和保存记录

◆ 测绘工作在田野工作后的处理

◆ 专业分析

◆ 阐释和从其他资源搜集支持证据

◆ 建立考古档案

在田野工作期间会搜集到各式各样的证据，之后也会采取多种技术以期从中提取尽可能多的信息。田野工作的后续阶段十有八九会比田野工作本身耗费更多的时间（可能耗时三至四倍），而且还比田野工作本身要求更多的努力。任何发掘工作后续都会耗费大量时间与资金。即使没有发掘，也能搜集到数量庞大的证据，因此，将发掘工作后续所需的合适时间和资源都纳入前期项目规划（第五章）十分重要。

以下是田野工作后续活动的主要原则：

● 田野工作后续的分析并非是留给非田野工作人员的杂务，它是进行田野工作的最初原因，且最好由田野工作的直接参与者来完成。

● 如果搜集到的信息没有被准确记录或全面分析，并且不能方便、快捷、可行地提供给其他工作人员，那么再高水平的田野工作也毫无意义。

● 所有的田野工作后续活动必须与记录系统持续相关联。绘图、计划和保护记录都必须有人工制品/发现物编号和项目登记簿（第八章）做对照参考。这一阶段，通过对材料的研究和记录，信息的搜集仍在持续，此过程将会产生相当数量的笔记、记录和绘图，因此，保持文件编制系统行之有效是这一部分考古进程乃至整个田野工作的基础。

● 对考古证据进行田野工作后续处理的目的是为了建立

"遗址档案"（见下文）。通过档案，实现对信息的整合，从而编辑报告和出版物。

- 对证据进行分析时很可能发现田野工作时的失误和不足。重要的是这些失误不会被掩饰或隐瞒。每个人都会犯错，也都能从中学习。要向其他研究人员提供他们所需的所有信息以便客观地评估结论，这其中就包括对档案的使用。

- 分析和阐释的区别是田野工作后续处理的基础，每个阶段都应对其加以考虑。可以将分析形容成进行并记录量化且客观的实测观察；阐释则可以被定义为利用一系列观察的结果去支持某个结论，然而，它很少能证明某一观点且不给任何异议留余地。

- 证据的搜集和分析方式，所采取的策略及采取此策略的原因，以及所采用的技术方法的成败，都牵扯到众多利益，所以应及时记录。此类信息可以帮助其他人计划他们的工作，并能对所做出的结论是否准确进行更加有效的评估。

处置材料和保存记录

进行项目时，在材料被带出水面之前，就应该对它进行或多或少的原址记录（第八章）。其所处的情境和相对于其他材料及遗址控制点的位置，都应该标记和绘制在遗址平面图上。在抬升出水之前、期间及之后也可能已经进行了拍照记录（第十章）。不能以能见度有限或需要救援作为借口降低记录标准或不做记录，信息无处不在，考古学家的责任就是识别并将其记录下来。

对材料进行比在水下更加详尽记录的绝好时机是在材料出水后。未被保护的材料可能非常不稳定且脆弱易损，在记录时能够将这点考虑进去很重要。记录和分析的过程会涉及到物品被从一个地方到另一个地方多次交接和移动，在任何预保护记录和研究过程中，必须把交接保持在所需的最小限度内，避免材料过多地暴露在环境剧变中。

确保能够按照记录最初过程中指定的号码将所有材料遗存都准确标识出来至关重要，而这点的重要性之前已经有所强调（第八章）。在田野工作后续处理阶段，物品和样品可能会被移来移去，并经各种不同的人检测，其中有些人不会像其他人那样细心地将东西放回原处，因此，确保每个处理材料的人都意识到有必要避免弄掉或损毁标签十分重要。一个专门任命的考古发现助理可以帮助确保维系材料和书面记录之间的关联。如果材料需要多次转移，则可以设计一套用于追踪位置变化的系统，这种方法能够追踪到过去的位置和当前的下落。

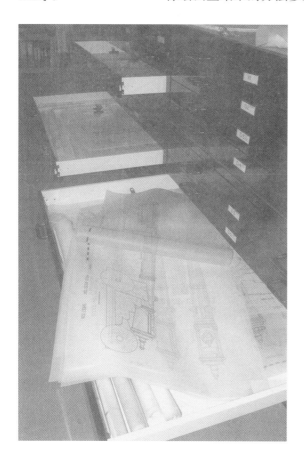

▼图 19.1 平板抽屉是存放平面图和绘图的理想方式。它们可被放平且易于查阅，还有一种抽屉可将绘图悬挂在架子上。（摄影："玛丽·罗斯"号信托【Mary Rose Trust】）

测绘工作在田野工作后的处理

地图、平面图和剖面图：遗址现场和遗址区外的调查工作所产生的大量信息必须经过处理以用于出版或存档。获取和标绘调查结果的方法参见第十四章，这里重点讨论记录的整理和为将来使用、分析和建档所做的准备。以下是档案或报告中比较有代表性的调查绘图类型（图19.1）：

- 位置图；
- 表明考古、地形和环境遗迹的遗址平图；
- 截面图和剖面图。

原则上，这类绘图应按比例尺排列，从表示大范围（比例尺小）的遗址位置图到遗址具体部分的详细平面图或堆积的截面图。对它们的展示和说明应能为遗址总平面图和详图之间的互相参照提供便利。主要遗址周围调查工作的结果等遗址外部信息也应包含在内。

建议不要在图纸上保留无关信息。如果位置图上没有布满道路、建筑或其他和主题无直接关系的东西，就能更加直观有效（图19.2）。如果图纸变得拥挤或混乱，则应制作叠置图层（用于显示相同的主要遗迹，但提供不同细节），这在展示（如磁力仪或探查，或所发掘探沟的位置及周边情况）结果时尤为适用。遗址范围内沉积性质的改变也能以这种方式被方便地展示出来。关于叠置图层，有一点需要牢记，那就是在将它们和遗址主平面图或截面图相连时，务必要标明公用控制点（第十四章）。

或者，也可以添加其他地图或绘图，这些可包括：显示当地地质情况的地图；显示遗址和其他国内外相似遗址相对位置的地图；以及有助于探讨遗址普遍意义的分布图或平面图。

田野记录的完成图：根据截面图和遗址田野勘测结果制作完成图并不是改善或润色的过程，然而，一些图例和表达风格可使图上信息更加清楚。在不掩盖或扭曲原始信息的前提下，这样做是完全可取且应该提倡的。装饰性边线很难弥补拙劣的证据记录，同理，最好避免详细描摹无法代表遗址内涵的船炮和船锚。

描画截面图时需谨记，情境间的边界极少是精确的，因此应尽量避免使用实线，而应采用虚线或点线。使用图例可以清楚表现不同类型的沉积，通常的做法是给截面记录图附上一份说明图，此图可用实线标明边界，使整体更加清楚从而有助于探讨（图19.3）。

每张平面图、截面图或叠层图都应含有充足的信息以备他人使用。比如：

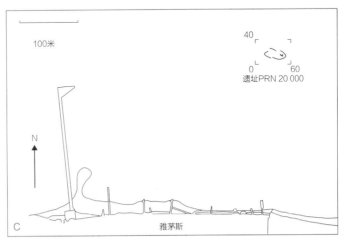

▲ 图 19.2 位于雅茅斯锚地（Yarmouth Roads）受保护沉船遗址的位置图示例。（绘图：基特·沃森【Kit Watson】）

- 遗址名称和代码，绘图的记录编号和绘图日期。
- 主题（何处/何物的平面图或截面图）。
- 标注清晰的直线标度（按绘图大小成比例缩放，明显可见但不突兀）。
- 位置（平面图上遗址探方的坐标；平面图上截面图所绘部分的位置）。所用探方坐标应在项目中始终一致（见第十一章）。
- 方向（平面图或地图上所示是真北还是磁北；截面图上所示截面面向的方向）。
- 所用符号示例。

尽管在过去的考古绘图中很少被指出，但考古学家应更加忠于实际勘测的数值，因此，建议量化估计勘测的准确性。

展现地形：遗址平面图应该显示出当地地形和环境。这些遗迹应如何表示则须要好好考虑。对倾斜方向和角度的指示需简单且好用，在最基本的情况下，倾斜方向可以在图上用箭头标识，或根据更细致的勘测工作，由等深线来推断（图19.4）。

要想完美表现水下地形，同时需要现场和发掘后续阶段的努力。如果勘测区域及其周边相对平坦，那么在遗址平面图上

▼图 19.3 为出版而绘制的同一截面的示意图（A）和原貌图（B）。（绘图：基特·沃森【Kit Watson】）

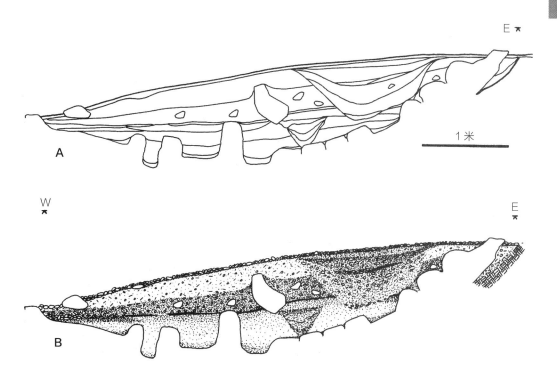

合适的地方标明高程点可能不失为一种有效的方法。比较复杂的地形通常用等深线表示，也有其他表示海床地形的方式，包括线图和表面重建（surface rendering）。这些地图通常只能在使用合适程序对数据进行分析后，再由打印机或绘图仪制作出来。

海床、河床或湖床的变化可能更多地表现在质地或材质上而不是高度。沉积的差别、大石块或巨砾的大小和形状、基岩或植被类型都应清楚标识，并应遵照英国水文局（UK Hydrographic Office）所制的《海事图表用符号及缩写》图表5011（Symbols and Abbreviations used on Admiralty Charts，Chart 5011）（www.ukho.gov.uk）。信息量丰富的遗址地形平面图也可以兼有等深线和符号，从而有助于它以更容易理解的方式展示细节信息。

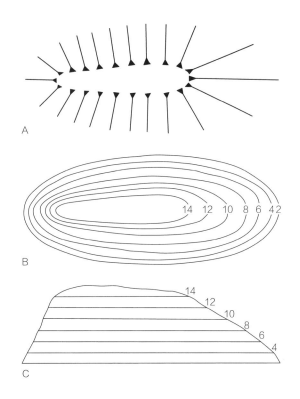

▲图 19.4 采用（A）晕滃线或（B）等深线表示小丘（C）的地形地貌。

专业分析

几乎所有项目都会因为专业人员的投入而受益，他们会为证据的鉴定和阐释做出贡献。当所使用的分析技术需要专业培训和/或专业设备，以及需要对特定材料有更多经验的人时，专才的价值就会充分体现。从花费相当长的时间对材料进行专业研究到通过电话、电子邮件或信函发表意见，专才投入的级别各不相同。

不同的专才对提交给他们的材料的形式有着不同的要求，为保持富有成效的工作关系，特给出一些可供遵循的一般准则：

● 从专才那里取得他/她愿意承担工作的坚定承诺及前提条件。不要假设他/她愿意立即查看材料或他/她愿意义务工作。

- 专才所掌握的技能和知识往往是通过长期的积累得来，应给予他们与其他团队成员同等的关注和尊重，对他们所掌握的专业知识则要给予充分的认同。

- 制定时间表。专才需要在材料研究和报告上花费多久？就时间表达成一致。如果出钱聘请，就比较容易控制任务完成时间。一些义务工作者在面对过度压力时可能不太会做出积极的回应。

- 专才往往可以对交上来以供检查的材料进行深入而敏锐的观察，但却不一定能够提供你所期望的所有答案。他/她可能会做非常严格的考证，以确定关于材料的信息是否准确无误。这种对细节的严谨考虑似乎令人沮丧，但他也实际反映了客观处理考古证据时所面临的种种难题。

- 应该向专才提供需要分析材料的相关信息，比如情境和关联。

- 在处理样品的过程中可能能获取额外的信息。这一阶段对所有专才间交流的需求不言而喻，包括考古学家和科学家。对考古证据的评估很可能会带来新的问题，或需要对先前的结论做更改。科学研究也可能会引发新的问题或提供额外的信息，并对考古分析及后续阐释产生直接和重大的影响。

- 发现物发现方面的专才往往只需对精确的绘图和书面记录进行观察，但有时他们也会希望看到原始材料，这就会涉及到一些安全问题，既有安全转运的问题也有在新地点存放的安全问题。因此，保有一份材料去向的详细记录至关重要。带专才去看材料也许能免去不少麻烦。

- 必须牢记，专才在分析材料时，可能会将其损坏、改变或毁坏。如果材料不得有丝毫变动，则必须标明清楚（如用来测定年代的有机遗骸不应经过杀菌剂处理，以及用来展示的物品不应被切割）。

- 最后，应在有关报告或出版物的鸣谢部分对专才的工作予以肯定，并在条款和条件部分澄清版权问题（见第二十章）。

建立并维持有机记录系统的需要在前面已做过讨论（见第八章），比如发现物、绘图，书面记录和平面图之间的对照参考可以因此而轻松实现。田野工作后续阶段搜集到的证据应录入同一系统。事实上，这套系统的灵活性、可靠性和效率正是通过田野工作后续的分析阶段真正被检验的。

阐释和从其他资源搜集支持证据

证据分析完成后，才可得出有关遗址的结论和材料及其重要性的阐释信息。有些人认为在发掘或调查完成前应避免阐释工作的出现——因为客观地搜集证据是现场工作最重要的部分，并且不能以先入之见影响记录。然而，人类的本性如此，大多数人做不到在调查进行中不做解释、不表达观点，还有很多人认为在证据出现时做出解释十分有用。最重要的是，在搜集信息时要防止先入之见和偏见影响判断，并在最终出版前把握好观察和阐释之间的区别。

在调查阶段，广泛撒网常常十分有助于搜罗有用的信息。现场采集到的证据本身就可能产生比所求答案还要多的问题。寻求支持、甚至矛盾信息和观点的首选地点之一就是日臻完善的考古文献资料库。没有付出足够努力去熟悉其他地方类似项目的成果，就不是合格的研究者。找到了什么证据？得出了什么结论？推衍出何种先入之见及犯了什么样的错误？这些与现阶段所调查遗址的观察结果是相互吻合还是相互冲突？

觅得内容涉及可参考遗址和材料的出版物绝非易事，尝试找到一篇汇集了现有证据的文章不失为一种合理的开始方式。通过此文章的参考文献或许可以引出与所关注主题中特定部分有关的更详细的探讨。东拼西凑的作品一般难以令人满意，一般来说，最重要的是尽可能找到原始资料或原始刊物。每远离原始刊物一步，就意味着一些信息已被后面的作者过滤，或表述的方式并非原始作者的本意（见第九章）。

与其他研究人员之间定期、开放的交流和持续关注期刊是找到有用文章的好方法。与其他研究者保持联系并获知他们正在进行的工作和著作可能需要耗费相当的努力，但这也正是考古研究的一个基础部分，对高效力的阐释和出版来说必不可少（见第二十章）。

建立考古档案

对遗址所有记录和发现物的完整采集叫档案。对外开放的考古档案对研究人员来说是很有价值的工具，因为当有新技术可利用和从其他遗址获得新信息时，可以借助档案对证据进行重新评估。档案越完整，重新评估就越有效。只因认为材料不重要就将其排除在档案之外在考古中并不可取，况且很难预测未来将会有什么问题或分析技术应运而生，所以要尽可能将所有东西存档。认定当前所有的考古和取证技术在将来仍然足够好就未免太过自大了。无论是出于抢救或是研究目的，如果已决定对遗址采取干扰式行动，便剥夺了后代在原址研究证据的机会，因此，最起码要将发掘的完整记录和结果在遗址档案中留给后世。

"遗址档案"包含了田野工作期间搜集到的所有证据，这些证据必须被量化、排序、编制索引且保持内部一致（English Heritage，1991）。遗址档案的首要目标是保持原始现场记录的完整性，其中应包括：

- 原始记录表格；
- 现场调查报告，如专家预发掘调查报告的文本和插图（如遥感、沉积取样、潜水员搜寻）；
- 所有现场完成的绘图（未描过的图或在现场工作完成后未以任何方式修改过的绘图）；
- 所有现场拍摄的水上或水下照片；
- 所有现场采集到的人工制品和生态证据（如人类骨骼、动物骨骼以及基本处理后获得的样品）；
- 与现场工作相关的函件副本；
- 中期报告（无论是发表了的还是限制流通的所有中期

报告）

为使最终的档案便于其他研究人员接触和使用，它还应包括以下内容：

- 一份简要的项目事项及人员清单，随附结果概要；
- 一份研究设计和发掘方案的副本（需对工作过程中的变化做出解释），还应包括研究成就评估；
- 一段简述对遗址形成过程理解以及物品和结构特征的描述；
- 一段对档案结构和内容的说明，包括现有文件和记录的细目列表；
- 所有与数据库或电子表格相关的元数据；
- 一份已发表报告的副本。

▲图 19.5 "玛丽·罗斯"号信托（Mary Rose Trust）的一间有机物贮藏室。保护处理后，所有物品在温度和湿度受到日常监测的控制环境中存放于无酸纸上。（摄影："玛丽·罗斯"号信托【Mary Rose Trust】）

应尽一切努力确保电脑记录的文件格式可以和未来新技术轻松兼容（即"不会过时"——见第八章），摄影也是同样的道理，这将有助于维持档案在未来方便可及，并最小化维护成本。对于要使用的档案，不仅必须保存其本身，而且必须以合理的方式组织，以保证其他研究人员便利地询问资源（Brown and Perrin，2000）。有关考古档案组成部分的简单描述，参见MAP2（English Heritage,1991）。

遗址档案连同考古发现要随时准备好对外展示，展示以适于咨询为宜。这样做是为了使证据更容易被那些从未看过遗址却希望达成一些目标的人所理解，举例来说，包括：

- 成果的重新评估；
- 准备在相邻或同时期的遗址上开展工作计划；
- 创作作品，但主题内容涉及你的一些调查成果。

只要条件允许，尽快将档案安置于合适的库房十分重要。一般来说应在项目规划阶段，即在遗址上的其他工作或研究开展之前，就安排好档案的存放和可及性事宜（第五章）。如果不能在正常的时间内得出项目成果，领队就必须考虑发掘或调查工作的合理性。未传播出去的信息和未搜集的信息一样无法

▲图 19.6 "玛丽·罗斯"号（Mary Rose）上发现的所有发现物都使用了卡片目录系统进行记录，这一系统早于计算机在考古学上的应用。这里有超过 3 万张卡片。从最初的识别，到后面的每个步骤（摄影、X 光照相、文物保护、绘图等），所有东西都被记录在卡片上，卡片存放环境安全且受到管控，并定期更新。即使现在有了计算机管理系统，卡片目录索引仍然发挥着作用。（摄影："玛丽·罗斯"号信托【Mary Rose Trust】）

使用，在这种情况下，信息的丢失实际上与遗址被疏浚工程或寻宝活动毁坏并无两样。

鉴于考古学的目的是搜集信息为子孙后代所用，保证信息完整无缺完全在情理之中。完整的档案异常庞大，且所涵盖材料范围广泛，包括纸张、录影片、加以保护的考古发现及样品。适合一种材料的环境未必可确保其他材料幸存，并且如果因为这个原因档案被分开存放，则应在每一处存放地都保有所存放物品的名称和地点的明确记录。作为档案的一部分，应特别注意存储在磁盘上的电子记录的安全，因为技术革新日新月异，应确保这些记录的长期可及。灰尘、潮湿及直接热源会给这类记录造成严重影响。正如前面所述，给这些信息资料安排合适存放空间的事宜，在项目规划阶段便应解决。博物馆有时会愿意存放遗址档案，但通常要以直接参与该项目为前提。

还应多加注意制作和存储档案的材料。有些纸张是酸性的，会逐渐损坏包裹其中的人工制品；有些放幻灯片的箱子也会随着时间的推移对幻灯片造成损坏，尽管有其他达到"档案质量"的变体。录像带和数字媒体目前的保存状况还算不错，但如果想在录像带或 CD 光盘的质量上偷工减料就不太明智了。能够达到"档案质量"的材料造价不菲，所以我们应在规划项目开支预算时就考虑为档案提供合适的包装和存储材料。

扩展信息

Brown, D. H., 2007, *Archaeological Archives: A Guide to Best Practice in Creation, Compilation, Transfer and Curation*. Archaeological Archives Forum (www.archaeologists.net/modules/icontent/inPages/docs/pubs/Archives_Best_Practice.pdf).

Brown, A. and Perrin, K., 2000, *A Model for the Description of Archaelogical Archives*. English Heritage (www.eng-h.gov.uk/archives/archdesc.pdf).

English Heritage, 1991, *Management of Archaeological Projects (MAP2)*. London (www.eng-h.gov.uk/guidance/map2/index.htm).

English Heritage, 2006c, *MoRPHE Technical Guide: Digital Archiving and Digital Dissemination*. London.

Institute of Field Archaeologist, forthcoming, *Standard and Guidance for the Creation, Compilation, Transfer and Deposition of Archaeological Archieves*.

Perrin, K., 2002, *Archaeological Archieves: Documentation, Access and Deposition: A Way Forward*. English Heritage, London (www.english-heritage.org.uk/upload/pdf/archives.PDF).

Richards, J. and Robinson, D.（编）, 2000（第2版）, *Digital Archives from Excavation and Fieldwork: A Guide to Good Practice*. Archaeological Data Service, Oxford (http://ads.ahds.ac.uk/project/goodguides/excavation/).

第二十章 考古工作的展示、宣传和出版

目录

◆ 宣传的重要性（时间与地点）

◆ 识别和满足受众

◆ 展示方式

◆ 编写报告和出版物

◆ 重要成就和贡献

本章探讨在公众领域及学术界内传播考古工作的重要性，为识别和满足潜在受众提供了实用性建议，并就何时及如何对项目及其成果进行宣传做一些重点说明。

宣传的重要性（时间与地点）

近年来，媒体对考古和历史的报道大幅度增加，这反映出公众对自身过去的强烈求知欲和对人类故事的兴趣空前浓厚。特别是海洋考古项目，能够激发从小孩到退休学者，以及其间的每个人的想象力。

公众对海洋文化遗产的兴趣至关重要。通过公众对海洋考古的认知和对其潜力的了解，海洋考古资源的价值和重要性都会得到提升，这将对考古学学科产生积极且长远的影响，能提升对有限的、不可再生的资源的尊重，并确保其被纳入未来政策和规划框架。同样的，它还会影响持续研究和深入调查所需资金的数额和可得性。因此，应积极倡导公众对海洋文化遗产的兴趣。

除了吸引公众兴趣，在研究同行、资助单位、赞助商和合适的遗产机构中进行项目宣传也十分必要且非常可取。针对研究同行的成果展示对任何考古项目的宣传来说都是至关重要的方面。考古同仁或可提出建设性意见，或能引出项目团队尚未注意到的参考文献或案例。即使没有这样，同行评议也是进

行透彻考古研究的必要组成部分。此外或许也可能有必要为遗产机构、资助单位或公司代表准备演示材料，以期为项目吸引支持、资金或实物援助。应注意，在接近任何资助单位前，比较明智的做法是先仔细考虑他们能够并且愿意资助的项目类型和范围。

面对如此多样的受众，项目的展示和宣传方式会各有不同。目标受众和项目宣传的原由也将影响项目宣传的时间。在项目伊始便进行宣传可能会获益非浅，这或许能吸引到一些帮助（人员、资金或设备），并可从一开始就激发遗址所在地的兴趣。然而，除非该项目有很高的知名度，否则在早期阶段就引发媒体的兴趣可能并非易事，因此有必要采用其他手段以提升认知度。

项目的初步成果在研究工作还在进行时便可加以发布。这可以提高该项目在其他研究人员中的知名度，并吸引支持。中期出版物在本章后面会提及，不过，还有许多其他成果和信息的交流方式，这些方式不会迫使研究人员在工作完成前就提出最终观点。利用媒体、互联网及电子出版物，可以高效而经济地把成果推广至广大的国际受众。当项目接近尾声，田野工作和田野工作后期处理结束后，应着手编纂和发布最终的项目报告（见下文）。

识别和满足受众

在宣传考古项目时，区分上文提到的各类目标受众，并为每一类人群量身定制演示方式和材料内容是非常重要的。海上贸易和团体的特性意味着海洋考古遗址往往会唤起强烈的认同感和关联。如，一个造船小镇可能会和千里之外的一艘沉船有着紧密联系，一个渔村也可能依据考古证据骄傲地确认当地悠久的渔猎传统。这意味着当地社区对一个本地项目的兴趣可能并不是一时的，应尽一切努力去激发这种热情和兴趣。

非正式的讲座和研讨会可以为考古项目的宣传提供许多机会。当地的潜水、历史和考古俱乐部都会定期举办这类活动。即使看似与海洋考古无关的俱乐部和社团（运动和社交俱乐部、妇女协会、第三龄大学【University of the Third Age】等），也往往乐于接待访问演讲者介绍关于海洋考古的话题（图20.1）。有必要在讲座开始时就询问受众有何特别兴趣，这使主讲人针对受众调整讲座内容，从而进一步引起兴趣和帮助。

向这类团体展示项目工作可以获得多种方式的丰厚回报。听众中可能有人知晓有关历史细节、本地区其他遗址或其他重要信息，从而为项目助力。这类讲座的另一理想副产品就是它们可以使受众了解并愿意以一种负责的、考古的方式接近此类遗址。此外，个人或团体或许会因为受到演讲的鼓舞而参与考古，他们甚至可能为未来的田野工作或后期处理提供帮助（见第十八和十九章）。

通过讲座和/或恰当会议的展台，能够更容易接触到考古同仁（那些已经以考古为职业的人）。会议的形式很广泛，从重要的国际大会到本地的研讨会。在会议上发言为研究人员提供了向具有类似兴趣的同行们展示其工作的机会。将工作成果提交同行评审的重要性在前面已经提过，会议/研讨会则为向同行展示材料直接提供了无与伦比的机会。同样，会议/研讨会可使人们迅速掌握业内的研究现状（有哪些人在干什么事），并提供与有关人员会面的机会。面对面的讨论往往比书面交流更加有效，就这一点来说国际会议尤其重要。

▼ 图 20.1 英国威尔特郡（Wiltshire）斯托海德（Stourhead）NAS 项目期间安排的一场公众讲座。传播关于考古项目及其发现的信息至关重要。（摄影：维姬·阿摩司【Vicki Amos】）

有些会议会出版会议文集（在会议上提交的论文的集合）。在会议上提交的论文无需是项目的定论和最终陈述，因此，即使研究工作还没有达到可以最终出版的标准，也不应阻碍人们以这种形式出版论文。一些最有趣的论文往往会采用发散性的论述方式，而不是由乏味的事实目录册组成。

研究成果的交流要着眼于社会的各个阶层，包括未来的考古学家们。以有效的方式向年轻受众群展示信息可能需要额外的努力以确保演示材料适宜。展示或讲座的整体风格和内容也许必须加以调整，但它仍能传递考古及项目成果中最根本的观点。提升学龄儿童对文化遗存的认知有很多明显的好处：发现过去可以在保持教育意义的同时又不丧失趣味性；它或许可以为年轻受众提供一个未来的职业选择，或一个单纯的兴趣领域，但无论如何它对学科的积极影响毋庸置疑（图版20.1）。

要获得最广大的受众，包括上文提到的各个社会阶层，互联网是最有效的方式之一。一个设计精美且考虑周详的网站可以吸引来自世界各地的关注。随着互联网访问量的增加，这一工作宣传方式也在快速成长（见下文）。

展示方式

可以通过各种媒介来宣传一个项目：书面报告、网站、传单、展览、公开讲座。无论选择何种媒介组合对项目进行宣传，清楚认识目标受众和展示目的最重要。本节就如何最大限度的利用各种场合的宣传机会，给出了一些实用性建议。

项目宣传最常见的方式之一是直接的面对面交流。之前已经说过，任何讲座的实际内容和风格都取决于研究主题、个人演示风格以及受众类型。然而，关于如何发表生动有趣的演讲，还是有一些通用指南可供参考的。

- 计划并组织讲座——把提纲或计划写下来有助于有逻辑地组织材料。认真思考讲话内容。需要认真考虑是否只是站在观众面前把讲稿读出来，因为这会影响演讲者以更自然的方式讲述主题。总结了要点的"提示卡"会很实用。有一种方法尤其适合在时间比较紧张时使用，即朗读的文稿应是针对特定受众事先精心准备的，而且其设计应更加适合倾听而不是观看（如简短有力的句子）的文稿，还要标注清楚应更换幻灯片的地方（以节约转身去看屏幕上内容的时间）。
- 使用有效的演示材料——应选用视觉辅助材料充实讲

座。花些时间给观众解释屏幕上的内容。少量使用文字，并尽量避免照着文字念和重复已经在屏幕上显示的内容。

- 了解场地和设备——尽早到达以便熟悉场地（座位、照明、音响和设备）。最好能先行调试，并且尝试预测任何可能出现的潜在问题及解决办法，这将有助于稳定情绪，使整个讲座经历更加令人愉快。

- 练习——只有准备充分，讲座才有可能给人留下深刻的印象。只有对主题和演示材料有透彻的了解，才能冷静有效地应对临场变化或预期之外的提问。练习还可以帮助克服紧张情绪，并实现对演讲时间的完美控制。

- 磨练表达——公开演讲时，将语速放慢并保持嗓音洪亮非常重要。抬头并与听众进行眼神交流也能起到积极的作用，但要避免在看屏幕时讲话（即使戴着麦克风）。

幻灯片：不断进步的技术意味着幻灯片的使用正在减少，但不要忘了，许多较小的团体和场地经常无法提供多媒体演示所需的设施；更重要的是，幻灯片是很好的视觉辅助——它们易于使用且色彩丰富。幻灯机的普遍性也使其成为不错的选择。制作演讲用的幻灯片会花费不少时间，因此应该提前做准备。

永远确保幻灯机插片转盘在去讲座之前已完成加载（如果提前演练过讲座的内容，它应该是准备好可以随时播放的）。再次检查确保所有幻灯片的方向和顺序正确，这对于配有文字和重要判断性遗迹（如左舷方向舵）的幻灯片来说尤其重要。然而，如果仍然出现了一个前后颠倒的幻灯片，也没有必要向听众指出，这有可能打断讲座的连续性（保持镇静继续演讲即可！）。

幻灯机通常通过遥控操作，这使演讲者可以选择站立位置，以便随时查看屏幕上幻灯片的播放情况（尽管最好的方法是在笔记或文稿上标记幻灯片的更换位置，而不需要查看屏幕）。要始终记得面向观众，不要转过去对着屏幕讲话。在展示详细信息时，可能需要一个指示器来突出幻灯片上的特定内容。

多媒体演示（PowerPoint和视频）：上述所有关于幻灯片演示的建议同样适用于多媒体演示。最常见的程序是微软的PowerPoint，它可以通过使用一系列数字媒介创造极富新意的演讲。综合使用视频片段、分层图像和各类注解能制作出令人赞叹的佳作。PowerPoint演示文稿很容易制作，可以根据受众类型快速地对讲座内容进行调整。

请记住，设计演示文稿的时候，并不需要使用所有"花哨的"媒介选项，视觉辅助不应喧宾夺主，盖过所演示的事实和观点；还要保证图像的清晰并尽可能选用大图，避免过度使用文字——听众希望的是聆听演讲和欣赏图片；也应避免使用太多花哨的小把戏，如软件中提供的一系列幻灯片转换效果——重复使用会使人分散注意力。注意应每次都事先调试演示文稿。如果使用场地方提供的投影设备，明智的做法是检查他们的系统所使用的软件版本，及其计算机的图像处理能力，这将有助于防止类似由于视频片段过大而不能播放，或文字从屏幕消失的问题。

在线演示：互联网是面向广大国际受众传递信息最快捷、最有效的方式之一。廉价电子媒体的大规模增长使得互联网网站的数量和种类都有了显著的发展壮大。建立一个网站可以大范围和广泛的促进项目宣传，其内容也可根据新发现或新信息定期更新，还可以使用各种图像来获得良好效果。

在规划网站时，如果想创造一个生动且内容翔实的产品，需要注意以下一些基本要点：

- 结构——事先在稿纸上规划网站，将材料按逻辑分组，以确定最合适的结构。即使雇佣或咨询了网络设计师，这一步骤也是必须的。
- 基本细节——这应包括网站的宗旨，作者/机构和格式上的细节信息，如慈善编号及联系方式。
- 导航——用户或许并非通过主页直接进入网站，因此应确保每个页面上的链接都能正常工作（包括一个回到主页的链接）。另外还应遵循"点击三下"规则（即用户能够通过三次以内的鼠标点击次数进入网站内的任意页面）。

- 惯例——知晓时下有关网页设计和文字、颜色、图表、动画及音效使用的指南。市面上有许多关于网站设计的书籍和在线指南。鉴于此领域在不断发展，确保所查询的内容是最新出版的资料至关重要。

- 可及性——在英国，《残疾人歧视法案》（Disability Discrimination Act）（1995年）通过法律要求网站设计要考虑到残疾人用户的可及性事宜，这意味着要使用字体大小合理的明码文字、适宜的色彩并避免使用花哨的功能或过于杂乱的背景。在网站设计阶段解决这类问题，要比在后期再试图着手应对经济可行的多。

展陈：为项目工作组织展陈是另一种接触广大受众的有效途径。这种展陈既可以是由专业设计师制作的预算庞大的展览，也可以是完全由团队成员自行筹备、花费较小的展出。展陈的场地包括博物馆和图书馆、赞助商楼房的门厅，甚至是当地教堂的大厅。筹划展陈的时间跨度从几个星期到几年不等。可以有效利用各种材料：静态展陈可展示摄影和手绘材料、文字及阐释性插图；视频片段既可作为展览的一部分增加其趣味性，也可作为易于传播又富有吸引力的单独展示品。有关可达性的规则在这里同样适用。最好是有几张醒目的图片，再配上可在两英尺之外就可看清的标题，而不要因为想要包含全部文字而导致字体过小无法看清。

如果要展示考古材料，必须特别注意一些问题，如安全、环境可控度以及相关材料是否足够结实以便运输和展出（见第十六章）之类的问题。未作保护处理的材料由于其潜在的不稳定性和需要对环境加以认真控制而很少适合展出，许多受过保护处理的材料也需要可控的展览环境。博物馆环境或许能够满足要求，但在流动展出时展览环境仍是一个问题。有些展陈允许参观者触摸考古材料，这种做法毫无疑问有很多好处，尤其对那些视力受损的人来说，然而，仔细挑选适合被触摸的材料也相当重要。大多数考古材料并不适宜这么做，未被记录或未经保护处理的材料显然也绝不应冒这种风险。

展示从项目工作中收集到的信息往往很受遗址所在地居

民的欢迎。此类展出不仅可以向当地居民传递知识，通常还能培养人们维护遗址安全稳定的兴趣，并鼓励当地人对破坏行为保持警惕，因此举手之劳所得到的潜在回报是巨大的。项目工作的展出常常可以成为筹款活动的有利焦点，可以将现有赞助商的名字做突出展示。一次充满活力且极具吸引力的展示或许会引来潜在的赞助商。

新闻和媒体

新闻和媒体可以提供很多与广大不同受众交流的机会。当地的新闻报道通常由区域性和全国性的媒体负责（图20.2）。虽然新闻报道可能会对宣传有很大的帮助，然而，它有时也会非常难以预料。记者感觉适于发布的故事处理方式或许会与你自己的想法有很大出入。因此，应当考虑以下几点：

▼图 20.2 提高公众认知。水下考古对很多人来说是难以接近的，为推进公众参与，所有团队成员必须时刻准备好利用任何可能的机会进行宣传。如照片所示，一名团队成员在"玛丽·罗斯"号（沉没于 1545 年）遗址上工作时接受电视采访。采访可能会打断项目的进行，但对学科整体来说却至关重要。（摄影："玛丽·罗斯"号信托【Mary Rose Trust】）

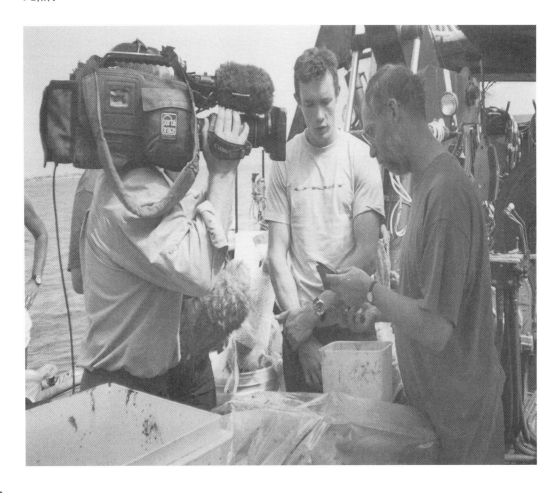

- 媒体的参与是否会对项目有所帮助？
- 新闻工作者常常会将故事简化（如把"可能是"变成"是"）。
- 在英国，有关考古的新闻通常依旧以有限的几种方式呈现，如仪式（凯尔特祭司）、亚瑟王、活人献祭/同类相食、最古老、最大的、最好的（比……更重要），当然，还有"宝藏"。为避免出现这些字眼，要为记者提供一些不同的角度。
- "非正式记录"意即信息可以使用，但出处不详。
- 不要急于回答记者的提问，可以通过电话或电子邮件给出经过思考的回复。
- 尽可能地的加以把控（但要记住，即使是记者也不能控制最终出版的内容）。查看记者的采访记录。检查引用语。就记者们对故事的看法及其呈现方式进行讨论——是专题文章还是新闻消息？了解记者们还和谁交谈过。

起草新闻稿：地方电视台、电台和报纸总是在寻找好的故事，如果呈现得当，他们会意识到水下考古项目可以提供有趣的新闻。一篇精心编写的新闻稿能够提醒媒体意识到项目的存在，突出重大事件并提供充足的事实，以便他们轻松迅速地制作出一条新闻。在起草新闻稿时，需牢记以下几点：

- 明白是什么造就了新闻。有趣的新闻元素包括新发现、图片（特别是有人物和色彩的）、物品、冲突或危机以及与当地历史的关联。地方媒体可能更倾向于支持长期的有更新潜力的故事。
- 报纸上的文章会把所有重点都放在第一段，然后在整篇文章的其余部分重复并扩展。新闻稿也应沿用这种风格。
- 保持新闻稿简短。避免技术术语和冗长的细节信息，必须严格坚持使用简短的语句和段落。
- 仅限于一个主题（其他主题留在以后的新闻稿中使用）。
- 要假设受众对主题一无所知。当然，在把一切内容解释清楚的同时保持简洁绝对可以算个挑战。

- 新闻稿可以用背景说明加以补充，但要在向记者提供背景信息和保持文字的简短易读之间取得平衡。或者可以为希望了解更多信息的人提供联系方式。
- 与新闻编辑建立联系，电话跟进新闻稿。

编写报告和出版物

学术出版物的质量和数量对海洋考古工作未来方向和价值的影响胜过一切。他人可以放心使用研究成果的事实，将帮助树立该项目、团队甚至海洋考古分支学科的可信度。学术出版物将向有关当局证明工作具备真实的考古属性，并且是按标准要求开展的。

明白流行出版物和学术出版物之间的区别非常重要。光鲜的"咖啡桌"出版物，比如《国家地理》（National Geographic）杂志，以故事的形式讲述一个项目，配上几幅装饰性的人工制品照片和看似技术性的古怪图表，并不足以让其他研究人员分享考古证据，它们当然也无法实现田野工作者传播信息的义务。由于这类书籍在向公众传播考古发现和思想中扮演了至关重要的角色，因此不应被舍弃。然而，我们也应该认识到它们的作用和局限。把此类书籍/期刊作为最终出版物，而非初步传播方式的考古项目，将会置自身于批评之中。

这并不意味着报告就必须枯燥无味。尽管整页色彩鲜艳的"工作团队"、船只或设备的照片不太可能是最突出的要素，良好的写作风格和传达方式依然非常重要。也就是说，学术出版物的重点在于以清晰和客观的方式全面展示所记录的证据。

学术报告会严格地区分分析和推断。它将尽可能客观地陈述所发现的证据，明确指出一切主观因素。从证据中得出的结论将作为一个单独的章节呈现。清晰和准确远比一个好故事更重要，尽管田野工作的方法论很重要，它也只应作为评估所获取结果和所得结论正确性的额外方法。有关项目后勤的详细信息通常只值得做简短的总结，除非它们与所取得成果的实质有直接的关系。

学术出版物旨在展示证据的同时允许其他研究人员对一

处遗址做出自己的判断并得出自己的结论，因此避免过度挑拣出版物所包括的内容也就变得十分重要。所展示的证据不应仅限于能够支持报告结论的那些，坦诚面对与结论矛盾的证据是优秀研究者的标志之一。在不歪曲事实或借助无根据推测的前提下评估和解决此类矛盾，是考古工作的基本组成部分。对现实的考虑意味着综合不可避免，但报告越全面，也就越有用。未包含在报告内的证据可以从档案文件中进行参考。此外，缩微胶片和/或数据库为实现大量数据的轻松获取提供了机会。

随着越来越多的数字化数据被收集、处理和分析，形式多样的电子出版物开始利用互联网（图版20.2）发表。未包含在最终报告里的项目细节可以在线浏览，或通过完善的数字化数据存储源获得。

许多人认为编写报告，尤其是旨在出版的报告，是一项非常具有挑战性的工作，很多人面临不知如何下手的问题。幸运的是，随着文字处理软件包的普及，报告编写的整个过程远没有以前那么令人生畏了。

第一步是确定需要什么类型的报告——中期陈述还是完整报告。有些项目直到最终报告出炉之前，或许除了简报之外，基本不做发表；另一些项目则会在最终报告形成前发布详细的季节性中期报告和专家报告。近些年来田野工作范围的扩大，就在各种各样的相应发布中得到体现。发布品的类型包括概述工作进展的宣传册、详述最新发现的网站、同时针对公众和专业人员的通俗性报告以及学术出版物——它既可以是期刊报告也可以是完整的专著（主题明确的独立出版物）。

中期报告包括一篇田野工作内容梗概和一些主要成果的概要。它们可以在向其他同行传递信息的同时也从他们那里搜集更多的信息。由航海考古学会发行的半年刊《国际航海考古期刊》（International Journal of Nautical Archaeology，简称IJNA）就是发表中期报告的合适刊物，在其他地方参与类似项目的人员可以加以阅读并提供帮助或建议。如果最终报告的成形需要耗费相当长的时间，则应努力完成一篇或多篇中期报告。

组织是所有报告的关键。在开始写作之前先起草框架，留意对专家贡献的需求，并为每个阶段设定截至期限。所选的文章结构不一定要和其他报告相同，但常见的章节主题总是和策略、方法、成果、分析及阐释有关。英国遗产局的《考古项目管理MAP2》（Management of Archaeological Projects MAP 2）（English Heritage，1991）为考古项目的出版提供了指南。

下述清单是遗址报告结构的示例：

1　内容梗概（为取得比完整报告更广泛的流通）。

2　简介：工作的目的和整体介绍。

3　遗址及其环境：配合平面图和地图加以描述。

4　本地区过往的工作和/或与特定遗址相关的历史研究。

5　研究设计和田野工作策略，包括对其有效性的探讨。

6　结构遗迹：船体结构（沉船）或建筑/居住遗迹。地层学与遗迹及物品的相互关联。

7　物品、环境和科学证据。应包括文字描述、数值信息、图形、表格、图版和比例绘图，以及对功能、相似性、重要性和意义的探讨。

8　有关遗址形成和年代的讨论。

9　综合讨论：在更广泛的背景下对遗址进行评估。

10　鸣谢。

11　附录：关于特定主题的支持性专家报告，通常因为太过详细或者包含了大量数据而不适合放在报告主体中。这些内容之间以及和正文主体都要相互关联。

12　参考书目。

在写作之前，应确保熟悉出版商的要求。提交给学术期刊的论文可能需要遵循一定的格式或长度，因此需要事先与编辑核对，或查询前期刊物上的"投稿须知"。手稿完成后，可以选择提供给有合适地区、时间或专业覆盖面的期刊。如意欲发表在更重要的著作上，比如《英国考古委员会研究报告》（Council for British Archaeology Research Reports），你可能必须先提交一份报告的大纲看是否被出版方接受。如果担心语法和句法，可以向更熟悉这一领域的人士咨询意见和建议。此外，还有可能为出版物争取资助，如果有需要，或许可以向拟投稿的出版商寻求建议。

作者的责任之一是确保报告标题能够准确反映文章中所讨论的遗址类型和证据范围。假设读者之前对遗址或项目一无所知是命题的基本规则，比如"奥古斯塔港（Port Augusta）1983－5"这样的标题对不熟悉项目所在国、时期或主题的考古学家来说可能毫无意义。地理参考信息应当非常明确，如应该用"彭赞斯（Penzance）城外（英国康沃尔郡）"而不是"彭赞斯城外"。遗址的年代，无论是粗略估计的还是暂定的，都将有助于读者确定与自己感兴趣年代相关的遗址。应尝试指明所总结或描述的调查类型，以及报告是属于初步记述、系列之一还是最终报告。

项目的完成需要许多人为之付出艰辛的努力，公开致谢或许是他们得到的唯一回报。常见的作法是不仅应向为田野工作和报告撰写提供了帮助的个人和机构致谢，还应向那些促成项目的人士致谢。所有未出版的信息，比如来自其他遗址的可供对比的发现，应说明来源并按要求鸣谢（如已出版，则应作为脚注或引用，如未出版，应作为"个人交流"）。

在工作早期就应确定专家参与的呈现及归功形式。是由专家递交独立的书面报告，将其包含在报告和档案之中，还是将专家报告中的信息融入正文？相关专家对此或许会有强烈意见，因此不要想当然。当然，任何此类贡献都必须被予以明确和全面的认可。如果要将专家提供的信息融汇到正文中，必须明确标注信息来源。同样，在为出版物编辑他人的重要贡献时也必须格外谨慎，一个细微的措辞变化可能会完全改变一句话的意思，特别是关于复杂技术的讨论，因此，要尽可能充分地咨询相关作者，并在避免不必要唠叨的同时尽可能做到尊重他人意见。

所有报告都应具备完整的引用信息，并在结尾附上参考书目。现在，大多数的考古期刊，包括《国际航海考古杂志》，在书目引用上都采用"哈佛"注释体系。引用信息将在正文中以作者姓氏，出版年份和页码（如果有关）的顺序出现，并且都括在圆括号（小括号）里。

参考书目的范围由报告所引用的材料限定。参考书目应按作者姓氏的字母顺序排列，如果涉及某位作者的多部著作，这些著作应按年代顺序排列，多作者的著作应包括所有作者的姓名、作者的姓氏和名字首字母，著作的标题以及出版地点是必须要有的信息；有些编辑还喜欢列出出版商和/或国际标准图书号（International Standard Book Number，简称ISBN）。最关键的是要在排列引用信息和参考书目时保持前后一致。

下面是参考书目中的一些条目范例：

Baker, P. E. and Green, J. N., 1976, Recording techniques used during the excavation of the Batavia, *International Journal of Nautical Archaeology* **5**.2, 143-58.

Pearson, V. (ed.), 2001, *Teaching the Past: A Practical Guide for Archaeologists.* Council for British Archaeology, York.

Riley, J. A., 1981, The pottery from the cisterns, in J. H. Humphrey (ed.), *Excavations at Carthage, Vol. 6,* 85-124. Ann Arbor, University of Michigan.

在正文中，这些就会以（Pearson, 2001:56）——这里56指的是页码——或者（Baker and Green, 1976）的形式出现。

在为报告准备插图材料时，必须考虑以下因素：

- 插图能为报告做出何种贡献？是强调了某些内容还是为与其他遗址的对比提供了材料？最具信息量和最有利于对比的插图未必最有吸引力。

- 正如文字既可以偏向描述性，也可以偏向阐释性，线型图或电子图像亦然。描述性的平面图通过所观察到的它们之间的考古关联描述人工制品遗迹和非人工制品遗迹，而阐释性的平面图则会尝试按阶段或事件重现遗址原貌。

- 应尽可能多的按要求包含阐释性的插图以表达某个观点。不要以牺牲记录绘图为代价，要通过配图说明和正文加以解释。

- 如果是手工绘图，最终图纸的尺寸是多少？由此来确定手绘图的尺寸以便按比例缩小。尽可能多的记住一些常用的减缩系数十分有用（比如陶器的常用比例是

1 : 4）。

- 如果图像是由多张图纸或制图胶片粘贴组合而成，尽量将它保持在便于运输的尺寸十分重要。或者，将每张图纸扫描，再经过计算机数字处理，将它们"粘贴"在一起可能更为明智。
- 如果是数码图像，应确保其保存格式的高兼容性，而且分辨率也要适宜（见第十章），以确保能够进行高品质的复制。如有疑问，可咨询编辑/出版商。
- 是否加入了合适的比例尺或准确地标明了尺寸？
- 是否所有插图都已编号，有关它们的引用是否插入在了正文中的适当地方？

重要成就和贡献

考古工作成果的传播对于单个遗址乃至整个专业领域来说都至关重要。任何从事考古工作，尤其是干预性工作的人，都有义务跟进这项工作直到出版。如果研究没能在各个层面做好传播，其价值将会非常有限。虽然一处遗址的完整发表任务看似艰巨，但它所带来的收获也是丰厚的。在个人层面上，它意味着参与了一段与人类过去息息相关的历史片段的调查和传播。更广义地来说，项目成果或许会增进人们对某一历史时期的理解，甚或于改变既有的解释。

创作一篇公开发表的报告能给人带来巨大的成就感。虽然为实现它而付出的承诺和奉献相当大，但是，作为最终回报，为人类对过去逐步积累的认识添加上浓墨重彩的一笔，确是对工作者们超乎寻常的鼓舞。没错，工作完成，是时候将成果公之于众了！

扩展信息

Anon（编），2007, *Dive Straight In! A Dip-In Resource for Engaging the Public in Marine Issues*. CoastNet, UK.

Arts and Humanities data service (http://ahds.ac.uk).

Bolton, P.（编），1991 (3rd rev. edn), *Signposts for Archaeological Publication: A Guide to Good Pratice In the Presentation and Printing of Archaeological Periodicals and Monographs*. Council for British Archaeology.

Council for British Archaeology Notes for Authors (www.britarch.ac.uk/pubs/authors.html).

English Heritage, 1991, *Management of Archaeological Projects (MAP2)*. London (www.eng-h.gov.uk/guidance/map2/index.htm).

English Heritage, 2006c, *MoRPHE Technical Guide: Digital Archiving and Digital Dissemination*. London.

考古展示和教学

Adkins, L. and Adkins, R. A., 1990, *Talking Archaeology: A Handbood for Lecturers and Organizers. Practical Handbooks in Archaeology, No. 9*. Council for British Archaeology, London.

Hampshire and Wight Trust for Maritime Archaeology, 2007, *Dive into History: Maritime Archaeology Activity Book*. Southampton.

Henson, D.（编），2000, *Guide to Archaeology in Highter Education*, Council for British Archaeology.

Jameson, J. H. Jr and Scott-Ireton, D. A.（编），2007, *Out of the Blue: Public Interpretation of Maritime Culutral Resources*. New York.

Pearson, V.（编），2001, *Teaching the Past: A Practical Guide for Archaeologists*. Council for British Archaeology, York.

附录一　锚的记录

　　锚是航海界的象征，但时至今日，人们对全球沉船遗址、博物馆以及公、私有财产中涉及船锚的大量信息的收集和整理工作非常之少。英国国家航海考古学会（NAS）正在通过大船锚项目（Big Anchor Project）协助解决这个问题，其旨在通过帮助人们用统一的格式收集数据信息以建立一种全球性的船锚鉴定工具。这个项目最终将建成一个免费的在线船锚数据库，成为所有研究人员和船锚爱好者的重要工具。

　　本附录提供了关于石制和木制船锚的一些资料，以及记录其信息的方法。如果需要更多资料或者下载船锚记录表，请登录大船锚项目（Big Anchor Project）网站（www.biganchorproject.com）。

石锚

　　石制船锚是最早使用的船锚类型，时至今日有些地区仍在使用。正因如此，石锚的断代十分困难。所有带有年代数据的样品都具有重要潜在价值，因此，必须把所有的断代信息都记录下来。事实上，绝大多数石锚都是复合材质的锚，其中石材提供使船锚到达海底所需的重量，木制的张开的锚爪可以提供抓握力。有时候为了让锚固定在海底，还需要额外加一些石块（类似于现代的短链）。

　　带孔的石头还有多种其他用途，包括当作渔网、钓线、浮标和锚泊的碇石，以及一些更不寻常的用途，如在水面上相互击打来驱鱼入网等。目前，界定这些带孔石头的用途比较困难，因此所有的例证都应该被记录下来。

　　有大量证据表明，很多物品都曾被作为石锚和捕鱼坠物重新利用，我们必须注意这一点，因为这在确定锚的年代或把某物品认定为船锚的时候都会导致一些问题。手推磨和磨盘都可以作为锚重新利用（Naish，1985），因此，如果在海底发现了这种石制品，不能想当然地推断它们是船货。

人们已经从石锚上发现了各种刻划痕迹，从简单的符号到精心雕刻的章鱼（Frost 1963）。刻划痕迹有时可以为断代提供依据，如基督教十字架暗示了其年代是在基督教传入该地区之后。

在许多情况下，石锚要么是自然形态的石材，要么是由人工加工的石材制成。到目前为止，在世界范围内已发现的石锚有以下五种基本类型。

无孔：这种石锚没有钻孔，有的在腰部有一圈切槽。这种类型的石头有时被用来作为木制船锚的锚石。较小的用做渔网的网坠，大的则用作固定浮标的碇石。这种石锚有的被加工成矩形棱角，有的被磨圆了，有的未经加工。

单孔：这种石锚有一个贯穿的孔。它们有时候也被用作木制锚的锚石。小号单孔石锚（最长30厘米【1英尺】，重量小于10公斤【22磅】）被用作渔网的网坠，而更小号的（最长12厘米【4.5英寸】，重量小于500g【1磅】）被用作钓线的钓坠（以上数据来自从英国样品上获取的尺寸）。单孔石锚主要有两种型式：

- 中央有一个孔——（图版A1.1）。它们有时被称为"环状锚"。手推磨和石磨能被作为这种锚重新利用。在18世纪的约克郡（Yorkshire），破旧的磨盘被用来作为浮标的锚。另有很多石锚在边上钻有小孔，或是为了把石头绑在木制锚上，或为了穿系操作锚的绳索。

- 一端有孔——它们是已知的最早的石锚型式。在地中海东部发现有公元前两千年的例证。它们被持续使用到现在，是一种最常见类型的捕鱼坠。很多此类石锚在石材顶部有与主孔相连的另一个钻孔，来固定额外的绳索来帮助回收石锚以避免遗失。

双孔：这种锚有两个孔，在石材的两端各有一个（图版A1.2）。从最近的人种学例证获知，这种锚有两种用途：第一个例证中，一个孔系着绳索，另一个孔则系着锚爪（通常为木制）；第二个例证只发现于渔具上，两个孔都用来系绳索。穿系石材的方式可用来区分使用方法。

古典式：这种锚常为地中海上的希腊和罗马船运所用，但是在大西洋、红海和印度洋区域也发现了不少。它们常被称为"古典锚"或"罗马锚"，尽管罗马帝国灭亡后的很长时间内这种锚仍在使用。古典锚上的穿孔会组成一个三角形。上部穿系绳索的孔或与下部的孔在同一平面，或贯穿石材，下部经常为两个孔（也有三个孔的情况），通常在一个平面上。平整石板的大致例证或许是为平放在沙质海底以达到最大抓地力的"砂锚"。

印度洋式：这种锚见于印度洋和红海，它由一个长石块和装有有互呈九十度锚爪的孔组成。据记载，中世纪时期有人使用这种锚，但是它的发明时间却仍是个谜。

除了绘图（绘图或拍照是必不可少的），所有的锚或坠物均应该记录以下数据：

- 总尺寸——对于未加工的案例，应记录其最大尺寸；加工过的案例，应记录其长度、宽度和厚度。

- 关联性——锚同任何其他材料、沉船、结构等的联系都必须被记录下来。石锚被使用了千百年，其断代非常困难，任何有助于测定年代的数据都应详细记录。此外，碇石还有若干其他用途，清晰的关联有助于揭示之。

- 孔——应记录每个孔的大小和形状，并尽可能记录孔的内部形状，如是直边还是逐渐收窄。如果孔从一边向另一边收窄，那表明这个孔是从一面钻成的；如向中间收窄，那表明它是从两边对钻而成的。孔可以显示绑系绳索的磨损印痕，这些也应予以记录。

- 锚的其他部分——可能存有锚爪残迹，锚爪通常是木制的，但也有金属的。它们也应该像其他同类材质人工制品一样被记录和处置。

- 岩性——尽可能鉴定石锚的材质，这有助于确定贸易路线和生产中心。

- 刻划——应该详细描述、绘制和拍摄锚上的任何刻划或记号。

- 重量——应该尽可能地记录锚的重量，这有助于区分船锚和压舱物。

读者可以登录大船锚项目网站下载"石锚记录表格"。

横杆锚

大船锚项目设计了一份"横杆锚记录表格",用来推进信息记录格式的规范化:

- 背景信息(类别、遗址、地点、船名/类型/尺寸、功能类型);
- 日期和来源(包括确定性的程度);
- 遗迹(锚爪形状、横杆类型、锚杆外形、锚头、锚臂、重量);
- 尺寸(包括锚杆、锚臂、锚接环,锚爪、锚环)。

大船锚项目网站上提供有表格和填表说明。图 A1.1 列出了锚的术语。

建议以选好的照片(带标尺)补充数据。理想情况是有五张图,其中最重要的一张是锚的全景图,五个角度最好是:

1. 全景照,从前部显示整个锚(两边都能看到锚臂)。
2. 锚爪内侧(掌部)照,显示其形状。
3. 锚臂特写照,显示其形状。
4. 锚头特写照,显示两支锚臂的接点。
5. 锚杆上部区域特写照,显示锚环和其他遗迹。

▼图 A1.1 锚的术语

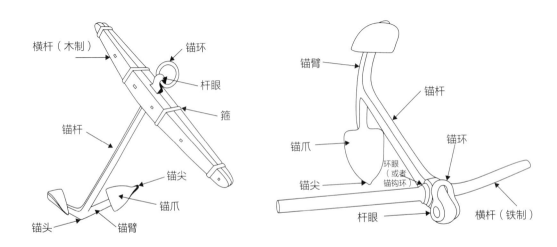

扩展信息

Frost, H., 1963, *Under the Mediterranean*. London.

Harland, J., 1984, *Seamanship in the Age of Sail: An Account of the Shiphandling of the Sailing Man-of-War 1600 –1860, based on Contemporary Sources*. London.

Naish, J., 1985, *Seamarks: Their History and Development*. London.

Nelson Curryer, B., 1999, *Anchors: An Illustrated History*. London.

Upham, N. E., 2001（第2修订版）, *Anchors*. Princes Risborough.

附录二 船炮

目录

◆ 海床记录的重要性

◆ 辨别材质

◆ 根据装填方法分类

◆ 根据形状分类

◆ 铭文和纹饰

◆ 炮弹、装填物和炮栓

◆ 船炮记录和绘图

许多沉船遗址的定位得益于海底船炮的发现。遥感方法的日益使用（见第十三章）以及潜水员对深潜的逐步尝试将促使未来发现更多船炮遗址。

制炮原材料的耐腐蚀性及船炮尺寸（通常相当大）使其在海底保存得相对较好。船炮形状通常与众不同，增加了它们被发现的机率，它们或许是沉船遗址唯一可见的标示物。船炮提供了无需破坏性发掘便能初步发现信息的办法（如遗址性质及沉船类型和大小）。不论大小，船炮便于搬运且有相应市场价值，故有潜在风险。不经扰动前调查就从最初位置移走船炮不仅会损失遗址性质信息，也会危及遗址本身。

过去，船炮被随意打捞，其保护性凝结层被砸碎，内含物不经充分记录和分析即被取出。船炮虽看似牢固，但也确实需要保护（见第十六章），其保护成本可能很高，因此，许多（部分或不充分保护的）船炮碎裂在花园、公共房车场或潜水俱乐部里，无可挽回地离开了其考古环境。

本附录是为了阐明可从军械中获取的信息，以及研究、记录和绘制各类军械的方法。

海床记录的重要性

　　与其他人工制品类型一样，与船炮相关的其他物品的位置和相互关系蕴含重要信息。如果船炮被放在海船上来发挥其基本功能（即不作为压舱物），那么每门船炮或许都因时代而伴有不同的炮架和船炮附属物（诸如装药棒、炮刷、炮弹）。抑制船炮后坐力的炮索绳可能同滑轮组一起出现，在非饱水条件下，这些物品的有机质部分极少能保存下来，因此，它们极为重要。

　　沉没过程和船炮重量可能导致整个组合呈现倒置的状况（炮架在最上部），而且发现者很难意识到这一点。了解炮架演变过程与船炮研究同等重要，因此，任何炮架或碎片都应被详细记录。固定螺栓和捆带可能会非常脆弱或保存状况很差，但其位置和相互联系对于了解炮架结构十分重要。

　　在大多数情况下，可操作的船炮被安装在船的特定位置。简单来说，越轻的船炮，其安放位置越靠上，而大型船炮则尽可能低地安装在船的下部。在很多情况下，历史上特定等级的战舰上的船炮数量、大小和安放位置（至少就甲板上的安放位置而言）是已知的。事实上，许多船炮或印有日期，或可被追溯年代和确定原产国，这意味着它们十分重要，而且可被用于断代和确定特定船只名称。船炮的分布关系可以提供关于船只数量和遗址形成过程的信息。

　　船炮的大小、形态、数量、朝向，其相互关系以及其他可识别遗迹都应予以记录。很多遗址平面图包括了船炮、锚和主要地貌遗迹的完整分布调查情况。为了做到这一点，每一门船炮都必须做到可识别（贴上标有独一无二号码的耐久标签）。

　　每一门船炮都被编号后，应测量其尾端和其他每门炮两端间距离，这能提供船炮间准确的相对位置。此外，也应对每门船炮每一端的相对深度进行简要记录。如有可能，还应注明船炮的前膛和后膛，并说明船炮是否倒置，这是模拟遗址形成的重要因素。比如，两排平行分布、大小相近的船炮，后膛相对而前膛朝外，说明这是平稳地沉没在海底的船；如果一组不论大小是否相同的船炮呈线状分布，而且前膛都对着相同方向，则可能表明这艘船倾覆在一侧，在这种情况下，可以预见一些船炮上下颠倒。在船炮分散分布的沉船点，各式船炮的相对位置对于理解遗址的形成可能非常重要。船只遇险时常为了减重而把船炮（尤其是上部和主甲板上的船炮）抛弃，这可能会留下连接遗址各部分的"碎片踪迹"。但应该注意到，木制炮架所提供的浮力可能导致船炮沉没时在水下移动相当长距离。

由于船炮常为腐蚀物所覆盖，在海底可能难以确定其具体遗迹。但是，只要使用简单的观察和记录技术，无需去除表层腐蚀物即可获得大量信息。

除了所有人工制品类型都需要的一般性信息（如遗址编号、专门人工制品编号、出土环境、位置和共出物），在记录海床上的船炮时还需要考虑以下方面：

- 方位描述（方向、倾斜角、是否上下颠倒）；
- 材料（铸铁、锻铁、青铜）；
- 总长度和炮管长度；
- 最大直径（外部）；
- 最小直径（外部）；
- 膛径（如果可见）；
- 可见的外部遗迹（炮耳、起吊纽、炮尾纽、起吊环）；
- 炮耳间的距离，炮耳的直径；
- 铭文或标记；
- 炮架的痕迹；
- 炮索绳的痕迹。

可以在NAS的网站（www.nauticalarchaeologysociety.org）下载船炮记录表格模板。建议在原址对船炮进行素描/绘画和拍摄，并格外留意所有明显遗迹。

可以从孤立的单个船炮碎片，如炮纽、炮耳和炮尾纽（见图A2.1, A2.2 和 A2.3）中复原信息。大型锻铁船炮的药室和起吊环往往单独被发现。铁制回旋炮的薄弱点包括炮管和膛室支架间、膛室支架和船柄间的连接处。此类船炮的备用膛室相当牢固，常能很好地保存下来。船炮被打捞后，这些物品可

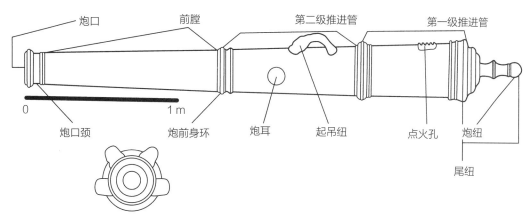

▲图 A2.1 铸铁炮相关术语。可从 NAS 的网站获取相应的记录表格。（基于本·法拉利【Ben Ferrari】的原作）

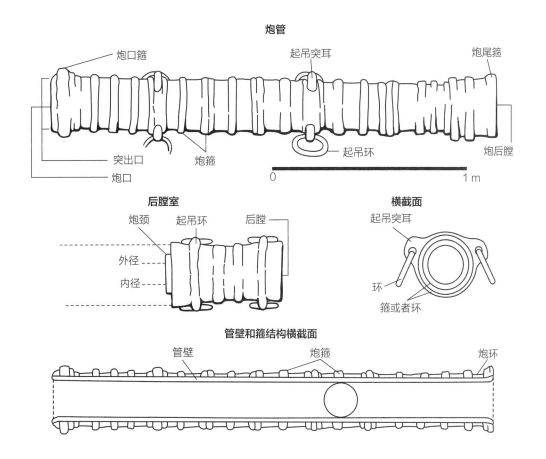

▲图 A2.2 后膛装填的锻铁管形炮相关术语。可从 NAS 网站下载相应的记录表格。（基于本·法拉利【Ben Ferrari】的原作）

能被留在遗址上，但如果使用系统方法对其加以记录，它们仍能提供重要物证。

船炮

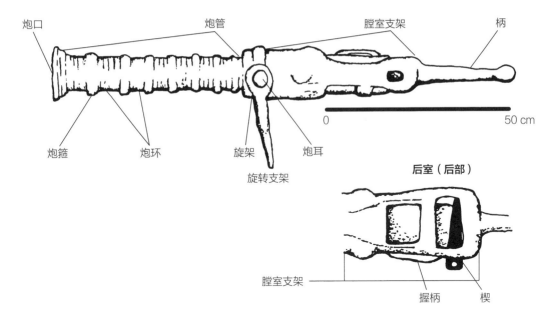

炮口　　炮管　　膛室支架　　柄

炮箍　　炮环　　旋架　　炮耳

旋转支架

后室（后部）

膛室支架　　握柄　　楔

辨别材质

大多数船炮是由铁或铜和不同比例的锡、铅和锌合金制成，在古代，这种合金统称为"黄铜"，然而现在黄铜专指铜、锌合金。最主要的铜合金反而是铜锡合金，它们制成的船炮被称为"青铜"炮。也存在复合船炮，其主要原料为青铜和铁。此外，还发现过在铜和其他金属外面包上绳索、石膏、皮革或木材制成的船炮，这种船炮在船炮铸造的演化历程中所处的位置还有很多未解之谜。

较为公认的总体演化趋势是从锻铁到铸铜，最后到铸铁，这个序列有助于为船炮大概断代。在英国，很少有早于16世纪初的大型铸铁炮。由于较难在铁上加铸装饰，这类炮上往往没有繁复纹饰，而青铜船炮上的纹饰则更加普遍。

在水下很容易区分铁质炮和青铜炮，因为前者表面上会有一层厚厚的凝结物，它是金属基体被腐蚀后产生的（见十六章）。所有因对凝结层的破坏而暴露出的黑色层将迅速氧化为典型的棕红色铁锈。

青铜船炮不会产生凝结物，但表面会滋生一层海洋生物，这些炮也会变色或者被细小的侵蚀物覆盖。如果文物保护专业人员及时处理的话，可以复原保存完好、较容易识别的青铜炮。

铁制物品表面凝结物的属性会受到物品成分和所处地方环境的影响。对凝结物加以研究，了解其形成及其将人工制品与埋藏环境隔离的过程，可为文物保护专业人员和考古学家提供有价值的信息。随意去除凝结物将导致侵蚀过程继续进行，因此，处理前应咨询专业人员。剥离凝结物的详细过程都应与随后辨认出来的所有遗迹和人工制品一起记录。锻铁炮表面的凝结物通常很不规则，完全覆盖了里面的物品。建议在尝试去除凝结物之前对凝结物质进行整体X-光摄像（见十六章）。

区分锻铁和铸铁往往非常困难，特别是在水下，赖以判断的遗迹常因凝结物而模糊不清。锻铁制品或许可以通过层状腐蚀产物加以断定，有可能在凝结物断面上见到这种层状结构，但这常被误认为木头。铸铁在侵蚀最后阶段的表现是石墨化，呈铁灰色、质量大减，这种状况下的铸铁物品连触摸都很容易让其受损，侵蚀作用最后会把铸铁件变为铁灰色液体。

根据装填方法分类

根据船炮的装填方式，船炮可以分为两种类型：

后装炮：这种船炮从尾部而非炮口装填。早期的样式普遍有装填火药的独立膛室，以及筒状炮管。炮管可以采用铸造青铜、铸铁或者锻铁。膛室材料可能与炮管不同，或者插入与炮身一体的支架中，或者卡入管身后部构成炮尾。因装填时无需将船炮从原位移开，所以，这种类型的船炮可以迅速再次装填。

前装炮：这种船炮的一端是密闭的，火药、炮弹和填料通过炮口安放并向下夯实。这一类型里包括了一些最早的船炮，比如早期青铜手炮（被称为手持加农炮）就用这种方式装填。在船上，这种类型的船炮必须被搬到船舷内进行装填，或者说搬到船舷外时必须已完成装填。前装炮有各种大小，其中包括迫击炮（很短且口径大）。

有明确区域（其直径比口径小）用来放置火药的前装炮，被称为"隔断式前装炮"。

船炮 根据形状分类

船炮形状在很大程度上取决于原料特性和制作工艺。青铜从14世纪起被用来铸造军火。早期铁制军械使用锻铁，本地铁匠的简单技术和设备即可满足加热和锻打成形的要求。冶炼铸铁的困难（由于需要高温以保持金属呈液态）导致铸铁炮在17世纪前一直较为少见。

管状炮（图A2.2）：管状炮通常用锻铁制造，但也有使用青铜的案例。这种生产技术将铁制管壁纵向插入模具，制成前后连通的管，之后在上面包裹以加固用的厚箍和宽环，此外还需制造被称为腔室的独立部件，以盛放炸药。腔室可用整块铁加热并锻打成形；此外，腔室也可以管壁制成，一端用厚塞子加固，另一端用突出的颈和炮管紧密结合。

回旋炮（图A2.3和图A2.4）：回旋炮这一术语是指安装在"Y"形镫（通常被称为架和桩）上，可以水平移动或旋转的船炮，它也可以做一定程度的垂直移动。其支架安装在船只水平梁架的孔内。回旋炮易于运输，用以进行近距离的快速射击，单人即可使用（图A2.4）。

▼图 A2.4 来自沉没于爱尔兰斯追达－斯特兰德（Streedagh Strand）的一艘西班牙无敌舰队（Spanish Amanda）船只上发现的小回旋炮，能够看到其细部和仍附着在其上的大块凝结物。（道格·麦克易福格【Doug McElvogue】）

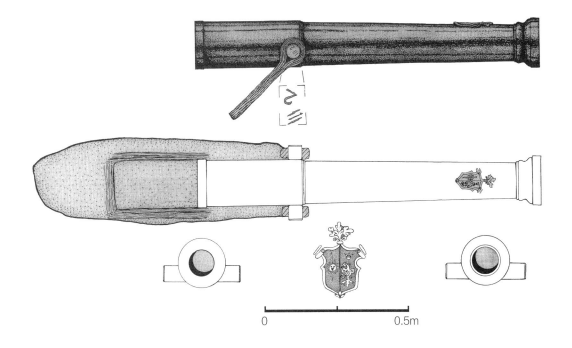

0   0.5m

回旋炮一般用锻铁、铸青铜、铸铁或铜铁合金制成。通常有独立后膛，上面锻造或铸造有握柄，内部孔径小于10厘米（4英寸）。

铸制炮（图A2.5）：最早的铸造青铜军械的方法导致当时船炮式样五花八门（Ffoulkes, 1937；Kennard, 1986），这种方法需要为炮膛和炮身制作模具，这些模具在铸炮完成后被打碎以取出成炮，因此，每门早期铸炮都独一无二。尽管对标准化（参数包括船炮的长度、口径、重量及炮弹重量）进行了尝试，在固体切削炮膛出现前显然难以做到。不符合标准的船炮常常被打上"劣等品"的标记，这在很多船炮中都有发现。

直到16世纪，英国青铜铸造军火通常被如下命名和排序（按口径大小降序排列）：皇家加农炮、加农炮、次级加农炮、重炮、次级重炮、隼炮（saker）、辅炮（minion）、鹰炮（falcon）（Blackmore, 1976；Hogg, 1970）。

17世纪后半期用炮弹重量描述船炮（如"十二磅"炮）。19世纪，随着使用有壳弹药增多，这一描述方式得到了进一步完善，用船炮口径的英寸长度来描述主要发射有壳弹药的船炮。从17世纪开始，由于铁价低廉并大量供应，铁炮数量逐渐超过青铜炮。铁制炮上的表面装饰受到限制，起吊纽也十分罕见。直到1800年，炮尾环安在炮尾纽边上，或用炮尾环代替炮尾纽的情形在青铜和铁制军械上仍很常见。

▼图 A2.5 来自于西班牙无敌舰队（Spanish Amanda）沉船"拉·特立尼达·沃伦塞拉"号（La Trinidad Valencera，沉没于1588年）的一门带装饰的青铜铸制炮的平面和侧面图。（科林·马丁【Colin Martin】）

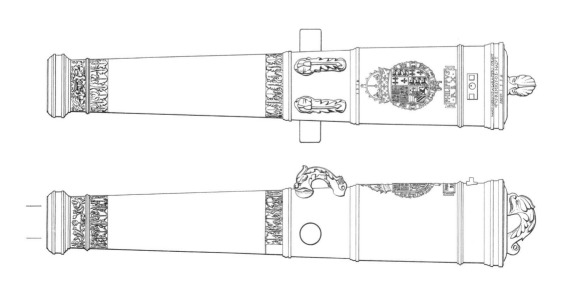

铭文和纹饰

船炮身上包含有大量信息。对青铜炮而言，整个表面都可以装饰上纹饰（常是浮雕【阳刻】），尤其对于大型船炮，既要是强大的武器，又要是艺术品。文字信息可以被刻在金属上，阳刻或阴刻都可以。对于铭文和纹饰的位置似乎没有绝对规则。大部分此类信息只有在保护处理后才能被看到，而为了找出这些标记，在水下就去除表面凝结物并不恰当。下面列出的是最常见的遗迹和它们通常所处的位置（按照惯例，船炮从炮尾到炮口依次要加以描述）。

0.79AI232

20cm

- 花押字——它们通常由环绕绶带的词首大写字母组成，往往代表在位的统治者或负责船炮生产的首席官员。花押字一般出现在船炮表面的上部，可以在初级推进管、次级推进管和前膛上。

- 纹章/别的图案——这些图案的表现形式经常是盾形徽章，且被限定在船炮表面上部的推进管或前膛部位，经常以浮雕形式出现（图A2.5，A2.6）。

铭文还包括出现在船炮上的所有其他字母或数字。它们提供了许多有用细节，包括：

- 重量——船炮重量经常被戳印或手工刻印在船炮上，所使用的重量单位往往与船炮国籍有关。对船炮重量和尺寸的历史研究非常复杂，必须仔细解释所用的重量单位。应为船炮加上注释，说明所采用的重量是否是标注在炮身上，或者是通过其他方式推导得出（图A2.7）。标识船炮重量的常见位置包括炮尾纽、底座

▲图 A2.6 装饰：来自"玛丽·罗斯"号（Mary Rose，沉没于 1545 年）一门铜炮上的都铎王朝（Tudor）玫瑰纹章。（玛丽·罗丝信托【Mary Rose Trust】）

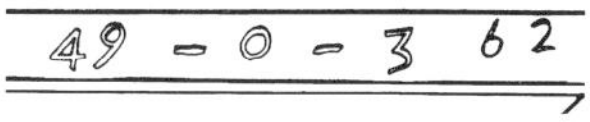

▲ 图 A2.7 "斯特灵城堡"号（Stirling Castle，沉没于 1703 年）次级加农炮索环上的重量数字，如图 A2.13 所示。（道格·麦克易福格【Doug McElvogue】）

![制造者标记图案]

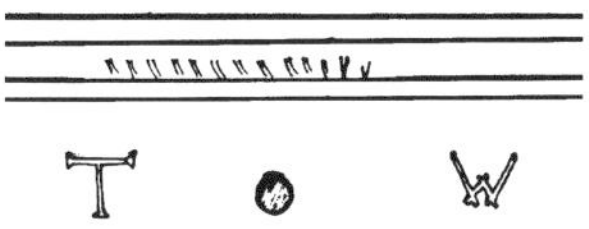

▲ 图 A2.8 制造者标记（Thomas Western）。"斯特灵城堡"号（Stirling Castle，沉没于 1703 年）次级加农炮的点火口和初级加强管上的标记细节，如图 A2.13 所示。（道格·麦克易福格【Doug McElvogue】）

![阔箭头符号图案]

▲ 图 A2.9 "斯特灵城堡"号（Stirling Castle，沉没于 1703 年）次级加农炮上的阔箭头详图，如图 A2.13 所示．（道格·麦克易福格【Doug McElvogue】）

圈、点火孔边、初级、次级推进管或炮膛，以及一侧或两侧炮耳的正面或顶部。

- 铸造厂或制造者名称——这些可以用缩写、全名、制造商的"标记"或作为整体描述的一部分出现。主要位置（通常在船炮表面的最上方）包括底座圈、点火孔边、初级、次级推进管或炮膛，或者一侧或两侧炮耳的尾部。它们可以是阴刻或阳刻。

- 铸造厂编号与船炮编号（序列号）——主要位置包括炮尾纽或炮尾的底部、炮尾环、初级推进管的上部或下部，以及一侧或两侧炮耳的上部或下部，有时它们也出现在炮口上。船炮并不总是同时拥有批号和个体号，它们可以单独出现。如果出现单独编码，它往往就是船炮的个体号。

- 日期——很多船炮都把铸造日期刻印在炮身上。日期可以采用罗马数字或阿拉伯数字，也可以采用历法纪年或统治者纪年，或是根据一个重大事件如一场革命的年份纪年。日期可以被刻印在底座圈、初级或次级推进管、一侧或两侧炮耳的面部，或炮膛上。

其他标志：除了较普遍的描述君主或创制人的铭文（图 A2.8），还发现有其他标志。其中一个案例是英国政府的阔箭头符号，这些标志通常凿刻在船炮推进管和炮膛的表面上部（图 A2.9）。大型垂直线常用于辅助瞄准，它们最可能位于炮耳或底圈环上，四等分瞄准刻度也可能被刻在底座圈上。其他更常见的标记包括口径长度和炮弹重量，它们经常被刻在炮口里。后膛也可以雕刻标志用以与其对应的炮身相匹配，或说明其为政府所有。

缩写：必须对与船炮制造者或铸造厂有关的缩写和大写进行研究，或利用手头的其他信息加以推导。

炮弹、装填物和炮栓

炮弹数量大且种类繁多，因为几乎所有物品都能从船炮里发射出去。考古工作者曾经从海里打捞出一门装填了咖啡

船炮

豆的船炮，在1565年的马耳他大围攻（Great Siege of Malta）中，奥斯曼土耳其战俘的头颅被从"圣·安杰罗"号（St Angelo）的船炮发射出去。

与其他所有考古信息来源一样，在试图移动船炮前（绝不要在水下移动）应对其包含物（包括炮弹、填料和火药）按被认可的标准进行记录和调查（图A2.10）。所有组件的相对位置及其状况都应记录下来。应当与有兴趣研究火药组成的分析师们取得联络，从而确定最佳抽样方法来研究火药残留。有几种方法可以用来确定船炮是否仍处于装填状态。通常仍处于装填状态的船炮可以被识别出来，因为炮口附近有软木炮栓。有时候炮栓可能位于炮膛更深处（由于水压），简单方法是把卷尺捆扎在长杆上，仔细测量炮栓进入炮膛内的深度，并比较它与炮口到点火孔的长度。大功率手电筒很有用。

在此需强调，取出装填物的工作最好由有经验的文保工作者完成，因为在操作过程中，装填物和炮弹的各类组成部分可能会受到重大损害。炮栓和填料常在尚未意识到其存在的情况下就被毁坏了。此外，在没有文保专家和设施的情况下尝试取物，可能会把沉积物遗留在炮膛内，从而影响后期稳定处理的效果。应该注意寻找火药匣的一切痕迹。虽然弹药已不太可能燃烧，但也应该戴上手套、护目镜和防护服，并仔细避免吸

▼ 图 A2.10 来自无敌舰队（Amanda）沉船"伟大的格雷风"号（El Gran Grifon，沉没于 1588 年）的铁炮的平面图：（1）表示了一门被凝结物沉积包裹的船炮剖面形状，圆形的铁质炮弹仍然在里面；（2）一门完整船炮的侧面图（需要侧视或前视图来表明炮耳的设置）；（3）船炮的残部，在其内部还保留着炮弹、填料和火药。（科林·马丁【Colin Martin】）

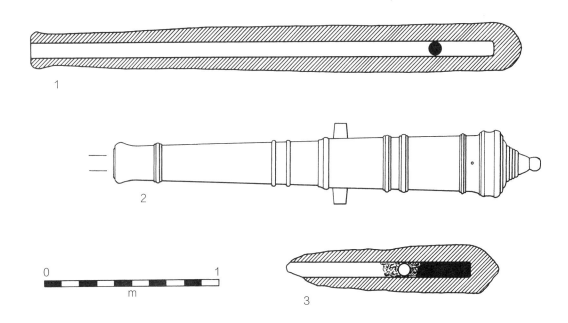

入任何成分。

传统炮弹一般是球型的，可用石头、铸铁、铸铜、铸铅，铅包铸铁或石头，或者在铁块外铸铅制成。对石弹而言，石材类型很重要：石灰石坚固耐用且易于加工，因而是不错的选择；花岗岩很重，在原料充分的地方常常被使用。当然，石头的取材取决于其可获取性，无论是就地取材还是通过贸易获得。石材加工的性质，不论是否完工，是否有可辨认的工具痕迹，以及其重量、直径（使用卡尺测量）、周长都应被记录。

就铸铁炮弹而言，很多都刻有统治者标记，有时也会刻以制造者记号和炮弹重量，这些都应该与其直径和铁质状况一起记录。同时也应记录炮弹重量，但使用这些数据时要小心，因为海洋侵蚀作用会把母体金属变成较轻的复合物。原址位置和组合信息（连同炮弹状况）对于评估埋藏环境的影响十分重要。一堆炮弹中的每个单体可以展现出不同的侵蚀效果，因此如果需要这一详细信息，则要在搬动炮弹前对其进行原地记录并编号。

有些情况下，一对球形炮弹被用连杆或锁链连接在一起，还有的类型是炮弹由不同部分组成，当其射离船炮时就分离开。在一些已发表的文章中可以找到不同类型弹药的详细绘图（如Munday 1987; Peterson 1969; Blackmore 1976）。

带匣炮弹包括所有用一个容器组装起来的东西，比如霰弹。任何可以放置在罐或袋内的物品都可用船炮发射，特别受青睐的物品包括卵石、铁钉、铁块和石头碎片。

燃烧弹是包裹有浸透易燃物的布料或绳子的炮弹，炮弹周围经常有突出的尖刺。

有壳弹（爆炸类炮弹）的弹壳里装有爆炸粉末或混合粉末以及附加弹药。它们有导火线孔，且常常有提环等表面遗迹。它们可以是球形、圆柱形和圆锥形。传统的弹壳材料包括铸铁和铸铜。

炮栓是放置在船炮膛内的成形木块，以防止炮膛受潮。炮膛内从炮口到炮尾，按顺序依次为炮栓、炮弹、填料、火药。炮栓常由软木制成，直径大于炮膛，但又有合适斜面，使其能够和炮膛紧密契合。

船炮记录和绘图

由于军械潜在的巨大尺寸，绘制它们时可能需要额外设备。这些设备包括大型卡尺、刻度尺、曲线板和卷尺（它会比尺子更加适合）。可用聚乙烯薄膜和永久标记笔描摹和拓印数字和铭文，此外，可能也需要考虑与石墨、蜡笔或软铅笔配合使用的软纸（如薄方格纸）。

绘图薄膜在很多情况下优于纸张，因为它在潮湿环境下稳定，而且能够复制得更加清楚。由于是透明的，它可以贴在铺着方格纸的绘图板上，并在这种网格上进行绘图。

当绘制船炮、炮架、木料等物品的比例图时，绘图者最好使用手持绘图板，这使他们可以绕着物品走动，以测量、添加细节并给图像做注释。铅笔画的工作图纸经常是凌乱的，但可据之描绘出记录和复描用的最终墨线图。

绘制军械应该画其整体侧视图和炮口的端视图，用以表现炮口的直径以及炮耳的长度、直径和位置。如果绘制对象的纹饰很多，则需平面图来标识字母、铭文和模印位置（图A2.11）。对于锻铁炮，往往需要用平面图记录起吊环和炮箍细部。

大型军械可用1∶5、1∶10或1∶20的比例绘制，装饰和铭文可借助拓印或描摹以1∶1的比例绘制（图A2.12），或采用1∶5的比例（图A2.13）。绘制铭文时应格外仔细，因为上面的拼写可能并不常见，甚至出现字母颠倒。如果确认不出字母，不能按"最佳猜想"绘制，而应在绘图中留空，并以注释形式进行解释。

记录船炮的表面时，它应被放置在平滑、水平的地面上，并支撑炮口使船炮的纵轴与地面保持平行，炮口和炮尾纽的中心点应在同一高度，这样地面可以作为测量加强环、炮耳等的基准线。如果地面不平滑、不水平，或者不能对人工制品进行支撑，那么这种地面就不能用做基准线，这时可以用船炮纵轴为基线来绘图。炮身上的点可以通过与炮口的距离来标识（如距炮口0.5米处的炮身直径；炮耳起始位置距炮口0.73米；炮耳

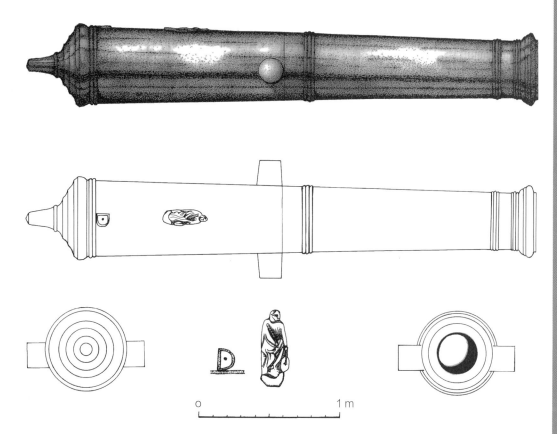

0   1 m

▲图 A2.11 一件军械的出版绘图——来自沉没于爱尔兰斯追达 - 斯特兰德（Streedagh Strand）的一艘西班牙无敌舰队（Spanish Amanda）沉船上的一只加农炮塞。（道格·麦克易福格【Doug McElvogue】）

▶图 A2.12 来自于图 A2.4 所示回旋炮炮身上部的拓片。（道格·麦克易福格【Doug McElvogue】）

结束位置距炮口0.85米）。如果没有足够大的外部卡尺，可以使用两副大三角板（在其垂直边以厘米标识，将其支撑以使其竖直站立）来测量人工制品的各种直径。把两副三角板夹在人工制品两侧，它们之间的水平距离就是这一点的直径。

如果经证明无法使用常规方法记录军械，那么可在各个点用皮尺测量其周长，之后很容易通过计算得出直径（直径＝周长/3.14）和半径（半径＝直径/2）。可在图纸上中心线90°角的位置标识这些数据。

船炮侧面外形发生重大变化的地方，都应测量其直径，比如加强环、炮耳、起吊纽以及炮尾纽上的数个位置，之后可以把这些直径连起来形成船炮外部线条。

船
炮

内卡钳则可用来测量炮膛。用电筒可以看出炮膛是直的、还是锥形，有膛室或者有膛线。也需要观察船炮是否仍被装填（从沉船遗址打捞的军械来看这不是罕见现象），如果是装填的则要关注是什么类型的炮弹（见上文）。

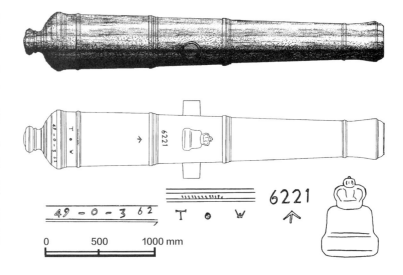

▲图 A2.13 来自于"斯特灵城堡"号（Stirling Castle，沉没于 1703 年）沉船上的次级加农炮。（道格·麦克易福格【Doug McElvogue】）

在最初绘图阶段，最好能添加尽可能多的细节。然而，如果时间太短，细节照片会有助于绘制起吊纽等遗迹。可以先画出这些细节的轮廓，之后利用从照片上取得的信息加以细化。但必须注意要使用从正确角度拍摄的照片。

船炮长度是从基环后部到炮口末端的距离，不包括炮尾纽，而总长度则包括炮尾纽。对于图A2.13中的船炮，其所要求记录的主要尺寸和遗迹如表A2.1所示，必须记录的尺寸和遗

表 A2.1 图 A2.13 所示船炮所要求记录的主要尺寸和遗迹

类型	次级加农炮（可旋转和经过退火）
长度★	2.955米（9½英尺）
总长★	3.255米
口径★	160毫米（6英寸）
炮后尾最大直径★	0.320米
炮口最大直径★	0.495米
炮耳轴的直径和长度★	169毫米/ 169毫米
点火孔的直径	20毫米
重量	2470公斤
戳印所标识的重量	49–0–3（49英担，3磅）
铭文	6221,阔箭头, T W
装饰	查尔斯二世（Charles Ⅱ）徽章（阳刻）及冠冕

★ 星号表示必需的尺寸和遗迹

迹标有星号。

任何绘图上都应标有公制的线性比例尺。绘制图原稿也应标有绘制对象的专有编号。尽管在出版物中以英制（或其他）单位来标识长度和口径可能更有用，但在考古图纸上仍应使用公制单位。所以单位换算（引用所使用的初始数据和换算因子）应明确说明。

如果船炮连同其炮架一起被发现，或许先绘制完整组合最为方便。应在水下对此加以充分调查并记录相关信息，比如船炮相对于炮床的角度，是否存在楔子或榫子、炮索、炮索滑轮，以及所有凝结物的位置，这些信息对于研究和各种复原绘图都至关重要。最好按1∶5的比例绘制考古绘图，因为在船炮和炮架上可能有很多细节需要记录。

炮架残存部分可能包括颊板、炮床、轮轴、车轮（或者推车）、横梁、方形盖、连接轴和销子、锻铁螺栓以及环，应该仔细清理木材以显现构造遗迹（如螺栓孔、木钉、凹凸榫、金属带残留、铰链或支架）和纹理、边材、腐烂度等木质遗迹。可以用不同颜色、阴影或点画方法来表现铁质凝结物和钉孔等遗迹。应绘制构件的每一个面，以记录诸如厚度变化这种细节。如果炮架仍部分组装在一起，有些因素可能无法看到。在这种情况下，应在以1∶5比例绘制所有部分前进行全面测量。

在保护处理过程中，或在无法见到船炮或炮架时，摹图是非常有用的参考记录，也是1∶5线图的主要依据。供复制的最终绘图是墨水绘制的黑白图纸。可能需要图例以表示铁制配件、凝结物等人工制品遗迹，也应指出受侵蚀区域。炮架很可能不完整，因此推测复原是有用的，并要配以"分解视图"来解释部件组装。

如果同时发现了船炮和炮座，最好先将其作为组合来记录。此外，最好在起吊前先卸下其车轮或推车。此时，可能无法加以摹印，因而应绘制1∶5比例线图。尝试将炮座放在平坦、光滑的地面上，以作为基准线。如果可能，支撑炮架使船炮炮管平行于地面。在图板上用水平的铅笔线画出船炮的纵轴线，用方格纸背衬作为参照，标记炮管的位置和尺寸。最好

先画船炮和炮座的平面图，并在下面留出画侧视图的空间。方
格纸背衬有助于便捷地把遗迹的尺寸和位置从平面图转为侧
视图。

　　绘图者应该注意膛室、起吊链环及标记的细节，以及船
炮瞄具和楔子的痕迹。一张X－光照片（如果可以安排的话）
对于弄清构造细节很有用。

　　炮身绘制完成后，可在其边上绘制炮座。必须小心记录
金属固件和炮索绳等部件，特别要留意凝结物留下的绳索印
记。炮座底部的螺栓孔可能说明了轴的安装位置。两侧的侧视
图可能都需加以绘制以展现不同遗迹，同时也需要尾部端视
图来表现炮膛尺寸。在与船炮和炮座结合绘制重构图之前，任
何留存的车轴、轮子或转动柄都应被单独绘制。当船炮和炮座
被分开进行保护处理时，应对它们进行单独绘制以记录所有额
外的信息。如果只发现炮座而没有炮身，最好还是从绘制平面
图入手，这将为推测缺失炮身的形状提供信息。

　　军械配件和其他较小的军械装备统称为"设备"，应该
根据第十八章描述的人工制品绘图指南进行绘制。如果尺寸
允许，手炮和其他复杂形状的物品应按1∶1的比例绘制。通
条、铲子和其他军械设备可能有长柄，在这种情况下，端部
的1∶1视图将提供详细信息，而另一张与副炮同比例的完整
物品视图也是有用的。

扩展信息

Birch, S. and McElvogue, D. M., 1999, *La Lavia*, *La Juliana* and the *Santa
　Maria de Vison*: three Spanish Armada transports lost off Streedagh Strand,
　Co. Sligo: an interim report, *International Journal of Nautical Archaeology*
　28.3, 265–76.

Blackmore, H. L., 1976, *The Armouries of the Tower of London: Vol. 1, The
　Ordnance*. HMSO, London.

Carpenter, A. C., 1993, *Cannon: The Conservation, Reconstruction and*

Presentation of Historic Artillery. Tiverton.

Ffoulkes, C. 1937, *The Gunfounders of England*. Cambridge.

Hogg, D. F. G., 1970, *Artillery: Its origin, Heyday and Decline*. London.

Kaestlin, J. P., 1963, *Catalogue of the Museum of Artillery in the Rotunda at Woolwich. Part 1: Ordnance*. London.

Kennard, A. N., 1986, *Gunfounding and Gunfounders*. London.

McElvogue, D. M., 1999, A breech loading swivel gun from the *Curacao*, 1729, wreck-site, *International Journal of Nautical Archaeology* **28**.3, 289–91.

Munday, J., 1987, *Naval Cannon*. Shire Album 186. Princes Risborough, Bucks.

Peterson, H. L., 1969, *Round shot and Rammers: An Introduction to Muzzle-Loading Land Artillery in the United States*. New York.

Smith, R. and Brown, R. R. （编）, 1988, Guns from the sea. *International Journal of Nautical Archaeology* **17**.1, special issue.

附录三 NAS 培训项目

目录

◆ 前滩和水下考古介绍

◆ NAS第一部分：前滩和水下考古初级认证

◆ NAS第二部分：前滩和水下考古中级认证

◆ NAS第三部分：前滩和水下考古高级认证

◆ NAS第四部分：前滩和水下考古结业证书

NAS培训项目（NAS Training Programme）旨在帮助人们获取更多的考古知识，它为学习和实践专业技术技能及参与水上和水下的考古项目提供独特的机会（图版A3.1）。该项目自1986年起正式启动。虽然始于英国，但是它现在已经被超过15个国家的遗产和考古组织所使用，让大家更关注考古所面临的挑战，并为参与考古项目提供技能培训。NAS课程已在超过25个国家开展。NAS培训项目已经被全球许多潜水和文物保护组织公认为休闲潜水员和非潜水员考古技能培训的标准，因此，在经验丰富的NAS导师团队的指导和帮助下，NAS培训项目是在这一迷人领域获得经验的理想途径（图版 A3.2）。

该项目是模块化的，由介绍课程开始，通过第一到第四部分逐步进阶（见下文）。本书与NAS培训项目相互配合，并且是其推荐书目的重要组成。关于英国NAS培训课程的最新信息可以从NAS网站上找到（www.nauticalarchaeologysociety.org），上面列出了全球各地得到NAS认可的培训项目的联系方式。

要参加每门课程，请参阅NAS网站或联系NAS办公室，以获知参加水下实践所需的最低潜水资格。对于非潜水员，这里也有相应的陆上练习。

前滩和水下考古介绍

这是NAS培训项目的入门级课程，旨在向潜水员和非潜水员介绍海洋考古学。通过涵盖范围广泛的主题，它为课程主题提供了宽广视野。

其课程目标是确保参加者：

- 了解航海考古学的基本准则和范围；
- 认识水下文化遗产的重要性及对其进行记录、保护和保存的必要性；
- 学习考古学家如何进行遗址断代；
- 学习如何对遗址进行扰动前基本勘测。

典型的培训形式是由有资质的讲师或指导员提供为期一天的课程。课程的某些部分可以适当调整，以适应参与的个人或团体的特殊要求。本介绍课程不需要考试，参加者会得到参与课程的证明。该课程是参加前滩和水下考古课程第一部分认证的先决条件。

NAS第一部分：
前滩和水下考古初级认证

NAS第一部分是建立在入门课程所涵盖的基础知识和实践技能之上的。本课程的实践部分通常在有保护的开放水域或者为非潜水员在前滩遗址上进行。典型的NAS第一部分课程包括如下内容：

第一天

- 项目案例研究（如"玛丽·罗斯"号【Mary Rose】沉船）
- 项目后勤和安全保障
- 沉船信息记录技术概论
- 使用沉船记录表格实践课
- 简报课程

第二天
- 三维测量项目导论
- 测量实践
- 三维测量软件的数据处理
- 发现物处理和饱水材料相关问题的介绍
- NAS项目介绍

NAS第二部分：
前滩和水下考古中级认证

NAS第二部分认证由两部分组成：

提交一份简短的调查项目报告：NAS第二部分课程提供了独立调查并撰写简报的机会，从而把导论和第一部分课程中所学到的东西应用于实践。调查地点的选择完全由个人或团体决定（图版 A3.3）。报告将根据一系列的标准加以评估。NAS办公室或NAS网站上提供有指导手册和更多帮助。报告可以以个人或小组的名义进行提交，后者的前提是小组的每位成员都为数据收集和报告撰写贡献了力量（更多内容参见NAS网站）。

参加考古活动：NAS第二部分认证课程的另一部分通过鼓励人们参加为期两天（或同等程度）的考古学会议或活动，包括参观博物馆或水下遗产径，来展现水下考古的丰富性，并提升学员对其的兴趣。两天的时间可由参加单个讲座、短期研讨会或更长的会议等积攒而成。活动并不要求一定和海洋相关，但必须同考古学有关。与会者应该从主办单位或NAS的代表那里得到出席证明。NAS的网站上可以检索到尤其适合第二部分课程的活动清单，如有疑问，请联系NAS办公室。

NAS第三部分：
前滩和水下考古高级认证

　　NAS第三部分提供了主要的正式教学内容。学员或者参加全职的田野考古学校——它们往往基于考古遗址的实地工作，或者参加一系列讲授具体技术的教学模块。这可以包括讲座、现场演示和水下考古各种技术的实践（如剖面线图、控制点【面】定位、原址记录、沉积物取样、发掘策略和方法）。多种多样的课程可以让学员获得很多实践经验，比如处理考古材料、现场保护技术、发现物绘图和摄影。

　　NAS第三部分课程的主要目的是培训称职的考古工作者，使他们具有各种项目所需的必要技术知识。

　　NAS第三部分的课程由八个核心主题组成：

1　研究与信息技术
2　考古科学
3　勘测
4　发掘
5　记录
6　文物保护
7　古代技术
8　考古管理

　　参加者必须在这些核心主题中的六个主题上积累100个学分，分数以每个实践课时为一分，理论课时为半分（这是为了鼓励课程有更多的实践内容）。学分计算也参照如下标准：

- 每个核心主题最多可得28个学分；
- 六个所选的主题中每个主题得分不能低于8个学分；
- 不能重复选修。

NAS第四部分：
前滩和水下考古学结业证书

NAS课程的最后一部分，同时也是最高级别的是第四部分的结业证书。其主要目的是提供认证标准，证明工作人员在考古负责人的协助下可以监理考古遗址的工作项目。尽管NAS教员会在整个过程中提供指导和建议，但这阶段并不涉及正式教学。为了取得最后证书，申请者必须满足以下要求：

- 自完成NAS第二部分课程之后，曾在至少三个不同的考古工地工作满12个星期；
- 完成一篇专题论文或者关于某获批准项目（或主题）的作品集，其中包括一篇达到发表标准的完整报告。

扩展信息

The Nautical Archaeology Society, Fort Cumberland, Fort Cumberland Road, Portsmouth PO4 9LD, UK。电话、传真：+44(0)23 9281 8419; www.nauticalarchaeologysociety.org; 电子邮箱：nas@nauticalarchaeologysociety.org.

术语汇编

绝对年代（absolute dating） 断定年代时给出的确切年代范畴（如树轮年代学和^{14}C测年）。

精度、准确性（accuracy） 测量值的精确度和可靠性。

吸泥机（airlift） 用于水下发掘的工具，由压缩空气驱动，在工具的前端产生吸力（另见"抽泥机"）。

人类学（anthropology） 对人类及其物理特性和文化的研究，可以大致分为三个分支学科：生物人类学（体质人类学），文化人类学（社会人类学）和考古人类学。

考古记录（archaeological record） 考古学家收集的一组数据，在遗址因发掘被破坏后保存其信息。

考古学（archaeology） 通过人类的物质遗存研究人类历史的学科。

地磁测年法（archaeomagnetic dating） 有时也称为"古磁学测年"，它建立在地球磁场随时间产生的变化上，通过检测烧过的黏土等物质中的余磁记录可以确定材料"最后被烧制"的时间。

档案（archive） 一处遗址所有记录和发现物的汇总，也指保存记录的场所。

人工制品（artefact） 由人类使用、改造或制造的任何可移动物品。

组合（assemblage） 在特定时间和地点一起产生的一组物品。

关联（association） 人工制品和其他考古遗存的共生性。

属性（attribute） 人工制品的基本特性，如颜色、装饰、形状、原材料、风格。

AUV 自主水下航行器，自给无缆线（无拴系）的水下机器人（另见"ROV"）。

弹道学（ballistics） 研究弹射体和火器功能的学科。

基线（baseline） 通常标有刻度，固定于两基点/控制点之间的一条线。

深度勘测（bathymetric survey） 测量深度的勘测，其结果能显示出海床地形。

海底的（benthic） 属于水体底部，或与其相关，或在此处发生的。

船舱（bilge） 船体底部的舱，集水处，可以从此处用水泵把水泵出去。

青铜时代（Bronze Age） 东半球以青铜作为制作工具和武器的主要材料的时期，在欧洲其习惯起讫时间为公元前2000年至公元前700年。

校准（calibration） 通过系统性转变来校正数据，排除无关或易致谬误的信息。

外板平接（或镶）（carvel-built） 描述船外板紧密安放、边缘相接的一种造船法。

分类（classification） 基于共同属性把物件排列成组或其他关联。

叠接（clinker-built） 描述船外板相叠并紧固在下部船板上的一种造船法。

组合型人工制品（composite artefacts） 由一种以上材质组成的人工制品。

凝结物（concretion） 由腐蚀的铁产生的密集的硬物质团块，主要由氧化铁组成可以产生在任何材料的表面，或覆盖整个遗址（Robinson，1998）。

情境（context） 人工制品的情境包括它的母体（即蕴含人工制品于其中的基质），它在母体中纵向和横向的位置，以及它与其他人工制品的关联。

控制点（control points） 控制遗址方位的固定的诸点，可被用来勘测其他人工制品或遗迹。

粪化石（coprolites） 石化的粪，包含有食物残留，可被用来重建食物群和生存行为。

钻探样本（core samples） 由钻探设备取得的未被扰动的原始土壤或沉积物的柱状样本。钻探样本用于评估考古标本的地质情境和环境。

湖中住所（crannog） 湖泊、湿地上的人工岛，构成小型聚落的地基，发现于青铜时代的不列颠北部和爱尔兰（约公元前2000年）。

文化遗产（cultural heritage） 一个社会从祖先承继而来的物质人工制品、结构和无形属性的财产。

基线支距测法（datum offset） 记录从人工制品到基线的垂直距离（支距）及其在基线上的横向位置的勘测方式，这是一种简单有效的遗址勘测方法。

基准点（datum point） 长期或临时参照点，勘测测量值由此产生（另见"控制点"）。

树轮年代学（dendrochronology） 通过研究能反映气候波动和年降水量的树轮纹样测年（另见"绝对年代"）。

DGPS 差分全球定位系统。DGPS运用固定的岸基参考站网，广播已知固定位置与卫星系统确定的位置之间的差分。

直接勘测测量（DSM）（Direct Survey Method） 在海洋考古中广为运用的一种三维勘测法（DSM）程序，就像视窗操作系统中的"Web"（另见"遗址调查器/遗址记录器"）。

分布图（distribution map） 表示特定人工制品在遗址内分布位置的示意图。

DPV 潜水员推进器，相当于一台小型水下摩托车。

绘图框（drawing frame） 参见平面图/绘图框。

抽泥机（dredge） 也叫水压式抽泥机或感应式抽泥机。这是水下发掘工作中使用的一种由水压在工具前端产生吸力进行驱动的工具。

回声测深（echo-sounding） 可用于测绘地形的声学水下勘测技术，通过发射脉冲后采集返回的信号（或回声）并破解绘图。

生态证据（ecofacts） 非人工制品，如与考古遗址关联的动植物遗存。这些遗存可以提供过去环境的线索。

EDM 电子测距仪。EDM装置使用红外线或激光测量距离。

环境考古学（environmental archaeology） 考古学和自然科学的跨学科研究领域，致力于重构人们对动植物的使用。

人种学（ethnography） 通过亲身观察，研究当代文化的学科，是文化人类学的分支学科。

民族学（ethnology） 通过对当代文化的研究，推演人类社会的基本法则，是文化人类学的分支学科。

发掘（excavation） 通过移取考古遗存上覆盖的或与其共存的材料来系统地揭露遗存，是一种具有破坏性且不可逆的过程。

实验考古学（experimental archaeology） 通过以缜密控制为前提的实验和重建来研究过往的行为过程。

遗迹（feature） 在考古遗址上发现的不可移动的人类活动证据（如一堵墙、一条壕沟、一方地面、一块壁炉前砖地）。

前滩（foreshore） 参见"潮间带"。

地球物理学（geophysics） 用一系列设备对地下（或水下）遗迹进行科学研究的学科。

GIS 地理信息系统。这个系统捕捉、储存、分析和管理在空间上与地面有关的数据和关联属性。

GPS 全球定位系统。这是基于卫星的系统，决定陆地或海上的三维定位。所用系统决定其精度水平。航海精度约10米（33英尺），测绘精度约1米（39英寸），勘测精度约0.10米（4英寸）。

地面实况勘查（ground-truthing） 把从遥感设备接收到的信息与地面真相进行对比以勘验数据的过程。

放射性半衰期（half-life） 标本里一半数量的放射性同位素衰减的时间（另见"放射性衰减"）。

图像材料（iconography） 对"艺术"表现的研究（如绘画、雕塑等）。

in situ 原址。

潮间带（inter-tidal zone） 在低潮时露出、高潮时被淹没的前滩[1]区域。

---

1 译者注：参见第6页脚注。

地壳均衡抬升/减弱（isostatic uplift/downshift） 冰盖扩张或退缩引起的陆地平面变化。

木质素（lignin） 构成约¼至⅓的干燥木质体的一种化合物。

磁力仪（magnetometer） 测量土壤或沉积物磁场变化的地球物理仪器，造成磁场变化的可能原因是地表下的遗迹用火等人类活动。

物质遗存（material remains） 以前社会或个人遗留下来的建筑、工具或其他人工制品。

母体、基质（matrix） 物质材料，人工制品就藏身于其中。

中石器时代（Mesolithic） 始于约一万年前的旧大陆纪年时期，介于旧石器时代和新石器时代之间，以使用小型石器（细石器）为特征。

灰坑（midden） 人类使用后产生的垃圾、家用废弃物的堆积，即垃圾堆。

多波束测深（multibeam swath bathymetry） 回声测深仪的发展产物，由窄的测深波束提供船下方和垂直于船侧的面的深度测量值。

新石器时代（Neolithic） 以农业产生和建立更为长期的常年聚落定居点为特征的旧大陆纪年时期，欧洲习惯划分的年代跨度是公元前5000年左右至青铜时代开始。

旧大陆（Old World） 在克里斯托弗·哥伦布（Christopher Columbus）航海发现美洲之前欧洲人知道的那部分世界——欧洲、亚洲和非洲。

旧石器时代（Palaeolithic） 公元前一万年之前的时期，以已知最早的石器制造为特征。

摄影拼接照片（photomosaic） 若干张不同的照片拼接在一起合成的遗址或遗迹图。

平面图/绘图框（planning/drawing frame） 分成等大的正方形网格，并被放置在待测绘区域上辅助记录的预定尺寸的框子。按比例绘出每个网格里的考古材料。

扰动前调查（pre-disturbance survey） 在任何发掘开始前进行的非侵入式调查工作，提供遗址当时状况的信息。

起源（provenance） 事物的发源地、原生地。

放射性衰变（radioactive decay） 放射性同位素的组成部分会定期分解，每种同位素都有一个特定的半衰期。

放射性碳元素测年（radiocarbon dating） 测定有机材料中碳元素的同位素衰变的一种绝对测年方法。

相对断代（relative dating） 断定年代时不给出确切的年代范畴，而是与其他例子/遗迹物的年代关系进行对比（如地层学和类型学）的一种定年法。

遥感（remote sensing） 远处对某现象的成像（即卫星影像，海运/航空调查）。

抢救性考古（rescue/salvage archaeology） 识别和记录处于威胁中的考古遗址。

研究设计（research design） 系统地规划考古研究项目，通常包括进行遗址研究和随后的结果发布。

分辨率（resolution） 表示图像/胶片显示细节的级别。

硬式充气船（RIB）（rigid inflatable boat [RIB]） 组合式设计的船，融合了硬式船体（通常是玻璃钢或铝）和侧舷充气管，使其具备稳定性和浮力。

ROV 遥控潜水器。广泛用于水下搜索、调查和工作，尤其在深水区域（另"AUV"）。

打捞（salvage） 寻回海上遇难船只或货物的行为。

沉积物（sediment） 已经或正在从原生地被水、风、冰或等的媒介侵蚀和搬运的单体颗粒或矿物材料和有机材料的聚合颗粒。

沉积学（sedimentology） 对沉积物结构和质地的研究。

侧扫声呐（sidescan sonar） 物探仪器，其操作类似于回声测深仪，不同的是有从拖鱼的一左一右发射的两个扇形波束以覆盖更大的范围。返回的信号需解读和以图形显示。

遗址形成过程（site-formation processes） 影响考古材料开始被埋藏和任何后续变化方式的那些过程。

遗址调查器/记录器（Site Surveyor/Recorder） 在海洋考古中被广为运用的一种三维调查程序（另见"直接勘测法"）

弃土、弃泥（spoil） 发掘中业已去除的土壤/沉积层。

地层形成（stratification） 地层的逐层上下叠压。连续的地层序列应能提供相对时间序列。

地层学（stratigraphy） 研究分层沉积物形成、组成、序列和相互关系的学科。

浅地层剖面仪（sub-bottom profiler） 一种地球物理仪器，与回声测深仪工作原理相同，但具有较低的工作频率，能穿透沙和淤泥层，探测被掩埋的考古材料。

经纬仪（theodolite） 一种测绘仪器，包括聚焦望远镜（轴心可以在水平面和垂直面上旋转），有可以按比例测量垂直和水平角度的刻度，并附有调校水平的装置。

全站仪（total station） 陆地测量工具，可以通过测量仪器与目标的距离、方位角和仰角计算出目标相对于仪器自身的位置。

拖鱼（towfish） 船只拖曳于其后的仪器（如侧扫声呐）。

猎宝（treasure-hunting） 瞄准金钱回馈的遗址搜寻和发掘。

木钉（treenail） 圆柱形或削角的硬材销钉，用以把木质船舶的舷板、底板与船的肋骨钉在一起（读作trunnel或trennel）。

树轮测年（tree-ring dating） 另见"树轮年代学"。

三角测量法（triangulation） 基于三点之间形成的三角形测量三个点相对位置的方法。

三边测量法（trilateration） 基于已测得的边长测量三个点相对位置的方法，常被作为使用基线的简单测量技术。

类型学（typology） 使用描述来定义物品特性的过程，随之产生的相似物品组合基于这些特性。

水声定位系统（underwater acoustic positioning system） 用陆上GPS的相同原理提供水下位置。

WGS84 1984年世界测地系统（World Geodetic System 1984）。国际商定的全球参考坐标系框架，世界上任何地方的点均可在该框架内定位。

参考文献与扩展阅读

Ackroyd, N., and Lorimer, R., 1990, *Global Navigation: A GPS user's guide*. London.

Adams, J., 1985, *Sea Venture*, a second interim report, part 1, *International Journal of Nautical Archaeology* **14**.4, 275-99.

Adams, J., 2002a, Excavation methods underwater, in C. Orser (ed.), *Encyclopaedia of Historical Archaeology*, 192-6. London.

Adams, J., 2002b, Maritime archaeology, in C. Orser (ed.), *Encyclopaedia of Historical Archaeology*, 328-30. London.

Adkins, L. and Adkins, R. A., 1990, *Talking Archaeology*: A *Handbook for Lecturers and Organizers*. *Practical Handbooks in Archaeology*, No. 9. Council for British Archaeology, London.

Ahlstrom, C., 2002, *Looking for Leads: Shipwrecks of the Past Revealed by Contemporary Documents and the Archaeological Record*. Finnish Academy of Science and Letters, Helsinki.

Altes, A. K., 1976, Submarine Antiquities: A Legal Labyrinth, *Syracuse Journal of International Law and Commerce*, 77-97.

Anon (ed.), 2007, *Dive Straight Int. A Dip-In Resource for Engaging the Public in Marine Issues*. CoastNet, UK.

Archaeological State Museum of Mecldenburg-Vorpommern, 2004, *Management plan of shipwreck site Darss Cog, MOSS Project*.

Atkinson, K., Duncan, A. and Green, J., 1988, The application of a least squares adjustment program to underwater survey, *International Journal of Nautical Archaeology* 17.2, 119-31.

Aw, M. and Meur, M., 2006 (2nd edn), *An Essential Guide to Digital Underwater Photography*. OceanNEnvironment, Carlingford, NSW, Australia.

Bannister, A., Raymond, S. and Baker, R., 1992 (6th edn), *Surveying*. New Jersey.

Barker, P., 1993 (3rd edn), *Techniques of Archaeological Excavation*. London.

Bass, G. F., 1990, After the diving is over, in T. L. Carrell (ed.), *Underwater Archaeology: Proceedings of the Society for Historical Archaeology Conference*. Tucson, Arizona.

Battarbee, R. W., 1988, The use of diatom analysis in archae-ology: a review, *Journal of Archaeological Science* **15**, 621-44.

Bettes, F., 1984, *Surveying for Archaeologists*. Durham.

Bevan, J., 2005, *The Professional Diver's Handbook*. London.

Birch, S. and McElvogue, D. M., 1999, *La Lavia, La Juliana* and the *Santa Maria de Vison*: three Spanish Armada transports lost off Streedagh Strand, Co. Sligo: an interim report, *International Journal of Nautical*

Archaeology **28**.3, 265-76.

Blackmore, H. L., 1976, *The Armouries of the Tower of London: Vol. 1, The Ordnance*. HMSO, London.

Bolton, P. (ed.), 1991 (3rd rev. edn), *Signposts for Archaeolo- gical Publication: A Guide to Good Practice In the Presentation and Printing of Archaeological Periodicals and Monographs*. Council for British Archaeology.

Boyce, J. I., Reinhardt, E. G., Raban, A. and Pozza, M. R., 2004, Marine Magnetic Survey of a Submerged Roman Harbour, Caesarea Maritima, Israel, *International Journal of Nautical Archaeology* **33**, 122-36.

Boyle, J., 2003, *A Step-by-Step Guide to Underwater Video* (www.FourthElement.com).

Bradley, R., 1990, *The Passage of Arms: An Archaeological Analysis of Prehistoric Hoards and Votive Deposits*. Cambridge.

Brice, G. and Reeder, J., 2002 (4th rev. edn), *Brice on Maritime Law of Salvage*. London.

Brown, D. H., 2007, *Archaeological Archives: A Guide to Best Practice in Creation, Compilation, Transfer and Curation*. Archae-ological Archives Forum (www.archaeologists.net/modules/ icontent/inPages/docs/pubs/ Archives_Best_Practice.pdf).

Brown, A. and Perrin, K., 2000, *A Model for the Description of Archaeological Archives*. English Heritage (www.eng-h.gov. uk/archives/archdesc.pdf).

Buglass, J. and Rackham, J., 1991, Environmental sampling on wet sites, in J. M. Coles and D. M. Goodburn (eds), *Wet Site Excavation and Survey. WARP Occasional Paper No*. 5. Exeter.

Camidge, K., 2005, *HMS Colossus: Stabilisation Trial Final Report*. Unpublished report for English Heritage (www.cismas.org.uk/docs/colossus_stab_trial_final.pdf).

Caminos, H., 2001, *Law of the Sea. Aldershot*.

Carpenter, A. C., 1993, *Cannon: The Conservation, Recon-struction and Presentation of Historic Artillery*. Tiverton.

Cederlund, C. O. (ed.), 2004, MOSS *Final Report*, web-published final report (www.nba.fi/internat/MoSS/ download/final_report.pdf).

Coles, J. M., 1988, A Wetland Perspective, in B. A. Purdy (ed.) *Wet Site Archaeology*, 1-14. Boca Raton, FL.

Coles, J. M., 1990, *Waterlogged Wood*. English Heritage, London.

Conolly, J. and Lake, M., 2006, *Geographical Information Systems in Archaeology*. Cambridge.

Cooper, M., 1987, *Fundamentals of Survey Measurement and Analysis*. Oxford.

Cross, P. A., 1981, The computation of position at sea, *Hydrographic Journal* 20, 7.

Dana, P. H., *The Geographer's Craft Project*. Dept of Geography, The University of Colorado at Boulder (www. colorado.edu/geography/gcraftlnotes/datum/datum.html, updated 2003).

Dean, M., Ferrari, B., Oxley, I., Redknap, M. and Watson, K. (eds), 1992, *Archaeology Underwater: The NAS Guide to Principles and Practice*. London.

Dean, M., 2006, Echoes of the past: Geophysical surveys in Scottish waters and beyond, in R. E. Jones and

L. Sharpe (eds), *Going over Old Ground - Perspectives on archaeological geophysical and geochemical survey in Scotland*, 80-7. BAR British Series 416, Oxford.

Delgado, J. P. (ed.), 2001 (new edn), *Encyclopaedia of Under-water and Maritime Archaeology*. London.

Det Norske Veritas Industry A/S, 2006, *Recommended Practice RP B401: Cathodic Protection Design*. Laksevag, Norway.

Dinacauze, D. F., 2000, *Environmental Archaeology, Principles and Practice*. Cambridge.

Dorrell, P., 1994, *Photography in Archaeology and Conservation*. Cambridge.

Drafahl, J., 2006, *Master Guide for Digital Underwater Photo-graphy*. Amherst.

Dromgoole, S., 1996, Military Remains on and around the Coast of the United Kingdom: Statutory Mechanisms of Protection, *International Journal of Marine and Coastal Law* **11**.2, 23-45.

Eckstein, D., 1984, *Dendrochronological Dating, Handbooks for Archaeologists No. 2*. European Science Foundation, Strasbourg.

Edge, M., 2006 (3rd edn), *The Underwater Photographer: Digital and Traditional Techniques*. Oxford.

Eiteljork II, H., Fernie, K., Huggett, J., and Robinson, D., 2005, CAD: *A Guide to Good Practice*. Oxford.

English Heritage, 1991, *Management of Archaeological Pro- jects (MAP2)*. London (www.eng-h.gov.uk/guidance/map2/ index.htm).

English Heritage, 1996, *Waterlogged Wood: Guidelines on the Recording, Sampling, Conservation and Curation of Water-logged Wood*. London.

English Heritage, 2004a, *Geoarchaeology: Using Earth Sciences to Understand the Archaeological Record*. London (www.english-heritage.org.uk/upload/pdf/Geoarchaeology-2007.pdf).

English Heritage, 2004b, *Dendrochronology: Guidelines on Pro-ducing and Interpreting Dendrochronological Dates*. London.

English Heritage, 2006a, *Guidelines on the X-radiography of Archaeological Metalwork*. Swindon.

English Heritage, 2006b, *Management of Research Project in the Historic Environment (MoRPHE)*. London (www.english- heritage.org.uk).

English Heritage, 2006c, *MoRPHE Technical Guide: Digital Archiving and Digital Dissemination*. London.

Erwin, D. and Picton, B., 1987, *Guide to Inshore Marine Life*. London.

Ffoulkes, C., 1937, *The Gunfounders of England*. Cambridge

Fish, J. P. and Carr, I~I. A., 1990, *Sound Underwater Images: A Guide to the Generation and Interpretation of Side Scan Sonar Data*. Boston, MA.

Fletcher, M. and Locke, G., 2005 (2nd edn), *Digging NumbersElementary Statistics for Archaeologists*. Oxford.

Fletcher-Tomenius, P. and Forrest, C., 2000, The Protection of the Underwater Cultural Heritage and the Challenge of UNCLOS, *Art Antiquity and Law* **5**, 125.

Fletcher-Tomenius, P. and Williams, M., 2000, When is a Salvor Not a Salvor? Regulating Recovery of

Historic Wreck in UK Waters, *Lloyd's Maritime and Commercial Law Quar-terly* **2**, 208-21.

Forrest, C. J., 2000, Salvage Law and the Wreck of the R.M.S.*Titanic, Lloyd's Maritime and Commercial Law Quarterly* **1**,1-12.

Frost, H., 1963, *Under the Mediterranean*. London.

Gamble, C., 2006 (new edn), *Archaeology: The Basics*. Oxford.

Gawronski, J. H. G., 1986, *Amsterdam Project: Annual Report of the VOC-Ship Amsterdam Foundation 1985*. Amsterdam.

Gibbins, D., 1990, Analytical approaches in maritime archae-ology: a Mediterranean perspective, *Antiquity* **64**, 376-89.

Green, J., 2004 (2nd edn), *Maritime Archaeology: A Technical Handbook*. London.

Green, J., and Gainsford, M., 2003, Evaluation of underwater surveying techniques, *International Journal of Nautical Archaeology* 32.2, 252-61.

Greene, K., 2002 (4th rev. edn), *Archaeology: An Introduction*.Oxford (www.staff.ncl.ac.uk/kevin.greene/wintro3/).

Gregory, D. J., 1999, Monitoring the effect of sacrificial anodes on the large iron artefacts on the Duart Point wreck,1997, *International Journal of Nautical Archaeology* **28**.2,164-73.

Gregory, D. J., 2000, In situ corrosion on the submarine Resurgam: A preliminary assessment of her state of preser-vation, *Conservation and Management of Archaeological Sites*, 4, 93-100.

Grenier, R., Nutley, D. and Cochran, I. (eds), 2006, *Underwater Cultural Heritage at Risk: Managing Natural and Human Impacts*. ICOMOS.

Griffiths, N., Jenner, A. and Wilson, C., 1990, *Drawing Archaeological Finds: A Handbook*. London.

Hampshire and Wight Trust for Maritime Archaeology, 2007, *Dive into History: Maritime Archaeology Activity Book*. Southampton.

Harland, J., 1984, *Seamanship in the Age of Saih An Account of the Shiphandling of the Sailing Man-of-War 1600-1860, based on Contemporary Sources*. London.

Harris, E. C., 1989 (2nd edn), *Principles of Archaeological Stratigraphy*. London.

Health and Safety Executive (HSE), 2002, *The Control of Substances Hazardous to Health Regulations* (Statutory Instrument 2002 No. 689). London.

Health and Safety Executive (HSE), 2004, *Guidelines for safe working in estuaries and tidal areas when harvesting produce such as cockles, mussels and shrimps* (www.hse.gov.uk/pubns/ estuary.htm).

Henson, D. (ed.), 2000, *Guide to Archaeology in Higher Education*. Council for British Archaeology.

Historic American Buildings Survey/Historic American Engineer-ing Record, 2004 (3rd edn), *Guidelines for Recording Historic Ships*. National Parks Service, Washington.

Hodgson, J. M. (ed.), 1997 (3rd edn), *Soil Survey Field Hand-book. Soil Survey Technical Monograph No. 5*. Harpenden, UK.

Hogg, D. F. G., 1970, *Artillery: Its Origin, Heyday and Decline*.London.

Holland, S. E., 2005 and 2006, Following the yellow brick road. *Nautical Archaeology Society Newsletter* **2005**.4 and **2006**.1: 7-9.

Holt, P., 2003, An assessment of quality in underwater archae-ological surveys using tape measurements, *International Journal of Nautical Archaeology* **32**.2, 246-51.

Holt, P., 2004, *The application of the Fusion positioning system to marine archaeology* (www.3hconsulting. com/ downloads.htm#Papers).

Holt, P., 2007, *Development of an object oriented GIS for maritime archaeology* (www.3hconsulting.com/ downloads. htm#Papers).

Howard, P., 2007, *Archaeological Surveying and Mapping: Recording and Depicting the Landscape*. London.

Institute of Field Archaeologists, 2001a (rev. edn), *Standards and Guidance for Archaeological Excavation*. Reading.

Institute of Field Archaeologists, 2001b, *Standards and Guidance for the Collection, Documentation, Conservation and Research of Archaeological Materials*. Reading.

Institute of Field Archaeologists, 2001c (rev. edn), *Standards and Guidance for Archaeological Desk Based Assessment*. Reading.

Institute of Field Archaeologists, 2001d (rev. edn), *Standards and Guidance for Archaeological Field Evaluation*. Reading.

Institute of Field Archaeologists, 2007, *Draft Standard and Guidance for Nautical Archaeological Recording and Reconstruction*. Reading (www.archaeologists.net).

Institute of Field Archaeologists, forthcoming, *Standards and Guidance for the Creation, Compilation, Transfer and Deposition of Archaeological Archives*.

Jameson, J. H. Jr and Scott-Ireton, D. A. (eds), 2007, *Out of the Blue: Public Interpretation of Maritime Cultural Resources*. New York.

Joiner, J. T., 2001 (4th edn), *National Oceanic and Atmospheric Administration Diving Manual: Diving for Science and Technology*. Silver Spring, Maryland.

Judd, P. and Brown, S., 2006, *Getting to Grips with GPS: Mastering the skills of GPS Navigation and Digital Mapping*. Leicester.

Kaestlin, J. P., 1963, *Catalogue of the Museum of Artillery in the Rotunda at Woolwich. Part 1: Ordnance*. London.

Kennard, A. N., 1986, *Gunfounding and Gunfounders*. London.

Kennedy, W. and Rose, R., 2002, *The Law of Salvage*. London.

Kist, J. B., 1991, Integrating Archaeological and Historical Records in Dutch East India Company *Research, Inter-national Journal of Nautical Archaeology* **19**.1, 49-51.

Larn, R. and Whistler, R., 1993 (3rd edn), *The Commercial Diving Manual*. Melksham.

参考文献与扩展阅读

Lonsdale, M. V., 2005, *United States Navy Diver*. Flagstaff, Arizona.

McElvogue, D. M., 1999, A breech loading swivel gun from the Curacao, 1729, wreck-site, *International Journal of Nautical Archaeology* **28**.3, 289-91.

McGrail, S. (ed.), 1984, *Aspects of Maritime Archaeology and Ethnology*. London.

MacLeod, I. D., 1995, *In situ corrosion studies on the Duart Point wreck, 1994, International Journal of Nautical Archaeology* **24**.1, 53-9.

Martin, C. J. M., 1995a, The Cromwellian shipwreck off Duart Point, Mull: an interim report, *International Journal of Nautical Archaeology* **24**.1, 15-32.

Martin, C. J. M., 1995b, Assessment, stabilisation, and man-agement of an environmentally threatened seventeenth-cen-tury shipwreck off Duart Point, Mull, in A. Berry and I. Brown (eds.), *Managing Ancient Monuments: An Integrated Approach*, 181-9. Clywd Archaeology Service, Mold.

Martin, C. J. M., 1997, Ships as Integrated Artefacts: the Archaeological Potential, in M. Redknap (ed.), *Artefacts from Wrecks: Dated Assemblages from the Late Middle Ages to the Industrial Revolution*, 1-13. Oxford.

Martin, C. J. M. and Martin, E. A., 2002, An underwater pho- tomosaic technique using Adobe Photoshop, *International Journal of Nautical Archaeology* **31**.1, 137-47.

Milne, G., McKewan, C., and Goodburn, D., 1998, *Nautical Archaeology on the Foreshore: Hulk Recording on the Medway*. RCHM, Swindon.

Mook, W. G. and Waterbolk, H. T., 1985, *Radiocarbon Dating, Handbooks for Archaeologists No. 3*. European Science Foundation, Strasbourg.

Morrison, I., 1985, *Landscape with Lake Dwellings: The Crannogs of Scotland*. Edinburgh.

Muckelroy, K., 1978, *Maritime Archaeology*. Cambridge.

Munday, J., 1987, *Naval Cannon*. Shire Album 186. Princes Risborough, Bucks.

Murphy, L. E., 1990, 8SL17: *Natural Site Formation Processes of a Multiple-Component Underwater Site in Florida*, Submerged Resources Center Professional Report No. 12, National Park Service, Santa Fe, New Mexico.

Naish, J., 1985, *Seamarks: Their History and Development*. London.

Nayling, N., 1991, Tree-ring dating: sampling, analysis and results, in J. M. Coles and D. M. Goodburn (eds), *Wet Site Excavation and Survey. WARP Occasional Paper No. 5*. Exeter.

Neal, V. and Watkinson, D., 1998 (3rd edn), *First Aid for Finds* London.

Nelson Curryer, B., 1999, *Anchors: An Illustrated History*. London.

O'Keefe, P., 2002, *Shipwrecked Heritage: A Commentary on the UNESCO Convention on Cultural Heritage*. Leicester.

Oldfield, R. (illustrator), 1993, in BSAC *Seamanship for Divers*, London.

Oxley, I., 1991, Environmental sampling underwater, in J. M. Coles and D. M. Goodburn (eds), *Wet Site*

Excavation and Survey. WARP Occasional Paper No. 5. Exeter.

Palma, P., 2005, Monitoring of Shipwreck Sites, *International Journal of Nautical Archaeology* **34**.2, 323-31.

Papatheodorou, G., Geraga, M., and Ferentinos, G., 2005, The Navarino Naval Battle Site, Greece: an integrated remote- sensing survey and a rational management approach, *Inter- national Journal of Nautical Archaeology* **34**, 95-109.

Parker, A. J., 1981, Stratification and contamination in ancient Mediterranean shipwrecks, *International] ournal of Nautical Archaology* **10.4**, 309-35.

Pearson, V. (ed.), 2001, *Teaching the Past: A Practical Guide for Archaeologists.* Council for British Archaeology, York.

Perrin, K., 2002, *Archaeological Archives: Documentation, Access and Deposition: A Way Forward.* English Heritage, London (www.english-heritage.org.uk/upload/pdf/archives.PDF).

Peterson, H. L., 1969, *Roundshot and Rammers: An Intro-duction to Muzzle-Loading Land Artillery in the United States.* New York.

Petrie, W. M. F., 1904, *Methods and Aims in Archaeology*, London.

Quinn, R., Breen, C., Forsythe, W., Barton, K., Rooney, S. and O'Hara, D., 2002a, Integrated Geophysical Surveys of the French Frigate *La Surveillante* (1797), Bantry Bay, County Cork, Ireland, *Journal of Archaeological Science* **29**, 413-22.

Quinn, R., Forsythe, W., Breen, C., Dean, M., Lawrence, M. and Liscoe, S., 2002b, Comparison of the Maritime Sites and Monuments Record with side-scan sonar and diver surveys: A case study from Rathlin Island, Ireland, *Geoarchaeology* **17**.5, 441-51.

Quinn, R., Dean, M., Lawrence, M., Liscoe, S. and Boland, D., 2005, Backscatter responses and resolution considerations in archaeological side-scan sonar surveys: a control experi- ment, *Journal of Archaeological Science* **32**, 1252-64.

Renfrew, C. and Bahn, P., 2004 (4th edn), *Archaeology: Theories, Methods and Practice.* London.

Richards, J. and Robinson, D. (eds), 2000 (2nd edn), *Digital Archives from Excavation and Fieldwork: A Guide to Good Practice.* Archaeological Data Service, Oxford (http://ads. ahds.ac.uk/project/goodguides/ excavation/).

Robinson, W. S., 1998 (3rd edn), *First Aid for Underwater Finds.* London and Portsmouth.

Roskins, S., 2001, *Excavation.* Cambridge.

Rule, N., 1989, The direct survey method (DSM) of under- water survey, and its application underwater, *International Journal of Nautical Archaeology* **18**.2, 157-62.

Schofield, W., 2001 (5th edn), *Engineering Surveying.* Oxford.

Scientific Diving Supervisory Committee (SDSC), 1997, Advice notes for the Approved Code of Practice (www.uk-sdsc.com).

Smith, R. and Brown, R. R. (eds), 1988, Guns from the sea. *International Journal of Nautical Archaeology*

17.1, special issue.

Smith, S. O., 2006, *The Low-Tech Archaeological Survey Manual*. PAST Foundation, Ohio.

Spence, C. (ed.), 1994 (3rd edn), *Archaeological Site Manual*. London.

Steiner, M., 2005, *Approaches to Archaeological Illustration: A Handbook*. CBA Practical Handbook 18. Council for British Archaeology, York.

Sutherland, A., 2002, Perceptions of marine artefact conserva-tion and their relationship to destruction and theft, in N. Brodie and K. Walker Tubb (eds), *Illicit Antiquities: The Theft of Culture and Extinction of Archaeology*. London.

Throckmorton, P., 1990, The world's worst investment: the economics of treasure hunting with real life comparisons, in T. L. Carrell, (ed.), *Underwater Archaeology: Proceedings of the Society for Historical Archaeology Conference 1990*. Tucson, Arizona.

Tomalin, D. J., Simpson, P. and Bingeman, J. M., 2000, Excavation versus sustainability in situ: a conclusion on 25 years of archaeological investigations at Goose Rock, a designated historic wreck-site at the Needles, Isle of Wight, England, *International Journal of Nautical Archaeology* **29**.1, 3-42.

Tyers, I., 1989, Dating by tree-ring analysis, in P. Marsden (ed.), A late Saxon logboat from Clapton, London Borough of Hackney, *International Journal of Nautical Archaeology* **18**.2, 89-111.

Upham, N. E., 2001 (2nd rev. edn), Anchors. Princes Risborough.

Uren, J. and Price, W., 2005 (4th rev. edn), *Surveying for Engineers*. London.

Watts, G. P. Jr, 1976, Hydraulic Probing: One solution to over-burden and environment, *International Journal of Nautical Archaeology* **5**.4, 76-81.

Wentworth, C. K., 1922, A scale of grade and class terms for clastic sediments, *Journal of Geology* **30**, 377-92.

Wheatley, D. and Gillings, M., 2002, *Spatial Technology and Archaeology: the Archaeological Application of GIS*. London.

Williams, M., 2001, Protecting Maritime Military Remains: A New Regime for the United Kingdom, *International Maritime Law* **8**.9, 288-98.

Zhao, H., 1992, Recent Developments in the Legal Protection of Historic Shipwrecks in China, Ocean *Development and International Law* **23**, 305-33.

索引

Abandoned Shipwreck Act 1987（USA）1987年《被弃沉船法案》（美国），79

acoustic systems for underwater surveying 水下勘测声学系统，165，205-6

aerial photography 航空摄影，176，图4.4

airlift 吸泥机，222-7，图15.10，图版15.1

anchors 船锚，307-11，图A1.1，图版A1.1-2

Ancient Monuments and Archaeological Areas Act 1979（England & Wales）1979年《古迹和考古区域法案》（英格兰、威尔士），114

animal remains 动物遗存，参见"finds"

anodes, for stabilizing large metal artefacts 阳极，用于稳定大型金属人工制品，263，图版17.4

antiquarianism 古物学，5

archaeological illustration 考古绘图，94、95、96、97，265-83，图16.8，18.1-17，19.2-4，A2.1-13

archaeology 考古

  careers 职业，19-21

  context 情境，5，35-8，43-51，97-9，217-21

  definition 定义，3

  evidence 证据，5，9-10，30-40，44-6

  interpretation 阐释，38-9

  range 范围，29-34

  survival under water 水下幸存物，26-7

  feature 遗迹

  getting involved 参与、涉及，18-20，307-11

  non-destructive 无损性，7

  origins and development 起源和发展，4-6

  principles 原理，1-2，6

  record-keeping 保存记录，88-108

  site types 遗址类型，24-32

  specialists 专门人员，21，284-86

索引

    standards 标准，4，9

    techniques 技术，1-6，20

    theory 理论，4

    under water 水下，7-9，19，24-7，29-34，图4.2

    importance of ……的重要性，24-7，图4.2

    types of sites 遗址类型，18-9，26-34

    volunteering 志愿者，19，330-34

archives and libraries 档案馆和图书馆，109-19

archiving archaeological material 考古材料建档，11，53-6，89，230，279-80，287-89，
    图19.1，19.5-6

artefacts 人工制品，参见"finds"

autonomous underwater vehicles（AUVs）水下推进器（简称AUV），168，176

axonometric drawings 轴测图、立体正投影图，276-77

bathymetry 测深仪，165-70，175，257-58，图版13.10

biological processes affecting underwater finds 影响水下发现物的生物进程，46-8，228-
    35，图16.1

    monitoring 监测，253-60，图版17.3

bone 骨头，参见"finds"

botanical material 孢粉材料，参见"finds"

brass 黄铜，参见"copper and copper alloy"

British Library, London 伦敦大英图书馆，115

bronze 青铜，参见"copper and copper alloy"

Caird Library 凯尔德图书馆，114

ceramics 瓷器，233，270-73，图18.2-9，18.11

computer-aided design（CAD）电脑辅助设计（简称CAD），197-98，204，277-78

computers in archaeology 考古用电脑，105-6，116-17，196-205，276-78，图14.11-18，
    图版14.6

concretion 凝结物，233-34，312-19

conservation 保护

    first-aid for finds 发现物紧急处理，228-52

    keeping records 保存记录，102，229-30，245-46

supplies 供给物，231-52

contiguous zone 毗连区，72-5，78

continental shelf 大陆架，72-4，78

copper and copper alloy 铜和铜合金，232-34

　　guns 船炮、火炮，312-29

corrosion of metals 金属腐蚀，同时参见"concretion"

Council of Europe 欧洲委员会，81

crannogs 湖中住所，26，图版4.2

current gauge 流速计，图版17.1

databases 数据库，8，20，104-7，113-16

dating techniques 断代技术，21，37-46，212-14，图4.5-6，15.4，图版A3.2

deep sea-bed and the high seas 深海床和公海，72-3

dendrochronology 树轮年代学，39-40，212-5，图4.5-6，15.4，图版A3.2

deposition 堆积，参见"site-formation processes"

desk-based assessment 案头评估，52，255

differential GPS 差分全球定位系统，151-52，206，图11.12

direct survey measurement（DSM）直接勘测测量（简称DSM），198-204，图14.11-18

dissemination of results 成果宣传，291-306

diving 潜水

　　qualifications and regulations 资质和规定，20-2，图版6.1-2

　　safety 安全，57-70

drawing equipment 绘图设备，265-67，324

drawing frame 绘图框架，193-95，图14.10，图版14.4，A3.3

dredge 抽泥机，参见"water-dredge"

echo-sounder 回声仪，167-70，258，图版13.10

ecofacts 生态证据，参见"finds"

electronic distance measurement（EDM）电子测距仪（简称EDM），147-48，图11.11

electronic position-fixing（EPF）电子定位仪（简称，EPF），148-49

English Heritage 英国遗产局，114

environmental evidence 环境证据，31-5，44-8，99，258

ethnography 人种学，13-4，图版2.2

European Convention on the Protection of the Archaeological Heritage（1969, revised 1992）《保护考古遗产的欧洲公约》（1969年通过，1992年修订），81-2

excavation 发掘，4，7，18-9，209-27，图15.1，15.8，16.5，图版15.1-3

exclusive economic zone 专属经济区，72-4，78

experimental archaeology 实验考古学，14-16，图2.3-4

finds 发现物（考古发现），30-5，92-5，125-26，219-22，228-52，265-78，324-29，图15.9，16.6-8，18.1-15，A2.1-13，图版8.3-4，16.2-4，表4.1

    composite objects 复合物，235

    drawing 绘图，265-78，324-29，图16.8-8，18.1-15，A2.1-13

    ecofacts 生态证据，30-5，表4.1

    effects of salt water 咸水作用，235

    first-aid/conservation 紧急处理/保护，228-52

    handling 搬运，236-43，图15.9，图版16.2-4

    labelling/numbering 贴标签/编号，103-4

    lifting 提取，16.6-7，图版16.2-3

    packing and storage 包装和存放，229，236-51，图版8.4，16.3-4

    photographing 拍摄，125-26

    recording 记录，92-5，图版8.3

    fish-traps 渔栅，27，图4.4，13.1

geographical information systems（GISs）地理信息系统（简称GISs），106-8，198，204

geophysical techniques for archaeological investigation 用于考古调查研究的地理技术，7，12，165-75，257-8，图13.1-5，图版13.1-4，13.6-12

    echo-sounder 回声仪探测器，167-70，258，图版13.10

    magnetometer 磁力仪，174-5，图13.5，图版13.11-12

    multibeam sonar 多波束声呐，图版13.1-4，13.6-9

    multibeam swath bathymetry 多波束条带测深仪，167-70，257

    sidescan sonar 侧扫声呐，7，165，170，175，257，图13.1-2，13.5，图版13.12

    sub-bottom profiler 浅地层剖面仪，171-4，图13.5-5

geotextiles, to stabilize sites 土工织物，用于稳定遗址，262

global positioning system（GPS）全球定位系统（简称GPS），138，151-53，205-8，图11.12

differential GPS 差分GPS，151-2，206，图11.12

　　real-time kinematic GPS（RTK）实时动态GPS（简称RTK），152-3，166

gribble 船蛆，46，231

guns, recording 记录船炮，312-29，图18.12，A2.1-13，表A2.1

Harris matrix 哈里斯矩阵，90，图8.3

historic environment records（HERs）历史环境记录（简称HER），7，12，114

historical research 历史研究，6，181，109-19

human remains 人类遗存，32

hydrodynamic environment, monitoring 水动力环境监测，258，图版17.1-2

iconographic evidence 图像证据，110-11，图9.1

illustration 线图

　　for archaeological reports 用于考古报告，95-7，265-83，图16.8，18.1-17，19.2-4，
　　　A2.1-13

　　interpretive 阐释性，278

International Council of Monuments and Sites（ICOMOS）国际古迹遗址保护理事会（简
　　称ICOMOS），80

International Journal of Nautical Archaeology 国际航海考古期刊，XI，1，18，301-3，图
　　版20.2

International Salvage Convention（1910, 1989）国际救助公约（1910年、1989年），76

internet, for research 网络，用于研究，116-17

iron, corrosion 铁质侵蚀，参见"concretion"

isometric drawings 等轴图，276-77

laser scanning 激光扫描，276，图18.16-17

latitude 纬度，139-41，图11.1

legislation relating to underwater cultural heritage 水下文化遗产相关法规，72-87

Limnoria spp. 蛀木水虱属，47，231

location map 位置图，281-82，图19.2

logboat, replica 独木舟（复制品），15，图2.3-4

longitude 经度，139-41，图11.1

lowest astronomical tide（LAT）最低天文潮位（简称LAT），141

magnetometer 磁力仪，174-5，图13.5，图版13.10

maps, drawing 绘制地图，281-83

maritime ethnography 海洋人种学，参见"ethnography"

maritime infrastructure 海洋基础设施，26

maritime law and jurisdiction 涉海法律和管辖权，72-87

metal-detectors 金属探测仪，162，图12.3

metals, corrosion 金属侵蚀，同时参见"concretion"

Monitoring of Shipwreck Sites（MOSS）project "监测沉船遗址"（简称MOSS）项目，258

monitoring of underwater archaeological sites 监测水下考古遗址，253-60

  data-logger 数据记录器，图版17.2

  repeatability 重复性，259

Monuments and Building Record, Northern Ireland 北爱尔兰古迹和建筑档案，114

multibeam sonar 多波束声呐，图版13.1-4，13.6-9

multibeam swath bathymetry 多波束条带测深仪，167-70，257

museums and treasure-hunting 博物馆和猎宝，12-3

National Archives 国立档案馆，114

National Archives of Scotland 苏格兰国立档案馆，114

National Grid（UK）国家坐标网（英国），138，141

National Library of Scotland 苏格兰国立图书馆，114

National Library of Wales 威尔士国立图书馆，114

National Maritime Museum London 伦敦国立海洋博物馆，114

National Monuments Record（England）国立古迹档案馆（英格兰），114

National Monuments Record for Wales 威尔士国立古迹档案馆，114

Nautical Archaeology Society 航海考古学会，XI，1-2，18-20，184，253

  Statement of Principles 原则声明，18-19

  Training Programme 培训项目，18，209，330-34，图版3.1-2，A3.1-3

Normaal Amsterdams Peil（NAP）阿姆斯特丹海面平均高度（简称NAP），142

ordnance, recording 武器，用于记录，312-29，图18.12，A2.1-13，表A2.1

Ordnance Datum（UK）1936（OSGB36）1936年法定基准面（英国）（简称OSGB36），

  141，165

Ordnance Datum Newlyn（ODN）纽林法定基准面（简称，ODN），141

organic materials, preservation 有机质材料，用于保护，234

pre-disturbance survey 扰动前勘测，178-84

photography 摄影，120-137，268，276，图10.1-9，图版10.1

 for monitoring sites 监测遗址，255-56

 record-keeping 保存记录，101-2

 under water 水下，126-28

photomosaics 摄影拼接照片，130-32，图10.7-9，图版10.1

planning frame 平面图框架，参见 "drawing frame"

plans 平面图，用于记录，100，178，280-82，图14.1

plant remains 植物遗存，参见 "finds"

position-fixing 定位，138-53，205-6，图11.3，11.6-11

 accuracy 精度、准确性，142-43，图11.3

 acoustic（APS）声学的（简称APS），205-6

 long baseline（LBL）长基线（简称LBL），205-6

 ultra-short baseline（USBL）超短基线（简称USBL），205-6

 compass bearings 罗经方位，145-46

 electronic distance measurement（EDM）电子测距仪（简称EDM），147-48，图11.11

 electronic position-fixing（EPF）电子定位仪，148-49

 sextant 六分仪，143-45，图11.6

 theodolite 经纬仪，147-48

 'total station' 全站仪，147-48，图版11.1

 transits 方位叠标，146-47，图11.7-10

post-fieldwork activity 田野工作结束后的活动，18，56，279-90，图3.1，19.1

pottery-drawing conventions 陶器线图惯例，270-73，图18.2-9，18.11

presentation of archaeological work 考古工作展示，291-306，图20.1-2

probing 探查，210-11，图15.2-3

project design 项目设计，52-8，61，178

Protection of Military Remains Act 1986（UK）《1986年保护军事遗存法案》（英国），78-9，82

public outreach 公共服务，57，图版20.1

publication 出版物，4，18，53-7，291-306，图20.1-2，图版20.2

radiocarbon dating 放射性碳元素测年，40-1，212-3

real-time kinematic GPS（RTK）实时动态GPS（简称RTK），152-3，166

re-burial of archaeological sites 考古遗址回填，261

recording 记录，88-108，209，218-20，279-81，282-83，307-29，图8.1，19.3，
　　A1.1，A2.1-13，图版8.1，表4.1

　　anchors 船锚，309-11，图A1.1，图版A1.1-2

　　contexts 情境，97-8

　　guns 船炮，312-29，图18.12，A2.1-13

　　sections 剖面，100-1，218-20，280-83，图19.3

　　systems 体系，89-108，279-81

　　timbers 船材，95-7，图版8.1

recycling of archaeological material 考古材料再利用，49，图4.12

remotely operated vehicles（ROVs）遥控潜水器（简称ROV），131-33，168，176，
　　205-6，图13.5

remote-sensing and survey techniques 遥感和勘测技术，7，131-33，154，163-77，205-
　　6，209，257-58，图13.1-5，图版13.1-12

　　acoustic systems 声学系统，165

　　aerial photography 航空摄影，176

　　autonomous underwater vehicles（AUVs）自主水下航行器（简称AUV），168，176

　　bathymetry 测深仪，165-70，175，257-58，图版13.10

　　　　echo-sounder 回声测探仪，167-70，258，图版13.10

　　　　multibeam swath bathymetry 多波束条带测深仪，167-70，257

　　magnetometry 磁力仪，174-75，图13.5，图版13.11-12

　　metal-detector searches 金属探测仪，162，图12.3

　　multibeam sonar 多波束声呐，图版13.1-4，13.6-9

　　remotely operated vehicles（ROVs）遥控潜水器（简称ROV），131-33，168，176，
　　　　205-6，图13.5

　　search patterns and positioning 搜索模式和定位,164-67，171

　　sidescan sonar 侧扫声呐，7，165，170，175，257，图13.1-3，13.5，图版13.12

　　sub-bottom profiling 浅地层剖面仪，171-75，图13.3，13.5

rescue archaeology 营救考古，9

research 研究，参见"historical research"

Rhodian Maritime Code 《罗得斯海商法》，76

Risk assessments 风险评估，60-71

Royal Commission on the Ancient and Historical Monuments of Scotland（RCAHMS）苏格兰历史古迹皇家委员会（简称RCAHMS），114

safety 安全

  in the inter-tidal zone 潮间带内，68-71

  on underwater sites 水下遗址上，59-68

salvage 打捞，9，79

salvage law, international 国际救捞法，76-87

samples, recording 样品，用于记录，100

sampling 取样，211-216，243-44，257，图15.4-6

sandbags, to protect sites 沙袋，用于保护遗址，261-62，图17.1

scale drawing 按比例绘图，95-6，269，324-25

scales 比例尺

  maps and charts 地图和图表，112

  in photographs 照片上，128

sea-bed categorization 海床分类，181，表4.1

sections, recording 剖面，用于记录，100-1，218-20，280-83，图19.3

sediments 沉积物，30-1，36，217-21

sextant 六分仪，143，图11.4-6

shipworm 船蛆，46，231，图16.1

shipwrecks 沉船，24-34，41，45-6，72-87，95-8，110，117，171，174，255，258，图2.1-2，4.3，4.10-11，8.1，8.4，10.1，10.3-4，19.7，13-2，13-4，14.1，14.4，15.7，15.9，16.1-8，17.1，18.12-13，18.16-17，19.2，A2.4-13，图版2.1，2.3，4.1，8.2，13.1，13.3-5，13.7-8，13.10-11，17.2-4

  hull structure 船体结构，30，95-8

  named（dates lost）名为（沉没年代）

    HMS *Antelope*（1982）英国皇家海军羚羊号，82

    HMS *Ardent*（1982）英国皇家海军热情号，82

    MV *Atlantic Conveyor*（1982）大西洋运输者号商船，82

    HMS *Birkenhead*（1852）英国皇家海军伯肯黑德号，84

    Central America（1857）中美洲号，85

    HMS *Colossus*（1798）英国皇家海军巨人号，图18.16

索引

HMS *Coventry*（1982）英国皇家海军考文垂号，82

Dartmouth（1690）达特茅斯号，图18.13

Doddington（1755）多丁顿号，86

HMS *Edinburgh*（1982）英国皇家海军爱丁堡号，82

Espiritu Santo（1554）埃斯皮里图·桑托号，83

Grace Dieu（1439)，174，图13.4

El *Gran Grifon*（1588）伟大的格雷风号，99，图8.4，A2.10

Geldermalsen（1751）海尔德马尔森号，86

HMS *Hampshire*（1982）英国皇家海军汉普希尔号，82

Hazardous（1706）危机号，111，258，图版13.5

Kennemerland（1664）肯内梅兰号，图16.8

Margaret Smith（1978）玛格丽特·史密斯号，图版13.4

Markgraff（1919）马格拉芙号，图版13.10

Mary Rose（1545）玛丽·罗斯号，图8.1，16.1，18.17，A2.6，图版4.1，16.1，17.2-3

Nuestra Señora de Atocha（1622）阿托卡夫人号，85

HMS *Royal George*（1782）英国皇家海军皇家乔治号，图版2.1

HMS *Royal Oak*（1939）英国皇家海军皇家橡树号，图版13.1

HMS *Sheffield*（1982）英国皇家海军谢菲尔德号，82

RFA *Sir Galahad*（1982）英国皇家海军辅助舰加拉哈德爵士号，82

Stirling Castle（1703）斯特灵城堡号，图A2.7-9，A2.13，图版13.7-8

SS *Storaa*（1943）斯托拉号，172，图13.2，图版13.3

La Surveillante（1797）拉·修文纽特号，图版13.11

RMS *Titanic*（1912）皇家游轮"泰坦尼克"号，83-4

La Trinidad Valencera（1588）拉·特立尼达·沃伦塞拉号，126-27，图10.3-4，14.1，15.7，15.9，16.5-7，18.12，A2.5

Vasa（1628）瓦萨号，图版4.3

un-named（dates lost）未命名（沉没年代）

Dover bronze-age boat 多佛青铜时代沉船，图2.1

Duart Point（1653）杜尔海岬，254，图10.6，16.2-4，17.1，图版8.2，17.4

Newport ship（15世纪）新港沉船，图2.2

Streedagh Strand（1588）斯追达-斯特兰德，图A2.4，A2.11-12

Studland Bay wreck（15世纪）斯塔德兰湾沉船，262

Yarmouth Roads 雅茅斯锚地，图19.2

shot 炮弹，321-23

sidescan sonar 侧扫声呐，11，165，170，175，257，图13.1-3，13.5，图版13.12

site archives 遗址档案，11，53-6，88，230，280，287-290，图19.1，19.5-6

site categorization 遗址分类，179-81，表14.1

site evaluation 遗址评估，52-3

site-formation processes 遗址形成过程，44-51，图4.11

site-plans 遗址平面图，100，178，194-98，280-82，图14.1，图版13.5

site recorder 遗址记录器，198-203，图14.11-18

sites and monuments records（SMRs）遗址和古迹记录器（简称SMRs），参见"historic environment records"

souvenir-collecting 收集纪念物，9-10

specialist reports 专业报告，284-86

state-owned vessels 国有船舶，77

stock anchors 横杆锚，310，图A1.1

stone anchors 石锚，307-10，图版A1.1-2

storage 存放

    finds 发现物，235-43

    part of project plan 部分项目规划，55-6

    records 记录，103-8

stratigraphy 地层学，42-3，98-9，图4.8-10，8.2-3，图版8.2

sub-bottom profiler 浅地层剖面仪，171-4，图13.3-5

submerged landscapes 水下景观，2，26，30-1，图版13.4

survey 勘测，18-22，178-208，图14.1-19，图版11.11，14.1-6，A3.1，A3.3

    3-D, using computers 三维，使用电脑，198-204

    drawing frame 绘图框架，193-95，图14.10，图版14.4-5，A3.3

    grids 探方，195-96，图10.1，14.4，14.11

    leveling 取水平，192-93，图14.7-9，图版14.3

    offsets 位移法，188-89，图14.4-5，图版14.1

    setting up（baseline and control points）布设（基线和控制点）

    ties/trilateration 三边测量法，189-92，图14.6

    total station 全站仪，147-8，206，图14.19，图版1.1

Teredo spp. 船蛆属，46

　Teredo navalis 船蛆，231，图16.1

territorial seas 领海，72-75，77-80

ties（trilateration from baseline）三边测量法（距基线），189-92，图14.6

timbers, recording 船材，用于记录，95-7，图版8.1

total station 全站仪，147-8，206，图14.19，图版1.1

transits 经纬仪，图11.8，11.9，11.10

treasure-hunting and archaeology 猎宝和考古学，9-13

trilateration 三边测量法，189-92，图14.6

typology 类型学，35-6，42，图4.7

ultrasonic thickness measurement（UTM）超声波测厚仪（简称UTM），257

underwater burial environments 水下埋藏环境，228-35

underwater photography 水下摄影，126-28，132-37，图10.9

underwater search techniques 水下搜索技术，154-162

underwater survey 水下勘测，178-208，图14.1-19，图版11.11，14.1-6，A3.1，A3.3

　3-D, using computers 三维，使用电脑，198-204

　acoustic positioning 声学定位，205-6

　baseline, establishing and fixing 布设和固定基线，184-87

　control points 控制点，184-87，195-204

　drawing frame 绘图框架，193-95，图14.10，图版14.4-5，A3.3

　grid 探方，195-96，图10.1，14.4，14.11

　leveling 取水平，192-93，图14.7-9，图版14.3

　offsets 位移法，188-89，图14.4-5，图版14.1

　planning 规划，182-84

　radial 径向，182

　ties/trilateration 三边测量法，189-92，图14.6

UNESCO Convention for the Protection of the Underwater Cultural Heritage 联合国教科文组织《保护水下文化遗产公约》，80

United Nations Convention on the Law of the Sea（UNCLOS）《联合国海洋法公约》（简称UNCLOS），72-5

Universal Transverse Mercator（UTM）projection 通用横轴墨卡托投影，140，165，图11.2，表11.1

Valletta Convention 《瓦莱塔公约》，81-2

video photography under water 水下摄像，132-37，图10.9

water-dredge 水压式抽泥机，224-26，图15.11，图版15.2-3

water-jet 水炮，226-27

wood, waterlogged 饱水木材

  deterioration 腐坏、劣变，46-8

  drying out 脱水，图版6.1

wood-borers 蛀木虫，46，231，图16.1

World Geodetic System 1984（WGS84）1984年世界测地系统，139-40，152-53，165

X-radiography X射线照片，246-47，图16.3

译作分工

前言、致谢、封底：由（国家文物局水下文化遗产保护中心）王晶翻译，（国家文物局水下文化遗产保护中心）姜波校对；

第一至四章、第九章、第十四章：由（国家文物局水下文化遗产保护中心）赵哲昊翻译，王晶校对；

第五章、第十七章、第二十章：由赵哲昊翻译，（浙江大学）王毅校对；

第六章、术语汇编：由（福建博物院）王芳翻译，王晶校对；

第七章：由王晶翻译，（西安交通大学）刘丽娜校对；

第八章：由赵哲昊翻译，（国家博物馆）李陆、王晶校对；

第十章：由赵哲昊翻译，王晶校对；

第十一章、第十三章：由王晶、（海南省博物馆）寿佳琪、（国家博物馆）高华光校对；

第十五章、第十八章：由王晶、寿佳琦翻译，姜波校对；

第十二章、附录一：由寿佳琦翻译，王晶校对；

第十六章：由（宁波市文物考古研究所）金涛翻译，（中国文化遗产研究院）李乃胜校对；

第十九章：由赵哲昊翻译，李陆校对；

附录二：由寿佳琦翻译，（首都师范大学）范佳翎、王毅校对。

附录三：由寿佳琦翻译，王毅校对。

全书由王晶校定。

图版

图版2.1 水下考古先驱。十九世纪的迪恩（Deane）兄弟在英国朴茨茅斯（Portsmouth）及附近从事"水下工程师"的工作。这幅版画描绘了1832年，身着自己新发明的"潜水装具（diving apparatus）"的查尔斯·迪恩（Charles Deane）。他正在英国索伦特（Solent）海峡水深约18米（60英尺）的地方拆除"英国皇家海军船舰皇家乔治"号（HMS *Royal George*）船首斜桅上的一个锚环。（经朴茨茅斯博物馆和记录服务中心［Portsmouth Museums and Records Service］许可复制）

图版 2.2　在印度喀拉拉邦（Kerala）的埃达瓦（Edava）为用三根圆木建造的木排（three-log kat）做人种学记录。（摄影：科林·帕默【Colin Palmer】）

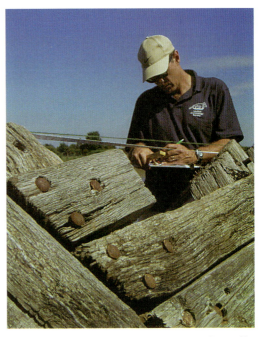

图版 3.1　在英国布里斯托（Bristol）附近开展的 NAS 培训项目。全家都能参与这些活动。（摄影：马克·比蒂 - 爱德华兹【Mark Beattie-Edwards】）

图版 3.2　在英国前滩上考古。（摄影：马克·比蒂 - 爱德华兹【Mark Beattie-Edwards】）

图版 4.1　水下遗址，尤其是类似"玛丽·罗斯"号（Mary Rose，沉没于 1545 年）上这种位于封闭环境中的整箱的长弓，其保存结果可能极好。照片中的潜水员正在用放大镜做近距离检查。（摄影：克里斯多夫·多布斯【Christopher Dobbs】）

图版 4.2　遗址类型: 在苏格兰泰湖 (Loch Tay) 上重建的湖上住所 (crannog)。(摄影: 科林·马丁【Colin Martin 】)

图版 4.3　1628 年在瑞典斯德哥尔摩港 (Stockholm harbour) 沉没的瑞典军舰 "瓦萨" 号 (Vasa) 于 1961 年被打捞出水, 低水温和低盐度造就了令人惊叹的保存状况。(摄影: 科林·马丁【Colin Martin 】)

图版 6.1　水面供气考古队准备潜水。总监（中）读出潜水前核对项目；照看员（穿救生衣者）帮助潜水员确定每项检查均准确无误。潜水员带着紧急浮力瓶和与水面相通的水下通讯设备。（摄影：爱德华·马丁【Edward Martin】）

图版 6.2　按照协议为英国健康与安全执行局（UK Health and Safety Executive）提供水面供气潜水服务的商业考古潜水队。总监坐在舱内，与潜水员通话，他通过连接头盔的影像线监测其行动。照看员检查潜水员脐带，身后的应急潜水员除了没带面罩穿戴整齐。（摄影：科林·马丁【Colin Martin】）

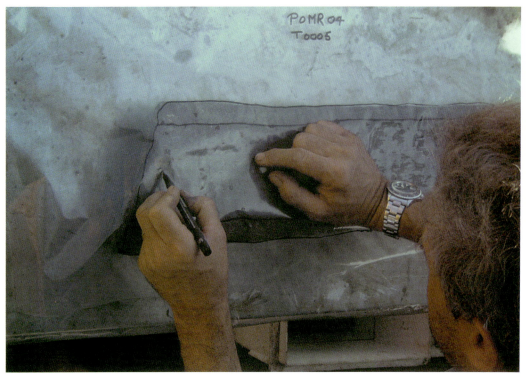

图版 8.1　记录船材：按 1:1 的比例把船材表面描在聚乙烯布上。（摄影：凯斯特·基思利【Kester Keighley】）

图版 8.2　地层学：一个水下发掘立面显现出几个可以看到土质和土色微小变化的地层。白色标签用来突出显示不同地层。（摄影：凯斯特·基思利【Kester Keighley】）

图版 8.3　原址记录：杜尔海岬沉船（Duart Point wreck）发掘中发现的釉陶碗（苏格兰摩尔【Mull】，1653 年），照片还显示了比例尺和发现物编号。（摄影：科林·马丁【Colin Martin】）

图版 8.4　发现物现场处置：在运送至保护设施之前，对木桶的零件进行编号、识别、初步记录和包装。（摄影：凯斯特·基思利【Kester Keighley】）

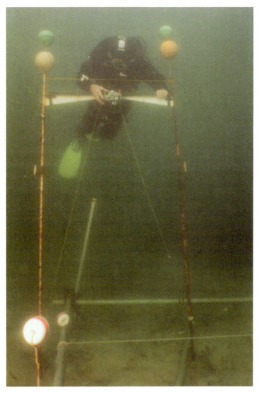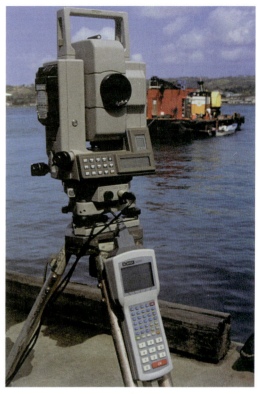

图版 10.1　在勘测探方内用自立式拍摄架记录拼接照片。更多信息请参见马丁夫妇（Martin and Martin）在2002年发表的作品。（摄影：马克·比蒂-爱德华兹【Mark Beattie-Edwards】）

图版 11.1　安装好的"全站仪"。（摄影：凯斯特·基思利【Kester Keighley】）

图版 12.1　陆地上的搜索技巧训练可以避免很多潜在的问题。（摄影：凯斯特·基思利【Kester Keighley】）

图版 13.1　沉没于奥克尼群岛（Orkney）斯卡帕湾（Scapa Flow）长 203 米（660 英尺）的英国皇家海军"皇家橡树"号（HMS Royal Oak, 沉没于 1939 年）的高清多波束声呐点阵图。（由 ADUS、国防部海洋救捞局【Department of Salvage and Marine, Ministry of Defence】提供）

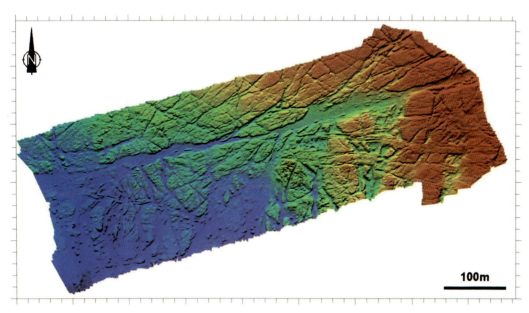

图版 13.2　多波束声呐呈现的岩石、泥沙沟壑表面渲染图像，含有英国青铜时代和 17 世纪的材料。该区域西—西南至东—东北长 700 米（2275 英尺），最宽处 260 米（845 英尺）。（由 ADUS 和圣安德鲁斯大学【University of St Andrews】提供）

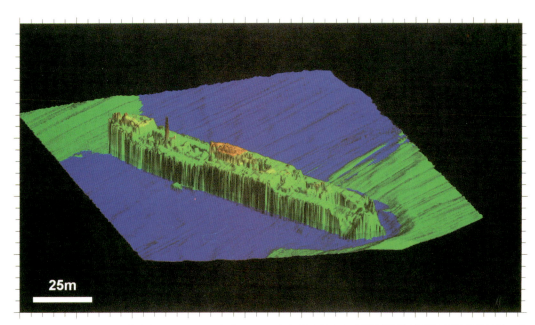

图版 13.3   "斯托拉"号蒸汽船（SS Storaa，沉没于 1943 年）的多波束声呐图像展示了使用表面渲染的缺陷，它用虚拟的细长外形展示船骸。（由 ADUS 和圣安德鲁斯大学【University of St Andrews】提供）

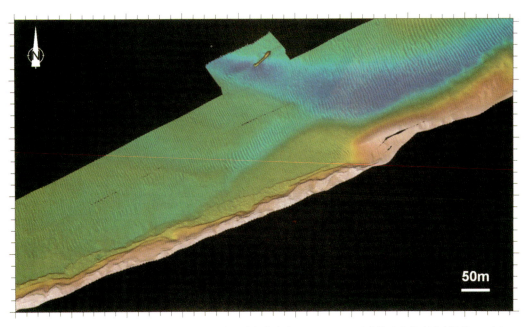

图版 13.4   英国索伦（Solent）水下 8 米（28 英尺）高的博尔德崖底（Bouldner Cliff）史前地表的多波束图像。44 米（143英尺）长的挖泥船"玛格丽特·史密斯"号（Margaret Smith, 沉没于 1978 年）附在图上作比例参照。（由 ADUS和圣安德鲁斯大学【University of St Andrews】提供）

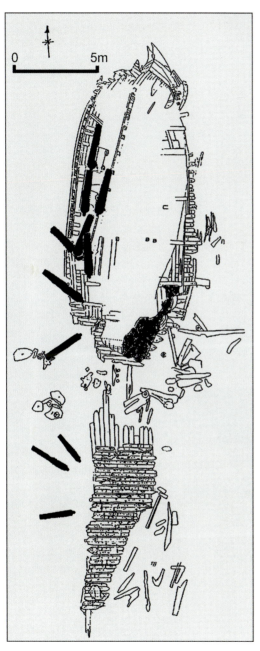

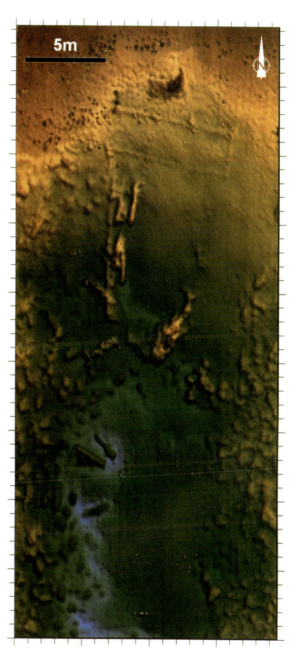

图版 13.5 潜水员绘制的"危机"号（Hazardous，沉没于 1706 年）沉船遗址的高质量总平面图。（由"危机"号项目团队【Hazardous Project Team】提供）

图版 13.6 "危机"号（Hazardous，沉没于 1706 年）沉船遗址的多波束声呐图像，以与图版 13.5 作比较。（由 ADUS 和圣安德鲁斯大学【University of St Andrews】提供）

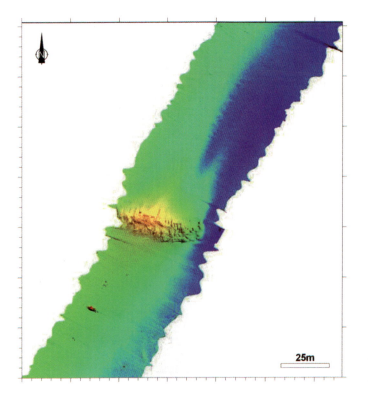

图版 13.7　2002 年的单向扫描多波束图像显示了"斯特灵城堡"号（Stirling Castle, 沉没于 1703 年）沉船周围的海床。残骸堆积长 46 米（150 英尺）。（由 ADUS 和圣安德鲁斯大学【University of St Andrews】提供）

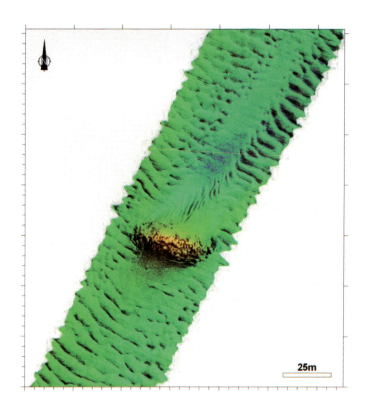

图版 13.8　2005 年的单向扫描多波束图像显示了斯特灵城堡号（Stirling Castle, 沉没于 1703 年）沉船周围的海床。自图版 13.7 所示上次调查后 3 年间残骸堆积周围形成了明显的沙纹。（由 ADUS、RASSE 项目【RASSE Project】和圣安德鲁斯大学【University of St Andrews】提供）

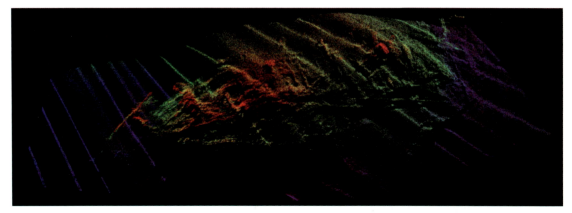

图版 13.9　多佛海峡（Strait of Dover）入口处古德温沙丘（Goodwin Sands）上一艘 19 世纪木制帆船的多波束图像。现在，船首斜桁的末端靠在海床上，但 12 个星期前调查时，它处在工作位置。（由 ADUS、RASSE 项目【RASSE Project】和圣安德鲁斯大学【University of St Andrews】提供）

图版 13.10　从单波束回声测深仪收集的地形分辨数据显示了沉没于斯卡帕湾（Scapa Flow）长 178 米（580 英尺）的"马格拉芙"号（Markgraff，沉没于 1919 年）的（a）水深，（b）硬度和（c）粗糙度。（由圣安德鲁斯大学【University of St Andrews】、马克·劳伦斯【Mark Lawrence】和 ADUS 提供）

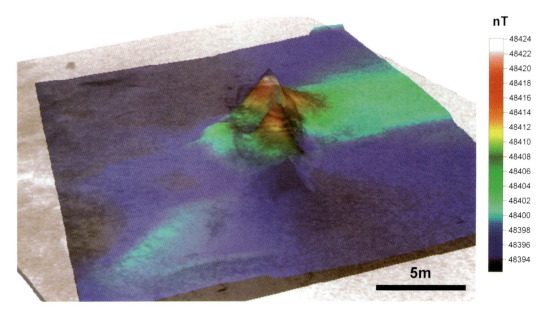

图版 13.11　从班特里湾（Bantry Bay）"拉·修文纽特"号（La Surveillante，沉没于 1797 年）沉船遗址获取的三维磁场分布数据。（由科勒雷恩【Coleraine】阿尔斯特大学海洋考古中心【Centre for Maritime Archaeology, University of Ulster】和戈尔韦【Galway】爱尔兰国立大学应用地球物理部【Applied Geophysics Unit, National University of Ireland】提供）

图版 13.12　从上到下：G-881 铯磁强计（白色拖鱼）、EdgeTech 272 - TD 侧扫声呐、GeoAcoustics 侧扫声呐和 Imagenex 885 侧扫声呐。（摄影：罗里·奎因【Rory Quinn】）

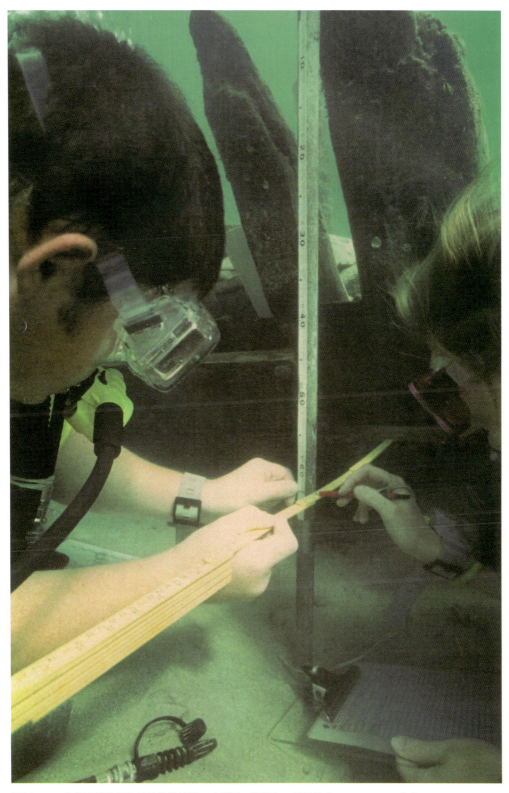

图版 14.1　使用高程位移法记录船体外形。（摄影：凯斯特·基思利【Kester Keighley】）

图版 14.2　绝缘胶带牢牢地把绘图薄膜固定在水下绘图板上。（摄影：凯斯特·基思利【Kester Keighley】）

图版 14.3　使用倾斜仪测量杜尔海岬沉船（Duart Point wreck）上船材的角度。（摄影：科林·马丁［Colin Martin］）

图版 14.4　杜尔海岬沉船（Duart Point wreck）遗址使用的带水平支架的双线绘图／平面图框架。注意该框架位于一个更大的参照探方内。（摄影：科林·马丁【Colin Martin】）

图版 14.5　纵向使用绘图 / 平面图框架记录滩前滩上的船只遗存。（摄影：马克·比蒂 - 爱德华兹［Mark Beattie-Edwards］）

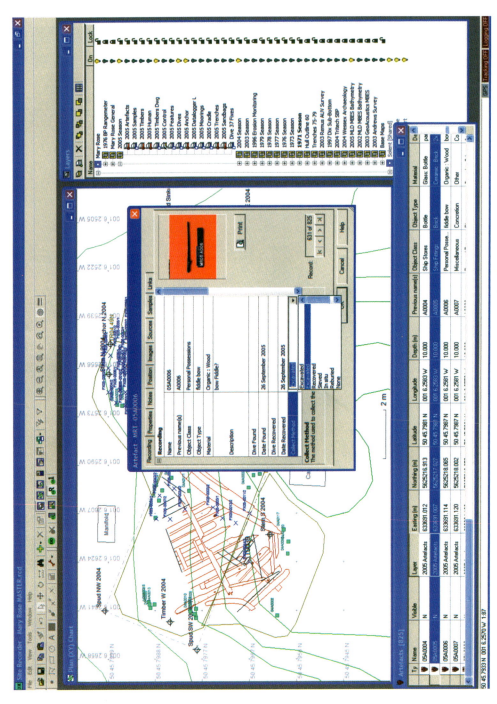

图版 14.6　"遗址记录器"（Site Recorder）软件用于"玛丽·罗斯"号（Mary Rose，沉没于 1545 年）遗址时的截屏。（摄影：彼得·霍尔特 [Peter Holt])

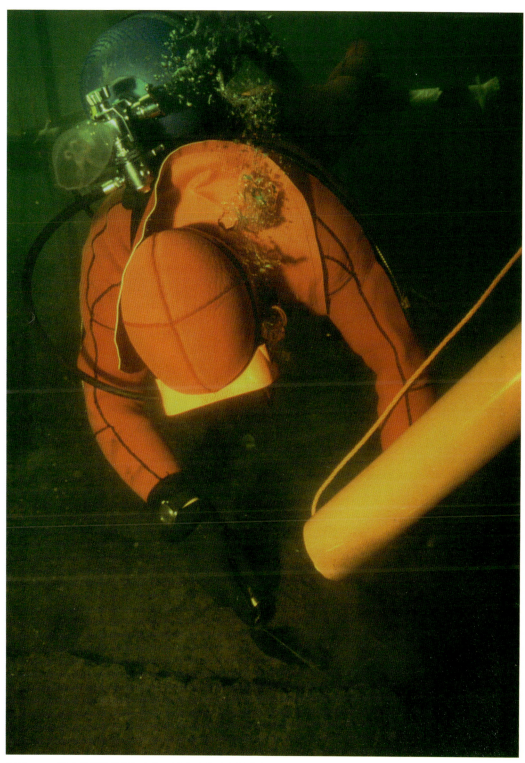

图版 15.1　潜水员用脚钩住探方架。维持中性浮力使潜水员得以进行考古清理，一手用手铲发掘，一手用吸泥机清理弃土。（摄影：凯斯特·基思利【Kester Keighley】）

图版15.2　在以色列多尔（Dor）不到 5 米（16 英尺）的水深处用抽泥机发掘。安装在抽泥机吸口的弹性软管增加了机动性。（摄影：凯斯特·基思利【Kester Keighley】）

图版 15.3　用抽泥机发掘。充气塑料容器使抽泥口保持中性浮力，潜水员边操控抽泥机边用手铲发掘。(摄影：马克·比蒂 - 爱德华兹【Mark Beattie-Edwards】)

图版 16.1　来自"玛丽·罗斯"号（Mary Rose）的橡木样品。左边是处理前潮湿状态，右边为干燥后状态。可见右边样品在体积上有很大程度的收缩，因此，在干燥前需用聚乙二醇对木材进行加固。（摄影："玛丽·罗斯"号信托【Mary Rose Trust】）

图版 16.2　一台炮架被置入临时的聚乙烯浸泡池内做加固处理，等待转移至保护实验室。（摄影：爱德华·马丁【Edward Martin】）

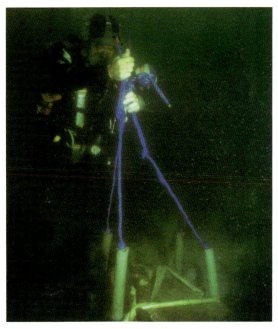

图版 16.3　潜水员正准备提取木制炮架的基座。将被提取物体放置在根据其尺寸定做的木制框架上，用铅块压舱并用泡沫材料作衬垫。先用伸缩绷带将物品固定在框架上，再用绝缘管包裹起吊绳以防摩擦损坏。（摄影：科林·马丁【Colin Martin】）

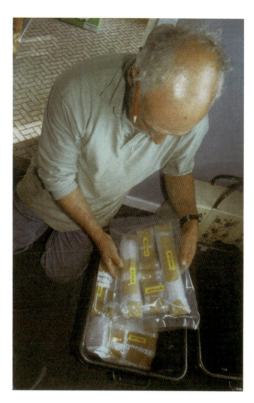

图版 16.4　一批湿裹在毛巾、气泡膜和热密封塑料袋中准备运往实验室的物品。注意每件包装上细致的标签。（摄影：爱德华·马丁【Edward Martin】）

图版 17.1　位于苏格兰摩尔（Mull）的杜尔海岬沉船（Duart Point wreck，沉没于 1653 年）用测量仪器以一个多月为周期自动记录水流的方向和速度。（摄影：科林·马丁【Colin Martin】）

图版17.2　使用RBR 数据记录器（RBR data logger）监测"玛丽·罗斯"号沉船（Mary Rose，沉没于1545年）的水下环境（包括沉积和水体）。该记录器记录水温、压力（深度）、传导性、盐度、酸碱度（pH 值）、溶氧量和浑浊度。（摄影："玛丽·罗斯"号信托【Mary Rose Trust】）

图版17.3 放置在"玛丽·罗斯"号沉船（Mary Rose，沉没于1545年）遗址中的橡木块，用来研究海生蛀木动物的活动。（摄影："玛丽·罗斯"号信托【Mary Rose Trust】）

图版17.4 作为通过电解来稳定海水中铁质物品实验的一部分，文保工作者在苏格兰摩尔（Mull）杜尔海岬沉船（Duart Point wreck，沉没于1653 年）的铁炮上连了一块铝制阳极。（摄影：科林·马丁【Colin Martin】）

图版 20.1　未来的考古学家？公众服务是考古工作的重要组成部分。照片中头戴经过遮挡处理面镜的两个小男孩，正在体验挑战在低能见度下辨识考古物品。（摄影：汉普郡和怀特岛海洋考古信托【Hampshire and Wight Trust for Maritime Archaeology】）

图版 20.2　考古工作有非常丰富的纸质印刷品和电子版出版机会。（摄影：凯斯特·基思利【Kester Keighley】）

图版A1.1 发现于英国多塞特郡（Dorset）查普曼池塘（Chapman's Pool）内的单孔石锚。（摄影：戈登·勒·帕德【Gordon Le Pard】）

图版A1.2 发现于英国多塞特郡（Dorset）戈尔登开普（Golden Cap）附近的双孔石锚。（摄影：戈登·勒·帕德【Gordon Le Pard】）

图版A3.1 潜水员在NAS第一部分课程中练习水下勘测技巧。（摄影：马克·比蒂-爱德华兹【Mark Beattie-Edwards】）

图版 A3.2　在 NAS 第三部分课程中采集树轮测年样本。（摄影：NAS 培训［NAS Training］）

图版A3.3　NAS 培训项目在英国布里斯托（Bristol）附近海滩的发掘和勘测。（摄影：马克·比蒂-爱德华兹【Mark Beattie-Edwards】）